本书得到华东师范大学教育发展基金会
"紫江公益慈善人才培养专项基金"支持

社会工作法规与政策

林茂　熊琼 ◎ 主编

华东师范大学出版社
·上海·

图书在版编目（CIP）数据

社会工作法规与政策/林茂,熊琼主编. —上海：华东师范大学出版社,2021
ISBN 978-7-5760-2192-9

Ⅰ.①社… Ⅱ.①林… ②熊… Ⅲ.①社会工作—法规—中国②社会政策—中国 Ⅳ.①D922.11②D601

中国版本图书馆CIP数据核字(2021)第207739号

社会工作法规与政策

主　　编　林　茂　熊　琼
责任编辑　范耀华
责任校对　胡　静　时东明
装帧设计　俞　越

出版发行　华东师范大学出版社
社　　址　上海市中山北路3663号　邮编 200062
网　　址　www.ecnupress.com.cn
电　　话　021-60821666　行政传真 021-62572105
客服电话　021-62865537　门市(邮购)电话 021-62869887
地　　址　上海市中山北路3663号华东师范大学校内先锋路口
网　　店　http://hdsdcbs.tmall.com/

印　刷　者　上海商务联西印刷有限公司
开　　本　787毫米×1092毫米　1/16
印　　张　16.5
字　　数　417千字
版　　次　2021年11月第1版
印　　次　2025年7月第8次
书　　号　ISBN 978-7-5760-2192-9
定　　价　50.00元

出版人　王　焰

（如发现本版图书有印订质量问题,请寄回本社客服中心调换或电话021-62865537联系）

序
PREFACE

在全面建成小康社会、开启全面建设社会主义现代化国家新阶段的重要时刻,我们需要以新视角、新理念、新方法去应对并解决后小康时期社会发展所面临的各种困境。今天,中国特色的社会主义发展体制使我国快速跻身于强国行列,但国家与社会的互动仍然有待进一步提升和完善,从而维持长期稳健的发展。在中国,社会工作作为一个学科是年轻的,但社会工作作为一种社会力量,却是历久弥新的。身处于大变革的时代,事关社会未来的可持续发展,社会治理的多元化与现代化需要社会工作以更加规范的形式参与到社会建设中来。作为一个专业、一门职业的社会工作,实际上也处于一种社会制度或社会政策的建构过程中,它需要在实践领域里不断地增强其合法性与规范性,需要更多跨学科的交流与合作,从而夯实社会工作的理论和制度基础,更好地指导社会工作实践。

社会工作既是一种助人、自助的专业化思维理念与工作方式,也体现一种促进社会公平正义的现代精神与人生信念。社会工作在中国作为一门职业的发展和建设过程,其大体经历了三个不同的发展阶段:第一,宏观框架建设阶段(2002—2006);第二,快速落实推进阶段(2007—2012);第三,全面发展阶段(2012—今)。针对这三个不同的发展阶段,相应的法律法规(包含制度与政策)都处于不断的补充和完善过程中。

然而,遗憾的是,在中国目前已有的相关著作中,专门涉及"社会工作法规与政策"的论著不仅数量严重不足,而且增长较为缓慢,中国社会工作发展的现实状况亟需学术界予以回应与反馈。针对社会工作法律法规领域,在以政府顶层设计为主要特征的社会工作职业化过程中,全国社会工作者职业水平考试教材编写组在2012年所编写的《社会工作法规与政策》回应了社会工作师这一职业身份的合法化认定需求。该书主要针对社会工作师资格考试而编写,作为考试用书,该著作的知识体系以默会性知识为主,对有关知识运用的实践层面触及较少。在早期的社会工作宏观框架建设阶段,作为中国大陆最早启动社会工作职业化的城市,上海曾组织力量编写过《社会工作法律基础》(吴书松等,2006)一书。但由于该书出版时间较早,随着社会工作领域法律体系的不断发展,尤其是《民法典》和《预防未成年人犯罪法》的颁布,该书在内容上有待进一步更新。

当下社会工作正处于全面发展的阶段,社会大众对它的认可度正在逐年提升。社会工作实践,以其服务做支撑。其价值观与伦理,与中国特色社会主义的法律体系与法律伦理紧密联系。高素质的社会工作专业人才队伍的培养，更是离不开相对应的法律法规理论作为基础。为解决社会工作全面发展时期社工服务与实践中所存在的法规、政策、制度层面的知识缺漏，亟需与时俱进出版社会工作法规政策领域内的专业书籍。

由林茂和熊琼主编的这本《社会工作法规与政策》，正是在这样的背景中适时而生。本书在内容上整合最新的社会工作相关法律，弥补了这一既有知识体系的不足，在主旨精神上号召社会工作者依法服务、依法实践。同时，本书参考了既有的法律与社会学的相关研究，其编写的视角不仅考虑到社会工作作为职业和实务的发展需求，也触及了社会工作作为学科和专业的理论素养提升。

首先，从学科与专业发展的角度来看，社会工作在理论与实务层面所涉及的法规与政策都是值得我们关注的。两位编者都具有较好的跨学科研究的背景，本书的编写过程将法学思维与社会学思维相结合，对社会工作实务中可能涉及的法律法规与政策进行筛选与梳理，整合形成符合专业与学科发展的法律体系，为指导社会工作实务提供了可靠的理论依据。

其次，从职业规范的角度来看，社会工作亟需增强其合法性。社会工作这一职业近年来发展迅速，在实践效果层面确实起到了激发社会活力的作用，日益成为建设"强国家、强社会"的双强体制的中坚力量。但在具体的操作中，当社会工作走上社会治理的前台时，如何对这一职业赋权并维持其社会权威的稳定，势必要在健全的法规政策体系框架内发挥作用。社会工作实务中的规范性与合法性，对社会组织参与实现国家治理体系及其治理能力的现代化皆有重要意义。本书的编写正是着眼于国家与社会互动的细微之处，对社会组织在参与社会治理过程中厘清自身法律地位、塑造社会工作实践的专业形象，具有一定的指导作用。

最后，作为社会工作的行动主体，社会组织和社会工作者是我国社会主义现代化建设的重要力量，在繁荣社会事业、创新社会治理、促进社会全面发展等方面发挥了积极作用。纵观这一行业的发展全局，力量日益攀升的社会组织无疑会涉及越来越多的社会建设的具体行为实践。依法行动与依法实践是所有职业伦理的基础底线，社会工作者的实践也不例外。本书的编写遵循这一观点，从第二章到第十一章，涵盖了社会各类群体和成员，尤其是弱势群体及社会公益组织的法律保护，较为具体地阐述了不同社会群体中社会工作介入和服务中可能遇到的法律问题及其法律与政策依据。其中，编者根据社会工作的实际发展情况，着墨于预防未成年人犯罪、妇女权益保护、社区矫正与禁毒、医疗卫生与社会救助方面进行论述，致力于回应青少年社会工作、儿童社会工作、女性社会工作、医疗社会工作、社区社会工作等的发展需求，为社会工作者在实践中提升法治意识、预估法律风险、规范自身职业实践活动提供了重要的法律依据，为构建自主自律的社会工作行业发展秩序打下了良好的基础。可以说，社会工作法规与政策的日益完善，不仅是中国社会工作职业化与制度化建设道路上的重要标志，而且也意味着中国社会工作事业在经过多年的培育与发展以后正在变得日趋成熟。

文　军

2021 年夏于上海丽娃河畔

目 录
CONTENTS

第一章　社会工作法规与政策概论 ········· 1

第一节　法律、法规的基本概念 ········· 1
第二节　社会政策的基本概念 ········· 6
第三节　我国社会工作法规与政策的特点和内容 ········· 11
第四节　我国社会工作专业人才队伍建设的政策依据与保障 ········· 17

第二章　社会救助法规与政策 ········· 24

第一节　社会救助法规与政策的一般规定 ········· 24
第二节　最低生活保障法规与政策 ········· 27
第三节　受灾人员救助法规与政策 ········· 32
第四节　医疗及教育等救助法规与政策 ········· 35

第三章　社会优抚法规与政策 ········· 43

第一节　社会优抚法规概述 ········· 43
第二节　军人优待和退役军人安置法规与政策 ········· 45
第三节　伤残军人抚恤法规与政策 ········· 55
第四节　烈士褒扬法规与政策 ········· 58

第四章　妇女、未成年人、老年人、残疾人保障法规与政策 ········· 64

第一节　妇女权益保障 ········· 64

第二节　未成年人保护 …… 68
第三节　老年人权益保障 …… 79
第四节　残疾人保障 …… 82

第五章　劳动保障法规与政策 …… 88

第一节　促进就业的法规与政策 …… 88
第二节　劳动合同的规定 …… 92
第三节　工作时间、休息休假、工资和劳动保护的规定 …… 105
第四节　劳动争议处理 …… 110
第五节　劳动保障监察 …… 115

第六章　医疗卫生法规与政策 …… 120

第一节　公共卫生法规与政策 …… 120
第二节　医疗服务体制法规与政策 …… 128
第三节　城市社区卫生服务法规与政策 …… 131
第四节　计划生育法规与政策 …… 133

第七章　婚姻家庭法规与政策 …… 138

第一节　婚姻家庭关系的法规与政策 …… 138
第二节　收养关系的法规与政策 …… 147
第三节　私有财产继承法规与政策 …… 153

第八章　城乡基层群众自治和社区建设法规与政策 …… 161

第一节　农村村民自治法规与政策 …… 161
第二节　城市社区居民自治法规与政策 …… 168
第三节　城乡社区建设法规与政策 …… 171
第四节　城乡社区服务法规与政策 …… 176

第九章　人民调解、信访工作和突发事件应对的法规与政策 …… 181

第一节　人民调解法规与政策 …… 181

第二节 信访工作法规与政策 …………………………………………… 188

第三节 突发事件应对的法规与政策 …………………………………… 198

第十章 社会团体和公益事业法规与政策 …………………………… 204

第一节 社会团体法规与政策 …………………………………………… 204

第二节 慈善事业法规与政策 …………………………………………… 209

第三节 志愿服务的法规与政策 ………………………………………… 219

第四节 社会服务机构管理法规与政策 ………………………………… 223

第五节 基金会管理法规与政策 ………………………………………… 226

第十一章 社区矫正与禁毒的法规与政策 …………………………… 232

第一节 社区矫正的定义、适用范围及其相关机构 …………………… 232

第二节 社区矫正的评估调查与交付执行 ……………………………… 235

第三节 社区矫正的监督与管理 ………………………………………… 238

第四节 教育帮扶和未成年人社区矫正的特别规定 …………………… 244

第五节 禁毒法规与政策 ………………………………………………… 248

后记 ……………………………………………………………………… 253

第一章
社会工作法规与政策概论

CHAPTER ONE

社会工作法规与政策是社会工作者在工作的过程中涉及的国家法律和各级政府制定的法规与政策。充分了解法律法规的本质、特征、功能、制定原则和程序，了解社会政策的含义、特点及内容，了解社会工作相关的法规与政策的特点、内容、运行与发展等相关内容，对于社会工作专业发展、制度建构和人才服务来说都有着十分重要的意义。

第一节 法律、法规的基本概念

法律、法规是国家立法机构和政府行政机关为规范个人和组织的行为、维持社会各方面的运行秩序和对社会各个方面实施有效的管理而制定的各种规范性文件的统称，包括现行有效的法律、行政法规、司法解释、地方法规、地方规章、部门规章及其他规范性文件，以及对于该等法律、法规的不时修改和补充文件。法律、法规具有政治功能和社会功能，规范性和强制性是其主要特征，在制定时需遵循一定的原则和程序。

一、法律、法规的定义

法律(Law)是一种由规则组成的体系，经由社会组织来施予强制力量，规范个人行为。《辞海》中，法律是指由立法机关制定、国家政权保证执行的行为规则。法律体现统治阶级的意志，是阶级专政的工具，它是一系列的规则，通常需要经由一套制度来落实。在不同的地方，法律体系会以不同的方式来阐述人们的法律权利与义务，有些国家则会以它们的宗教法条作为其法律的基础。法律广义指制定法与非制定法，狭义单指制定法。制定法与非制定法的区分在于是否有制定机关，如立法或行政机关制定的宪法、法律、命令属制定法范畴，而非制定法则包括法理、法律原则、判例、习惯法等。

法规(Statute)是由立法机关正式明文写成的律例，用以管治国家、城市或地方。《辞海》中，法规是指法律、法令、条例、规则、章程等的总称。一般而言，法规的作用在于命令、禁止一类事物或颁布一项政策。法规一词通常用以区别立法机关参照由法院判定的判例法以及由行政机关颁布的规例而制定的法律。作为法律的其中一个来源，法规也常被视作主要法源(相对于次要法源)。理想而言，所有法规都应该与一地的根本法律(如宪法)一致。法规也是与普通法形成对比的。除非另有订明,否则法规一般在获得通过的时候,就获得它享有的效力。法规大致可分为以下数类:公共或私人、解释性或补救性以及永久性或临时性。临时性法规在制定的时候,通常会列明其时效,法规会在时效届满时失效,或在时效届满前被撤销。永久性法规没有列明时效,因此也就没有时效限制。不过,若一条法规是由另一条临时性法规所规范,而有关法规本身却没有列明时效,则该法规仍旧会随着具有规范性的临时性法规因时效届满而相继失去效力。

法律、法规连用时指现行有效的法律、行政法规、司法解释、地方法规、地方规章、部门规章及其他规范性文件,以及对于该等法律、法规的不时修改和补充文件。其中,法律有广义、狭义两种理解。在我国,广义上讲,法律泛指一切规范性文件;狭义上讲,法律仅指全国人大及其常委会制定的规范性文件。与法规等一同提起时,法律是指狭义上的法律,法规则主要指行政法规、地方性法规、民族自治法规及经济特区法规等。

法律、法规是指"国家立法机构和政府行政机关为规范个人和组织的行为,为维持社会各方面的运行秩序和对社会各个方面实施有效的管理而制定的各种规范性文件的统称"。[①] 在我国,"法"是指国家及地方立法机构制定的法律,而"规"则是指除了正式的法律之外的其他规范性文件。本书所指的法规是一个总称,包括正式的法律、国务院行政法规、地方性法规以及国务院部门、地方政府制定的规章等各种规范性文件。

二、法律、法规的本质、特征和功能

(一) 法律、法规的本质

马克思主义认为,法律的本质有以下几个特点:"法律是统治阶级意志的体现,是上升为国家意志的统治阶级意志,归根结底是由统治阶级的物质生活条件所决定的。"[②]20 世纪 50 年代以来,关于法律本质是统治阶级意志之反映,有学者认为"应要抛弃其形而上学的'基本主义'的意蕴,从社会、政治和意识形态建构等因素出发来认识法律的本质"。[③] 法律、法规实际上是形式与内容的统一体:"在内容上,法律、法规承认事实和客观规律的作用,须在事实和规律的基础上,拥有一定的价值追求,如正义和公平;在形式上,法律、法规表现出强制力,即由国家权力部门制定,依靠国家强制力的保障来实施。"[④]

(二) 法律、法规的特征

特征可以协助我们更好地认识事物的本质,法律、法规的特征是其本质的外在表现、象征和标志。法学界一般认为法律、法规的特征可以概括为如下几个方面:

1. 法律、法规具有规范性

规范性是法律、法规首要的特征,对人们的行为具有规范和约束作用。法律、法规作为一种特殊的社会规范,不同于其他社会规范如道德、习俗、宗教等,它调整的不是人们内心主观的思想,而是人们的外在行为。在社会交往和互动的过程中,人类的行为会产生关系,因此调整关系

---

① 全国社会工作职业水平考试研究组编:《社会工作法规与政策》,辽宁大学出版社 2017 年,第 1 页。
② 吴书松等编著:《社会工作法律基础》,上海社会科学院出版社 2003 年,第 2 页。
③ 法律文化研究中心:《法律的本质:一个虚构的神话》,《法学》1998 年第 1 期,第 3—5 页。
④ 李佳明:《牢牢把握法律本质内涵》,《人民日报》2016 年 8 月 15 日,第 20 版。

也是调整行为。人是社会性的动物,社会中的组织是由人有机组合连接而成的,因此"社会上的人或组织的大部分行为都在法律、法规调整或约束的范围之内"。① 法律、法规对人的行为具有指引作用,告诉我们可以做什么、应该做什么、禁止做什么。人们根据法律、法规来预测行为结果,从而量度自身的行为并做出决策。

2. 法律、法规具有概括性和普遍性

法律、法规是从大量实际的、具体的行为之中高度抽象出来的一种规范性的模式,具有高度的概括性。法律、法规总是对某一国家、地区或特征的人适用,因此具有普遍性,它不是某个人或某个组织的法律、法规,而是针对具有一定特征的所有人或组织的规范。法律在一个国家的主权范围之内具有普遍效力,本着公平正义的原则,坚持法律面前人人平等,任何人或组织一旦触犯法律必将受到惩罚。

3. 法律、法规是由国家公共权力机构制定与解释形成的

法律、法规是由国家权力机构即国家立法部门和政府行政机关制定的行为规范,是为了实现一定的目标而采取的有意识的活动,体现了统治者的意志。马克思曾指出,"这些个人通过法律形式来实现自己的意志,同时使其不受他们之中任何一个单个人的任性所左右,这一点不取决于他们的意志,如同他们的体重不取决于他们唯心主义的意志或任性一样。"② 而公共领域的立法尤其要特别考虑社会公共意志。

4. 法律、法规是一种以权利和义务为内容的调整机制

法律、法规以权利和义务为主要内容。在国家机构和社会之间、社会成员之间分配权利和义务,是法的一项重要任务。第一个分配要实现权力和责任的平衡以及权力和权利的平衡。第二个分配要实现权利和义务的平衡,通过合理地分配权利和义务来影响人们的行为动机和行为方式,塑造人们的行为模式,以此来维护正常的社会秩序。

5. 法律、法规具有强制性

强制性和法定性也是法律、法规最显著的特征,即法律、法规由国家强制力加以保障和实施。在执行、遵守和适用即主体、客体和过程三个方面都体现了法律、法规的强制性:由国家机关来执行法律、法规;所有公民严格遵守法律、法规且不得有超越其上的特权;国家机关按照职权和程序适用法律、法规。

(三) 法律、法规的功能

1. 政治功能

法律、法规的本质是统治阶级意志的体现,这很好地说明了法律、法规的政治职能,即维护统治阶级的统治。这一功能主要表现在法律、法规调整阶级关系的方面:调整统治阶级和被统治阶级的关系,调整统治阶级内部的关系,调整统治阶级和同盟者的关系。通过调整阶级关系,法律、法规促进统治阶级内部团结、外部稳定,维护统治阶级整体利益,达到统治阶级专政的目的。

2. 社会功能

法律、法规具有普遍适用性,面向某一国家或区域的所有大众和组织,因而法律、法规也具有

---

① 苏晓宏:《法理学基本问题》,法律出版社2006年,第6页。
② 信春鹰:《法学理论的几个基本问题——十届全国人大常委会法制讲座第七讲讲稿(摘要)》,《中国人大》2004年第8期,第19—22页。

社会功能。这一功能主要体现在："保障国家存在的经济基础,规范和指导经济的发展;维护人类社会的基本生活条件;促进科学、教育、文化、卫生等领域的发展;引导、规范个人和组织的行为,承担着广泛的社会管理功能。"①

三、法律、法规的主要种类

我国法律、法规的主要种类包括:国家法律、行政法规、国务院部门规章、地方性法规和地方政府规章等。

(一)国家法律

国家法律是指全国人民代表大会及其常务委员会制定的各种法律的规范性文件,其体系包括宪法、宪法相关法、行政法、刑法、民法、商法和社会法。比起法规,法律具有更强的权威性和更高的效力,其中宪法具有最高的法律效力。

(二)行政法规

行政法规是我国最高权力机关——国务院根据宪法和法律制定的有关行政管理等方面的规范性文件,其地位和效力仅次于法律,高于地方性法规,一般称为"条例""规定""办法"。根据全国人民代表大会及其常务委员会的授权制定的行政法规被称为"暂行条例""暂行规定"。

(三)国务院部门规章

国务院部门规章是指国务院有关部门包括国务院各院部、委员会、中国人民银行、审计署和具有行政管理职能的直属机构,根据国家法律和国务院制定的行政法规、决定、命令等,在其部门的职权范围内制定的规范性法律文件,其地位和效力高于地方性法规,一般称为"规定""办法"等,但不称为"条例"。

(四)地方性法规

地方性法规是指根据有关法律规定,省、自治区、直辖市和较大的市(省会城市、经济特区所在市和经国务院批准的较大的市)的人民代表大会及其常务委员会根据本行政区域的实际情况和具体需要,在不与法律和行政法规相抵触的前提下制定的规范性法律文件,地方性法规可称为"实施细则"或"实施办法"等,只在本行政区域内有效,其地位和效力高于本级和下级地方政府规章。

(五)地方政府规章

地方政府规章指省、自治区、直辖市和较大的市(省会城市、经济特区所在市和经国务院批准的较大的市)的人民政府根据法律、行政法规和本省、自治区和直辖市的地方性法规所制定的规范性法律文件,地方政府规章应当经政府常务会议或者全体会议决定,由省长、自治区主席、市长或自治州州长签署命令予以公布。"部门规章之间、部门规章与地方政府规章之间具有同等效力,在各自的权限范围内施行。省、自治区的人民政府制定的规章的效力高于本行政区域内较大

---

① 吴书松等编著:《社会工作法律基础》,上海社会科学院出版社2003年,第5—6页。

的市的人民政府制定的规章的效力。"①

四、法律、法规的制定原则和程序

立法是指一定的国家机关依照法定职权和程序，把一定阶级的意志上升为国家意志的活动。它既包括创制新的法律，也包括修改现行法律或者废止旧的法律，通常简称为法律的立、改、废。在我国社会主义制度下，国家的一切权力属于人民，立法是全体人民通过自己的代表，经由有权的国家机关把自己的意志上升为规范性法律文件的活动。

（一）法律、法规的制定原则

根据《中华人民共和国立法法》的规定，我国法律制定的指导思想是：立法应当遵循宪法的基本原则，以经济建设为中心，坚持社会主义道路、坚持人民民主专政、坚持中国共产党的领导、坚持马克思列宁主义毛泽东思想邓小平理论、坚持改革开放。全国人民代表大会及其常务委员会行使国家立法权，应遵循以下三项基本原则：

第一，立法应当依照法定的权限和程序，从国家整体利益出发，维护社会主义法制的统一和尊严。

第二，立法应当体现人民的意志，发扬社会主义民主，保障人民通过多种途径参与立法活动。

第三，立法应当从实际出发，适应经济社会发展和全面深化改革的要求，科学合理地规定公民、法人和其他组织的权利与义务、国家机关的权力与责任。

（二）法律、法规的制定程序

法律制定的程序是指立法机关在制定、修改或者废除法律的活动过程中必须履行的步骤和手续。我国法律制定的程序一般包括法律草案的提出、审议和讨论、通过及公布四个阶段。

1. **法律草案的提出**

"法律草案也叫法律议案，是关于法律制定、修改或废止的提案或建议，由具有法律提案权的国家机关或代表向立法机关提出。"②提出法律草案时，一般应同时提出法律草案文本及其说明，并提供必要的资料。法律草案提出后，由立法机关决定是否将其列入议事日程。如果决定列入议程，即转入审议和讨论阶段。

2. **法律草案的审议和讨论**

法律草案的审议和讨论是指法律制定机关的全体成员（全国人民代表大会）对列入议程的法律草案，从立法宗旨、基本精神、内容和合法性等方面，对草案进行审议和讨论，以使法律草案尽可能完善，并统一意见。一些重要的法律草案除立法机关审议外，还要发给各有关国家机关、民主党派、社会团体和人民群众讨论，通过书面征求、座谈会、听证会、网络意见征集等集思广益，充分发扬民主精神。

3. **法律的通过**

法律的通过是指立法机关的成员在对法律草案进行认真的审议和讨论以后，按照法定的方式，对法律草案进行表决。只要达到法定的赞成票便算通过，即成为正式的法律。在我国，普通

---

① 全国社会工作职业水平考试研究组编：《社会工作法规与政策》，辽宁大学出版社2017年，第2页。
② 吴书松等编著：《社会工作法律基础》，上海社会科学院出版社2003年，第10—11页。

法律由全国人民代表大会及其常委会以代表或委员过半数的方式通过。

4. 法律的公布

法律的公布是最后一道程序,也是法律生效的充分且必要条件,它是把经全国人民代表大会及其常委会通过的法律以一定的形式予以正式公布,如由国家主席签署主席令,并载明该法律的制定机关、通过和施行日期。法律经过公布才能为社会所周知,从而便于全体社会成员遵守、执行。

第二节 社会政策的基本概念

社会政策秉持着一定的价值选择,有着鲜明的特征和特定的功能,主要包括社会保障、公共医疗卫生、公共教育、住房保障、劳动就业以及针对特殊人群服务的社会政策。它是当代各国政治经济和社会生活不可分割的一部分,与社会工作有着密不可分的联系。

一、社会政策的含义

(一) 政策

政策(Policy)是指国家、政府或政党为完成特定的任务、实现其目标而制定的方针、路线和行动准则,表现为对人们的利益进行分配和调节的具体措施和过程。在我国,政策包括党的政策和国家的政策。

(二) 政策和法律的联系与区别

政策和法律在表述时经常连用,它们之间有着千丝万缕的联系,但也存在着一定的区别。政策与法律都是党和国家领导人民实现无产阶级专政任务的重要工具,都是实现统治目标的不可或缺的重要手段。政策和法律虽然有着共同的作用和目的,但两者不可互相替代,其区别主要体现在以下几个方面:

第一,政策,顾名思义,是政治决策。政策可以是临时的,也可以是针对具体问题和特定人群的;法律则是普遍的规则。只有那些成熟的、具有全局性和普遍性意义的政策才需要上升为法律。

第二,政策在执行中具有较大的灵活性,导向性强、规范性弱;而法律则具有明确的规范性。

第三,现实生活中政策和法律经常配套使用,但二者的实施方式不同。在实施遇到障碍的情况下,法律具有相应的制裁手段;而政策的执行则主要靠行政措施和纪律手段。

第四,政策可以是探索性的,在一定时间、针对特定问题有效;而法律则调整稳定的、明确的社会关系。从我们改革开放以来的实践经验看,某些重大的改革总是先通过政策来实施,有了必要的实践经验后再以法律的形式确定为制度。①

政策和法律除了以上的区别外,也可以从是否体现国家意志、是否有国家强制力保证、表现形式、稳定性等角度来探讨。但无论哪种区分,都不可笼统地、绝对地、一刀切地区分法律和政

---

① 信春鹰:《法学理论的几个基本问题——十届全国人大常委会法制讲座第七讲讲稿(摘要)》,《中国人大》2004 年第 8 期,第 19—22 页。

策,而应该从相对意义上来理解两者的区别。法律和政策紧密配合,互相补充,缺一不可,共同推动着国家和社会的进步。

(三) 公共政策

公共政策(Public Policy)是指政府或政党为了维护经济和社会正常的运行与发展、处理公共事务和解决社会问题而制定的行动方案和行为准则的总和。它通常有广泛而深远的影响和后果,主要以政府的法律、法规、决策和行动表现出来。公共政策是政府施展其职能的主要手段,属于一种公共物品。公共政策是政策主体对社会价值的一种权威性分配,是一个动态的过程,表现为政策创立、政策执行、政策调整、政策监控、政策评优、政策终止等若干环节。

公共政策的类型和种类多样,包括政治政策、经济政策、社会政策、文化政策、环境政策、国防政策和外交政策等。这些公共政策集中反映了社会利益,从而决定了公共政策必须反映大多数人的利益才能使其具有合法性。除合法性之外,公共政策还具有价值相关性和权威性。

公共政策的制定,需要有相关的机构(一般是政府部门)负责。我国的各级政府都是公共政策的主体,通常通过政府文件的方式发布各项政策,这种政策文本被称为"政策文件"。公共政策在制定的过程中应由有关领域的专家及各利益相关方对不同方案的利弊及可操作性进行充分的论证,并通过适当的程序进行决断。公众是公共政策的受众和主体,是最终的利益相关方,公众对于公共政策的制定拥有知情权和参与权,且可以通过一定的渠道直接或间接地表达对于公共政策的意见或其他观点。

(四) 社会政策

社会政策(Social Policy)是现代社会的产物,它是公共政策的一部分,是政府为满足民生需要、维护社会公平、解决社会问题、增进社会安全、改善社会环境、促进各项社会事业发展、提升社会福利的一系列政策、行动准则和规定的总称。社会政策是社会集体应尽的责任,是每个公民应享受的权利。

二、社会政策的本质、特征、功能和原则

(一) 社会政策的本质

社会政策的本质属于社会利益再分配的范畴,是对社会资源的权威性分配。这种资源既包含有形的实物、金钱等物质资源范畴,也包含无形的权力、地位、教育等政治和精神文化资源。它是政府在社会福利事务中的干预行动,是"在市场体制之外满足公民基本需要的一系列社会性行动的总和"[①]。从过程上来看确实如此,但从社会政策的最终目标和结果来看,社会政策也是不同的利益集团之间的政治角斗和政治博弈,广义上来说是"资本集团与劳动集团的博弈,目前已经从工业化走向了信息化时代,且劳动集团的博弈能力有所降低"[②]。社会政策和其他政策一样,也体现着阶级意志。

---

① 庄华峰等编著:《社会政策导论》,合肥工业大学出版 2005 年,第 42 页。
② 游清富主编:《社会政策导论》,武汉大学出版社 2018 年,第 17—18 页。

(二) 社会政策的特征

根据社会政策的定义和本质来看,社会政策有着如下的特征:

社会政策面向社会公众,解决社会问题,处理公共事务,增进公共福利,秉持着社会性的价值,实现社会性的目标,它的基本特征是社会性(公共性/福利性);

社会政策的制定和实施都会受到阶层的影响,深刻体现阶级之间的相互关系,是统治阶级意志的体现,因而带有明显的阶级特征;

社会政策是社会利益的再分配,是政府对社会福利事务的干预行动。为保证顺利实施,社会政策需具有权威性,这来源于国家和政府的公信力和强制执行力;

社会政策的制定目的是为了满足人民群众的基本需要,实现社会稳定,追求长远的社会发展。任何社会政策都有其特定的目标,因而具有目的性;

社会政策也是一个变化着的概念,不同的时期有着不同的界定,它是由制定、实施、评估、变动等环节构成的一个动态的过程,所以社会政策具有动态性;同时,某一特定历史阶段的社会政策是稳定的。所以,社会政策具有稳定性和动态性相结合的特征。

社会政策强调社会目标要与经济目标相协调,它是社会服务与社会管理的结合。

社会政策来源于社会实践,指导着社会实践,也会随着社会环境的变迁不断地修改、补充、调整和完善。某一社会政策如果没有进行实施,也就不能称之为社会政策了,所以社会实践具有很强的实践性。

(三) 社会政策的功能

社会政策作用于每一个个体,和人们的生活息息相关。其功能是指社会政策实施所产生的对现实环境的效果和影响。依照不同的分类标准,社会政策有着不同的功能类型,如主要功能和辅助功能、显性功能和隐性功能、正功能和负功能、宏观功能和微观功能、直接功能和间接功能等。从整体来说,"一个社会的社会政策系统对社会的构成、存在、运行和发展发挥着管制、引导、调控、分配和促进的建构功能"。[①]

若从一种实践行动的角度来看,社会政策具有解决社会问题、满足人类需要、促进社会发展的功能;从作为一种规范体系的角度来看,社会政策具有"实现社会整合、维持社会稳定、实现社会公正的功能"[②]。

(四) 社会政策的价值选择和原则

社会政策的各环节必须秉持一定的价值选择,这种价值取向总是以一定的社会价值为基础,依据一定的价值标准对社会政策行为进行的选择。放眼世界各国,纵观社会政策的发展历史,可以归结出四种社会价值类型:即民本主义(关注民众利益和福利)、官本主义(官僚本位)、人本主义(人的权利/尊严/价值)和事本主义(考核/达标/解决问题)。在社会政策实践的过程之中也存在着不同的价值观念,如公平与效率、自由与管控、个人与集体等,这些价值取向成为社会政策制定过程中的

---

① 游清富主编:《社会政策导论》,武汉大学出版社2018年,第63页。
② 庄华峰等编著:《社会政策导论》,合肥工业大学出版2005年,第45—46页。

原则,如:公平与效率、利益(反映、表达和综合、满足大多数人们的利益)、系统(社会政策要与其他法律、法规形成上下一致的整体,协调一致)、连续性(继承和衔接、动态和稳定)、可行性等原则。

三、社会政策的主要内容

(一) 社会政策的主要领域

1. 社会保障政策

在世界上的绝大多数国家中,社会保障政策都是政府社会政策体系中最基本最重要的组成部分之一,占据很大一部分公共开支。社会保障是指政府通过特定的公共行动向社会成员提供基本生活保障,以便与因疾病、生育、失业、工伤、年老和死亡等原因造成的经济和社会贫困作斗争。我国的社会保障政策包含社会保险、社会救助和社会福利。

2. 公共医疗卫生政策

公共医疗卫生政策是指政府为社会成员提供医疗服务、配置医疗资源、解决医疗卫生问题、预防疾病,以促进、保护和恢复健康等方面的一些规定和行动的总称。它是社会政策体系的重要组成部分,其基本目标是降低各种疾病的发生和危害,满足社会成员的医疗卫生需要,提高全社会的健康水平,并进而促进经济发展与社会进步。公共医疗卫生政策包括疾病防控科普教育、建设公共医疗设施、降低医疗服务价格、妇女卫生保健、残疾人康复事业、医疗救助等。

3. 公共教育政策

公共教育政策是指政府或其他组织兴办教育事业,向社会成员提供公共教育服务的政策。它通过国家的干预满足公民的教育需求和保障其受教育的权利,从而保障教育公平,提升国民素质。接受公共教育、发展教育事业既是社会成员的需求,也是国家和政府的需求。公共教育政策包括义务教育、流动人口子女教育、职业教育和高等教育等。

4. 住房保障政策

住房保障政策是指"政府或其他组织以福利性的方式为社会成员提供公共住房或住房补贴的政策"[1],目的是解决国民住房问题。我国的住房保障政策包括住房公积金制度、廉租房、公租房、农村危房改造项目等。

5. 劳动就业政策

劳动就业政策一般是指政府或其他组织为劳动者提供就业机会、合理分配就业机会、解决失业问题和保护劳动者权利而采取的各种行动的总和。我国的就业政策包括就业服务体系(职业介绍、就业训练等)、就业准入制度、职业培训制度、职业资格证书制度等。

以上对5大类最常见的社会政策做了简单介绍,其他社会政策还包括针对专门人群(如老年人、残疾人、儿童、流动人口、特困人群等)的社会政策体系,关于婚姻家庭、优抚安置、社区矫正、社会组织发展等的社会政策将在本书后面章节做逐步介绍。

(二) 社会政策的主体和客体

1. 社会政策的主体

社会政策作为一种公共产品和社会现象,总是由一定的主体发起、参与规划、实施的。主体

---

[1] 游清富主编:《社会政策导论》,武汉大学出版社2018年,第22页。

是指"直接或间接地参与社会政策全过程,包括制定、执行、评估、监督、控制、调整、终结的个人或组织"。① 社会政策主体根据其职责、职能、地位、身份、参与方式、参与程度及层次等方面的不同,有着不同的类型划分,如:根据社会政策主体的职责和职能,可以将社会政策主体分为决策主体、参议主体和参与主体;根据社会政策主体的身份可分为官方的决策者和非官方的参与者;根据社会政策主体的群体规模可分为个人主体、组织主体、社会主体和国家主体;根据主体在社会运行中的作用可分为社会政策的制定主体、执行主体和评估主体;根据制定和执行社会政策过程中的作用方式和影响程度可分为直接主体和间接主体;根据各类主体在社会政策行动中扮演的角色可分为责任者、组织者、资源提供者和社会服务的直接提供者。

以制定和执行社会政策过程中的作用方式和影响程度为标准,我们选取以下几类主体做简单的介绍。立法机关制定的法律决定了社会政策的基本形式;行政机关,如国务院,有权制定行政法规,这是行政机关制定社会政策的基本形式;司法机关的判决中逐渐确立的某些原则对社会政策的制定有着至关重要的影响;党和国家的政治组织在社会政策的制定和实施的过程中发挥着重要的主导作用。家庭、社区、就业组织、非政府和非营利组织、市场、志愿者组织、互助组织等都在社会政策行动之中扮演着重要的主体角色。社会政策的主体呈现着"由国家福利模式向多元福利模式转变的发展趋势"。②

2. 社会政策的客体

社会政策的客体又称社会政策的对象,是指那些受社会政策规范、管制、调节和制约的社会成员。社会政策更多地直接面向个人和群体,关注的是应该为谁提供服务,其直接目标就是为了解决社会中个人和群体所面临的各种困难,通过解决个人和群体的问题而促进社会的整合与发展。社会政策的主体和客体具有动态的相对性,不是一成不变的。不同的场域和情境之下,主体和客体的角色会发生变化。

同样的,按照不同的分类标准,社会政策的客体也有着不同的分类。"如按照社会政策的基本原则,可分为一般性对象(普通民众)和专门性对象(特定人群);按照社会政策行动的运作方式,可分为普遍性对象(无差异的整个群体,无论是否有特殊困难)和选择性对象(具有特殊困难的)。"③

社会政策客体的确定模式与一个国家或地区的社会政策的基本目标、原则、运作方式、经济水平、福利传统等有着密不可分的关系。比如,福利模式一般分为普惠型(覆盖面广、社会效益大、资格审核不严格、减少贫困烙印、费用高、针对性不强)和特惠型(与普惠型的优缺点正好相反)两种,两种模式各有其优缺点,就社会政策的实践来看,它们只是某一国家或某一时期的福利体系的主要类型。事实上,在现代国家之中,往往都是两种福利模式并行,有机结合并形成一种混合型福利模式。

(三) 社会政策的资源调动方式

社会政策的资源主要是指维持社会政策行动,实现其政策目标所需要的条件。此处的资源不光指资金投入,还包含人力、物力、信息、权力、志愿服务等。如何调动它们更好地满足社会政策的目标,是社会政策行动中需要探讨的重要内容。

---

① 游清富主编:《社会政策导论》,武汉大学出版社2018年,第71页。
② 庄华峰等编著:《社会政策导论》,合肥工业大学出版2005年,第45—46页。
③ 游清富主编:《社会政策导论》,武汉大学出版社2018年,第83页。

政府主要通过税收、专项收费来筹集资金;民间组织则通过社会集资、捐赠、志愿服务、社会资本和国际援助等来筹措资源。社会政策资源的运用不仅包括经费的支出,还包含其他方式的支出,主要有政府社会支出、社会保险基金、项目配套资金、国际援助、民间投入、人员调配和物资调拨等这些方式来支持社会政策的运行。

第三节　我国社会工作法规与政策的特点和内容

近年来,党的历次会议和政府工作报告越来越重视和谐社会和民生保障问题,出台了一系列促进和规范社会工作发展的法规与政策,这些法规和政策为社会工作的制度建构和社会工作的具体服务工作提供了依据和保障,引导和规范着社会工作的专业实践,推动和规范社会工作人才队伍的建设,促进社会工作机构的发展。反之,社会工作实践也承担着社会工作法规与政策的服务转化的任务,起到为社会政策制定、评估、改革建言献策的作用。

一、我国社会工作法规与政策的含义、特点

(一) 社会工作法规与政策的含义

社会工作法规与政策是指社会工作者在社会工作领域开展专业服务的过程中,所涉及的国家相关法律、法规和社会政策,包括法规体系与社会政策体系。

(二) 社会工作法规与政策的特点

社会工作法规与政策不同于其他领域的法规和政策,因为社会工作作为一门学科、一种职业、一个行业,有着鲜明的道德性,自诞生之日起就和社会关怀、公平正义密不可分,在发展的过程中更是充满了正义感、责任感和关怀感,以利他主义为指导,用专业方法服务弱势群体,所以社会工作法规和政策最大的特点就是**福利性**。

任何社会规范体系都有其特定的目的,紧承社会工作的道德性和政策、法规的福利性,社会工作政策与法规作为一种社会规范体系也有着很强的**目的性**。不同的法规与政策有着各自的核心目标,但都围绕着社会工作法规与政策的总目标,并根据总目标设定具体目标,制定相关配套措施,进行贯彻和执行。

社会工作法规与政策对于其客体往往具有强制性的约束力,规范着个体和组织的行为,因而具有**规范性和强制性**。

社会工作法规与政策都是经过国家权威机关制定和颁布的,经过了严格的程序和一定的过程,它不是随意的个人意志的体现,也并非针对某一个体的服务或约束,而是由国家强制力进行实施,因而具有**权威性**。

现代社会的公民总是生活在某一意识形态的国家之中,被不同的社会环境所萦绕。社会工作法规与政策是一系列由统治阶级制定的,为解决社会问题、实现社会目标、维护社会稳定和发展而采取的手段,体现着一定的**政治性和阶级性**。

社会工作法规和政策的产生经过一系列的程序,有特定的步骤,其关于目标、措施、适用范围等要素的表达都清晰明了,具有**严谨性和明确性**。

社会工作法规和政策一经产生则不轻易更改,短期内拥有稳定性;长期来看,它又会根据实际的需求和情况进行调整、优化,具有动态的弹性。这种变动性是绝对的,稳定性是相对的。因此,社会工作法规与政策是**稳定性和变动性的统一**。

社会工作法规和政策总是在一定的时间范围内起作用,超出这个时间范围就失去效力,被新的政策、法规所取代,因而社会工作法规和政策具有一定的**时效性**。

总的来说,社会工作法规和政策既有着一般法规和政策的特点,也有其本身特有的一些特点,如具有福利性和社会性,是将社会服务和社会管理有机结合的行动规则体系。

二、我国社会工作法规与政策的主要内容

(一) 关于社会建设和民生保障的表述

构建和谐社会是全面建成小康社会的题中之义,为了提高人民的社会和谐感,必须坚持以保障和改善民生为导向,加强和创新社会治理,完善社会保障体系。[①] 党的十六届四中全会,十七大报告,十八大报告,十八届三中、四中全会,十九大报告,十九届四中全会,二十大报告均已不同程度地提及社会建设的内容,主要内容如下表所示。

表一:党的历次会议中关于社会建设与民生保障的表述总结

时间	会议/报告	要点
2002年11月	党的十六大报告	第一次将"社会更加和谐"作为重要目标提出
2004年9月	党的十六届四中全会	把构建社会主义和谐社会作为党的执政目标 初次把构建和谐社会写进党的文件,从三位一体到四位一体
2006年10月	党的十六届六中全会	提出了构建社会主义和谐社会的重要性和紧迫性 提出了构建和谐社会的总体要求、目标任务和原则及重要任务 第一次明确提出建设宏大的社会工作人才队伍
2007年10月	党的十七大报告	首次将社会建设纳入全面协调可持续发展的总体格局中,较为全面地论述了社会建设的主要任务
2012年11月	党的十八大报告	进一步确认了社会建设在中国特色社会主义建设总体布局中的重要地位,从四位一体到五位一体,提出在改善民生和创新社会管理中加强社会建设的要求
2013年11月	党的十八届三中全会	《中共中央关于全面深化改革若干重大问题的决定》以全面深化改革为目标,将社会建设纳入了国家治理体系和治理能力现代化的行动体系中,确保社会既充满活力又和谐有序
2014年10月	党的十八届四中全会	《中共中央关于全面推进依法治国若干重大问题的决定》强调了保障公民权利,保障和改善民生法制建设,提高社会治理法治化水平
2017年10月	党的十九大报告	优先发展教育事业,提高就业质量和人民收入水平,加强社会保障体系建设,坚决打赢脱贫攻坚战。实施健康中国战略,打造共建共治共享的生活治理格局,有效维护国家安全
2019年10月	党的十九届四中全会	坚持完善统筹城乡的民生保障制度,满足人民日益增长的美好生活需要。坚持和完善共建共治共享的社会治理制度,保持社会稳定、维护国家安全

---

① 师洪文:《十九大报告关于造福人民论述的探析》,《湖南大众传媒职业技术学院学报》2019年第3期,第69—71、101页。

2022年10月，党的二十大召开，强调增进民生福祉，提高人民生活品质，强调江山就是人民，人民就是江山。会议指出，将为民造福确立为立党为公、执政为民的本质要求，坚持在发展中保障和改善民生，鼓励共同奋斗创造美好生活，不断实现人民对美好生活的向往。党的二十大报告中数次提到社会建设必须紧紧抓住人民最关心、最直接、最现实的利益问题，坚持尽力而为、量力而行，深入群众、深入基层，采取更多惠民生、暖民心举措，着力解决好人民群众急难愁盼问题，从而保障社会稳定发展。

1. 完善分配制度

分配制度是促进共同富裕的基础性制度。坚持按劳分配为主体、多种分配方式并存，构建初次分配、再分配、第三次分配协调配套的制度体系。努力提高居民收入在国民收入分配中的比重，提高劳动报酬在初次分配中的比重。坚持多劳多得，鼓励勤劳致富，促进机会公平，增加低收入者收入，扩大中等收入群体。完善按要素分配政策制度，探索多种渠道增加中低收入群众要素收入，多渠道增加城乡居民财产性收入。加大税收、社会保障、转移支付等的调节力度。完善个人所得税制度，规范收入分配秩序，规范财富积累机制，保护合法收入，调节过高收入，取缔非法收入。引导、支持有意愿有能力的企业、社会组织和个人积极参与公益慈善事业。

2. 实施就业优先战略

就业是最基本的民生。强化就业优先政策，健全就业促进机制，促进高质量充分就业。健全就业公共服务体系，完善重点群体就业支持体系，加强困难群体就业兜底帮扶。统筹城乡就业政策体系，破除妨碍劳动力、人才流动的体制和政策弊端，消除影响平等就业的不合理限制和就业歧视，使人人都有通过勤奋劳动实现自身发展的机会。健全终身职业技能培训制度，推动解决结构性就业矛盾。完善促进创业带动就业的保障制度，支持和规范发展新就业形态。健全劳动法律法规，完善劳动关系协商协调机制，完善劳动者权益保障制度，加强灵活就业和新就业形态劳动者权益保障。

3. 健全社会保障体系

社会保障体系是人民生活的安全网和社会运行的稳定器。健全覆盖全民、统筹城乡、公平统一、安全规范、可持续的多层次社会保障体系。完善基本养老保险全国统筹制度，发展多层次、多支柱养老保险体系。实施渐进式延迟法定退休年龄。扩大社会保险覆盖面，健全基本养老、基本医疗保险筹资和待遇调整机制，推动基本医疗保险、失业保险、工伤保险省级统筹。促进多层次医疗保障有序衔接，完善大病保险和医疗救助制度，落实异地就医结算，建立长期护理保险制度，积极发展商业医疗保险。加快完善全国统一的社会保险公共服务平台。健全社保基金保值增值和安全监管体系。健全分层分类的社会救助体系。坚持男女平等基本国策，保障妇女儿童合法权益。完善残疾人社会保障制度和关爱服务体系，促进残疾人事业全面发展。坚持房子是用来住的、不是用来炒的定位，加快建立多主体供给、多渠道保障、租购并举的住房制度。

4. 推进健康中国建设

人民健康是民族昌盛和国家强盛的重要标志。把保障人民健康放在优先发展的战略位置，完善人民健康促进政策。优化人口发展战略，建立生育支持政策体系，降低生育、养育、教育成本。实施积极应对人口老龄化国家战略，发展养老事业和养老产业，优化孤寡老人服务，推动实现全体老年人享有基本养老服务。深化医药卫生体制改革，促进医保、医疗、医药协同发展和治理。促进优质医疗资源扩容和区域均衡布局，坚持预防为主，加强重大慢性病健康管理，提高基层防病治病和健康管理能力。深化以公益性为导向的公立医院改革,规范民营医院发展。发展壮大医疗卫生队伍,把工作重点放在农村和社区。重视心理健康和精神卫生。促进中医药传承创新发展。创新医防协同、医防融合机制,健全公共卫生体系,提高重大疫情早发现能力,加强重大疫情防控救治体系和应急能力建设,有效遏制重大传染性疾病传播。深入开展健康中国行动和爱国卫生运动,倡导文明健康生活方式。

(二) 促进和规范社会工作发展的法规与政策

党和政府颁布的促进和规范社会工作发展的法规与政策很多,表二中我们对近年来的相关政策法规做了简单梳理。

表二：促进和规范社会工作发展的法规与政策

时间	颁布主体/政策文件	要点/意愿
2006年10月	党的十六届六中全会	明确提出建设宏大的社会工作人才队伍
2007年2月	民政部发布《关于开展社会工作人才队伍建设试点工作的通知》	优先在省会城市、计划单列市开展社会工作人才队伍建设试点工作
2010年6月	中央颁布的《国家中长期人才发展规划纲要(2010—2020年)》	奠定了社会工作专业人才在国家发展大局中的重要地位
2011年11月	中央组织部、中央政法委、民政部等18个部门和群团组织联合发布《关于加强社会工作专业人才队伍建设的意见》	在社会工作专业教育、职业道德、专业培训等方面做出规定
2012年4月	中央组织部、中央政法委、民政部等19个部门和群团组织根据《中共中央关于构建社会主义和谐社会若干重大问题的决定》等文件,出台《社会工作专业人才队伍建设中长期规划(2011—2020年)》	明确了当前和今后一个时期我国社会工作发展的指导思想、基本原则、目标任务和主要措施
2012年11月	民政部、财政部出台《关于政府购买社会工作服务的指导意见》	规定了主体、对象、范围、购买程序、要求等
2014年4月	民政部出台《关于进一步加快推进民办社会工作服务机构发展的意见》	推动社会工作服务机构的发展
2014年12月	民政部发布《社会工作服务项目绩效评估指南》和《儿童社会工作服务指南》	社会工作评估领域、儿童服务领域的行业标准
2016年2月	民政部发布《老年社会工作服务指南》	老年工作领域的行业标准
2016年9月	《中华人民共和国慈善法》	关于公益慈善行业的立法
2018年3月	人力资源社会保障部、民政部联合印发《高级社会工作师评价办法》	完善社会工作人才队伍体系,提高服务水平,促进制度的完善和发展
2020年7月	《中华人民共和国社区矫正法》	推进和规范社区矫正工作
2020年8月	中共中央办公厅、国务院办公厅《关于改革完善社会救助制度的意见》	统筹发展社会救助体系,巩固脱贫攻坚成果

以上仅列举部分重要法规与政策,还有很多关于推进社区工作、灾害社会工作、青少年社会工作等相关意见的法律法规和政策未列入。

(三) 主要业务领域相关的法规与政策

1. 社会救助法规与政策

扶贫助困是社会工作自产生之初就存在的主要任务之一,社会救助的法规与政策涉及城乡居民最低生活保障、就业、医疗、住房、教育、灾后等领域的救助工作,也涉及法律援助、临时救助等工作。如自2014年5月1日起施行的《社会救助暂行办法》,在社会力量参与章节提出,应大力发挥社会服务机构和社会工作者的作用,为社会救助对象提供社会融入、能力提升、心理疏导等专业服务。

2. 社会优抚法规与政策

这方面的法规与政策主要针对军人和烈士家属,用以维护军队稳定,巩固国防建设,其中主要包括烈士褒扬、抚恤优待、退伍军人安置、军队离退休干部安置等相关的法规和政策。做好优抚工作,对于密切军民关系、促进经济发展和保持社会稳定具有十分重要的意义。

3. 妇女、未成年人、老年人、残疾人保障法规与政策

这方面的法规与政策主要是指针对妇女、儿童、老年人和残疾人等颁布的一些针对他们权益的法规和政策,旨在保护这些特定人群的权益,为他们提供专门的社会福利服务。如2020年10月17日修订的《中华人民共和国未成年人保护法》,其中第六章、第七章都提到了社会工作者在未成年人保护工作和涉及未成年人案件中,开展家庭教育、心理辅导、法律援助、社会观护等工作。

4. 劳动保障法规与政策

劳动和社会保障权利是公民的基本权利,其相关法规与政策的设立是为了规范、调整劳动关系和社会保障关系,关系到广大人民的切身利益,也是实现经济发展和社会进步的一个基本因素。[①]

5. 医疗卫生法规与政策

医疗卫生法规与政策旨在改善人们工作、学习和生活环境的卫生状况,科普和预防疾病的产生,增加医疗卫生投入,兴建医务设施,培训医疗卫生相关领域的人才,提高国民健康水平。

6. 婚姻家庭法规与政策

婚姻和家庭关系仍然是现代生活中的重要组成单位,也是社会工作的重要工作领域,社会工作者主要依据有关婚姻、家庭关系、收养、遗产继承等方面的法规和政策开展社会工作专业服务。如自2016年3月1日起施行《中华人民共和国反家庭暴力法》,在家庭暴力的预防、处置、法律责任章节明确提出了社会工作服务机构的职责。

7. 社区组织与管理法规与政策

这方面的法规与政策是指国家制定的一系列有关社区建设和社区发展的法律、地方性法规和地方性政府的规范性文件,包括城市居民自治、农村居民自治和城乡社区建设等方面的法规与政策。

8. 人民调解、信访工作法规与政策

调解和信访都是具有中国特色的重要制度设计,旨在让社会工作者作为桥梁和渠道与当事人进行沟通,通过排解疏导、说服教育、上情下达等方法,解决社会问题,化解社会矛盾。

---

① 吴书松等编著:《社会工作法律基础》,上海社会科学院出版社2003年,第113页。

9. 社会团体和公益事业法规与政策

公益慈善事业的发展对于社会和公民个体来说有着重要的意义,它在促进社会公平、维护社会稳定方面发挥着重要的作用,各类社会团体、基金会等的发展提供了多元的社会服务。相关法规与政策主要包括《中华人民共和国慈善法》《志愿服务条例》等。

10. 我国社会保险的法规与政策

这方面包括养老、医疗、失业、工伤、生育保险等法规与政策,用来保障劳动者在丧失劳动能力或因其他原因不能劳动或暂时中断劳动时,从国家、社会和其所在单位获得帮助和补偿。

11. 社区矫正与禁毒法规与政策

这是我国控制偏差行为和维护社会秩序的重要领域,社会工作在其中的作用也日益凸显,如 2020 年 7 月 1 日起开始实施的《中华人民共和国社区矫正法》在第二章机构、人员和责任及第四章监督管理和第五章教育帮扶中,分别明确了社会工作者应该参与矫正对象的评估、方案制定、心理辅导、技能培训、社会关系改善等方面的服务。

三、社会工作法规与政策和社会工作实践的关系

(一) 社会工作法规与政策对社会工作实践的作用

1. 建构社会工作制度

社会工作人才队伍建设和社会工作实践的发展需要有良好的社会环境,其中包括政府的重视、民众的理解和支持以及良好的制度环境和社会参与。"社会工作的制度体系建设需要设立大量的具体制度规范,以保障社会工作机构在各个环境里的有序运行,并规范化地引导社会工作人才队伍建设。"[1]

2. 为社会工作具体服务工作提供依据和保障

社会工作法规与政策引导和规范着社会工作的专业实践,为社会工作具体服务提供依据。作为国家法律法规和政策的一部分,这些法规与政策要求社会工作者必须遵守,且利用法规与政策提供的条件和资源开展工作,保护服务对象和自身的权益。

3. 提供制度保障、资源支持促进社工人才队伍、社会工作机构发展

法规与政策为社会工作专业服务提供了制度保障,推动和规范社会工作人才队伍的建设,通过提供必要的资源支持,促进社会工作机构的发展,如给予优惠政策(税收等)、提供硬件条件(场地、孵化等)、提供资金(政府购买服务),促进公益慈善事业和志愿服务的发展。

(二) 社会工作实践对社会工作法规与政策的作用

1. 社会工作者是社会工作法规与政策的重要行动者

社会工作实践是社会工作法规与政策实施的重要环节,是将政府的社会政策向具体的社会服务转化的过程。社会工作者作为行业专家,提供专业化服务,解决复杂的问题,几乎所有的法规与政策都需要社会工作实践的参与。

2. 从专业视角就实践过程中发现的问题为社会政策的制定、评估和改革建言献策

社会工作者作为拥有专业知识和技能的实践者,在发现法规与政策之中存在不适用于现实

---

[1] 全国社会工作职业水平考试研究组编:《社会工作法规与政策》,辽宁大学出版社 2017 年,第 10 页。

生活情境之处，可以提出建议，参与制定或修改某一政策。社会工作者熟悉相关法规与政策，对于政策的评估、改革和发展都有着十分重要的作用。

自从 2002 年党的十六大报告初次提出"和谐社会"，到 2006 年的十六届六中全会强调构建和谐社会的重要性和紧迫性，逐步明确了构建和谐社会的总体要求、目标任务、原则和重要任务以来，再到十七大报告、十八大报告、十九大报告中关于社会建设的描述，从三位一体到五位一体再到社会建设占据政府工作报告的最多条数，社会建设与民生保障越来越成为党和政府工作的重中之重。社会工作法规和政策有着自身鲜明的特征，包含社会建设、专业发展、相关领域的法规和政策三部分内容，党和政府始终围绕着两个一百年的奋斗目标，民生导向逐渐成为发展的显著趋势，法规、政策与社会工作实践相互影响，相互促进，不断朝着规范化和专业化的方向发展。

第四节 我国社会工作专业人才队伍建设的政策依据与保障

党和国家根据社会工作专业人才队伍现状和经济社会发展趋势，研究制定出一系列规范和促进社会工作专业人才队伍建设的法规与政策，主要包括：加强社会工作专业教育培训，推动社会工作专业岗位开发和专业人才使用，推进社会工作专业人才评价和激励工作，颁布《社会工作专业人才队伍建设中长期规划（2011—2020）》；通过编制预算、组织购买、签订合同、指导实施和监督管理规范，促进政府采购社会工作服务的发展；加快推进民办社会工作服务机构发展，充分发挥民办社会工作服务机构在吸纳使用社会工作专业人才，提供专业化、个性化的社会工作服务，创新社会治理等方面的重要作用。

一、加强社会工作专业人才队伍建设的政策

（一）加强社会工作专业教育培训的要求

根据社会工作专业人才队伍现状和经济社会发展趋势，研究制定社会工作专业人才教育培训规划，建立教育培训长效机制。2011 年 11 月中央组织部、中央政法委、民政部等 18 个部门和群团组织联合发布了《关于加强社会工作专业人才队伍建设的意见》，其中指出：

1. **要切实加强社会工作专业人才职业道德建设**

制定职业道德守则和专业行为规范，构建中国特色的职业道德体系；开展职业道德教育，强化社会工作专业人才的社会责任感和职业认同感。

2. **大力开展社会工作专业培训**

组织实施三项专业工程，包括社会工作服务人才职业能力建设工程、高层次社会工作专业人才培养工程、社会工作管理人才综合素质提升工程；对涉及社会管理和公共服务工作部门的干部，下派基层锻炼的干部和选聘到村、社区任职的大学生普及社会工作专业知识，促进其理论和工作技能的提升；依托高校、专业机构开展培训工作，分领域研究、开发培训课程和教材，加大师资队伍建设，制定培训的质量评估政策和体系。

3. 大力发展社会工作专业教育

加强学科专业体系建设,支持高等教育和职业教育的发展,推动重点研究和人才培养基地的建设,改革人才培养模式,提高实践比重,健全督导制度,引进和培养教育和研究型的人才,总结本土经验和做法,完善课程和教材体系,支持社会工作相关研究,促进学术团体和平台建设,对高校相关专业学生开展社会工作通识教育。

(二) 推动社会工作专业岗位开发和专业人才使用的要求

根据按需设置、精简效能、循序渐进的原则,研究社会工作专业岗位设置的范围、数量结构、配备比例、职责任务和任职条件,制定出相应的政策措施和标准体系。

以基层为重点配备社会工作专业人才;根据事业单位的社会功能、职责任务、工作性质、人员结构等明确社会工作专业岗位;通过支持社会组织发展,做好监督和培训,提供财政资助,采购专业服务等引导相关社会组织吸纳社会工作专业人才;加大相关行政部门和群团组织使用社会工作专业人才力度;建立社会工作人才流动机制;建立"社工+义工"专业人员和志愿者联动的服务机制。

(三) 推进社会工作专业人才评价和激励工作的要求

1. 建立健全人才评价制度

支持社会工作专业人才和其他相关人员如城乡基层自治组织、社会服务部门等参与社会工作执业资格水平考试,鼓励用人单位按需聘用持证社工,将持证社工纳入专业技术人员管理范围。

2. 做好薪酬保障工作

合理确定社会工作者的薪酬水平,重视他们的社会保障问题,按照国家有关规定办理社会保险事宜。

3. 建立人才表彰制度

按照国家有关规定开展表彰奖励活动,在物质和精神上给予保障和奖励。

(四) 社会工作专业人才队伍建设中长期规划(2011—2020)

1. 社会工作人才队伍总体目标

建立健全社会工作专业人才法规、政策和制度体系,打造一支结构合理、素质优良的社会工作专业人才队伍,能适应构建社会主义和谐社会的要求,满足人民群众日益增长的社会服务需求。具体目标分别对专业人才队伍的规模、结构,专业人才的能力素质、效能、发展环境提出了要求。

2. 社会工作人才队伍建设的主要任务

大规模开发社会工作服务人才,制定高层人才培养计划,实施职业能力建设工程,开发远程教育培训网络,加强标准化建设,完善服务体系,关注农村社会工作专业人才发展政策;大力培养社会工作管理人才,依托高校、公益组织、公共机构和其他培训机构,加大社会工作管理人才培养力度,社会管理有关部门和公共服务机构要选用、培养、引进熟悉理论知识、掌握专业方法和技能的行政管理人才;加快培养社会工作教育与研究人才,将社会工作专业人才纳入青年英才开发计划,组织实施社会工作教育与研究人才培养引进工程,统筹协调和大力培养满足需求、体现行业特色的服务管理与研究人才,普及志愿服务理念,强化志愿服务意识,健全志愿服务系统。

3. 建立健全社会工作专业人才队伍建设的体制机制

加强党的领导,社会各部门与民间组织密切配合,社会力量广泛参与,优化人才管理方式,推动社会工作立法,建立健全人才管理体制;关于专业人才培养政策要以需求为导向,通过制定人才教育培训规划、加强学科专业体系建设、完善继续教育制度,培养专业化和职业化的社会工作人才;建立健全人才评价政策,分类管理,完善岗位评价指标;坚持以用为本的原则使用专业人才,支持企、事业单位开发设置社会工作岗位,推动专业人才合理流动;建立健全专业人才的薪酬保障机制,逐步提高专业人才的整体薪酬,将专业人才比例作为社会组织评估和政府采购的重要条件。

4. 针对社会工作专业人才队伍建设急需加强的薄弱环节,提出要实施好10项重点工程

一是实施社会工作服务人才职业能力建设工程,2020年实现所有在岗社会工作服务人员系统接受良好的专业教育和培训;二是实施社会工作管理人才综合素质提升工程;三是实施社会工作教育与研究人才培养引进工程;四是实施社会工作知识普及工程;五是实施社会工作专业人才服务社会主义新农村建设计划;六是实施社会工作专业人才服务边远贫困地区、边疆民族地区和革命老区计划;七是实施社会工作专业人才培训基地和教材建设工程;八是实施民办社会工作服务机构孵化基地建设工程;九是实施社会工作服务标准化建设示范工程;十是实施社会工作信息系统建设工程。

二、政府购买社会工作服务的政策

(一) 政府购买社会工作服务的含义、主体、对象及范围

政府购买社会工作服务,是政府利用财政资金,采取市场化、契约化方式,面向具有专业资质的社会组织和企、事业单位购买社会工作服务的一项重要制度安排。

各级政府,包括各级民政部门、财政部门和各有关部门和群团组织是购买社会工作服务的主体,根据"受益广泛、群众需要、服务专业"原则,购买范围涵盖城市流动人口、农村留守人员、困难群体、特殊人群和受灾群众,面向社会团体、民办非企业单位和基金会及企、事业单位采购个性化和多样化的社会工作专业服务。

(二) 政府购买社会工作服务的程序与监督管理

购买程序包括四个环节。**一是编制预算**。民政部门根据本地经济社会发展水平和财力状况,通过社会服务需求的摸底调查与分析评估,核算服务成本,科学编制年度社会工作服务项目预算并报同级财政部门审批。**二是组织购买**。原则上应通过公开招标方式进行。特殊情况经同级财政部门批准后,可以采用邀请招标、竞争性谈判的方式购买。也可以采取单一来源采购,但需提前向社会公示并获得同级财政部门的批准。采购需符合相关法律、法规和部门规章要求。**三是签订合同**。明确购买服务的范围、数量、质量要求以及服务期限、资金支付方式、违约责任等内容。**四是指导实施**。及时下拨购买经费,指导、督促服务承接机构严格履行合同义务,按时完成服务项目任务,保证服务数量、质量和效果。

监督管理政策包括：建立健全政府购买社会工作服务监督管理制度，形成完善的购买文件档案，制定专业服务、资金管理及效果评价等方面的指导标准；加强过程监管，对专业服务过程、任务完成和资金使用情况等进行督促检查；建立由购买方、服务对象及第三方组成的综合性评审机制，及时组织对已完成社会工作服务项目的结项验收；积极推进第三方评估；坚持过程与结果、短期效果与长远效果、社会效益与经济效益评估相结合，确保全面性、客观性和科学性；将考评结果与后续政府购买服务挂钩；建立社会工作服务提供机构征信管理制度。

三、推进民办社会工作服务机构发展的政策

2009年，民政部发布了《民政部关于促进民办社会工作服务机构发展的通知》，2014年4月9日，民政部印发《关于进一步加快推进民办社会工作服务机构发展的意见》，认识到加快推进民办社会工作服务机构发展的重要性和紧迫性，根据目标制定了相关任务措施，明确了充分发挥民办社会工作服务机构在吸纳使用社会工作专业人才，提供专业化、个性化的社会工作服务，创新社会治理等方面的重要作用。

（一）加快推进民办社会工作服务机构发展的原则和主要目标

坚持积极扶持、规范发展，将民办社会工作服务机构纳入社会组织建设管理之中，引导其健康有序发展。坚持突出重点、统筹兼顾，优先扶持发展满足重点人群和重点领域服务需求的服务机构，优化发展布局。坚持改革创新、整合资源，按照社会组织体制改革方向，鼓励和支持社会力量参与。

建立健全加快推进民办社会工作服务机构发展的**政策制度**，逐步形成协调有力的管理体制和规范高效的工作机制；进一步**完善登记服务和监督管理措施**，为民办社会工作服务机构登记成立和健康发展创造有利条件；加强民办社会工作服务机构的**能力建设**，促进社会工作行业组织发展；**加快推进政府购买社会工作服务**，建立健全民办社会工作服务机构支持保障体系。2020年，在全国发展8万家管理规范、服务专业、作用明显、公信力强的民办社会工作服务机构，有效承接政府社会服务职能，满足人民群众专业化、个性化的社会工作服务需求。

（二）完善民办社会工作服务机构管理制度的措施

1. 改进登记方式

专职工作人员中应有三分之一以上取得社会工作者职业水平证书或社会工作专业本科及以上学历，章程中应明确社会工作服务宗旨、范围和方式，符合《民办非企业单位登记管理暂行条例》规定条件的可直接向民政部门依法申请登记。

2. 强化监督管理

积极引导发展、严格依法管理，通过综合运用年度检查、社会评估、绩效评价、信用建设等监督管理手段，进一步加强对机构履行章程、开展活动、使用资金的监督管理。对违反章程开展活动、骗取或违规使用政府购买服务与社会捐赠资金、公布虚假失实信息、侵害服务对象权益等行为要严肃依法惩处，建立健全责任追究和行业退出机制。深入做好民办社会工作服务机构评估工作，将评估结果作为政府购买服务和资源支持的重要依据，充分发挥评估工作的导向、激励和约束作用。

3. 推动信息公开

建立健全民办社会工作服务机构信息公开制度，督促民办社会工作服务机构真实、准确、完

整、及时地向社会公开组织机构、年报公告、财务收支、捐资使用、服务内容、奖惩情况等重要信息,主动接受社会监督,努力树立良好的社会公信力;依托各级社会组织管理服务信息平台,实现民办社会工作服务机构信息公开与注册登记、申请项目、吸引捐赠的有机衔接,广泛争取社会各界的认可与支持。

(三) 加强民办社会工作服务机构能力建设的要求

1. 增强内部治理能力

督促机构建立健全各项规章制度,健全理事会、监事会制度,完善法人治理结构,恪守民间性、公益性、非营利性原则;健全财务制度,增强规范性和透明度;政府购买服务,发挥市场配置资源的优势;促进提升战略谋划、项目运作、资源整合、创新发展和组织管理能力;培养管理人才和专业督导人才。

2. 提升服务水平

加强指导、监督与反馈,逐步优化区域布局、业务结构和服务功能;建立健全科学的服务成效评估指标体系;加强一线服务人员的教育培训,鼓励其参加社会工作者职业水平考试,不断提升综合素质和专业水平;指导民办社会工作服务机构结合群众需求和自身优势特点加强服务品牌建设;支持承接社会工作专业人才实习实训任务,积极引导高校社会工作专业毕业生到民办社会工作服务机构就业创业、建功立业。

3. 建立健全联系志愿者制度

深入做好志愿者的招募注册、组织管理、培训指导和服务记录工作,鼓励志愿者长期参加民办社会工作服务机构有关活动,通过自学、考试等方式转化提升为社会工作专业人才;通过社会工作专业人才和志愿者(义工)的互动,引领提升志愿服务的专业化和组织化水平,丰富社会工作专业人才资源,拓展社会工作专业服务范围,增强社会工作专业服务效果。

4. 加强党群组织建设

按照现代社会组织党建工作的要求,指导民办社会工作服务机构建立基层党组织,逐步实现民办社会工作服务机构党组织全覆盖,支持有条件的民办社会工作服务机构建立共青团、工会、妇女组织等群团组织,充分发挥党组织的领导核心作用、团组织的先锋模范作用以及工会、妇女组织的服务维权作用,确保民办社会工作服务机构的正确发展方向。

(四) 发挥社会工作行业组织功能与作用的要求

1. 支持行业组织发展

将社会工作行业组织纳入政府购买社会工作服务对象的范围。加强监督管理,促进行业管理与服务人才队伍建设,引导骨干机构参与组建、发展行业组织。引入竞争机制提升服务水平。

2. 推进行业自律

建立健全各项行业自律制度,制定并实施行业职业道德准则,推动行业诚信体系建设,依法、依规开展行业评比奖励和质量认证等活动,规范行为、增强公信力。逐步委托行业组织承担资质核查、信息统计、教育培训等日常管理事务,充分发挥其前置和基础作用,推动政府监管与行业自律的有机结合。

3. 做好行业服务

加强行业调查研究，积极参与相关法律法规、行业规划、行业标准的研究与制定工作，及时向政府部门反映诉求，提出行业发展意见和建议。提供政策咨询、规划指导、项目推介、信息发布、权益维护、能力建设、合作交流等服务，增进沟通联系，争取有力支持。

（五）建立健全民办社会工作服务机构支持保障体系的要求

1. 加快推进政府购买服务

积极推动政府职能转变，规范政府购买社会工作服务程序，公平对待。严格核准承接政府采购服务的机构的资质条件，加强监督管理和绩效评价。积极发展专业评估与咨询服务机构，为开展政府购买社会工作服务提供技术支持。

2. 加大扶持力度

实施民办社会工作服务机构孵化基地建设工程，2020年建立50个国家级民办社会工作服务机构孵化基地，设立专项资金，通过公益创投、补贴奖励、提供场所、减免费用等多种方式，支持民办社会工作服务机构的启动成立和初期运作；采取公办民营、民办公助等方式，面向民办社会工作服务机构开放公共和社会资源，支持其以社区为平台开展社会工作服务；落实各项财税优惠政策，降低其运行管理和提供服务的成本；研究制定人员引进落户、薪酬保障、职业发展、表彰奖励等激励措施，充分调动民办社会工作服务机构开展专业服务的积极性、主动性和创造性。

3. 鼓励社会力量支持和参与

鼓励院校与机构开展产学研合作，鼓励专业教师创办民办社会工作服务机构；积极引导志愿者机构、公益慈善类社会组织和企事业单位按照注册登记条件成立民办社会工作服务机构；鼓励国（境）内外组织和个人依法通过捐资方式创办民办社会工作服务机构，通过设立基金、提供场所、项目合作、专业扶持等多种方式支持民办社会工作服务机构发展。

（六）加强对民办社会工作服务机构发展的组织领导

1. 建立健全领导体制和工作机制

将政府购买社会工作服务提上重要议事日程，纳入基本公共服务发展规划，坚持以民政和财政部门为主导、各有关部门密切配合、社会力量广泛参与，各省级民政和财政部门抓紧制定具体实施办法，加强行业组织建设。

2. 加大经费投入

协调有关部门逐步扩大财政资金的支持规模和范围。加大福利彩票公益金的支持力度，扶持壮大群众急需、具有发展潜力的民办社会工作服务机构。支持、引导社会资金参与支持民办社会工作服务机构发展，逐步形成多元化、稳定化、制度化的经费保障机制。

3. 营造社会环境

要加强各类宣传载体建设，围绕政策制度、优秀典型、先进事迹等开展深入持续的社会宣传。积极开展研究、交流与合作，及时总结推广经验做法，研究解决困难问题，促进理论与实践发展。对优秀机构和专业人才进行表彰奖励，营造关心、理解、支持民办社会工作服务机构发展的良好社会氛围。

【本章小结】

社会工作法规与政策是社会工作与法规的有机结合，包含法规体系和社会政策体系。本章主要梳理了社会工作法规与政策的内容、体系、特点；分析了社会工作实践和法规与政策之间的相互关系；总结了我国关于社会工作专业人才队伍建设的政策依据与保障。

【思考题】

1. 社会工作法规与政策是什么？有哪些特点？
2. 社会工作法规与政策的内容和领域有哪些？
3. 社会工作实践与社会工作法规和政策之间是什么关系？
4. 政府如何采购社会工作服务？

第二章
社会救助法规与政策

CHAPTER TWO

社会救助作为社会保障体系的一个组成部分,是指国家和社会对由于各种原因而陷入生存困境的公民,给予财务接济和生活扶助,以保障其最低生活需要的制度。社会救助既是公民生存权的基本保障,又是发展市场经济的内在要求,在矫正"市场失灵"、调整资源配置、实现社会公平、维护社会稳定、构建社会主义和谐社会等方面发挥着重要的不可替代的作用。

改革开放后,为适应社会主义市场经济体制的变迁,我国传统社会救助制度逐步发展为以最低生活保障、农村五保供养为核心,以医疗救助、住房救助、教育救助等专项救助为辅助,以临时救助、社会帮扶为补充的覆盖城乡的新型社会救助体系[1],并制定了《社会救助暂行办法》《最低生活保障审核审批办法(试行)》《自然灾害救助条例》《城乡医疗救助意见》《城乡医疗救助基金管理办法》等一系列有关社会救助的法规与政策,为保障公民生存权和社会公平正义提供法律依据,同时帮助专业领域内的社会工作者掌握相关法律规范,提供专业化服务,实现社会救助的有序性和有效性。

第一节 社会救助法规与政策的一般规定

习近平总书记在党的二十大报告中指出,"紧紧抓住人民最关心最直接最现实的利益问题","健全分层分类的社会救助体系"。民政部会同中央农办、财政部、国家乡村振兴局联合印发《关于进一步做好最低生活保障等社会救助兜底保障工作的通知》,从加大低保扩围增效工作力度、进一步加强急难临时救助、健全完善工作机制、优化规范办理流程、落实保障措施等5个方面,对进一步做好低保等社会救助兜底保障工作提出明确要求,力求及时将符合条件的困难群众纳入社会救助范围,巩固拓展脱贫攻坚成果,实现最低生活保障等社会救助扩围增效,兜住兜准兜好困难群众基本生活底线。民政部坚持保基本、兜底线、救急难、可持续的方针,持续健全以基本生活救助、专项社会救助、急难社会救助为主体。社会工作作为社会力量参与到社会救助中,对于补充和完善分层分类社会救助体系,保障特殊困难群众的基本生活有重要作用。

---

[1] 刘喜堂:《建国60年来我国社会救助发展历程与制度变迁》,《华中师范大学学报》(人文社会科学版)2010年第4期,第19—26页。

当前着重推进低保政策扩围,强化对低保边缘人口、支出型困难人口救助,推进由急难发生地实施临时救助,建立政府救助与慈善帮扶有效衔接机制,推进"物质＋服务"救助等,织密织牢民生兜底保障安全网。这是对我国近年来社会救助体系健康运行成果的极大肯定,但同时必须清醒认识到,我国社会救助体系方面还存在许多不足,也面临不少困难和挑战。脱贫攻坚任务艰巨,城乡区域发展和收入分配差距依然较大,群众在就业、教育、医疗、居住、养老等方面面临不少难题,必须着力加以解决。我国社会救助体系在运行的过程中应当不断完善创新,相关法规与政策也要及时调整到位,从而满足社会发展的需要。

增进民生福祉是发展的根本目的,我国社会救助法规与政策的制定和实施更是以此为志。为了加强社会救助,保障公民的基本生活,促进社会公平,维护社会和谐稳定,根据宪法,国务院于2019年3月2日根据国务院令第709号《国务院关于修改部分行政法规的决定》修正了《社会救助暂行办法》(下文简称"办法")。该办法在整个社会救助法规与政策中处于统筹全局的地位,是各类社会救助均应当遵守的基本准则。2024年以来,社会救助方面,尤其是在养老救助领域,民政部做出了积极的应对措施:一是推动各地加快基本养老服务制度设计。目前,多数省份都已经出台了实施方案,其余省份也都在陆续发布中。二是持续提升基本养老服务能力。会同相关部委实施2023年积极应对人口老龄化工程、居家和社区基本养老服务提升行动等,为符合条件的特殊困难失能、部分失能老年人建设家庭养老床位、提供居家养老上门服务。三是指导做好基本养老服务项目落地。

一、社会救助的总体要求

社会救助最根本的目的是扶贫济困,保障困难群众的最低生活需求,建立城乡一体的社会救助体系,实现社会救助法治化是维护并实现困难群众生存权和发展权的核心内容之一。本节主要从整体上介绍我国社会救助的总体要求,为后续各具体救助类型的管理设置提供原则性指导,并由此形成一条完整的社会救助体系,为社会工作者提供全面系统的工作规范。

(一) 社会救助制度建立及原则

最新办法中规定社会救助制度坚持托底线、救急难、可持续,与其他社会保障制度相衔接;社会救助水平与经济社会发展水平相适应;社会救助工作应当遵循公开、公平、公正、及时的原则。

(二) 国务院民政部门统筹全国社会救助体系建设

在中央,国务院民政、应急管理、卫生健康、教育、住房城乡建设、人力资源社会保障、医疗保障等部门,按照各自职责负责相应的社会救助管理工作。在地方,县级以上地方人民政府民政、应急管理、卫生健康、教育、住房城乡建设、人力资源社会保障、医疗保障等部门,按照各自职责负责本行政区域内相应的社会救助管理工作。最终由国务院民政部门统筹,建设全国社会救助体系。

(三) 社会救助协调机制

该办法中规定的社会救助协调机制主要包括以下三个层面:第一,乡镇人民政府、街道办事处负责有关社会救助的申请受理、调查审核,具体工作由社会救助经办机构或者经办人员承担;第二,村民委员会、居民委员会协助做好有关社会救助工作;第三,县级以上人民政府应当将社会救助纳入国民经济和社会发展规划,建立健全政府领导、民政部门牵头、有关部门配合、社会力量参与的社会救助工作协调机制,完善社会救助资金、物质保障机制,将政府安排的社会救助资金和社会救助工作经费纳入财政预算。

(四)社会救助资金的管理

社会救助资金实行专项管理,分账核算,专款专用,任何单位或者个人不得挤占挪用。社会救助资金的支付要按照财政国库管理的有关规定执行。

(五)社会救助信息管理

县级以上人民政府应当按照国家统一规划建立社会救助管理信息系统,实现社会救助信息互联互通、资源共享。

二、社会救助类型和社会力量参与社会救助的规定

该办法及其他相关法律法规对社会救助类型进行了详细的划分,共三类九种。第一类是困难群众基本生活救助,主要包括最低生活保障和特困人员供养。第二类是专项救护,主要包括受灾人员救助、医疗救助、教育救助、住房救助、就业救助和法律援助。其中,法律援助并未列入该办法中,但已有其他相关法律予以规范。第三类是临时救助,主要是指国家给生活无着落的流浪、乞讨人员提供临时食宿、急病救治、协助返回等救助。

在社会力量参与社会救助的形式上,国家鼓励单位和个人等社会力量通过捐赠、设立帮扶项目、创办服务机构、提供志愿服务等方式,参与社会救助;社会力量参与社会救助的,按照国家有关规定享受财政补贴、税收优惠、费用减免等政策;在社会力量参与社会救助的方式上,县级以上地方人民政府可以将社会救助中的具体服务事项通过委托、承包、采购等方式,向社会力量购买服务;县级以上地方人民政府应当发挥社会工作服务机构和社会工作者的作用,为社会救助对象提供社会融入、能力提升、心理疏导等专业服务。

社会救助管理部门及相关机构应当建立社会力量参与社会救助的机制和渠道,提供社会救助项目、需求信息,为社会力量参与社会救助创造条件、提供便利。

三、社会救助的监督管理

(一)社会救助监督管理机构与责任

该办法规定的社会救助监督管理机构主要包括以下四类,并对各类管理机构的责任进行划分。内容如下:第一,县级以上人民政府及其社会救助管理部门应当加强对社会救助工作的监督检查,完善相关监督管理制度。第二,县级以上人民政府民政部门根据申请或者已获得社会救助家庭的请求、委托,可以通过户籍管理、税务、社会保险、不动产登记、工商登记、住房公积金管理、车船管理等单位和银行、保险、证券等金融机构,代为查询、核对其家庭收入状况、财产状况;有关单位和金融机构应当予以配合;并且应当建立申请和已获得社会救助家庭经济状况信息核对平台,为审核认定社会救助对象提供依据。第三,县级以上人民政府社会救助管理部门和乡镇人民政府、街道办事处在履行社会救助职责过程中,可以查询、记录、复制与社会救助事项有关的资

料,询问与社会救助事项有关的单位、个人,要求其对相关情况作出说明,提供相关证明材料,有关单位、个人应当如实提供。第四,县级以上人民政府财政部门、审计机关依法对社会救助资金、物资的筹集、分配、管理和使用实施监督。

(二)申请救助的途径与相关监督

对于申请人难以确定社会救助管理部门的,可以先向社会救助经办机构或者县级人民政府民政部门求助。社会救助经办机构或者县级人民政府民政部门接到求助后,应当及时办理或者转交至其他社会救助管理部门办理;乡镇人民政府、街道办事处应当建立统一受理社会救助申请的窗口,及时受理、转办申请事项。若申请或者已获得社会救助的家庭或者人员,对社会救助管理部门作出的具体行政行为不服的,可以依法申请行政复议或者提起行政诉讼。

(三)社会救助的媒体宣传与监督

履行社会救助职责的部门应当对社会救助的各事项进行媒体宣传,该部门及工作人员均应当接受社会监督。一方面,县级以上人民政府及其社会救助管理部门应当通过报刊、广播、电视、互联网等媒体,宣传社会救助法律、法规和政策;并通过公共查阅室、资料索取点、信息公告栏等便于公众知晓的途径,及时公开社会救助资金、物资的管理和使用等情况,接受社会监督。另一方面,履行社会救助职责的工作人员行使职权,应当接受社会监督。任何单位、个人有权对履行社会救助职责的工作人员在社会救助工作中的违法行为进行举报、投诉。受理举报、投诉的机关应当及时核实、处理。

四、社会救助中的法律责任

对于违反该办法规定的,应当承担相应的法律责任。主要包括以下三类:

第一,应当承担行政处分的法律责任。有下列情形之一的,由上级行政机关或者监察机关责令改正,对直接负责的主管人员和其他直接责任人员依法给予处分:对符合申请条件的救助申请不予受理的;对符合救助条件的救助申请不予批准的;对不符合救助条件的救助申请予以批准的;泄露在工作中知悉的公民个人信息,造成后果的;丢失、篡改接受社会救助款物、服务记录等数据的;不按照规定发放社会救助资金、物资或者提供相关服务的;在履行社会救助职责过程中有其他滥用职权、玩忽职守、徇私舞弊行为的。

第二,应当承担行政处罚、治安管理处罚的法律责任。对于截留、挤占、挪用、私分社会救助资金、物资的,由有关部门责令追回;有违法所得的,没收违法所得;对直接负责的主管人员和其他直接责任人员依法给予处分;对于采取虚报、隐瞒、伪造等手段,骗取社会救助资金、物资或者服务的,由有关部门决定停止社会救助,责令退回非法获取的救助资金、物资,可以处非法获取的救助款额或者物资价值1倍以上3倍以下的罚款;构成违反治安管理行为的,依法给予治安管理处罚。

第三,应当承担相应的刑事责任。对于违反该办法规定,构成犯罪的,依法追究其刑事责任。

第二节 最低生活保障法规与政策

党的二十大以来,随着分层分类、城乡统筹的中国特色社会救助体系基本建成,我国民生兜底保障安全网越织越牢,保障政策日趋精细化、精准化,最低生活保障等社会救助兜底保障工作逐渐从"人找政策"向"政策找人"转变。社会救助事关困难群众基本生活和衣食冷暖,关系民生、连着民心,是保障基本民生、促进社会公平、维护社会稳定的兜底性、基础性制度安排。习近平总书记在党的二十大报告中指出:"健全分层分类的社会救助体系。"紧随而来的,最低生活保障的法规与政策也得到提升与改善。社会工作者有必要掌握最低生活保障、特困人员供养、受灾人员救助、医疗救助、教育救助、住房救助、就业救助、临时救助和法律援助等九类社会救助的法规与政策,为实践工作提供全面详细的管理规范,以提供专业的科学化、人性化服务。

一、最低生活保障法规与政策

"最低生活保障是指国家对家庭人均收入低于当地政府公告的最低生活标准的人口给予一定现金资助,以保证该家庭成员基本生活所需。"[①]它是促进社会公正的一项社会救助制度安排,是保障弱势群体基本生存权的"最后一道防线",是提升弱势群体自我发展能力的"助力器"以及带领弱势群体一道进入小康社会的"推进器"。随着我国经济发展水平不断提高和财政实力不断增强,为确保更多的人民群众能够享受到经济社会发展成果,我国民政部 2012 年印发了《最低生活保障审核审批办法(试行)》(下文简称"审核审批办法"),对符合低收入标准的家庭提供最低生活保障,贯彻落实科学发展观,真正地做到发展为了人民、发展依靠人民、发展成果由人民共享。

(一)低保对象资格

该审核审批办法规定:户籍状况、家庭收入和家庭财产是认定低保对象的三个基本要件。即,持有当地常住户口的居民,凡共同生活的家庭成员人均收入低于当地低保标准,且家庭财产状况符合当地人民政府规定条件的,可以申请低保。具体而言,第一,户籍状况。申请低保的必须是共同生活的家庭成员,主要包括配偶,父母和未成年子女,已成年但不能独立生活的子女(包括在校接受本科及以下学历教育的成年子女),其他具有法定赡养、扶养、抚养义务关系并长期共同居住的人员。但以下人员不计入共同生活的家庭成员:连续 3 年以上(含 3 年)脱离家庭独立生活的宗教教职人员,在监狱、劳动教养场所内服刑、劳动教养的人员,省级人民政府民政部门根据本条原则和有关程序认定的其他人员。另外,持有非农业户口的居民,可以申请城市低保;持有农业户口的居民,可以申请农村低保;取消农业和非农业户口划分的地区,原则上可以将申请人户籍所在地为城镇且居住超过一定期限、无承包土地、不参加农村集体经济收益分配等作为申请城市低保的户籍条件。第二,家庭收入。家庭收入是指共同生活的家庭成员在规定期限内的全部可支配收入。第三,家庭财产。家庭财产是指家庭成员拥有的全部动产和不动产。

(二)低保的申请和审核

申请低保应当以家庭为单位,由户主或者其代理人以户主的名义向户籍所在地乡镇人民政府(街道办事处)提出书面申请。另外,受申请人委托,村(居)民委员会也可以代其向户籍所在地乡镇人民政府(街道办事处)提交低保书面申请及其相关材料。

---

① 严华勇、吴新颖:《从社会公正看最低生活保障制度一体化》,《贵州师范大学学报》(社会科学版)2019 年第 6 期,第 9 页。

申请人有下列情况之一的,可以单独提出申请:(1)困难家庭中丧失劳动能力且单独立户的成年重度残疾人;(2)脱离家庭、在宗教场所居住三年以上的生活困难的宗教教职人员。

申请人或者其家庭成员的户籍有下列情况之一的,可以按以下方式办理:(1)经常居住地:在同一市县辖区内,申请人经常居住地与户籍所在地不一致的,根据市县人民政府的规定,申请人凭户籍所在地县级人民政府民政部门出具的未享受最低生活保障的证明,可以向经常居住地乡镇人民政府(街道办事处)提出申请。(2)户主及多数家庭成员户籍地:户籍类别相同但家庭成员户口不在一起的家庭,应将户口迁移到一起后再提出申请。因特殊原因无法将户口迁移到一起的,可选择在户主或者其主要家庭成员的户籍所在地提出申请,户籍不在申请地的其他家庭成员分别提供各自户籍所在地县级人民政府民政部门出具的未享受低保的证明。(3)农业、非农业户口分别申请:共同生活的家庭成员分别持有非农业户口和农业户口的,一般按户籍类别分别申请城市低保和农村低保。当前,多地对于低保申请开始实施"指尖办"即"互联网+政务服务"的创新举措,低保申请人足不出户即可完成申请,该举措让城乡低保申请更加便捷,申办效率进一步提升,信息也更加透明通畅。[①]

申请人应当履行三方面义务:第一,按规定提交相关材料,书面声明家庭收入和财产状况,并签字确认;第二,履行授权核查家庭经济状况的相关手续;第三,承诺所提供的信息真实、完整。

乡镇人民政府(街道办事处)应当对申请人或者其代理人提交的材料进行审查,材料齐备的,予以受理;材料不齐备的,应当一次性告知申请人或者其代理人补齐所有规定材料。另外,乡镇人民政府(街道办事处)应当及时受理低保申请,农村地区可以实行定期集中受理。

申请低保时,申请人与低保经办人员和村(居)民委员会成员有近亲属关系的,应当如实申明。对已受理的低保经办人员和村(居)民委员会成员有近亲属关系的低保申请,乡镇人民政府(街道办事处)应当进行单独登记。

(三)家庭经济状况调查

该审核审批办法规定家庭经济状况是指申请人及其家庭成员拥有的全部可支配收入和家庭财产。其中,家庭可支配收入是指扣除缴纳的个人所得税及个人按规定缴纳的社会保障性支出后的收入。主要包括:(1)工资性收入。指因任职或者受雇而取得的工资、薪金、奖金、劳动分红、津贴、补贴以及与任职或者受雇有关的其他所得等。(2)家庭经营净(纯)收入。指从事生产、经营及有偿服务活动所得。包括从事种植、养殖、采集及加工等农林牧渔业的生产收入,从事工业、建筑业、手工业、交通运输业、批发和零售贸易业、餐饮业、文教卫生业和社会服务业等经营及有偿服务活动的收入等。(3)财产性收入。包括动产收入和不动产收入。动产收入是指出让无形资产、特许权等收入,储蓄存款利息、有价证券红利、储蓄性保险投资以及其他股息和红利等收入,集体财产收入分红和其他动产收入等。不动产收入是指转租承包土地经营权、出租或者出让房产以及其他不动产收入等。(4)转移性收入。指国家、单位、社会团体对居民家庭的各种转移支付和居民家庭间的收入转移。包括赡养费、扶养费、抚养费、离退休金、失业保险金、社会救济金、遗属补助金、赔偿收入、接受遗产收入、接受捐赠(赠送)收入等。家庭财产主要包括:银行存款和有价证券;机动车辆(残疾人功能性补偿代步机动车辆除外)、船舶;房屋;债权及其他财产。

---

① 杨玉龙:《低保申请实现"指尖办"值得推广》,《四平日报》2020年1月8日,第8版。

乡镇人民政府(街道办事处)应当自受理低保申请之日起10个工作日内,在村(居)民委员会协助下,组织驻村干部、社区低保专干等工作人员对申请人家庭经济状况和实际生活情况逐一进行调查核实。每组调查人员不得少于2人。调查申请人家庭经济状况和实际生活情况,可以采取以下方式:(1)信息核对。县镇人民政府(街道办事处)通过县级以上人民政府民政部门与公安、人力资源社会保障、住房城乡建设、税务、金融、工商等部门和机构,对低保申请家庭的户籍、车辆、住房、社会保险、养老金、存款、证券、个体经营、住房公积金等收入和财产信息进行核对,并根据信息核对情况,对申请人家庭经济状况声明的真实性和完整性提出意见。(2)入户调查。调查人员到申请人家中了解其家庭收入、财产情况和吃、穿、住、用等实际生活状况;根据申请人声明的家庭收入和财产状况,了解其真实性和完整性。入户调查结束后,调查人员应当填写家庭经济状况核查表,并由调查人员和申请人(被调查人)分别签字。(3)邻里访问。调查人员到申请人所在村(居)委员会和社区,走访了解其家庭收入、财产和实际生活状况。(4)信函索证。调查人员以信函方式向相关单位和部门索取有关证明材料。(5)其他调查方式。

经家庭经济状况信息核对,对符合条件的低保申请,乡镇人民政府(街道办事处)应当依程序开展入户调查。不符合条件的,乡镇人民政府(街道办事处)应当书面通知申请人并说明理由。申请人对家庭经济状况信息核对结果有异议的,应当提供相关证明材料;乡镇人民政府(街道办事处)应当对申请人提供的家庭经济状况证明材料进行审核,并组织开展复查。

(四)民主评议

家庭经济状况调查结束后,乡镇人民政府(街道办事处)应当在5个工作日内,在村(居)民委员会的协助下,以村(居)为单位对申请人家庭经济状况调查结果的客观性、真实性进行民主评议。

民主评议由乡镇人民政府(街道办事处)工作人员、村(居)党组织和村(居)委会成员、熟悉村(居)民情况的党员代表、村(居)民代表等参加。村(居)民代表人数不得少于参加评议总人数的三分之二。有条件的地方,县级人民政府民政部门可以派人参加民主评议。

民主评议应当遵循以下程序:(1)宣讲政策。乡镇人民政府(街道办事处)工作人员宣讲低保资格条件、补差发放、动态管理等政策规定,宣布评议规则和会议纪律。(2)介绍情况。申请人或者代理人陈述家庭基本情况,入户调查人员介绍申请家庭经济状况调查情况。(3)现场评议。民主评议人员对申请人家庭经济状况调查情况进行评议,对调查结果的真实性和完整性进行评价。(4)形成结论。乡镇人民政府(街道办事处)工作人员根据现场评议情况,对申请人家庭经济状况调查结果的真实有效性作出结论。(5)签字确认。民主评议应当有详细的评议记录。所有参加评议人员应当签字确认评议结果。对民主评议争议较大的低保申请,乡镇人民政府(街道办事处)应当重新组织家庭经济状况调查核实。

(五)审批及发放

乡镇人民政府(街道办事处)应当根据家庭经济状况信息核对、入户调查、民主评议等情况,对申请家庭是否给予低保提出建议意见,并及时在村(居)民委员会设置的村(居)务公开栏公示入户调查、民主评议和审核结果。公示期为7天。公示结束后,乡镇人民政府(街道办事处)应当将申请材料、家庭经济状况调查结果、民主评议情况等相关材料报送县级人民政府民政部门审批。

县级人民政府民政部门在提出审批意见前,应当全面审查乡镇人民政府(街道办事处)上报的申请材料、调查材料和审核意见,并按照不低于30%的比例进行入户抽查。对单独登记的低保经办人员和村(居)民委员会成员近亲属的低保申请,以及有疑问、有举报或者其他需要重点调查的低保申请,县级人民政府民政部门应当全部进行入户调查。不得将不经过调查核实的任何群体或者个人直接审批为低保对象。

保障金额应当按照核定的申请人家庭人均收入与当地低保标准的差额乘以共同生活的家庭成员人数计算。对低保家庭中的老年人、未成年人、重度残疾人、重病患者、县级以上地方人民政府确定的其他生活困难人员可以采取多种措施提高救助水平。

低保金原则上实行社会化发放,通过银行、信用社等代理金融机构,每月10日前直接支付到低保家庭的账户;金融服务不发达的农村地区,低保金可以按季发放,每季度初10日前发放到户。

(六) 动态管理

县级人民政府民政部门应当根据低保对象的年龄、健康状况、劳动能力以及家庭收入来源等情况对低保家庭实行分类管理。乡镇人民政府(街道办事处)应当根据低保家庭成员和其他家庭经济状况的变化情况进行分类复核,并根据复核情况及时报请县级人民政府民政部门办理低保金停发、减发或者增发手续。对城市"三无"人员和家庭成员中有重病、重残人员且收入基本无变化的低保家庭,可每年复核一次。对短期内家庭经济状况和家庭成员基本情况相对稳定的低保家庭,可每半年复核一次。对收入来源不固定、有劳动能力和劳动条件的低保家庭,原则上城市按月、农村按季进行复核。

低保家庭应当向乡镇人民政府(街道办事处)定期报告家庭人口、收入和财产状况的变化情况。并且,县级人民政府民政部门应当对低保家庭实行长期公示,并完善面向公众的低保对象信息查询机制,同时公示中应当保护低保对象个人隐私,不得公开与低保无关的信息。另外,县级以上地方人民政府民政部门和乡镇人民政府(街道办事处)也应当公开低保监督咨询电话,主动接受社会和群众对低保审核审批工作的监督、投诉和举报。有条件的地方可以省为单位设置统一的举报投诉电话。

二、特困人员供养法规与政策

"特困人员生活困难、无依无靠、无人照料,是打赢脱贫攻坚战的困中之困、难中之难,是社会救助兜底保障的重点对象。"[1]特困人员供养是指国家对无劳动能力,无生活来源且无法定赡养、抚养、扶养义务人,或者其法定赡养、抚养、扶养义务人无赡养、抚养、扶养能力的老年人、残疾人以及未满16周岁的未成年人,给予特困人员供养。政府和社会通过建立社会救助基金,将部分国民收入再分配给贫困者,以保障居民的基本生存权和发展权。

(一) 特困人员供养的内容与方式

我国特困人员供养的内容主要包括提供基本生活条件、对生活不能自理的给予照料、提供疾病治疗及办理丧葬事宜等方面。该人员供养标准,由省、自治区、直辖市或者设区的市级人民政

---

[1] 《切实保障分散供养特困人员基本生活权益》,《中国社会报》2020年1月9日,第2版。

府确定公布,并应当与城乡居民基本养老保险、基本医疗保障、最低生活保障、孤儿基本生活保障等制度相衔接。

特困供养人员供养方式多样,可以自行选择供养形式,既可以在当地的供养服务机构集中供养,也可以在家分散供养。目前,集中供养已经成为国家给予特困人员供养的重要方式,"供养服务标准化是提高集中供养服务质量的重要保障。"[①]

(二) 特困人员供养的申请与终止

申请特困人员供养,按照下列程序办理:(1) 由共同生活的家庭成员向户籍所在地的乡镇人民政府、街道办事处提出书面申请;家庭成员申请有困难的,可以委托村民委员会、居民委员会代为提出申请。(2) 乡镇人民政府、街道办事处应当通过入户调查、邻里访问、信函索证、群众评议、信息核查等方式,对申请人的家庭收入状况、财产状况进行调查核实,提出初审意见,在申请人所在村、社区公示后报县级人民政府民政部门审批。(3) 县级人民政府民政部门经审查,对符合条件的申请予以批准,并在申请人所在村、社区公布;对不符合条件的申请不予批准,并书面向申请人说明理由。

特困供养人员不再符合供养条件的,村民委员会、居民委员会或者供养服务机构应当告知乡镇人民政府、街道办事处,由乡镇人民政府、街道办事处审核并报县级人民政府民政部门核准后,终止供养并予以公示。

第三节 受灾人员救助法规与政策

受灾人员救助是指在遭受自然灾害后,受灾群众面临自身无力克服的吃饭、饮水、住所、衣被等生活困难时,政府给予救助。国务院于2019年发布的最新《自然灾害救助条例》就是为了规范自然灾害救助工作,保障受灾人员基本生活而制定的。自然灾害救助工作遵循以人为本、政府主导、分级管理、社会互助、灾民自救的原则。

一、自然灾害救助组织工作

自然灾害救助工作实行各级人民政府行政领导负责制。在中央层面上,国家减灾委员会负责组织、领导全国的自然灾害救助工作,协调开展重大自然灾害救助活动;国务院应急管理部门负责全国的自然灾害救助工作,承担国家减灾委员会的具体工作;国务院有关部门按照各自职责做好全国的自然灾害救助相关工作。在地方上,县级以上地方人民政府或者人民政府的自然灾害救助应急综合协调机构组织、协调本行政区域的自然灾害救助工作;县级以上地方人民政府应急管理部门负责本行政区域的自然灾害救助工作;县级以上地方人民政府有关部门按照各自职责做好本行政区域的自然灾害救助相关工作。

村民委员会、居民委员会以及红十字会、慈善会和公募基金会等社会组织,依法协助人民政府开展灾害救助工作。另外,国家鼓励和引导单位和个人参与自然灾害救助捐赠、志愿服务等活动。

---

① 陈锐、侯超华、刘红兵、徐燕娜:《特困人员集中供养标准化研究浅析》,《中国标准化》2019年第24期,第2页。

（一）自然灾害救助准备工作

自然灾害发生后,相关的救助准备工作应当按照有关法规和政策的要求有序推进,主要包括以下五步:第一,制定相应的自然灾害救助应急预案。县级以上地方人民政府及其有关部门应当根据有关法律、法规、规章和上级人民政府及其有关部门的应急预案以及本行政区域的自然灾害风险调查情况,制定相应的自然灾害救助应急预案。自然灾害救助应急预案应当包括下列内容:(1)自然灾害救助应急组织指挥体系及其职责;(2)自然灾害救助应急队伍;(3)自然灾害救助应急资金、物资、设备;(4)自然灾害的预警预报和灾情信息的报告、处理;(5)自然灾害救助应急响应的等级和相应措施;(6)灾后应急救助和居民住房恢复重建措施。第二,建立健全自然灾害救助应急指挥技术支撑系统。县级以上人民政府应当建立健全自然灾害救助应急指挥技术支撑系统,并为自然灾害救助工作提供必要的交通、通信等装备。第三,设立自然灾害救助物资储备。国家建立自然灾害救助物资储备制度;由国务院应急管理部门分别会同国务院财政部门、发展改革部门、工业和信息化部门、粮食和物资储备部门制定全国自然灾害救助物资储备规划和储备库规划,并组织实施,其中,由国务院粮食和物资储备部门会同相关部门制定中央救灾物资储备库规划,并组织实施;设区的市级以上人民政府和自然灾害多发、易发地区的县级人民政府应当根据自然灾害特点、居民人口数量和分布等情况,按照布局合理、规模适度的原则,设立自然灾害救助物资储备库。第四,设立应急避难场所。县级以上地方人民政府应当根据当地居民人口数量和分布等情况,利用公园、广场、体育场馆等公共设施,统筹规划设立应急避难场所,并设置明显标志。另外,启动自然灾害预警响应或者应急响应,需要告知居民前往应急避难场所的,县级以上地方人民政府或者人民政府的自然灾害救助应急综合协调机构应当通过广播、电视、手机短信、电子显示屏、互联网等方式,及时公告应急避难场所的具体地址和到达路径。第五,队伍建设和业务培训。县级以上地方人民政府应当加强自然灾害救助人员的队伍建设和业务培训,村民委员会、居民委员会和企业事业单位应当设立专职或者兼职的自然灾害信息员。

（二）自然灾害的应急救助工作

常用于各自然灾害的应急救助工作主要包括以下四种。第一,启动预警响应。县级以上人民政府或者人民政府的自然灾害救助应急综合协调机构应当根据自然灾害预警预报启动预警响应,采取下列一项或者多项措施:(1)向社会发布规避自然灾害风险的警告,宣传避险常识和技能,提示公众做好自救互救准备;(2)开放应急避难所,疏散、转移易受自然灾害危害的人员和财产,情况紧急时,实行有组织的避险转移;(3)加强对易受自然灾害危害的乡村、社区以及公共场所的安全保障;(4)责成应急管理等部门做好基本生活救助的准备。第二,启动自然灾害救助应急响应。自然灾害发生并达到自然灾害救助应急预案启动条件的,县级以上人民政府或者人民政府的自然灾害救助应急综合协调机构应当及时启动自然灾害救助应急响应,采取下列一项或者多项措施:(1)立即向社会发布政府应对措施和公众防范措施;(2)紧急转移安置受灾人员;(3)紧急调拨、运输自然灾害救助应急资金和物资,及时向受灾人员提供食品、饮用水、衣被、取暖、临时住所、医疗防疫等应急救助,保障受灾人员基本生活;(4)抚慰受灾人员,处理遇难人员善后事宜;(5)组织受灾人员开展自救互救;(6)分析评估灾情趋势和灾区需求,采取相应的自然灾害救助措施;(7)组织自然灾害救助捐赠活动。第三,紧急征用物资、设备、交通运输工具和场地。在自然灾害救助应急期间,县级以上地方人民政府或者人民政府的自然灾害救助应急综合协调机构可以在本行政区域内紧急征用物资、设备、交通运输工具和场地,自然灾害救助应急工作结束后应当及时归还,并按照国家有关规定给予补偿。第四,人员伤亡和财产损失报告。自然灾害造成人员伤亡或者较大财产损失的,受灾地区县级人民政府应急管理部门应当立即向本级人民政府和上一级人民政府应急管理部门报告;自然灾害造成特别重大或者重大人员伤亡、财产损失的,受灾地区县级人民政府应急管理部门应当按照有关法律、行政法规和国务院应急预案规定的程序及时报告,必要时可以直接报告国务院。

另外,在灾情稳定前,受灾地区人民政府应急管理部门应当每日逐级上报自然灾害造成的人员伤亡、财产损失和自然灾害救助工作动态等情况,并及时向社会发布。当灾情稳定后,受灾地区县级以上人民政府或者人民政府的自然灾害救助应急综合协调机构应当评估、核定并发布自然灾害损失情况。

(三) 自然灾害的灾后救助工作

自然灾害的灾后救助工作主要从以下三部分入手,以保障受灾地区人民最基础、最根本的需求。第一,过渡性安置。受灾地区人民政府应当在确保安全的前提下,采取就地安置与异地安置、政府安置与自行安置相结合的方式,对受灾人员进行过渡性安置。另外,就地安置应当选择在交通便利,便于恢复生产和生活的地点,并避开可能发生次生自然灾害的区域,尽量不占用或者少占用耕地。第二,住房重建。自然灾害危险消除后,受灾地区人民政府应当统筹研究制定居民住房恢复重建规划和优惠政策,组织重建或者修缮因灾损毁的居民住房,对恢复重建确有困难的家庭予以重点帮扶。居民住房恢复重建补助对象由受灾人员本人申请或者由村民小组、居民小组提名。经村民委员会、居民委员会民主评议,符合救助条件的,在自然村、社区范围内公示;无异议或者经村民委员会、居民委员会民主评议后异议不成立的,由村民委员会、居民委员会将评议意见和有关材料提交乡镇人民政府、街道办事处审核,报县级人民政府应急管理等部门审批。第三,基本生活救助。自然灾害发生后的当年冬季、次年春季,受灾地区人民政府应当为生活困难的受灾人员提供基本生活救助。受灾地区县级人民政府应急管理部门应当在每年10月底前统计、评估本行政区域受灾人员当年冬季、次年春季的基本生活困难和需求,核实救助对象,编制工作台账,制定救助工作方案,经本级人民政府批准后组织实施,并报上一级人民政府应急管理部门备案。

二、自然灾害的救助款物管理

自然灾害的救助款物要求专款(物)专用、无偿使用,由县级以上人民政府财政部门、应急管理部门负责分配、管理并监督使用情况;县级以上人民政府应急管理部门负责调拨、分配、管理自然灾害救助物资。

(一) 救助款物管理

人民政府采购用于自然灾害救助准备和灾后恢复重建的货物、工程和服务,依照有关政府采购和招投标的法律规定组织实施;自然灾害应急救助和灾后恢复重建中涉及紧急抢救、紧急转移安置和临时性救助的紧急采购活动,按照国家有关规定执行。

定向捐赠的款物,应当按照捐赠人的意愿使用;政府部门接受的捐赠人无指定意向的款物,由县级以上人民政府应急管理部门统筹安排用于自然灾害救助;社会组织接受的捐赠人无指定意向的款物,由社会组织按照有关规定用于自然灾害救助。

自然灾害救助款物应当用于受灾人员的紧急转移安置,基本生活救助,医疗救助,教育、医疗等公共服务设施和住房的恢复重建,自然灾害救助物资的采购、储存和运输,以及因灾遇难人员亲属的抚慰等项支出。

受灾地区人民政府应急管理、财政等部门和有关组织应当通过报刊、广播、电视、互联网等平台,主动向社会公开所接受的自然灾害救助款物和捐赠款物的来源、数量及其使用情况。

各级人民政府应当建立、健全自然灾害救助款物和捐赠的监督检查制度,并及时受理投诉和举报。县级以上人民政府监察机关、审计机关应当依法对自然灾害救助款物和捐赠款物的管理使用情况进行监督检查,应急管理、财政等部门和有关社会组织应当予以配合。

(二)自然灾害救助中的法律责任

第一,行政机关工作人员的法律责任。行政机关工作人员违反本条例规定,有下列行为之一的,由任免机关或者监察机关依照法律法规给予处分;构成犯罪的,依法追究刑事责任:迟报、谎报、瞒报自然灾害损失情况,造成后果的;未及时组织受灾人员转移安置,或者在提供基本生活救助、组织恢复重建过程中工作不力,造成后果的;截留、挪用、私分自然灾害救助款物或者捐赠款物的;不及时归还征用的财产,或者不按照规定给予补偿的;有滥用职权、玩忽职守、徇私舞弊的其他行为的。

第二,公民(灾民)的法律责任。采取虚报、隐瞒、伪造等手段,骗取自然灾害救助款物或者捐赠款物的,由县级以上人民政府应急管理部门责令限期退回违法所得的款物;构成犯罪的,依法追究刑事责任。抢夺或者聚众哄抢自然灾害救助款物或者捐赠给款物的,由县级以上人民政府应急管理部门责令停止违法行为;构成违反治安管理行为的,由公安机关依法给予治安管理处罚;构成犯罪的,依法追究刑事责任。以暴力、威胁方法阻碍自然灾害救助工作人员依法执行职务,构成违反治安管理行为的,由公安机关依法给予治安管理处罚;构成犯罪的,依法追究刑事责任。

第四节 医疗及教育等救助法规与政策

医疗救助是指国家和社会针对那些因为贫困而没有经济能力进行治病的公民实施专门的帮助和支持。通常是在政府有关部门的主导下,社会广泛参与,通过医疗机构针对贫困人口的患病者实施的恢复其健康、维持其基本生存能力的救治行为。"医疗救助是减轻群众就医负担、增进民生福祉、维护社会和谐稳定的重大制度安排,也是深入贯彻落实党的十九大关于医疗改革措施的具体要求。"[①]我国城乡医疗救助于2003年和2005年分别在农村和城市开始试点,并于2008年全面建立。医疗救助的法治化不仅从根本上解决了困难人员的基本医疗服务问题,而且也使该困难群众得到法律保障。

---

① 《中共中央国务院关于深化医疗保障制度改革的意见》,《人民日报》2020年3月6日,第1版。

一、城乡医疗救助的对象

《城市医疗救助意见》指出,救助对象的具体条件由地方民政部门会同卫生、劳动保障、财政等部门制定并报同级人民政府批准。主要包括以下两类:(1) 未参加职工基本医疗保险的低保对象;(2) 已参加职工基本医疗保险但负担仍较重的人员及其他特殊困难群众。《关于实施农村医疗救助的意见》指出,救助对象的具体条件由地方民政部门会同财政、卫生部门制定,报同级人民政府批准。主要包括以下两类:(1) 五保户、贫困户家庭成员;(2) 地方政府规定的符合条件的其他贫困农民。

(一) 城乡医疗救助的形式

城市医疗救助在坚持多方筹资、多种方式、量力而行的原则上,采取社会力量资助、城市医疗救助基金补助及医疗机构减免有关费用等多种救助形式对相关人员进行救助;在医疗费补助方面,当个人负担超过一定金额的医疗费用或特殊病种医疗费用时,给予一定比例或一定数量的补助。

农村医疗救治形式则是分地区而定。在开展新型农村合作医疗的地区,一般情况下,由资助医疗救助对象缴纳个人负担的全部或部分资金,参加当地合作医疗,享受合作医疗待遇。对因患大病经合作医疗补助后个人负担医疗费用过高,影响家庭基本生活的,再给予适当的医疗救助。在尚未开展新型农村医疗合作地区,对因患大病、个人负担费用难以承担,影响家庭基本生活的,给予适当医疗救助;对国家规定的特种传染病救治费用,则按有关规定给予补助。

(二) 城乡医疗救助的申请与审批程序

城市医疗救助按照以下程序有序进行:首先,由城市医疗救助对象向其户籍所在地的社区居委会递交书面申请。如果符合申请条件,填写《城市低保对象医疗救助申请审批表》,并告知应当提供的相关证明材料。之后,街道办事处或乡镇人民政府医疗救助部门收到申请后,应当对申请人提出的申请及申请人提供的相关证明材料进行核查。核查结束后,在《城市低保对象医疗救助申请审批表》签署审核意见。最后,区(县)民政局核实街道办事处(乡镇人民政府)上报的申请书及相关材料,对符合享受城市医疗救助待遇的,在《城市低保对象医疗救助申请审批表》上签署审批意见,核实救助金额。

农村医疗救助工作实行属地化管理的原则,在坚持该原则的基础上有序展开:首先,由农村医疗救助对象(户主)向村委会提出书面申请,并填写申请表,如实提供各类材料与证明等,经村民代表会议评议同意后报乡镇政府审核。乡镇人民政府对上报的申请表和有关材料进行逐项审核,对符合医疗救助条件的上报县(市、区)民政局审批。乡镇人民政府根据需要,可以采取入户调查、邻里访问、信函索证等方式对申请人的医疗支出和家庭经济状况等有关材料进行调查核实。最后,县级民政部门对乡镇上报的有关材料进行复审核实,并及时签署审批意见。对符合医疗救助条件的家庭核准其享受医疗救助金额,对不符合救助条件的,应当书面通知申请人,并说明理由。

(三) 城乡医疗救助基金的筹集和管理

《城乡医疗救助基金管理办法》规定,城乡医疗救助基金应按照公开、公平、公正、专款专用、收支平衡的原则进行管理和使用。县级财政部门将原来的社保基金专户中分设的"城市医疗救助基金专账"和"农村医疗救助基金专账"进行合并,建立"城乡医疗救助基金专账",用于办理基金的筹集、核拨、支付等业务。

县级以上人民政府建立城乡医疗救助基金,城乡医疗救助基金来源主要包括:(1)地方各级财政部门每年根据本地区开展城乡医疗救助工作的实际需要,按照预算管理的相关规定,在年初公共财政预算和彩票公益金中安排的城乡医疗救助资金。(2)社会各界自愿捐赠的资金。(3)城乡医疗救助基金形成的利息收入。(4)按规定可用于城乡医疗救助的其他资金。

城乡医疗救助基金的救助对象是城乡低保对象、农村五保供养对象,以及其他符合医疗救助条件的经济困难群众。城乡医疗救助基金应分别结合城镇居民基本医疗保险和新型农村合作医疗制度(以下简称"基本医疗保险")的相关政策规定,统筹考虑城乡困难群众的救助需求,首先确保救助对象全部参加基本医疗保险,其次对经基本医疗保险、大病保险和商业保险等补偿后,救助对象仍难以负担的符合规定的医疗费用给予补助,帮助困难群众获得基本医疗服务。对因各种原因未能参加基本医疗保险而个人自负医疗费用的救助对象,可直接给予救助。救助方式以住院救助为主,同时兼顾门诊救助。各地要科学制定救助方案,合理设置封顶线,稳步提高救助水平。要结合基本医疗保险的待遇规定,统筹城乡医疗救助制度,弥合城乡困难群众在获得医疗救助方面的差异,满足其正常的医疗服务需求。

城乡医疗救助基金原则上实行财政直接支付。民政部门向同级财政部门提交拨款申请,财政部门审核后将城乡医疗救助基金由社保基金专户直接支付给定点医疗机构、定点零售店或医疗救助对象。

资助医疗救助对象参保参合的,由民政部门将与基本医疗保险经办机构确认后的符合救助标准的医疗救助人数、参保参合资助标准及资金总量提供给同级财政部门,经同级财政部门审核后,从社保基本专户中的"城乡医疗救助基金专账"中将个人缴费核拨至"城镇居民基本医疗保险专账"或"新型农村合作医疗专账"中。暂不具备直接支付条件的统筹地区民政部门可根据需要开设一个城乡医疗救助基金支出户(以下简称"支出户")。

支出户的主要用途是:接收财政专户拨入的基金,支付基金支出款项,包括对救助对象符合规定的不能通过"一站式"即时结算的医疗费用补助支出,对偏远地区和金融服务不发达等不具备直接支付条件的地区的基金支出,及政策规定的其他可以直接发放给救助对象的基金支出。支出户的利息收入应定期缴入社保基金专户,并入城乡医疗救助基金管理。支出户除向定点医疗机构和定点零售药店结算垫付医疗费用、向医疗救助对象支付救助资金外,不得发生其他支出业务。支出户发生的业务原则上通过转账方式,逐步减少并取消现金支出。

城乡医疗救助基金年终结余资金可以结转至下年度继续使用。基金累计结余一般应不超过当年筹集基金总额的15%。各地应进一步完善救助方案,确保基金均衡合理使用,确保救助对象最大程度受益。城乡医疗救助基金的筹集和使用情况,应通过网站、公告等形式按季度向社会公布,城乡医疗救助对象和救助金额等情况应每季度在村(居)委会张榜公布,接受社会监督。

民政部门应会同人力资源社会保障、卫生计生等部门定期检查定点医疗机构和定点零售药店提供的医疗服务和收费情况,对医疗服务质量差、医疗行为违规的,暂缓或停止拨付其垫付的资金。地方各级民政和财政等部门要定期对城乡医疗救助基金使用情况进行监督检查,并自觉接受审计、监察等部门的监督。民政部、财政部对各地医疗救助工作开展情况和基金使用情况进行抽查。

当然,医疗救助的法规与政策具有一定的滞后性,以上规定并无法涵盖社会生活中的全部医疗救助,但是也具有及时性,对于社会中突发的一些医疗问题能够及时有针对性地制定相关政策,以弥补不足。如,对于2020年大规模爆发的新型冠状病毒感染肺炎患者就诊时医疗费用的支付问题,财政部、国家卫生健康委《关于新型冠状病毒感染肺炎疫情防控有关经费保障政策的通知》(财社〔2020〕2号)第一条规定,"对于确诊患者发生的医疗费用,在基本医保、大病保险、医疗救助等按规定支付后,个人负担部分由财政给予补助"。[1]

二、教育救助法规与政策

教育救助是指国家或社会团体、个人为保障适龄人口获得接受教育的机会,对在义务教育阶段就学的最低生活保障家庭成员、特困供养人员给予教育救助。该制度给弱势群体提供教育救助,很好地体现了教育公平,对提高社会整体素质、促进国民经济健康可持续发展具有重大意义。

十九大报告中指出,要优先发展教育事业,深化教育改革,加快教育现代化,办好人民满意的教育。推动城乡义务教育一体化发展,高度重视农村义务教育,办好学前教育、特殊教育和网络教育,普及高中阶段教育,努力让每个孩子都能享有公平而有质量的教育,加快建设学习型社会,大力提高国民素质。

(一) 教育救助的形式与标准

国家对在高中教育(含中等职业教育)、普通高等教育阶段就学的最低生活保障家庭成员、特困供养人员,以及不能入学接受义务教育的残疾儿童,根据实际情况给予适当教育救助。教育救助根据不同教育阶段需求,采取减免相关费用、发放助学金、给予生活补助、安排勤工助学等方式实施,保障教育救助对象基本学习、生活需求。

教育救助标准由省、自治区、直辖市人民政府根据经济社会发展水平和教育救助对象的基本学习、生活需求来确定、公布。

(二) 未成年人教育救助的对象和工作目标

《关于进一步做好城乡特殊困难未成年人教育救助工作的通知》规定,对城乡特殊困难未成年人实施教育救助的对象主要包括:持有农村五保供养证的未成年人;属于城市"三无"对象(即无劳动能力、无生活来源、无法定扶养义务人或虽有法定扶养义务人但扶养义务人无扶养能力)的未成年人;持有城乡最低生活保障证和农村特困户救助证家庭的未成年子女和当地政府规定的其他需要教育救助的对象。

该通知对于不同类型的城乡特殊困难未成年人采取不同的教育救助方式,对持有农村五保供养证和属于城市"三无"对象的未成年人,基本实现普通中小学免费教育;对持有城乡最低生活保障证和农村特困户救助证家庭的子女,在义务教育阶段基本实现"两免一补"(免杂费、免书本费、补助寄宿生活费),在高中教育阶段要提供必要的学习和生活补助。

---

[1]《当前疫情防控中几个焦点问题的法律梳理》,《山西日报》2020年2月21日,第6版。

（三）未成年人教育救助的程序和资源

本人或监护人提出申请，村委会（社区居委会）调查核实，乡镇政府、街道办事处审核，县级民政部门复核、审批。

对已经由农村敬老院和其他社会福利机构收养的孤儿、弃婴和流浪儿童，各级民政部门要按照有关文件要求，在保证其生活达到当地居民一般生活水平的同时，确保这些未成年人接受教育。对于城乡最低生活保障户（含农村特困户），各地民政部门在实施生活救助、发放救助金时，要根据其家庭实际困难和子女就学情况，适当提高救助水平。各地教育行政部门的助学工作应当以救助义务教育阶段特殊困难学生作为重点。

各地民政部门和教育行政部门要继续做好教育对口帮扶、"希望工程"、"春蕾计划"等捐资助学活动，同时充分发扬中华民族尊师重教、邻里互助等传统美德，同时，广泛发动社会力量，积极挖掘民间资源，鼓励社会力量在资助城乡特殊困难未成年子女就学方面发挥积极作用。各地民政部门在开展社会捐助活动中募集的物资和资金，可以用于城乡特殊困难未成年人的教育救助。

三、住房救助法规与政策

住房救助制度是指国家对符合规定标准的住房困难的最低生活保障家庭、分散供养的特困人员，通过配租公共租赁住房、发放住房租赁补贴、农村危房改造等方式，给予住房救助。该制度坚持房子是用来住的、不是用来"炒"的定位，能够有效解决最低收入人群的基本住房问题，让全体人民有所居，实现社会公平与效率的统一。

（一）住房救助的标准、申请与保障

住房困难标准和救助标准由县级以上地方人民政府根据本行政区域经济社会发展水平、住房价格水平等因素来确定、公布。

城镇家庭申请住房救助的，应当经由乡镇人民政府、街道办事处或者直接向县级人民政府住房保障部门提出，经县级人民政府民政部门审核家庭收入、财产状况和县级人民政府住房保障部门审核家庭住房状况并公示后，对符合申请条件的申请人，由县级人民政府住房保障部门优先给予保障。

（二）公共租赁住房和廉租住房并轨政策

从2014年起，各地廉租住房（含购改租等方式筹集）建设计划调整并入公共租赁住房年度建设计划，2014年以前年度已列入廉租住房年度建设计划的在建项目可继续建设，建成后统一纳入公共租赁住房管理。廉租住房并入公共租赁住房后，地方政府原用于廉租住房建设的资金来源渠道，调整用于公共租赁住房（含2014年以前在建廉租住房）建设；原用于租赁补贴的资金，继续用于补贴在市场租赁住房的低收入住房保障对象。

结合本地区经济发展水平、财政承受能力、住房市场租金水平、建设与运营成本、保障对象支付能力等因素，进一步完善公共租赁房的租金定价机制，动态调整租金。公共租赁住房租金原则上按照适当低于同地段、同类型住房市场租金水平确定。各地可根据保障对象支付能力的变化，动态调整租金减免或者补贴额度，直至按照市场价格收取租金。各地可以在综合考虑保障对象

的住房困难程度、收入水平、申请顺序、保障需求以及房源等情况的基础上,合理确定轮候排序规则,统一轮候配租。已建成并分配入住的廉租住房统一纳入公共租赁住房管理,其租金水平仍按原有租金标准执行;已建成未入住的廉租房以及在建的廉租住房项目建成后,要优先解决原廉租住房保障对象住房困难,剩余房源统一按公共租赁住房分配。

四、就业救助法规与政策

就业救助制度是指国家对最低生活保障家庭中有劳动能力并处于失业状态的成员,通过贷款贴息、社会保险补贴、岗位补贴、培训补贴、费用减免、公益性岗位安置等办法,给予就业救助;对于最低生活保障家庭有劳动能力的成员均处于失业状态的,县级以上地方人民政府应当采取有针对性的措施,确保该家庭至少有一人就业。作为现代社会必不可少的社会救助制度之一,完善就业救助法规与政策有利于社会管理的创新,实现社会充分就业,缩小贫富差距,保障社会稳定,促进经济发展。

申请就业救助的,应当向住所地街道、社区公共就业服务机构提出,公共就业服务机构核实后予以登记,并免费提供就业岗位信息、职业介绍、职业指导等就业服务。最低生活保障家庭中有劳动能力但未就业的成员,应当接受人力资源社会保障等部门介绍的工作;无正当理由,连续3次拒绝接受介绍的与其健康状况、劳动能力等相适应的工作的,县级人民政府民政部门应当决定减发或者停发其本人的最低生活保障金。吸纳就业救助对象的用人单位,按照国家有关规定享受社会保险补贴、税收优惠、小额担保贷款等就业扶持政策。

五、临时救助法规与政策

《社会救助暂行办法》规定,国家对因火灾、交通事故等意外事件,家庭成员突发重大疾病等原因,导致基本生活暂时出现严重困难的家庭,或者因生活必需支出突然增加超出家庭承受能力,导致基本生活暂时出现严重困难的最低生活保障家庭,以及遭遇其他特殊困难的家庭,给予临时救助。为了具体执行临时救助的规定,国务院于2014年10月3日发布了《国务院关于全面建立临时救助制度的通知》(下文简称"通知")。该通知明确规定,临时救助是国家对遭遇突发事件、意外伤害、重大疾病或其他特殊原因导致基本生活陷入困境,其他社会救助制度暂时无法覆盖或救助之后基本生活暂时仍有严重困难的家庭或个人给予的应急性、过渡性的救助。

该通知规定,临时救助工作应当坚持应救尽救,确保有苦难的群众都能求助有门,并按规定得到及时救助;坚持适度救助,着眼于解决基本生活困难、摆脱临时困境;坚持公开公正,做到政策公开、过程透明、结果公正;坚持制度衔接,加强各项救助、保障制度的衔接配合,形成整体合力;坚持资源统筹,政府救助、社会帮扶、家庭自救有机结合;并且通过建立完善"一门受理、协同办理"机制、社会救助信息共享机制、社会力量参与机制和临时救助资金筹集机制进行落实。

另外,国家对生活无着落的流浪、乞讨人员提供临时食宿、急病救治、协助返回等救助。为其提供符合食品卫生要求的食物、提供符合基本条件的住处,对在救助站内突发疾病的及时送医院救治,帮助与其亲属或者所在单位联系,对没有交通费返回其住所地或者所在单位的提供乘车凭证。

流浪乞讨人员在寻求临时救助时,应当遵循一定的程序。流浪乞讨人员应当向救助站提出求助需求,救助站在核实流浪乞讨人员的基本情况后,决定是否实行救助,并对属于救助对象的及时安排救助。救助站已经实施救助或者救助期满,受助人员应当离开救助站。对无正当理由不愿离站的受助人员,救助站应当终止救助。除此之外,在下列三种情况下,救助站也应当终止救助:第一,救助站发现受助人员故意提供虚假个人情况的;第二,受助人员自愿放弃救助离开救助站的,救助站不得限制;第三,受助人员擅自离开救助站的,视同放弃救助,救助站应当终止救助。

六、法律援助法规与政策

《法律援助条例》规定,符合本条例规定的公民,可以依照本条例的规定获得法律咨询、代理、刑事辩护等无偿法律服务。第一,公民对下列需要代理的事项,因经济困难没有委托代理人的,可以向法律援助机构申请法律援助:依法请求国家赔偿的;请求给予社会保险待遇或者最低生活保障待遇的;请求发给抚恤金、救济金的;请求给付赡养费、抚养费、扶养费的;请求支付劳动报酬的;主张因见义勇为行为产生的民事权益的。第二,案件当事人在下列情形下,可以向法律援助机构申请法律援助:犯罪嫌疑人在被侦查机关第一次讯问后或者采取强制措施之日起,因经济困难没有聘请律师的;公诉案件中的被害人及其法定代理人或者近亲属,自案件移送审查起诉之日起,因经济困难没有委托诉讼代理人的;自诉案件的自诉人及其法定代理人,自案件被人民法院受理之日起,因经济困难没有委托诉讼代理人的。第三,公诉人出庭公诉的案件,被告人因经济苦难或者其他原因没有委托辩护人,人民法院为被告人指定辩护时,法律援助机构应当提供法律援助;被告人是视力、听力、语言有障碍的残疾人或者未成年人而没有委托辩护人的,或者被告人可能被判处死刑而没有委托辩护人的,人民法院为被告人指定辩护时,法律援助机构应当提供法律援助,无须对被告人进行经济状况的审查。

依照《法律援助条例》的规定,除上述第三种情况无须申请法律援助外,其他两种情况的公民要想获得法律援助均需提出申请。申请应当采用书面形式,填写申请表;以书面形式提出申请确有困难的,可以口头申请,由法律援助机构工作人员或者代为转交申请的,有关机构工作人员作书面记录。对于第一种情况,公民因经济困难没有委托代理人时,应当按照下列规定提出:请求国家赔偿的,向赔偿义务机关所在地的法律援助机构提出申请。请求给予社会保险待遇、最低生活保障待遇或者请求发给抚恤金、救济金的,向提供社会保险待遇、最低生活保障待遇或者发放抚恤金、救济金的义务机关所在地的法律援助机构提出申请。请求给付赡养费、抚养费、扶养费的,向给付赡养费、抚养费、扶养费的义务人住所地的法律援助机构提出申请。请求支付劳动报酬的,向支付劳动报酬的义务人所在地的法律援助机构提出申请。主张因见义勇为行为产生的民事权益的,向被请求人住所地的法律援助机构提出申请。对于第二种情况,刑事辩护申请法律援助时,应当向审理案件的人民法院所在地的法律援助机构提出申请。

法律援助机构收到法律援助申请后,应当进行审查。认为申请人提交的证件、证明材料不齐全的,可以要求申请人做出必要的补充或者说明,申请人未按要求作出补充或者说明的,视为撤销申请;认为申请人提交的证件、证明材料需要查证的,由法律援助机构向有关机关、单位查证。最后,对符合法律援助条件的,法律援助机构应当及时决定提供法律援助;对不符合法律援助条件的,应当书面告知申请人理由。

最低生活保障、特困人员供养、受灾人员救助、医疗救助、教育救助、住房救助、就业救助、临时救助和法律援助等九类社会救助法规与政策,较为细致地论述了各类社会救助制度的适用对象、申请和审批程序、救助标准与形式及监督管理等方面的内容,为相关社会工作者在今后的社会救助工作提供操作规范,以向社会公众提供专业化、科学化、规范化的服务。

【本章小结】
　　社会救助领域的法规与政策是社会公平和社会正义的具体体现。我国社会主义制度的优越性在社会救助领域得到彰显。相关的法规与政策,对陷入生存困境的公民,给予财物接济和生活扶助,保障了这一部分社会弱势群体最基本的生存权利。社会救助法规与政策体系的不断完善和发展,作为社会保障体系的重要组成部分,有别于社会保险。社会救助为确保社会公民得到最基本的生活保障,缓解生活困难提供了底线保护。其所救助的对象范围更为广泛,涵盖的救助内容也更为丰富。尤其是对于遭受自然灾害、失去劳动能力或者其他低收入公民给予物质帮助或精神救助,是实现社会公平,维护社会稳定的有力措施。

【思考题】
1. 申请最低生活保障的基本条件有哪些?
2. 哪些是城乡医疗救助的对象?
3. 未成年人教育救助的对象和工作目标是什么?

第三章
社会优抚法规与政策

CHAPTER THREE

社会优抚是国家和社会按照规定，对军人及其家属为主体的法定优抚对象实行物质支持和精神抚慰，带有优待、抚恤、安置和褒扬性质的一项特殊社会保障制度。依法做好优抚工作，对于巩固我国国家安全和维护社会稳定起着重要作用。社会优抚是我国社会保障体系的重要组成部分。当代中国的优抚制度产生于革命战争时期，新中国成立之初经由立法正式确立，进入20世纪80年代后，我国对优抚制度进行修改和调整，颁布一系列配套法规。社会优抚体系以军人群体为实施主体，在覆盖的广度和深度层面不断延伸。目前，我国基本形成了与社会主义市场经济体制相适应的军人优待政策法规体系。我国现有的社会优抚主要包括社会优待、伤残抚恤、死亡抚恤三部分内容。

第一节 社会优抚法规概述

我国的优抚工作自革命战争时代创建以来，在社会主义法治化建设道路中，不断得到发展和完善，逐步形成了具有中国特色的社会优抚制度。社会优抚体系的形成，按照历史时期的先后顺序，可以划分为创立、发展和完善三个阶段。

一、社会优抚体系的创立阶段

回顾社会优抚的历史，最早可以追溯到1927年革命根据地建立时期，中国共产党在创建人民军队和革命斗争过程中，探索建立了一系列军人优抚工作。毛泽东主席曾明确指出："要把优待红军家属作为红军发展壮大的一项根本性工作。"[1]

1931年，中共苏区颁布《中国工农红军优待条例》《优待红军家属条例》等一批法规。当时，根据规定红军家属可以享受拥有一份土地、免纳捐税、红军子弟读书免交学费等优待。社会优待福利工作在支援战争、稳固政权方面发挥着举足轻重的作用，土地革命战争时期红军的优待工作是我国优抚制度的雏形。抗日战争时期，中共中央在陕甘宁边区实行的优待政策实践成功后，相继在其他根据地进行推广，组织群众开展大量优抚活动。

---

[1]《毛泽东文集》第一卷，人民出版社1999年，第329页。

对军人及其家属的优抚工作在解放战争中得到继承和保留。优抚工作不仅有效保障军人及其家属的基本生活，提高军属的社会地位，同时在客观上增强了部队的战斗力，对于中国革命的胜利发挥了重大的作用。革命战争时期的优抚工作为我国社会优抚制度的建设和发展奠定了良好的基础。

二、社会优抚体系的发展阶段

新中国成立后，社会优抚工作进入正式确立期。党和国家借鉴革命战争年代实施的优待内容，从政策和法律层面制定颁布了优待条例和法则。社会优抚体系主要由政策和法规两方面构成，在效力和执行力度上不断深化。党和国家机关在重要会议上，不断明确优待政策的对象和内容，从而建立起了最初的优抚体系。1949年，《中国人民政治协商会议共同纲领》中明确了军人及其家属应受国家和社会的优待。1950年12月，政务院公布实施《革命烈士家属、革命军人家属优待暂行条例》《革命残废军人优待抚恤暂行条例》《革命军人牺牲病故褒恤暂行条例》等条例，对伤残军人、烈属、军属等采取了诸多优抚措施，加强和规范军人优待工作，使我国有了统一的优抚法规。1955年，《中华人民共和国兵役法》公布，对军人的优待和退役的安置作出了详细规定，并且再次从法律层面上确认军人家属优待工作的地位。

优抚的内容不断深化和细化，将优抚军人中常规优抚与伤残军人、烈士群体等区分开来，进一步优化整合优抚的资源和待遇。《兵役法》的颁布，标志着新中国的军人优待法律体系初步形成，奠定了我国社会优抚制度的基础。

三、社会优抚不断完善阶段

改革开放以来，军属优待工作得到恢复和重建，在继承原有经验的基础上，新制定了一些军人优待政策和法规，社会优待福利进一步完善、发展，优待政策和法规、优抚制度进入恢复和革新期。1982年，第二次修订的《中华人民共和国宪法》明确规定国家和社会优待军人家属。1984年5月通过的《中国人民共和国兵役法》也明确规定对军人及其家属进行优待，"现役军人，革命残废军人，退出现役的军人，革命烈士家属，牺牲、病故军人家属，现役军人家属，应当受到社会的尊重，受到国家和人民群众的优待"。① 1988年7月18日，国务院发布了《军人抚恤优待条例》，就优抚对象的各种优待权进行了全面而具体的规定。该条例是我国第一部综合性优抚法规，奠定了新时期军人优待内容体系的基础。

20世纪90年代以后，国家又先后颁布了《革命烈士纪念建筑物管理保护办法》、《伤残抚恤管理暂行办法》和《烈士褒扬条例》等。2004年，政府重新制定发布《军人抚恤优待条例》，并出台了一系列综合性政策法规，基本形成了与社会主义市场经济体制相适应的军人优待制度。2018年4月16日，退役军人事务部成立，全面清理退役军人工作的法律政策工作启动，对新中国成立以来所有涉及退役军人工作的法律、法规、规章和规范性文件进行大盘点，并着手制定11部法规和17个政策性文件，健全法律法规政策体系，完善退役军人服务保障体系建设。2019年3月，最新修订的《军人抚恤优待条例》对军人优待政策进行了系统的规定，成为实施军人优待工作的基本法律依据，使得我国军人优待体系不断得以完善。随着改革开放的不断深入和社会建设的发展，国

---

① 《新编中华人民共和国民政法规汇编》，中国社会出版社2003年，第136页。

家对军人社会优抚工作的投入越来越大,极大推动了社会优抚制度的规范化、法制化进程。

我国社会优抚体系的建立是以党和国家的行政纲领与指导政策为基础,以国家核心法律法规为主体的社会主体现代化制度体系。社会优抚体系伴随着社会的现代化转型,在制定主体、实施对象、实施内容上不断完善和优化,体现了社会治理现代化发展的特征和效果。社会优抚政策体系的建立,符合我国社会历史和现实发展的国情。在思想层面,社会优抚体系的创立也是我国传统文化中优秀部分的反映,为保障军人群体利益、维护社会稳定起到了重要作用。

第二节　军人优待和退役军人安置法规与政策

军人作为社会优抚的主要实施主体,军人优待属于社会优待制度的重要组成部分,也是我国的一项长期政策。党的十九大报告提出,要"维护军人军属合法权益,让军人成为全社会尊崇的职业"。由于军人职业的特殊性和危险性,军人群体的合法权益保护是保障职业健康发展和维护社会稳定的重要举措。《中华人民共和国国防法》、《中华人民共和国兵役法》确定了军人抚恤优待的基本原则和构成框架。《军人抚恤优待条例》对军人优待工作在操作和实施层面做出了具体规定。

一、军人优待

军人优待是指国家和社会以军人为主体,将军人纳入法定的优待对象,给予政治上、经济上的优先、优惠待遇,属于社会优抚的重要内容。我国一直以来都将军人优待工作作为社会优抚的重要内容予以切实贯彻和执行。

(一) 优待对象

根据2011年7月19日修订的《军人抚恤优待条例》第二条及《关于贯彻执行〈军人抚恤优待条例〉若干问题的解释》的有关规定,优待对象包括:中国人民解放军现役军人、伤残军人、复员军人、退伍军人、烈士家属、因公牺牲军人家属、病故军人家属、现役军人家属。对以上优待对象的认定如下:

1. 中国人民解放军现役军人

指按照《中华人民共和国兵役法》的规定,正在服现役的军官(含由现役军官改任的文职干部)和士兵。保留军籍的军队离休干部按现役军人对待。

2. 伤残军人

指经规定的审批机关批准,并取得中华人民共和国民政部制发的《革命伤残军人证》的人员。

3. 复员军人

指1954年10月31日开始试行义务兵役制以前参加中国工农红军、东北抗日联军、中国共产党领导的脱产游击队、八路军、新四军、解放军、中国人民志愿军等,持有复员、退伍军人证件或经组织批准复员的人员。在乡的红军失散人员也按复员军人对待。

4. 退伍军人

指1954年11月1日开始试行义务兵役制以后参加中国人民解放军,持有退伍或复员军人证件的人员。

5. 烈士家属

指经规定机关批准,取得中华人民共和国民政部制发的《革命烈士证明书》的家属。

6. 因公牺牲军人家属

指经规定机关批准,取得《革命军人因公牺牲证明书》的家属。

7. 病故军人家属

指经规定机关认定,取得《革命军人病故证明书》的家属。

8. 现役军人家属

指按照《中华人民共和国兵役法》的规定,正在服现役的军人的家属。

(二)优待的内容

我国军人优待内容主要体现在政治上和经济上。就目前发展的趋势来看,主要表现在两个方面:一是注重物质上优待,保障优抚对象的物质生活水平;二是特别针对优抚对象设立了社会优待项目。

1. 物质优待

我国军人主要来源于农村青年群体,农村青年是我国军队的构成主体。为避免农村青年入伍后家庭缺乏劳动力和经济收入而导致生活困难,同时也为鼓励适龄青年应征入伍,国家以优待金等形式给予义务兵家属、革命烈士家属等优抚对象物质优待。

(1)优待金

优待金,是指依法统筹的用于义务兵家属、革命烈士家属等优抚对象优待的经费,主要是指针对农村入伍青年家庭的补贴经费。1998年《中华人民共和国兵役法》修订颁布后,城镇籍的义务兵家属也享受到了一定程度的优待。

第一,优待金的来源。

优待金的来源有这样几种:一是地方财政拨款;二是军属所在单位或军人参军前所在单位承担;三是通过社会统筹方式予以优待。根据规定,优待的标准不低于当地平均生活水平,具体办法由省、自治区、直辖市规定。因此,全国没有统一规定优待标准,主要由地方人民政府根据当地群众平均生活水平来确定标准。

2011年修订的《军人抚恤优待条例》规定了现役军人家属具有享有优待金的权利,"义务兵服现役期间,其家庭由当地人民政府发给优待金或者给予其他优待,优待标准不低于当地平均生活水平"。[1] 优待金采取群众优待的办法,即由乡、镇人民政府采取平衡负担的办法,通过向农民群众统筹,在"三提留五统筹"中按一定比例给予农村义务兵家属现金优待。目前,随着农村税费改革的逐步深化,全国优待金筹集方式出现多元化的格局,既有传统的乡镇统筹方式,也有列入农业税正税范畴、以乡镇财政支出的方式。但不管采取哪种筹集方式,优待金标准的确定,都应与当地经济条件和群众生活水平相适应。

第二,发放方式。

优待金按照兵役法规定的义务兵服现役的期限发放,即陆军3年,空军和海军则是4年。一般是年底发放优待金。领取优待金时,义务兵家属持优待证到乡民政或街道办事处的民政科领

---

[1] 《军人抚恤优待条例》,《人民日报》2011年8月1日,第12版。

取。有的地方建立了优待金储金会,服役完便一次性发放。超期服役的,部队团以上单位机关应及时通知地方政府,可继续给予优待;没有部队通知的,义务兵服现期满,即停止发放优待金。优待金由义务兵入伍时的户口所在地政府发放,非户口所在地入伍的义务兵,不予优待。从地方直接招收的军队院校的学员及文艺体育专业人员的家属,不享受义务兵家属的优待金待遇。从2012年开始,很多省份取消了城乡义务兵家庭优待金差别,实行"城乡一体"的义务兵家庭优待金制度,每年按照不低于入伍上年度当地城镇在岗职工年平均工资50%的标准发放。

(2) 定期定量补助

定期定量补助是国家实施的一项重要优待制度,定期定量补助主要针对军人家庭中弱势群体而设立。1979年10月,民政部和财政部联合下发了《〈关于改进优抚对象定期定量补助工作的规定〉的通知》,对补助对象做了全面规定:"(一)孤老烈士家属和孤老病故军人、失踪军人家属;(二)没有亲属抚养或虽有亲属而无力抚养的烈士、病故、失踪军人的未成年子女;(三)丧失劳动能力而其子女又无力供养的烈士、病故军人、失踪军人的父母和配偶;(四)带病回乡不能经常参加生产劳动,生活特别困难的复员、退伍军人;(五)完全丧失劳动能力、生活困难的复员军人。"[1]1988年《军人抚恤优待条例》颁布后,复员军人被纳入定期定量补助的范围。"复员军人未参加工作,因年老体弱、生活困难的,按照规定的条件,由当地民政部门给予定期定量补助。"[2]

2011年国家又进一步提高了定期定量补助标准,"从10月1日起,残疾军人(含伤残人民警察、伤残国家机关工作人员、伤残民兵民工)残疾抚恤金标准,烈属(含因公牺牲军人遗属、病故军人遗属)定期抚恤金标准,在乡退伍红军老战士、在乡西路军红军老战士、红军失散人员生活补助标准,在现行基础上分别提高15%至20%,在乡老复员军人定期定量补助标准在现行基础上每人每年提高720元"。[3] 国家从改革开放以来就非常重视定期定量补助工作,一再提高定期定量补助的标准和扩大实施的对象范围。"改革开放以来,中央财政先后14次提高残疾军人抚恤金标准,17次提高烈属定期抚恤金标准和在乡退伍红军老战士生活补助标准,5次提高在乡复员军人的定期定量补助标准,各级财政部门不断加大资金投入。"[4]

因地区发展水平不同,定期定量补助具体实施标准存在地区差异,2011颁布的《军人抚恤条例》规定,"复员军人生活困难的,按照规定的条件,由当地人民政府民政部门给予定期定量补助,逐步改善其生活条件"[5]。另外此条例中的"复员军人"指:"(一)孤老;(二)年老体弱、丧失劳动能力,生活困难的;(三)带病回乡不能经常参加生产劳动,生活困难的。"在部队期间立功受奖、服役年限长、贡献较大的,定期定量补助标准应适当提高。在乡退伍红军老战士病故后,其配偶生活困难的,可给予适当定期定量补助。

2. 社会优待

根据《军人抚恤优待条例》规定,除了实施优待金和定期定量补助等形式的物质优待外,国家和社会还提供优待对象社会生活其他方面的优惠和照顾。社会优待主要指对军人本人社会生活

---

[1] 民政部、财政部:《〈关于改进优抚对象定期定量补助工作的规定〉的通知》民发〔1979〕60号、〔79〕财事字355号,1979年10月30日。
[2] 《军人抚恤优待条例》,《人民日报》1988年7月26日,第4版。
[3] 《优抚对象抚恤补助标准再提高》,《人民日报》2011年10月1日,第2版。
[4] 《党中央国务院就进一步做好优抚对象和军队退役人员有关工作作出重大决策》,《人民日报》2007年2月23日,第1版。
[5] 《军人抚恤优待条例》,《人民日报》2011年8月1日,第12版。

的各方面进行优惠和照顾,与物质优待有所区别的地方在于,物质优待不仅包含军人本人,还包括军人家庭和家属。

(1) **义务兵和初级士官及其家属享受的相关优待**

义务兵从部队发出的平信,免费邮递。义务兵和初级士官入伍前是国家机关、社会团体、企业事业单位职工(含合同制人员)的,退出现役后,允许复工复职,并享受不低于本单位同岗位(工种)、同工龄职工的各项待遇;服现役期间,其家属继续享受该单位职工家属的有关福利待遇。义务兵和初级士官入伍前的承包地(山、林)等,应当保留;服现役期间,除依照国家有关规定和承包合同的约定缴纳有关税费外,免除其他负担。

(2) **医疗优待**

国家对一级至六级残疾军人的医疗费用按照规定予以保障,由所在医疗保险统筹地区社会保险经办机构单独列账管理。具体办法由国务院民政部门会同国务院人力资源社会保障部门、财政部门规定。七级至十级残疾军人旧伤复发的医疗费用,已经参加工伤保险的,由工伤保险基金支付;未参加工伤保险,有工作的由工作单位解决,没有工作的由当地县级以上地方人民政府负责解决。七级至十级残疾军人旧伤复发以外的医疗费用,未参加医疗保险且本人支付有困难的,由当地县级以上地方人民政府酌情给予补助。残疾军人、复员军人、带病回乡退伍军人以及因公牺牲军人遗属、病故军人遗属享受医疗优惠待遇。具体办法由省、自治区、直辖市人民政府规定。中央财政对抚恤优待对象人数较多的困难地区给予适当补助,用于帮助解决抚恤优待对象的医疗费用困难问题。

(3) **单位优待**

在国家机关、社会团体、企业事业单位工作的残疾军人,享受与所在单位工伤人员同等的生活福利和医疗待遇。所在单位不得因其残疾将其辞退、解聘或者与其解除劳动关系。

(4) **交通出行优待**

现役军人凭有效证件、残疾军人凭《中华人民共和国残疾军人证》优先购票并乘坐境内运行的火车、轮船、长途公共汽车以及民航班机;残疾军人享受减收正常票价50%的优待。现役军人凭有效证件乘坐市内公共汽车、电车和轨道交通工具享受优待,具体办法由有关城市人民政府规定。残疾军人凭《中华人民共和国残疾军人证》免费乘坐市内公共汽车、电车和轨道交通工具。

(5) **参观游览优待**

现役军人、残疾军人凭有效证件参观游览公园、博物馆、名胜古迹享受优待,具体办法由公园、博物馆、名胜古迹管理单位所在地的县级以上地方人民政府规定。

(6) **入伍优待**

因公牺牲军人、病故军人的子女、兄弟姐妹,本人自愿应征并且符合征兵条件的,优先批准服现役。

(7) **公共教育优待**

义务兵和初级士官退出现役后,报考国家公务员、高等学校和中等职业学校,在与其他考生同等条件下优先录取。残疾军人、因公牺牲军人子女、一级至四级残疾军人的子女,驻边疆国境的县(市)、沙漠区、国家确定的边远地区中的三类地区和军队确定的特、一、二类岛屿部队现役军人的子女报考普通高中、中等职业学校、高等学校,在录取时按照国家有关规定给予优待;接受学历教育的,在同等条件下优先享受国家规定的各项助学政策。现役军人子女的入学、入托,在同等条件下优先接收。具体办法由国务院民政部门会同国务院教育部门规定。

（8）住房优待

残疾军人、复员军人、带病回乡退伍军人、因公牺牲军人遗属、病故军人遗属承租、购买住房依照有关规定享受优先、优惠待遇。居住农村的抚恤优待对象住房有困难的，由地方人民政府帮助解决。具体办法由省、自治区、直辖市人民政府规定。

（9）军属安置优待

经军队师（旅）级以上单位政治机关批准随军的现役军官家属、文职干部家属、士官家属，由驻军所在地的公安机关办理落户手续。随军前是国家机关、社会团体、企业事业单位职工的，驻军所在地人民政府人力资源社会保障部门应当接收和妥善安置；随军前没有工作单位的，驻军所在地人民政府应当根据本人的实际情况作出相应安置；对自谋职业的，按照国家有关规定减免有关费用。驻边疆国境的县（市）、沙漠区、国家确定的边远地区中的三类地区和军队确定的特、一、二类岛屿部队的现役军官、文职干部、士官，其符合随军条件无法随军的家属，所在地人民政府应当妥善安置，保障其生活不低于当地的平均生活水平。随军的烈士遗属、因公牺牲军人遗属和病故军人遗属移交地方人民政府安置的，享受《军人抚恤条例》和当地人民政府规定的抚恤优待。

（10）疗养优待

国家兴办优抚医院、光荣院，治疗或者集中供养孤老和生活不能自理的抚恤优待对象。各类社会福利机构应当优先接收抚恤优待对象。

总体概括，我国已形成以"思想教育、扶持生产、群众优待、国家抚恤"为方针，"国家、社会、群众"三结合的优抚制度。未来军人优待体系建设应坚持以下四项发展原则：一是"普惠性"和"特殊性"相结合。既需要建立全国统一适用的军人优待"普惠性制度安排"，也可允许地方政府在全国一般优待项目的基础上探索基于当地实际制定的"特殊性制度安排"。二是"政府主导"和"多方参与"相结合。军人优待体系应当遵循"福利多元主义"的发展趋势，将政府、社会主体、市场主体乃至社会成员都纳入提供主体，实现"政府主导、多方参与"。三是坚持公平价值理念。在军人优待体系中，公平性原则最突出的体现就是建立全国统一适用的军人优待项目，让各类优待对象在同等条件下普遍享受优待福利。四是坚持分类优待原则。由于优待对象的构成较为复杂，涉及诸多类型，因此还应遵循分类优待的原则，基于身份差别（如"现役"和"非现役"、"军人"和"军属"、"重点优待对象"和"一般优待对象"）设置适当差异性的优待项目范围和待遇水平[①]。

二、退役军人安置

退役军人安置是社会优抚制度的一部分。我国退役军人安置对象主要是退役士兵和军队干部。做好退役军人的安置和安抚工作，关系到社会的安全稳定，也是国防建设的重要内容。目前我国退役军人安置逐渐形成了比较完备的政策法规体系，其主要由《中华人民共和国国防法》、《中华人民共和国兵役法》（2011年修订）、《军队转业干部安置暂行办法》和《退役士兵安置条例》等组成。1997年3月颁布的《中华人民共和国国防法》，对退役军人优抚安置权益保障作出明确规定，"国家妥善安置退出现役的军人，为转业军人提供必要的职业培训，保障离休退休军人的生

---

① 李志明、邢梓琳：《军人优待体系建设的原则与方向》，《开放导报》2019年第6期，第72—76页。

活福利待遇"。① 2001年1月,中共中央、国务院、中央军委颁布实施《军队转业干部安置暂行办法》规定,军队转业干部实行计划分配和自主择业相结合的方式安置,这使我国退役军人优抚安置逐渐走出了单纯由政府指令性计划分配的传统模式,为军人退役提供了更多的安置选项。2018年3月,全国人大批准了国务院机构改革方案,其中一条就是设立退役军人事务部,承担维护军人军属合法权益等职责,退役军人安置工作不断得到发展和完善。

(一)退役士兵安置

1. 退役士兵安置基本原则

退役士兵,是指依照《中国人民解放军现役士兵服役条例》的规定退出现役的义务兵和士官。国家建立以扶持就业为主,自主就业、安排工作、退休、供养等多种方式相结合的退役士兵安置制度,妥善安置退役士兵。退役士兵安置所需经费,由中央和地方各级人民政府共同负担。全社会应当尊重、优待退役士兵,支持退役士兵安置工作。国家机关、社会团体、企业事业单位,都有接收安置退役士兵的义务,在招收录用工作人员或者聘用职工时,同等条件下应当优先招收录用退役士兵。退役士兵报考公务员、应聘事业单位职位的,在军队服现役经历视为基层工作经历。接收安置退役士兵的单位,按照国家规定享受优惠政策。

2. 退役士兵安置过程

(1)移交

退役士兵所在部队应将退役士兵移交至安置地县级以上人民政府退役士兵安置工作主管部门。安置地县级以上人民政府退役士兵安置工作主管部门负责接收退役士兵。退役士兵安置地为退役士兵入伍时的户口所在地。但是,入伍时是普通高等学校在校学生的退役士兵,退出现役后不复学的,其安置地为入学前的户口所在地。易地安置的退役士兵享受与安置地退役士兵同等安置待遇。

退役士兵有下列情形之一的,可以易地安置:① 服现役期间父母户口所在地变更的,可以在父母现户口所在地安置;② 符合军队有关现役士兵结婚规定且结婚满2年的,可以在配偶或者配偶父母户口所在地安置;③ 因其他特殊情况,由部队师(旅)级单位出具证明,经省级以上人民政府退役士兵安置工作主管部门批准易地安置的。

退役士兵有下列情形之一的,根据本人申请,可以由省级以上人民政府退役士兵安置工作主管部门按照有利于退役士兵生活的原则确定其安置地:① 因战致残的;② 服现役期间,平时荣获二等功以上奖励或者战时荣获三等功以上奖励的;③ 是烈士子女的;④ 父母双亡的。

(2)报到

自主就业的退役士兵应当自被批准退出现役之日起30日内,持退出现役证件、介绍信到安置地县级人民政府退役士兵安置工作主管部门报到。安排工作的退役士兵应当在规定的时间内,持接收安置通知书、退出现役证件和介绍信到规定的安置地人民政府退役士兵安置工作主管部门报到。退休、供养的退役士兵应当到规定的安置地人民政府退役士兵安置工作主管部门报到。退役士兵无正当理由不按照规定时间报到超过30天的,视为放弃安置待遇。

---

① 吴志忠、张杰、匈鹏飞:《新时代退役军人优抚安置工作进入崭新发展时期》,《国防》2019年第3期,第72—76页。

(3) 档案落户

退役士兵所在部队应当按照国家档案管理的有关规定,在士兵退役时将其档案及时移交安置地县级以上人民政府退役士兵安置工作主管部门。退役士兵安置工作主管部门应当于退役士兵报到时为其开具落户介绍信。公安机关凭退役士兵安置工作主管部门开具的落户介绍信,为退役士兵办理户口登记。自主就业和安排工作的退役士兵的档案,由安置地退役士兵安置工作主管部门按照国家档案管理有关规定办理。退休、供养的退役士兵的档案,由安置地退役士兵安置工作主管部门移交服务管理单位。退役士兵发生与服役有关的问题,由其原部队负责处理;发生与安置有关的问题,由安置地人民政府负责处理。

3. 退役士兵安置方式

(1) 自主就业

义务兵和服现役不满12年的士官退出现役的,由人民政府扶持自主就业,具体如下:

◎ 退役金

对自主就业的退役士兵,由部队发给一次性退役金,一次性退役金由中央财政专项安排;地方人民政府可以根据当地实际情况给予经济补助,经济补助标准及发放办法由省、自治区、直辖市人民政府规定。一次性退役金和一次性经济补助按照国家规定免征个人所得税。各级人民政府应当加强对退役士兵自主就业的指导和服务。县级以上地方人民政府应当采取组织职业介绍、就业推荐、专场招聘会等方式,扶持退役士兵自主就业。国家根据国民经济发展水平、全国职工年平均工资收入和军人职业特殊性等因素确定退役金标准,并适时调整。国务院退役士兵安置工作主管部门、军队有关部门会同国务院财政部门负责确定和调整退役金标准的具体工作。

自主就业的退役士兵根据服现役年限领取一次性退役金。服现役年限不满6个月的按照6个月计算,超过6个月不满1年的按照1年计算。获得荣誉称号或者立功的退役士兵,由部队按照下列比例增发一次性退役金:① 获得中央军事委员会、军队军区级单位授予的荣誉称号,或者荣获一等功的,增发15%;② 荣获二等功的,增发10%;③ 荣获三等功的,增发5%。多次获得荣誉称号或者立功的退役士兵,由部队按照其中最高等级奖励的增发比例,增发一次性退役金。

◎ 职业教育和指导

县级以上地方人民政府退役士兵安置工作主管部门应当组织自主就业的退役士兵参加职业教育和技能培训,经考试考核合格的,发给相应的学历证书、职业资格证书并推荐就业。退役士兵退役1年内参加职业教育和技能培训的,费用由县级以上人民政府承担;退役士兵退役1年以上参加职业教育和技能培训的,按照国家相关政策执行。自主就业的退役士兵的职业教育和技能培训经费列入县级以上人民政府财政预算。

各级人民政府举办的公共就业人才服务机构,应当免费为退役士兵提供档案管理、职业介绍和职业指导服务。国家鼓励其他人力资源服务机构为自主就业的退役士兵提供免费服务。

◎ 税收优惠

对从事个体经营的退役士兵,按照国家规定给予税收优惠,给予小额担保贷款扶持,从事微利项目的给予财政贴息。除国家限制行业外,自其在工商行政管理部门首次注册登记之日起3年内,免收管理类、登记类和证照类的行政事业性收费。

国家鼓励用人单位招收录用或者聘用自主就业的退役士兵,用人单位招收录用或者聘用自主就业的退役士兵符合规定条件的,依法享受税收等优惠。有劳动能力的残疾退役士兵,优先享受国家规定的残疾人就业优惠政策。

◎ 土地承包

自主就业的退役士兵入伍前通过家庭承包方式承包的农村土地,承包期内不得违法收回或者强制流转;通过招标、拍卖、公开协商等非家庭承包方式承包的农村土地,承包期内其家庭成员可以继续承包;承包的农村土地被依法征收、征用或者占用的,与其他农村集体经济组织成员享有同等权利。

自主就业的退役士兵回入伍时户口所在地落户,属于农村集体经济组织成员但没有承包农村土地的,可以申请承包农村土地,村民委员会或者村民小组应当优先解决。

◎ 复工、入学、录取

自主就业的退役士兵入伍前是国家机关、社会团体、企业事业单位工作人员或者职工的,退出现役后可以选择复职复工,其工资、福利和其他待遇不得低于本单位同等条件人员的平均水平。自主就业的退役士兵进入中等职业学校学习、报考成人高等学校或者普通高等学校的,按照国家有关规定享受优待。

入伍前已被普通高等学校录取并保留入学资格或者正在普通高等学校就学的退役士兵,退出现役后2年内允许入学或者复学,并按照国家有关规定享受奖学金、助学金和减免学费等优待,家庭经济困难的,按照国家有关规定给予资助;入学后或者复学期间可以免修公共体育、军事技能和军事理论等课程,直接获得学分;入学或者复学后参加国防生选拔、参加国家组织的农村基层服务项目人选选拔,以及毕业后参加军官人选选拔的,优先录取。

(2) **安排工作**

退役士兵符合下列条件之一的,由人民政府安排工作:士官服现役满12年的;服现役期间,平时荣获二等功以上奖励或者战时荣获三等功以上奖励的;因战致残被评定为5级至8级残疾等级的;是烈士子女的。

安置地县级以上地方人民政府应当按照属地管理的原则,对符合安排工作条件的退役士兵进行安置,保障其第一次就业。安置地人民政府应当在接收退役士兵的6个月内,完成本年度安排退役士兵工作的任务。退役士兵待安排工作期间,安置地人民政府应当按照不低于当地最低生活水平的标准,按月发给生活补助费。

承担安排退役士兵工作任务的单位应当按时完成所在地人民政府下达的安排退役士兵工作任务,在退役士兵安置工作主管部门开出介绍信1个月内安排退役士兵上岗,并与退役士兵依法签订期限不少于3年的劳动合同或者聘用合同。合同存续期内单位依法关闭、破产、改制的,退役士兵与所在单位其他人员一同执行国家的有关规定。接收退役士兵的单位裁减人员的,应当优先留用退役士兵。

由人民政府安排工作的退役士兵,服现役年限和符合本条例规定的待安排工作时间计算为工龄,享受所在单位同等条件人员的工资、福利待遇。非因退役士兵本人原因,接收单位未按照规定安排退役士兵上岗的,应当从所在地人民政府退役士兵安置工作主管部门开出介绍信的当月起,按照不低于本单位同等条件人员平均工资80%的标准逐月发给退役士兵生活费至其上岗为止。对安排工作的残疾退役士兵,所在单位不得因其残疾与其解除劳动关系或者人事关系。安排工作的因战、因公致残退役士兵,享受与所在单位工伤人员同等的生活福利和医疗待遇。符合安排工作条件的退役士兵无正当理由拒不服从安置地人民政府安排工作的,视为放弃安排工作待遇;在待安排工作期间被依法追究刑事责任的,取消其安排工作待遇。

(3) 退休与供养

◎ 退休安置

中级以上士官符合下列条件之一的,作退休安置:年满55周岁的;服现役满30年的;因战、因公致残被评定为1级至6级残疾等级的;经军队医院证明和军级以上单位卫生部门审核确认因病基本丧失工作能力的。

退休的退役士官,其生活、住房、医疗等保障,按照国家有关规定执行。中级以上士官因战致残被评定为5级至6级残疾等级,本人自愿放弃退休安置选择由人民政府安排工作的,可以依照安排工作的规定办理。

◎ 供养

被评定为1级至4级残疾等级的义务兵和初级士官退出现役的,由国家供养终身。国家供养分为集中供养和分散供养。

集中供养的残疾退役士兵,其生活、住房、医疗等保障,按照国家有关规定执行。分散供养的残疾退役士兵购(建)房所需经费的标准,按照安置地县(市)经济适用住房平均价格和60平方米的建筑面积确定;没有经济适用住房的地区按照普通商品住房价格确定。购(建)房所需经费由中央财政专项安排,不足部分由地方财政解决。购(建)房屋产权归分散供养的残疾退役士兵所有。分散供养的残疾退役士兵自行解决住房的,按照上述标准将购(建)房费用发给本人。因战、因公致残被评定为1级至4级残疾等级的中级以上士官,本人自愿放弃退休安置的,可以选择由国家供养。

(二) 军队转业干部安置

军队转业干部,是指退出现役作转业安置的军官和文职干部。2001年,国家制定和发布了《军队转业干部安置暂行办法》,对军队转业干部的社会政治地位、转业安置计划、工作分配与就业、培训、待遇、社会保障、家属安置、安置经费、管理和监督等作了详细规定,主要内容如下:

军队转业干部是党和国家干部队伍的组成部分,是重要的人才资源,是社会主义现代化建设的重要力量。

军队转业干部为国防事业、军队建设作出了牺牲和贡献,应当受到国家和社会的尊重、优待。

军队干部转业到地方工作,是国家和军队的一项重要制度。国家对军队转业干部实行计划分配和自主择业相结合的方式安置。

军队转业干部安置工作,坚持为经济社会发展和军队建设服务的方针,贯彻妥善安置、合理使用、人尽其才、各得其所的原则。

(三) 军队离退休人员的安置

军休离退休人员包括:离休干部、退休干部、退休士官和无军籍退休退职职工。

1. **离休干部**

1982年颁布的《国务院、中央军委关于颁发〈关于军队干部离职休养的暂行规定〉的通知》规定:符合离休条件的是"年老体弱不能坚持正常工作的1937年7月6日以前入伍(含参加革命工作,下同)的干部;1945年9月2日以前入伍的团职或行政十八级以上干部以及与其职、级相当的干部;1949年9月30日以前入伍的师职或行政十四级以上干部以及与其职、级相当的干部,可以离休。具备上述条件的军队干部,离休的年龄为:师职以下干部年满五十五周岁,军职干部年满六十周岁,兵团职和大军区职干部年满六十五周岁。身体不能坚持正常工作的,可提前离休。因工作需要,身体又能坚持正常工作的,可推迟离休。已离队的退休干部,符合离休条件的,由地方组织、人事部门负责改办离休"。

离休干部的安置,要从实际出发,因地制宜。有的可以就地安置,有的可以回本人或配偶原籍以及配偶居住地区安置,有的也可到子女居住地区安置。自愿回农村安置的给予鼓励。驻边防、海岛、高原等地区的干部,在内地安置时,安置地区应优先接收。离休干部就地安置的,由原单位管理,易地安置的,由接收单位管理,并由原单位一次发给相当本人两个月工资额的安家补助费;回农村安置的,由县市人民武装部管理,并由原单位一次发给相当本人四个月工资的安家补助费。

2. 退休干部

根据1981年颁布的《国务院、中央军委〈关于军队干部退休的暂行规定〉的通知》,军队的现役干部,男年满55周岁,女年满50周岁,或因战、因公致残,积劳成残,基本丧失工作能力的,可办理退休。

退休干部离队安置时,由军队一次发给相当于本人6个月工资额的安家补助费。到农村安置的,一次发给相当于本人8个月工资额的安家补助费。退休干部离队安置时,由军队一次发给相当于本人6个月工资额的安家补助费。到农村安置的,一次发给相当于本人8个月工资额的安家补助费。

3. 退休士官

1999年国务院、中央军委下发的《中国人民解放军士官退出现役安置办法》规定,退出现役的士官符合下列条件之一的,作退休安置:年满55岁的;服现役满30年的;服现役期间因战、因公致残被评为特等、一等伤残等级的;服现役期间因病基本丧失工作能力,并经驻军医院诊断证明,军以上卫生部门鉴定确认的。退休士官符合前三项条件的,参照军队退休干部的安置办法执行;以第四项条件退休的,在原征集地或者直系亲属所在地分散安置,其待遇按照有关规定执行,其中患精神病的士官不符合转业安置条件的,按退伍义务兵的接收安置规定执行。

4. 无军籍退休退职职工

根据2005年发布的《民政部、财政部、劳动和社会保障部、总后勤部关于加强和改进军队无军籍退休退职职工移交安置工作的意见》,规定无军籍职工安置范围和对象为:

军队机关、部队及纳入军队编制管理的招待所、幼儿园、装备修理机构、实习工厂、试制试验车间、营房维修机构、文印机构、军人服务社、农场(生产基地)等事业单位,1986年以前参加工作且纳入国家劳动计划的全民固定工人和新中国成立后至2004年底前参加工作的录用制职员干部,以及1971年11月底以前参加工作的计划内长期临时工,工作5年以上退休退职后,由民政部门接收安置;拟移交民政部门接收安置的无军籍职工,经军队各大单位一次性核准登记注册上报总后勤部,由总后勤部汇总并会同民政部核定,录入民政部优抚安置信息管理数据库,作为制定无军籍职工移交安置计划和各地接收安置无军籍职工的人员依据;对符合移交政府安置条件的无军籍职工,一般实行就地安置,也可回原籍安置。进直辖市和省会所在地安置的,按照当地政府有关规定执行。军休干部服务管理机构是服务和管理军休干部的专设机构,包括军休干部服务管理中心、军休干部休养所、军休干部服务管理站等,承担军休干部服务管理具体工作。军休干部服务管理机构实行法定代表人负责制,接受民政部门领导和监督。

第三节 伤残军人抚恤法规与政策

抚恤是国家对因公牺牲人员、伤残人员和病故家属的抚慰和补偿。主要包括伤残抚恤和死亡抚恤两类。《军人抚恤优待条例》和《伤残抚恤管理方法》对军人抚恤工作做了细致规定。

一、伤残抚恤

现役军人残疾被认定为因战致残、因公致残或者因病致残的,依照规定享受抚恤。因战、因公致残,残疾等级被评定为一级至十级的,享受抚恤;因病致残,残疾等级被评定为一级至六级的,享受抚恤。退出现役的残疾军人,按照残疾等级享受残疾抚恤金。残疾抚恤金由县级人民政府民政部门发给。因工作需要继续服现役的残疾军人,经军队军级以上单位批准,由所在部队按照规定发给残疾抚恤金。

根据2019年发布的《军人抚恤优待条例》,残疾军人的抚恤金标准应当参照全国职工平均工资水平确定。残疾抚恤金的标准以及一级至十级残疾军人享受残疾抚恤金的具体办法,由国务院民政部门会同国务院财政部门规定。县级以上地方人民政府对依靠残疾抚恤金生活仍有困难的残疾军人,可以增发残疾抚恤金或者采取其他方式予以补助,保障其生活不低于当地的平均生活水平。退出现役的因战、因公致残的残疾军人因旧伤复发死亡的,由县级人民政府民政部门按照因公牺牲军人的抚恤金标准发给其遗属一次性抚恤金,其遗属享受因公牺牲军人遗属抚恤待遇。退出现役的因战、因公、因病致残的残疾军人因病死亡的,对其遗属增发12个月的残疾抚恤金,作为丧葬补助费;其中,因战、因公致残的一级至四级残疾军人因病死亡的,其遗属享受病故军人遗属抚恤待遇。

退出现役的一级至四级残疾军人,由国家供养终身,即按照有关政策对其生活、医疗、住房等方面予以照顾。供养终身有两种方式:集中供养和分散安置。国家兴办优抚医院、光荣院,治疗或者集中供养孤老和生活不能自理的抚恤优待对象。其中,对需要长年医疗或者独身一人不便分散安置的,经省级人民政府民政部门批准,可以集中供养。

二、死亡抚恤

死亡抚恤是国家对烈士家属,因战、因公牺牲和病故的军人家属给予的物质抚慰,以保障他们的基本生活,主要以提供抚恤金的形式进行。1980年颁布的《革命烈士褒扬条例》将评定烈士的范围扩展到全体人民。2011年7月29日,国务院、中央军事委员会发布了《军人抚恤优待条例》,对现役军人批准为烈士的条件和死亡抚恤待遇作出了具体规定。因军人社会优抚制度的独立性和特殊性,本书将区别介绍对军人和公民两者的抚恤优待体系。本节只介绍关于军人的死亡抚恤政策,关于公民评定为烈士的抚恤待遇在其他章节中作具体介绍。

(一) 抚恤对象

现役军人死亡被批准为烈士、被确认为因公牺牲或者病故的,其遗属依照规定享受抚恤。那么,死亡抚恤的对象就是那些被确认为烈士和因公牺牲、病故军人的遗属。我国现役军人的死亡性质分为烈士、因公牺牲和病故三种,其认定条件为:

1. 烈士

根据《军人抚恤优待条例》第八条和《关于贯彻执行〈军人抚恤优待条例〉若干问题的解释》等文件,烈士是指现役军人死亡,符合下列情形之一,并经规定机关批准的人员:

对敌作战牺牲的;对敌作战负伤后因伤死亡,或对敌作战负伤致残、医疗终结评残发证后一年内因伤口复发死亡的;在作战前线担任向导、修筑工事、救护伤员、执行运输等战勤任务而牺牲,或者在战区守卫重点目标而牺牲的;因执行革命任务遭敌人杀害,或者被敌人俘虏、逮捕后坚贞不屈遭敌人杀害或受折磨致死的;为保卫或抢救人民生命、国家财产和集体财产壮烈牺牲的;因在边防、海防执行巡逻任务被反革命分子、刑事犯罪分子或其他坏人杀害的;因侦察刑事案件,制止现行犯罪或逮捕、追捕、看管反革命分子、刑事犯罪分子,被反革命分子、刑事犯罪分子杀害的;因维护社会治安,同歹徒英勇斗争被杀害的;因执行军事、公安、保卫、检察、审判任务,被犯罪分子杀害或被报复杀害的;因正确执行党的路线、方针、政策、坚持革命原则,维护国家和人民利益,被犯罪分子杀害或被报复杀害的;部队飞行人员在执行战备飞行训练中牺牲或在执行试飞任务中牺牲的;死难情节特别突出,足为后人楷模的。

2. 因公牺牲

现役军人死亡,符合下列条件之一,并经军队团级以上单位的政治机关批准的,确认为因公牺牲:

在执行任务或上下班途中,遇到非本人责任或无法抗拒的意外事故死亡的;因战致残医疗终结评残发证一年后因伤口复发死亡的;因公致残医疗终结评残发证后因伤口复发死亡的;因患职业病(参照卫生部、劳动人事部、财政部、中华全国总工会关于修订颁发《职业病范围和职业病患者处理办法的规定》)死亡的;在执行任务中因病猝然死亡的;因医疗事故死亡的,也按因公牺牲对待。

3. 病故

军人在服现役期间因病死亡、因人民内部矛盾问题自杀身亡,或非因执行任务死亡或者失踪,经法定程序宣告死亡的,按照病故对待。

(二) 抚恤金

根据《军人抚恤优待条例》的规定,死亡抚恤金分为一次性抚恤和定期抚恤两种。

1. 一次性抚恤金

一次性抚恤金是国家根据现役军人死亡性质,以货币形式给予其遗属的一次性物质补偿和抚慰。

(1) 一次性抚恤金的标准

根据现役军人死亡性质和死亡时的月工资标准,由县级人民政府民政部门发给其遗属一次性抚恤金,标准是:烈士和因公牺牲的,为上一年度全国城镇居民人均可支配收入的20倍加本人40个月的工资;病故的,为上一年度全国城镇居民人均可支配收入的2倍加本人40个月的工资。月工资或者津贴低于排职少尉军官工资标准的,按照排职少尉军官工资标准计算。

（2）增发一次性抚恤金

获得荣誉称号或者立功的烈士、因公牺牲军人、病故军人，其遗属在应当享受的一次性抚恤金的基础上，由县级人民政府民政部门按照下列比例增发一次性抚恤金：获得中央军事委员会授予荣誉称号的，增发35%；获得军队军区级单位授予荣誉称号的，增发30%；立一等功的，增发25%；立二等功的，增发15%；立三等功的，增发5%。荣立多等或多次功勋的，按其中最高等功勋的增发比例计算，不累计折算提高功勋等次。虽在服役期间荣立功勋，但在退出现役后死亡的，不增发一次性抚恤金。

（3）一次性抚恤金的发放顺序

一次性抚恤金除了有一定的标准，也要由持证的死亡军人家属户口所在地的民政部门按照规定顺序发给，其顺序是：有父母（或抚养人）无配偶的，发给父母（或抚养人）；有配偶无父母（或抚养人）的，发给配偶；既有父母（或抚养人）又有配偶的，各发半数；无父母（或抚养人）和配偶的，发给子女；无父母（或抚养人）、配偶、子女的，发给未满18周岁的兄弟姐妹和已满18周岁但无生活费来源且由该军人生前供养的兄弟姐妹。无上述亲属的，不发。

2. 定期抚恤金

定期抚恤金是国家对生活上有困难的烈士、因公牺牲和病故的军人遗属提供的物质补助，按月进行发放。

（1）定期抚恤金的条件

对符合下列条件之一的烈士遗属、因公牺牲军人遗属、病故军人遗属，发给定期抚恤金：父母（抚养人）、配偶无劳动能力、无生活费来源，或者收入水平低于当地居民平均生活水平的；子女未满18周岁或者已满18周岁但因上学或者残疾无生活费来源的；兄弟姐妹未满18周岁或者已满18周岁但因上学无生活费来源且由该军人生前供养的。对符合享受定期抚恤金条件的遗属，由县级人民政府民政部门发给《定期抚恤金领取证》。

（2）定期抚恤金的标准

定期抚恤金标准应当参照全国城乡居民家庭人均收入水平确定。定期抚恤金的标准及其调整办法，由国务院民政部门会同国务院财政部门规定。县级以上地方人民政府对依靠定期抚恤金生活仍有困难的烈士遗属、因公牺牲军人遗属、病故军人遗属，可以增发抚恤金或者采取其他方式予以补助，保障其生活不低于当地的平均生活水平。享受定期抚恤金的烈士遗属、因公牺牲军人遗属、病故军人遗属死亡的，增发6个月其原享受的定期抚恤金，作为丧葬补助费，同时注销其领取定期抚恤金的证件。

随着我国经济的不断发展和社会保障制度的完善，改革开放后国家一直加大力度投入抚恤工作，使抚恤制度建设进入了一个新的历史阶段。政府不仅提高了对伤残军人的生活保障水平，也更加重视对死亡者的补偿。首先，国家和地方在已有的抚恤制度建设基础上又制定和实施了众多新的抚恤政策和法规，完善与发展伤残抚恤体系。其次，对伤残抚恤对象抚恤标准进行了大幅提升，据统计，"2015年全国有897万对象享受抚恤补助，抚恤事业费达到686.8亿元"[1]。另外，国家在继续完善死亡抚恤政策和法规的同时，也在不断地提高一次性抚恤和定期抚恤的标准

---

[1] 参见《中华人民共和国民政部.中国民政统计年鉴》，中国统计出版社2016年。

和数额。这既是我国经济快速发展的结果,也是社会转型对军人优抚保障制度化水平的要求。[①]

尽管我国的军人伤残抚恤政策逐渐完善,但是其存在的局限性也不容忽视。如:国家财政作为抚恤资金的主要来源,受社会经济发展水平制约,投入资金仍有缺口;设立的抚恤金标准仍是一种相对统一的标准,并没有兼顾经济发展水平的不平衡、地域差别及个体的特殊性。改革伤残军人抚恤政策需要在完善社会优抚制度的基础上进行具体化的探索和解决,这是一个长期且复杂的任务,需要国家和全体社会成员的共同努力和参与。

第四节 烈士褒扬法规与政策

烈士就是指那些在革命斗争、保卫祖国、社会主义现代化建设事业中以及为争取大多数人的合法正当利益而英勇奋斗、壮烈牺牲的人民英雄。烈士褒扬是对为保卫国家、民族和社会利益而牺牲的烈士所进行的纪念活动,泛指为正义事业死难的人进行的各种形式的纪念、宣传、优待、抚恤活动,是教育、鼓舞和激励社会全体成员发扬献身精神的一种政治社会行为。对烈士的褒扬和抚恤优待烈士遗属,是国家和社会的义务和责任。目前我国烈士褒扬的法规主要有《中华人民共和国英雄烈士保护法》、《烈士褒扬条例》、《烈士纪念设施保护管理办法》等,主要包括三个内容:烈士的认定、家属抚恤保护、历史纪念及纪念设施的物质保护。

我国一直重视烈士褒扬事业的发展。中华人民共和国建立后,在优待抚恤革命军人、革命工作人员、参战民兵民工的条例中,都有关于褒扬烈士的规定。1958年,在北京天安门广场建立了人民英雄纪念碑,以纪念1840—1949年为中国革命而献身的人民英雄。1980年6月,国务院专门制定了《革命烈士褒扬条例》,使审批和褒扬烈士工作更加制度化[②]。烈士精神传承是重要政治任务,在社会发展新时期,党和国家更重视烈士精神的传承教育,并相继制定和出台烈士褒扬政策,大力开展烈士褒扬工作。2011年国家对《革命烈士褒扬条例》进行全面修订,7月26日国务院发布了新版《烈士褒扬条例》,设立统一的烈士褒扬金制度。2018年4月27日,十三届全国人大常委会第二次会议全票表决通过了《中华人民共和国英雄烈士保护法》。2019年8月1日国务院最新修订的《烈士褒扬条例》,完善烈士褒扬政策,规范烈士褒扬和抚恤工作。2020年,退役军人事务部、中央军委政治工作部联合发文,要求各地各部门妥善做好因疫情防控牺牲人员烈士褒扬工作,符合烈士评定(批准)条件的人员,应评定(批准)为烈士。

一、烈士认定

(一) 批准为革命烈士的情形

根据《烈士褒扬条例》的规定,我国公民牺牲符合下列情形之一的,评定为烈士:在依法查处违法犯罪行为、执行国家安全工作任务、执行反恐怖任务和处置突发事件中牺牲的;抢险救灾或者其他为了抢救、保护国家财产、集体财产、公民生命财产牺牲的;在执行外交任务或者国家派遣的对外援助、维持国际和平任务中牺牲的;在执行武器装备科研试验任务中牺牲的;其他牺牲情

---

① 尹传政:《当代中国的优抚制度研究》,人民出版社2018年。
② 徐速:《烈士褒扬法律制度研究》,《法制与社会》2011年第7期,第37、53页。

节特别突出,堪为楷模的。

根据《军人抚恤优待条例》的规定,现役军人牺牲被评定为烈士的相关情形已在上一节中介绍。

(二) 批准机关

1. 公民评定烈士的批准机关

烈士批准机关分为地方人民政府和国务院退役军人事务部门两种。公民评定烈士属于前两项规定情形的,由县级人民政府提出评定烈士的报告并逐级上报至省、自治区、直辖市人民政府审查评定。评定为烈士的,省、自治区、直辖市人民政府送国务院退役军人事务部门备案;属于《烈士褒扬条例》中第(3)项和第(4)项评定烈士规定情形的,由国务院有关部门提出评定烈士的报告,送国务院退役军人事务部门审查评定;属于第五项规定情形的,由县级人民政府提出评定烈士的报告并逐级上报至省、自治区、直辖市人民政府,由省、自治区、直辖市人民政府审查后送国务院退役军人事务部门审查评定。评定为烈士的,国家向烈士家属颁发烈士证书。具体做法是:县级以上人民政府每年在烈士纪念日举行颁授仪式,向烈士遗属颁授烈士证书。

2. 现役军人评定烈士的批准机关

批准烈士,属于因战死亡的,由军队团级以上单位政治机关批准;属于非因战死亡的,由军队军级以上单位政治机关批准;其他死难情节特别突出,堪为楷模的,由中国人民解放军总政治部批准。对烈士遗属,由县级人民政府民政部门分别发给《中华人民共和国烈士证明书》。

二、烈属抚恤和优待

(一) 烈士褒扬金

国家建立烈士褒扬金制度。烈士褒扬金标准为烈士牺牲时上一年度全国城镇居民人均可支配收入的30倍。烈士褒扬金由领取烈士证书的烈士遗属户口所在地县级人民政府退役军人事务部门发给烈士的父母或者抚养人、配偶、子女;没有父母或者抚养人、配偶、子女的,发给烈士未满18周岁的兄弟姐妹和已满18周岁但无生活来源且由烈士生前供养的兄弟姐妹。

(二) 定期抚恤金

除了建立烈士褒扬金制度外,国家发放定期抚恤金,保障和补偿烈士遗属的生活。定期抚恤金标准参照全国城乡居民家庭人均收入水平来确定。定期抚恤金的标准及其调整办法,由国务院退役军人事务部门会同国务院财政部门规定。符合下列条件之一的烈士遗属,享受定期抚恤金:

烈士的父母或者抚养人、配偶无劳动能力、无生活来源,或者收入水平低于当地居民的平均生活水平的;烈士的子女未满18周岁,或者已满18周岁但因残疾或者正在上学而无生活来源的;由烈士生前供养的兄弟姐妹未满18周岁,或者已满18周岁但因正在上学而无生活来源的。

烈士遗属享受定期抚恤金后仍达不到当地居民的平均生活水平的,由县级人民政府予以补助。烈士遗属不再符合规定的享受定期抚恤金条件的,应当注销其定期抚恤金领取证,停发定期抚恤金。享受定期抚恤金的烈士遗属死亡的,增发6个月其原享受的定期抚恤金作为丧葬补助费,同时注销其定期抚恤金领取证,停发定期抚恤金。

(三) 其他优待

烈士遗属享受相应的医疗优惠待遇,具体办法由省、自治区、直辖市人民政府规定;烈士的子女、兄弟姐妹本人自愿,且符合征兵条件的,在同等条件下优先批准其服现役。烈士的子女符合公务员考录条件的,在同等条件下优先录用为公务员;烈士子女接受学前教育和义务教育的,应当按照国家有关规定予以优待;在公办幼儿园接受学前教育的,免交保教费。烈士子女报考普通高中、中等职业学校、高等学校研究生的,在同等条件下优先录取;报考高等学校本、专科的,可以按照国家有关规定降低分数要求投档;在公办学校就读的,免交学费、杂费,并享受国家规定的各项助学政策;烈士遗属符合就业条件的,由当地人民政府人力资源社会保障部门优先提供就业服务。烈士遗属已经就业,用人单位经济性裁员时,应当优先留用。烈士遗属从事个体经营的,市场监督管理、税务等部门应当优先办理证照,烈士遗属在经营期间享受国家和当地人民政府规定的优惠政策;符合住房保障条件的烈士遗属承租廉租住房、购买经济适用住房的,县级以上地方人民政府有关部门应当给予优先、优惠照顾。家住农村的烈士遗属住房有困难的,由当地人民政府帮助解决;男年满60周岁、女年满55周岁的孤老烈士遗属本人自愿的,可以在光荣院、敬老院集中供养。各类社会福利机构应当优先接收烈士遗属;烈士遗属因犯罪被判处有期徒刑、剥夺政治权利或者被司法机关通缉期间,中止其享受的抚恤和优待;被判处死刑、无期徒刑的,取消其烈士遗属抚恤和优待资格。

三、烈士纪念

烈士是爱国主义精神的凝聚,也是中华民族精神的象征。烈士褒扬是对英雄烈士的纪念和颂扬,既是优抚保障的重要内容,又是社会主义精神文明建设的重要组成部分。传承和颂扬烈士精神,对加强人们对我国革命历史的了解,培养爱国主义精神,培育和践行社会主义核心价值观,激励全国人民团结奋斗有着重大的意义。

国家发布了一系列关于烈士纪念及纪念设施保护的法规。《全国人大常委会关于设立烈士纪念日的决定》将9月30日设立为国家纪念日;民政部出台的《烈士公祭办法》规定在清明节、国庆节或者重要纪念日期间应当举行烈士公祭活动,还较为详细地规定了烈士公祭的程序;《烈士纪念设施保护管理办法》规定了烈士纪念设施是指在中华人民共和国境内为纪念烈士专门修建的烈士陵园、纪念堂馆、纪念碑亭、纪念塔祠、纪念塑像、烈士骨灰堂、烈士墓等设施。对烈士纪念设施采取分级保护管理制度,分为国家级烈士纪念设施、省级烈士纪念设施、设区的市级烈士纪念设施、县级烈士纪念设施、未列入等级的零散烈士纪念设施;《中华人民共和国英雄烈士保护法》第七条规定"国家建立并保护英雄烈士纪念设施,纪念、缅怀英雄烈士";《烈士纪念设施保护管理办法》里对烈士纪念设施保护进行具体规定,如第十一条"未经批准不得迁移烈士纪念设施"。

(一) 烈士纪念设施保护

革命烈士纪念建筑物,指为纪念革命烈士专门修建的烈士陵园、纪念堂馆、纪念碑亭、纪念塔祠、纪念雕塑、烈士骨灰堂、烈士墓等建筑设施。目前,全国革命烈士纪念建筑物有7 000多处,占地达5 333公顷,建筑面积5 000万平方米,并且有100多万座散葬烈士墓。烈士纪念设施的保护和管理是烈士褒扬工作的一项重要内容,对于弘扬烈士的高尚品质和崇高精神具有重要作用。1995年,国家颁布了《革命烈士纪念建筑物管理保护办法》,该办法对烈士纪念物提出了种种保护措施,比如,"全国重点革命烈士纪念建筑物保护单位,由省、自治区、直辖市人民政府的民政部门负责划定保护范围,设置保护标志,建立资料档案"等。2019年,国家在总结实践经验的基础上,公布了《国务院关于修改〈烈士褒扬条例〉的决定》,对烈士纪念设施保护和管理中存在的突出问题,作了具体规定。

1. 分级管理

国家对烈士纪念设施实行分级保护。分级的具体标准由国务院退役军人事务部门规定。烈士纪念设施保护单位应当健全管理工作规范,维护纪念烈士活动的秩序,提高管理和服务水平。

2. 法律保护

按照国家有关规定修建的烈士陵园、纪念堂馆、纪念碑亭、纪念塔祠、纪念塑像、烈士骨灰堂、烈士墓等烈士纪念设施,受法律保护。各级人民政府应当组织收集、整理烈士史料,编纂烈士英名录。烈士纪念设施保护单位应当搜集、整理、保管、陈列烈士遗物和事迹史料。属于文物的,依照有关法律、法规的规定予以保护。

3. 陵园完整

县级以上人民政府有关部门应当做好烈士纪念设施的保护和管理工作。未经批准,不得新建、改建、扩建或者迁移烈士纪念设施。任何单位或者个人不得侵占烈士纪念设施保护范围内的土地和设施。禁止在烈士纪念设施保护范围内进行其他工程建设。在烈士纪念设施保护范围内不得从事与纪念烈士无关的活动。禁止以任何方式破坏、污损烈士纪念设施。烈士在烈士陵园安葬。未在烈士陵园安葬的,县级以上人民政府征得烈士遗属同意,可以迁移到烈士陵园安葬,或者予以集中安葬。

4. 禁止破坏、污损革命烈士纪念建筑物

未经批准迁移烈士纪念设施,非法侵占烈士纪念设施保护范围内的土地、设施,破坏、污损烈士纪念设施,或者在烈士纪念设施保护范围内为烈士以外的其他人修建纪念设施、安放骨灰、埋葬遗体的,由烈士纪念设施保护单位的上级主管部门责令改正,恢复原状、原貌;造成损失的,依法承担赔偿责任;构成犯罪的,依法追究刑事责任。

(二)烈士荣誉保护

《中华人民共和国民法总则》第一百八十五规定:"侵害英雄烈士等的姓名、肖像、名誉、荣誉,损害社会公共利益的,应当承担民事责任。"为加强对英雄烈士的保护,维护社会公共利益,传承和弘扬英雄烈士精神、爱国主义精神,2018年4月27日国家颁布了《中华人民共和国英雄烈士保护法》。该法律提出:"国家保护英雄烈士,对英雄烈士予以褒扬、纪念,加强对英雄烈士事迹和精神的宣传、教育,维护英雄烈士尊严和合法权益。全社会都应当崇尚、学习、捍卫英雄烈士。"

1. 禁止歪曲、丑化、亵渎、否定英雄烈士事迹和精神

英雄烈士的姓名、肖像、名誉、荣誉受法律保护。任何组织和个人不得在公共场所、互联网或者利用广播电视、电影、出版物等,以侮辱、诽谤或者其他方式侵害英雄烈士的姓名、肖像、名誉、荣誉。任何组织和个人不得将英雄烈士的姓名、肖像用于或者变相用于商标、商业广告,损害英

雄烈士的名誉、荣誉。公安、文化、新闻出版、广播电视、电影、网信、市场监督管理、负责英雄烈士保护工作的部门发现前款规定行为的,应当依法及时处理。

2. **褒扬和缅怀烈士**

英雄烈士纪念设施应当免费向社会开放,供公众瞻仰、悼念英雄烈士,开展纪念教育活动,告慰先烈英灵;英雄烈士纪念设施保护单位应当健全服务和管理工作规范,方便瞻仰、悼念英雄烈士,保持英雄烈士纪念设施庄严、肃穆、清净的环境和氛围。国家建立健全英雄烈士祭扫制度和礼仪规范,引导公民庄严有序地开展祭扫活动。县级以上人民政府有关部门应当为英雄烈士遗属祭扫提供便利。县级以上人民政府有关部门应当引导公民通过瞻仰英雄烈士纪念设施、集体宣誓、网上祭奠等形式,铭记英雄烈士的事迹,传承和弘扬英雄烈士的精神。英雄烈士在国外安葬的,中华人民共和国驻该国外交、领事代表机构应当结合驻在国实际情况组织开展祭扫活动。

3. **学习和宣传烈士精神**

各级人民政府、军队有关部门应当加强对英雄烈士遗物、史料的收集、保护和陈列展示工作,组织开展英雄烈士史料的研究、编纂和宣传工作。国家鼓励和支持革命老区发挥当地资源优势,开展英雄烈士事迹和精神的研究、宣传和教育工作;教育行政部门、各级各类学校应当将英雄烈士事迹和精神纳入教育内容,组织开展纪念教育活动,加强对学生的爱国主义、集体主义、社会主义教育;文化、新闻出版、广播电视、电影、网信等部门应当鼓励和支持以英雄烈士事迹为题材、弘扬英雄烈士精神的优秀文学艺术作品、广播电视节目以及出版物的创作生产和宣传推广;广播电台、电视台、报刊出版单位、互联网信息服务提供者,应当通过播放或者刊登英雄烈士题材作品、发布公益广告、开设专栏等方式,广泛宣传英雄烈士事迹和精神。

4. **法律责任**

对侵害英雄烈士的姓名、肖像、名誉、荣誉的行为,英雄烈士的近亲属可以依法向人民法院提起诉讼;以侮辱、诽谤或者其他方式侵害英雄烈士的姓名、肖像、名誉、荣誉,损害社会公共利益的,依法承担民事责任;构成违反治安管理行为的,由公安机关依法给予治安管理处罚;构成犯罪的,依法追究刑事责任。

在英雄烈士纪念设施保护范围内从事有损纪念英雄烈士环境和氛围的活动的,纪念设施保护单位应当及时劝阻;不听劝阻的,由县级以上地方人民政府负责英雄烈士保护工作的部门、文物主管部门按照职责规定给予批评教育,责令改正;构成违反治安管理行为的,由公安机关依法给予治安管理处罚。

亵渎、否定英雄烈士事迹和精神,宣扬、美化侵略战争和侵略行为,寻衅滋事,扰乱公共秩序,构成违反治安管理行为的,由公安机关依法给予治安管理处罚;构成犯罪的,依法追究刑事责任。

侵占、破坏、污损英雄烈士纪念设施的,由县级以上人民政府负责英雄烈士保护工作的部门责令改正;造成损失的,依法承担民事责任;被侵占、破坏、污损的纪念设施属于文物保护单位的,依照《中华人民共和国文物保护法》的规定处罚;构成违反治安管理行为的,由公安机关依法给予治安管理处罚;构成犯罪的,依法追究刑事责任。

烈士精神是中华民族精神的重要组成部分,也是中国人民奋斗的动力源泉。"烈士精神传承教育不仅能够实现烈士精神的继承和发展,而且对人们思想素质的提升和中华民族复兴有着深刻意义。"①因为烈士是一个国家历史与文化的重要组成部分,对烈士进行充分的保护就是一个国家文化自信的重要体现。"在我国社会转型期,面对新问题、新观念的挑战,更要重视和加强烈士褒扬事业的发展,以核心价值观的培育引领烈士褒扬工作的发展,不断提升文化自信。"②

党的十九大报告提出,要"维护军人军属合法权益,让军人成为全社会尊崇的职业"。优抚制度是社会保障制度的一个重要组成部分,发挥了重要的保障作用,也是和平时期国防建设的重要内容,更重要的是体现了国家对于优抚对象的人文关怀。优抚制度属于上层建筑,其存在与发展必然受到社会经济及生产力发展水平的影响和制约。总体来说,目前我国的优抚制度建设取得了较大的进步,但是随着我国社会主义市场经济的深入开展以及伴随而来的社会转型对社会优抚制度提出的新要求和挑战。社会民众参与优抚制度建设是和平时期国防建设的重要组成部分,人力和物力的投入程度决定了优抚保障的水平。国家是优抚保障政策制定的主体,对优抚保障制度发展起着根本作用。在投入财力和物质的基础上,需要制定国家长远战略的具体规划,并不断完善相关法规和政策作为支撑。在和平建设时期,社会优抚制度的发展离不开社会的积极参与。"社会参与是优抚制度建设的传统,也是发挥优抚制度在国防建设中特殊作用的必须元素。"③

【本章小结】

社会优抚是我国为保障军人群体利益而实行的重要保障制度。军人群体其职业具有工作条件和工作环境的特殊性,其岗位的性质相较于普通行业与岗位具有更多的危险性。保障军人合法权益,不仅合乎我国社会发展的需求,也与我国传统思想和文化人格中恩义思想相一致。从保障正常现役军人的合法权益,到保护退伍军人、伤残军人、烈士军人的合法权益,我国的社会优抚制度不断完善和细化,符合我国社会治理现代化的要求,更加全面和人性化地照顾到军人群体的特殊性。但从客观条件出发,社会优抚受制于历史遗留问题和现实困难,当前军人管理保障工作与实际军人群体及其家属的需求满足存在一定的差距。尤其是受制于不同城市和地区的发展水平,当地的财政收入中对社会优抚部分的承载能力和实际满足能力都是需要进一步完善的。社会优抚的实现,不仅需要各级政府不断积极探索良好的操作模式,也需要整个社会营造关爱与敬仰军人的良好氛围。

【思考题】

1. 烈士遗属享受定期抚恤金的条件有哪些?
2. 根据《军人抚恤优待条例》,批准为烈士或按照烈士对待的情形有哪些?
3. 义务兵和初级士官及其家属享受的相关优待有哪些?

---

① 安新丽:《浅析新时期烈士精神传承教育工作的开展》,《教育教学论坛》2018年第44期,第245—246页。
② 杨清望、张磊:《俄罗斯烈士保护立法及其对我国的借鉴价值》,《邵阳学院学报》(社会科学版)2018年第2期。
③ 尹传政:《当代中国的优抚制度研究》,人民出版社2018年。

第四章
妇女、未成年人、老年人、残疾人保障法规与政策
CHAPTER FOUR

妇女、未成年人、老年人、残疾人由于性别、年龄、生理等方面的原因,在现代社会中的地位处于劣势,在就业、生活、教育等方面的人身权利受到不同程度的侵害,对于这些社会弱势群体,有必要提供法律的特殊保护和专门的社会服务。随着经济社会的不断发展,人口综合素质和道德不断提高,国家越来越重视对这些特定人群权益的保护。

为保障妇女、未成年人、老年人、残疾人的合法权益,我国制定了《中华人民共和国妇女权益保障法》、《中华人民共和国反家庭暴力法》、《中华人民共和国未成年人保护法》、《中华人民共和国老年人权益保障法》和《中华人民共和国残疾人保障法》等法律。本章主要围绕上述法规政策,介绍妇女、未成年人、老年人、残疾人的主要权益内容以及保障合法权益的方法,帮助专业领域内的社会工作者掌握相关法律法规政策,为服务对象提供专业化的服务。

第一节 妇女权益保障

我国政府十分重视妇女权益的保护,1992年4月3日第七届全国人民代表大会第五次会议通过《中华人民共和国妇女权益保障法》,保障妇女的合法权益,促进男女平等,充分发挥妇女在社会主义现代化建设中的作用。这是根据宪法和我国的实际情况而制定的法律,自1992年10月1日起施行。为进一步明确和完善在经济、社会、文化、教育等方面对妇女群体的权益保护,2018年10月26日第十三届全国人民代表大会常务委员会第六次会议通过《关于修改〈中华人民共和国妇女权益保障法〉的决定》。

一、妇女合法权益的主要内容

(一) 政治权利

《中华人民共和国妇女权益保障法》规定,国家保障妇女享有与男子平等的政治权利。

1. 参与公共事务管理

妇女有权通过各种途径和形式管理国家事务,管理经济、文化事业和社会事务。政府在制定

法律、法规、规章和公共政策时,对涉及妇女权益的重大问题,应当听取妇女联合会的意见。

2. 妇女干部的培养和选拔

妇女享有与男子平等的选举权和被选举权。全国人民代表大会和地方各级人民代表大会的代表中,应当有适当数量的妇女代表,应逐步提高全国人民代表大会和地方各级人民代表大会代表中妇女代表的比例。居民委员会、村民委员会成员中,妇女应当有适当的名额。国家机关、社会团体、企业事业单位培养、选拔和任用干部,必须坚持男女平等的原则,并有适当数量的妇女担任领导成员。

(二) 文化教育权益

1. 教育机会平等

国家保障妇女享有与男子平等的文化教育权利。学校和有关部门应当执行国家有关规定,保障妇女在入学、升学、毕业分配、授予学位、派出留学等方面享有与男子平等的权利。学校在录取学生时,除特殊专业外,不得以性别为由拒绝录取女性或者提高对女性的录取标准。

2. 教育权利保障

学校应当根据女性青少年的特点,在教育、管理、设施等方面采取措施,保障女性青少年的身心健康发展。父母或者其他监护人必须履行保障适龄女性儿童少年接受义务教育的义务。

政府、社会、学校应当采取有效措施,解决适龄女性儿童少年就学存在的实际困难,并创造条件,保证贫困、残疾和流动人口中的适龄女性儿童少年完成义务教育。各级人民政府应当依照规定把扫除妇女中的文盲、半文盲工作,纳入扫盲和扫盲后继续教育规划,采取符合妇女特点的组织形式和工作方法,组织、监督有关部门具体实施。

3. 教育培训和文化活动参与

各级人民政府和有关部门应当采取措施,根据城镇和农村妇女的需要,组织妇女接受职业教育和实用技术培训。国家机关、社会团体和企业事业单位应当执行国家有关规定,保障妇女从事科学、技术、文学、艺术和其他文化活动,享有与男子平等的权利。

(三) 劳动和社会保障权益

1. 就业机会平等

国家保障妇女享有与男子平等的劳动权利和社会保障权利。各单位在录用职工时,除不适合妇女的工种或者岗位外,不得以性别为由拒绝录用妇女或者提高对妇女的录用标准。

2. 就业权益保障

各单位在录用女职工时,应当依法与其签订劳动(聘用)合同或者服务协议,劳动(聘用)合同或者服务协议中不得规定限制女职工结婚、生育的内容。禁止录用未满十六周岁的女性未成年人,国家另有规定的除外。

3. 薪资待遇和晋升标准

实行男女同工同酬。妇女在享受福利待遇方面享有与男子平等的权利。在晋职、晋级、评定专业技术职务等方面,应当坚持男女平等的原则,不得歧视妇女。

4. 劳动保护

任何单位均应根据妇女的特点,依法保护妇女在工作和劳动时的安全和健康,不得安排不适合妇女从事的工作和劳动。妇女在经期、孕期、产期、哺乳期受特殊保护。任何单位不得因结婚、怀孕、产假、哺乳等，降低女职工的工资、辞退女职工、单方解除劳动（聘用）合同或者服务协议。各单位在执行国家退休制度时，不得以性别为由歧视妇女。

5. 社会保障制度

国家发展社会保险、社会救助、社会福利和医疗卫生事业，保障妇女享有社会保险、社会救助、社会福利和卫生保健等权益。国家提倡和鼓励为帮助妇女开展的社会公益活动。推行生育保险制度，建立健全与生育相关的其他保障制度。地方各级人民政府和有关部门应当按照有关规定为贫困妇女提供必要的生育救助。

（四）财产权益

1. 土地承包经营权

国家保障妇女享有与男子平等的财产权利。在婚姻、家庭共有财产关系中，不得侵害妇女依法享有的权益。妇女在农村土地承包经营、集体经济组织收益分配、土地征收或者征用补偿费使用以及宅基地使用等方面，享有与男子平等的权利。

2. 财产继承权

妇女享有的与男子平等的财产继承权受法律保护。在同一顺序法定继承人中，不得歧视妇女。丧偶妇女有权处分继承的财产，任何人不得干涉。丧偶妇女对公婆尽了主要赡养义务的，作为公婆的第一顺序法定继承人，其继承权不受子女代位继承的影响。

（五）人身权利

1. 人身自由权

国家保障妇女享有与男子平等的人身权利。妇女的人身自由不受侵犯。禁止非法拘禁和以其他非法手段剥夺或者限制妇女的人身自由。禁止非法搜查妇女的身体。

2. 生命健康权

妇女的生命健康权不受侵犯。禁止溺、弃、残害女婴；禁止歧视、虐待生育女婴的妇女和不育的妇女；禁止用迷信、暴力等手段残害妇女；禁止虐待、遗弃病、残妇女和老年妇女。禁止拐卖、绑架妇女；禁止收买被拐卖、绑架的妇女；禁止阻碍解救被拐卖、绑架的妇女。

3. 防止性侵害

禁止对妇女实施性骚扰。受害妇女有权向单位和有关机关投诉。禁止卖淫、嫖娼。禁止组织、强迫、引诱、容留、介绍妇女卖淫或者对妇女进行猥亵活动。禁止组织、强迫、引诱妇女进行淫秽表演活动。

4. 人格权

妇女的名誉权、荣誉权、隐私权、肖像权等人格权受法律保护。禁止用侮辱、诽谤等方式损害妇女的人格尊严。禁止通过大众传播媒介或者其他方式贬低损害妇女人格。未经本人同意，不得以营利为目的，通过广告、商标、展览橱窗、报纸、期刊、图书、音像制品、电子出版物、网络等形式使用妇女肖像。

（六）婚姻家庭权益

1. 婚姻自由权

国家保障妇女享有与男子平等的婚姻家庭权利。国家保护妇女的婚姻自主权。禁止干涉妇女的结婚、离婚自由。

2. 受保护权

禁止对妇女实施家庭暴力。国家采取措施，预防和制止家庭暴力。公安、民政、司法行政等部门以及城乡基层群众性自治组织、社会团体，应当在各自的职责范围内预防和制止家庭暴力，依法为受害妇女提供救助。

《中华人民共和国反家庭暴力法（草案）》第十三条规定，家庭暴力受害人及其法定代理人、近亲属可以向加害人或者受害人所在单位、城乡基层群众性自治组织、妇女联合会等单位投诉、反映或者求助。当事人因遭受家庭暴力或者面临家庭暴力的现实危险，向人民法院申请人身安全保护令的，人民法院应当受理，且法院受理申请后，应当在 48 小时内作出人身安全保护令或者驳回申请。

3. 家庭财产权

妇女对依照法律规定的夫妻共同财产享有与其配偶平等的占有、使用、收益和处分的权利，不受双方收入状况的影响。

夫妻书面约定婚姻关系存续期间所得的财产归各自所有，女方因抚育子女、照料老人、协助男方工作等承担较多义务的，有权在离婚时要求男方予以补偿。夫妻共有的房屋，离婚时，分割住房由双方协议解决；协议不成的，由人民法院根据双方的具体情况，按照照顾子女和女方权益的原则判决，夫妻双方另有约定的除外。

4. 监护权

父母双方对未成年子女享有平等的监护权。父亲死亡、丧失行为能力或者有其他情形不能担任未成年子女的监护人的，母亲的监护权任何人不得干涉。

5. 生育权

妇女有按照国家有关规定生育子女的权利，也有不生育的自由。育龄夫妻双方按照国家有关规定计划生育，有关部门应当提供安全、有效的避孕药具和技术，保障实施节育手术的妇女的健康和安全。国家实行婚前保健、孕产期保健制度，发展母婴保健事业。各级人民政府应当采取措施，保障妇女享有计划生育技术服务，提高妇女的生殖健康水平。

二、保护妇女合法权益的方式方法

保护妇女合法权益主要有行政保护、法律保护和社会保护三种。 各级主管部门在日常工作中对保障妇女合法权益负有责任。根据《中华人民共和国妇女权益保障法》规定，对于侵害妇女合法权益的人员，由其所在单位、上级主管部门或公安机关责令改正，并可根据具体情况，对直接责任人员给予行政处分。

法律保护主要有立法保护、司法和执法保护、法律知识的宣传教育以及法律服务和援助。

在妇女权益保障方面，我国《宪法》作了原则性规定，《中华人民共和国民法通则》《中华人民共和国刑法》《婚姻法》《妇女权益保障法》《反家庭暴力法》等法律中作出一些具体的规定，通过立法来确立妇女的合法权益。要依法公正高效审理妇女权益案件，妇女的合法权益受到侵害的，有权要求有关部门依法处理，或者依法向仲裁机构申请仲裁，或者向人民法院起诉。

通过举办法律讲座、扩大社区宣传等途径，进行法律知识培训，向妇女宣传维权的相关知识，使妇女了解到本身所拥有的权利；提供维权的途径和方式，不断提高妇女的法律意识，使妇女增强自身的维权能力,在合法权益受到侵害时,学会拿起法律武器保护自己的合法权益。对于有经济困难需要法律援助或者司法救助的妇女,当地法律援助机构或者人民法院应当给予帮助,依法为其提供法律援助或司法救助。

保护妇女合法权益是全社会的责任,应努力营造有利于妇女权益保护的社会环境。妇联、工会、共青团在各自的职责范围内对维护妇女合法权益负有责任。妇女的合法权益受到侵害的,可以向妇女组织投诉,妇女组织应当维护被侵害妇女的合法权益,有权要求并协助有关部门或者单位查处。有关部门和单位应当依法查处,并予以答复。对于受害妇女进行诉讼需要帮助的,妇女组织应当给予支持。对侵害特定妇女群体利益的行为,妇女联合会或者相关妇女组织可以通过大众传播媒介进行揭露、批评,并有权要求有关部门依法查处。

第二节 未成年人保护

《中华人民共和国未成年人保护法》(下文简称《未成年人保护法》)中指出,未成年人是指未满18周岁的公民。未成年人是国家和民族的希望,因为身心发展不成熟,在成长过程中需要来自于家庭、学校、社会、司法部门的特殊保护。为了保护未成年人的合法权益,促进未成年人健康成长,我国出台了《中华人民共和国预防未成年人犯罪法》,有效地预防未成年人犯罪,保障未成年人身心健康,培养未成年人良好品行。

《未成年人保护法》于1991年颁布实施,2006年进行过一次大幅度的修改。党的十八大以来,党中央对完善未成年人保护相关法律制度、改进未成年人保护工作提出明确要求。2018年9月,由新成立的全国人大社会建设委员会牵头,正式启动《未成年人保护法》的修改工作。

一、未成年人合法权益的主要内容

(一) 生存权

生存权是指未成年人享有获得生存所必需的各种条件的权利,包括基本的生活水准、医疗保健和获得父母照料等权利。根据《未成年人保护法》规定,父母或者其他监护人应当创造良好、和睦的家庭环境,依法履行对未成年人的监护职责。其中,包括提供生存照顾,满足心理、生理、情感需要等必要的生存条件;对于孤儿和流浪未成年人,儿童救助机构应当为其提供必要的生存条件。

(二) 发展权

发展权是指未成年人享有足以促进未成年人生理、心理、精神、道德和社会发展水平的权利,具体包括受教育权、文化方面的权利等。根据《未成年人保护法》规定,未成年人享有教育权,家庭、社会、政府要尊重未成年人受教育的权利,保障适龄未成年人依法接受并完成义务教育。学校应当与未成年学生的父母或者其他监护人相互配合,保障未成年学生的休息、娱乐和体育锻炼时间,合理安排其学习时间。向未成年人免费或优惠开放爱国主义教育基地、图书馆等有利于青少年身心健康发展的场所,并为未成年人提供有针对性的服务。

(三) 受保护权

受保护权是指未成年人依法接受来自家庭、社区、社会组织和整个社会的特别保护。未成年人享有不受歧视、剥削、非人道待遇对待的权利，失去家庭、流浪乞讨等生活无着的未成年人享有被特殊保护的权利。根据《未成年人保护法》规定，未成年人依法平等地享有各项权利，不因本人及其父母或者其他监护人的民族、种族、性别、职业、教育程度、财产及身体状况等受到歧视。任何组织和个人不得以年龄以外的其他理由，限制未成年人按照有关规定应当享有的照顾或者优惠。

(四) 参与权

参与权指未成年人参加各种社会生活和与自身利益相关的社会活动，并享有通过发表言论和采取行动对其产生影响的权利。

二、保障未成年人合法权益的方式方法

(一) 家庭保护

1. 监护和抚养

父母或者其他监护人应当创造良好、和睦的家庭环境，依法履行对未成年人的监护职责，为未成年人提供衣食住行、医疗保健等方面的生活照顾。禁止对儿童实施家庭暴力，禁止虐待、遗弃儿童，禁止残害婴儿，不得歧视女童或者残疾儿童。监护人无法监护的，应当委托其他人代为监护。

2. 关爱与引导

父母或者其他监护人应当关注未成年人的生理、心理状况和情感需求，教育、引导未成年人养成良好的思想品德和行为习惯，预防和制止未成年人不良行为，并进行合理管教。监护人不得对未成年人实施家庭暴力，不得唆使吸烟、酗酒，迫使未成年人失学、辍学等。要保障未成年的休息、娱乐和体育锻炼时间，引导未成年人进行有益身心健康的活动。

3. 教育与培养

父母或者其他监护人应当学习家庭教育知识，接受家庭教育指导，正确履行监护职责，抚养教育未成年人。对未成年进行安全教育，提供必要的安全保障措施，预防、避免伤害和侵害的发生，当侵害、伤害发生时，应当及时制止和救助。尊重未成年人受教育的权利，保障适龄未成年人依法接受并完成义务教育。父母或者其他监护人不得使未满十六周岁的未成年人脱离监护单独生活。

最新修订的《未成年人保护法》中，细化了家庭监护责任，突出了家庭教育的重要性，增加了监护人的报告和配合义务，针对农村留守儿童等群体的监护缺失问题，完善了委托监护制度。

4. 民主与尊重

父母或者其他监护人应当根据未成年人的年龄和智力发展状况，在作出与未成年权益有关的决定时告知其本人，并听取他们的意见。父母处理离婚事务时，应当妥善协商涉及未成年子女的抚养、教育、探望、财产等事宜，听取有表达意愿能力的未成年人的合理意见。

（二）学校保护

1. 实施素质教育

学校应当全面贯彻国家教育方针，实施素质教育，提高教学质量，促进未成年学生全面发展，教育未成年人养成遵纪守法的良好行为习惯。

2. 关爱与尊重

学校、幼儿园的教职工应当尊重未成年人的人格尊严，不得对未成年人实施体罚和侮辱人格尊严的行为。学校应当保障未成年学生受教育的权利，关心、爱护学生，对家庭较贫困或身心有障碍的学生，提供适当的帮助；对行为有偏差、学习有困难的学生，应当耐心教育。不得因家庭、身体、学习能力等情况歧视学生，不得违反法律和国家规定，开除、变相开除未成年学生或者限制未成年学生在校接受教育。

3. 开展成长教育

学校应当根据未成年学生的身心发展特点，对其进行社会生活指导、心理健康辅导、安全教育和青春期教育。幼儿园应当做好保育、教育工作，遵循幼儿身心发展规律，实施启蒙教育，促进幼儿在体质、智力、品德等方面和谐发展。

4. 确保健康与安全

学校、幼儿园应当提供必要的卫生保健条件，协助卫生健康部门做好在校、在园未成年学生的卫生保健工作，保障学生健康水平。建立学生安全管理制度和欺凌防控制度，对教职员工、学生开展防治学生欺凌的培训和教育，保障未成年人在校的人身安全。

5. 对有严重不良行为的未成年学生实施专门教育

对于在学校接受教育的、有严重不良行为的未成年学生，学校与其父母或者其他监护人应当互相配合加以管教，无力管教或者管教无效的，可以依法将其送专业学校继续接受教育。家庭、学校、社会应当关心、爱护在专门学校就读的未成年学生，尊重其人格尊严，不得虐待和歧视。

（三）社会保护

1. 创造良好的社会文化环境

全社会应当树立尊重、保护、教育未成年人的良好风尚，关心、爱护未成年人。国家鼓励、支持和引导社会团体、企业事业组织以及其他组织和个人，开展有利于未成年人健康成长的社会活动。

2. 维护受教育权

保障未成年人受教育的权利，并积极采取多项措施保障家庭经济困难、残疾和流动人口中的未成年人接受义务教育。

3. 提供多样化的活动场所

图书馆、儿童活动中心等场所应当对未成年人免费开放；博物馆、科技馆应当按照有关规定对青少年免费或优惠开放，并开设未成年人专场，对未成年提供有针对性的服务。国家鼓励国家机关、事企业单位开发自身优质教育资源，设立开放日，为未成年人提供主题教育、社会实践、职业体验。

4. 提供丰富健康的文化产品

国家鼓励新闻出版、电影、作家、科学家等公民,加强对未成年保护的宣传,制作和传播有利于未成年人健康成长的图书、影视节目、音像制品等。任何组织和个人不得刊登、播放或散发含有危害未成年人身心健康内容的广告。

5. 提供安全的消费和娱乐产品

生产、销售用于未成年人的食品、药品、玩具、用具和游戏游艺设备、游乐设施等,应当符合国家标准或者行业标准,不得有害于未成年人的安全和健康,需要标明注意事项的,应当在显著位置标明。

6. 净化未成年人的生活环境

中小学校园周边不得设置营业性歌舞娱乐场所、互联网上网服务营业场所等不适宜未成年活动的场所。营业性歌舞娱乐场所、互联网上网服务营业场所等不适宜未成年活动的场所,不得允许未成年进入。任何人不得在中小学校、幼儿园的教室、寝室、活动室和其他未成年人集中活动的场所吸烟、喝酒。

最新《未成年人保护法》修订草案中,增加了城乡基层群众性自治组织的保护责任,拓展了未成年人福利范围,强调了公共场所的安全保障义务。

7. 实施特殊的劳动保护

任何组织或者个人不得招用未满十六周岁的未成年人,国家另有规定的除外。经未成年人的父母或者其他监护人同意,未成年参与演出、网络直播等活动,活动组织方应当根据国家有关规定,保障未成年人的合法权益。

8. 尊重未成年人的隐私

任何组织或者个人不得披露未成年人的个人隐私。对未成年人的信件、日记、网络通信内容,不得隐匿、毁弃、删除,除因追查犯罪需要,由公安机关、人民检察院依法检查,或因未成年人无民事行为能力,父母代为开拆、查阅外,任何组织或者个人不得开拆、查阅。

(四) 司法保护

1. 及时审理侵害未成年人合法权益案

未成年人的合法权益受到侵害,依法向人民法院提起诉讼的,人民法院应当依法及时审理。

2. 提供法律援助或司法保护

在司法活动中对需要法律援助或者司法救助的未成年犯罪嫌疑人、被告人、被害人以及经济困难的未成年当事人,法律援助机构或者人民法院、人民检察院等应当给予帮助,依法为其提供法律援助或者司法救助,并对办理未成年人法律援助案件的律师进行指导和培训。

3. 保护未成年人的继承权和受遗赠权

人民法院审理继承案件,应当依法保护未成年人的继承权和受遗赠权。人民法院审理涉及未成年人抚养问题的离婚案件时,应当听取有表达意愿能力的未成年子女的意见,根据保障子女权益原则和双方具体情况依法处理。

4. 强化父母和监护人的监护与抚养责任

父母或者其他监护人不履行监护职责或者侵害被监护儿童的合法权益,人民法院可以撤销其监护人的资格,另行指定监护人。被撤销监护资格的父母应当依法继续负担抚养费用。监护人不依法履行监护职责,或者侵害儿童合法权益的,由其所在单位或者居民委员会、村民委员会予以劝解、制止。构成违反治安管理行为的,由公安机关依法给予行政处罚。

最新《未成年人保护法》修订草案中,进一步强调司法机关专门化的问题,设立检察机关代为行使权力制度,细化规定监护中止和监护撤销制度,规定刑事案件中对未成年被害人的保护措施。

5. 审理未成年人案件要适应未成年人的身心特点

公安机关、人民检察院、人民法院和司法行政部门应当根据需要明确专门机构或者指定专门人员,负责办理涉未成年人案件。办理涉未成年人案件的人员应当经过专门培训,熟悉未成年人的身心特点。专门机构或者专门人员中,应当有女性工作人员。公安机关、人民检察院、人民法院和司法行政部门办理涉未成年人案件,应当考虑未成年人身心特点和健康成长的需要,使用未成年人能够理解的语言和表达方式,听取未成年人及其法定代理人的意见。

6. 对违法犯罪的未成年人实行教育、感化、挽救的方针

对违法犯罪未成年人,实行教育、感化、挽救方针,坚持教育为主、惩罚为辅的原则。对违法犯罪未成年人,应当依法予以从轻、减轻或者免除处罚。

(五)网络保护

1. 保障和引导未成年人合理、安全使用网络

国家保护未成年人依法使用网络的权利,保障和引导未成年人安全、合理使用网络;家庭和学校应当培养和提高未成年人网络素养,开展网络安全和网络文明教育,提高未成年人安全、合理使用网络的意识和能力,增强未成年人自我保护意识。

2. 网络环境管理

国家鼓励和支持有利于未成年人健康成长的网络内容的创作与传播,鼓励和支持专门以未成年人为服务对象、适合未成年人身心发展特点的网络技术、设备、产品、服务的研发、生产和使用。

3. 网络企业责任

智能终端产品制造者和销售者应当在智能终端产品上安装未成年人上网保护软件,网络产品和服务提供者应当按照国家规定,对影响未成年人身心健康的内容,在传播前予以提示。

4. 个人网络信息保护

对未成年个人网络信息进行保护,网络产品和服务提供者应当提示未成年人保护其个人信息,并对未成年用户使用其个人信息进行保护性限制。网络产品和服务提供者通过网络收集、使用、保存未成年人个人信息的,应当符合国家有关规定,且经过未成年及其父母或监护人同意。

5. 预防未成年人沉迷网络

对未成年人使用网络游戏进行时间管理。网络游戏服务提供者应当按照国家有关规定和标准,对游戏产品进行分类,作出提示,并采取技术措施,不得让未成年人接触不适宜其接触的游戏或者游戏功能。

6. 网络欺凌及侵害的预防和应对

任何组织或者个人不得通过网络以文字、图片、音视频等形式侮辱、诽谤、威胁未成年人或者恶意扭曲、损害未成年人形象。发现未成年人遭受网络欺凌侵害或者形象遭到恶意扭曲、损害

的,受害未成年人的父母或者其他监护人可以要求网络信息服务提供者及时采取删除、屏蔽等措施,停止侵害行为。

网络产品和服务提供者应当结合本单位提供的未成年人相关服务,建立便捷的举报渠道,通过显著方式公示举报途径和举报方法,配备与服务规模相适应的专职人员,及时受理并处置相关举报。

(六) 政府保护

国务院和地方各级人民政府领导有关部门做好未成年人保护工作,将未成年人保护工作纳入国民经济和社会发展规划以及年度计划,相关经费纳入本级政府预算。

1. 建立未成年人保护协调机制

国务院和县级以上地方人民政府应当建立未成年人保护工作协调机制,统筹、协调、督促、指导有关部门做好未成年人保护工作。协调机制具体工作由同级民政部门承担。国务院和县级以上地方人民政府涉及未成年人保护的职能部门应当明确相关内设机构或者人员,负责本部门承担的未成年人保护工作。

2. 开展家庭教育服务与监督

各级人民政府应当将家庭教育指导服务纳入城乡公共服务体系,开展家庭教育知识宣传,鼓励和支持有关社会团体、企业事业组织开展家庭教育服务。地方各级人民政府应当提供家庭监护的监督和支持,采取措施监督家庭监护状况,为有需要的家庭提供指导和帮助。

3. 保障未成年人受教育权利

各级人民政府应当保障未成年人受教育权利,并采取措施保障因家庭或者自身原因处于困境的未成年人接受义务教育。

各级人民政府应当发展职业教育,保障没有进入普通高中学习的未成年人接受职业教育或者职业技能培训,鼓励和支持社会团体、企业事业组织为未成年人提供职业技能培训服务

4. 保障校园及周边环境安全

县级以上地方人民政府及其有关部门应当保障校园安全,监督、指导学校、幼儿园等单位落实校园安全责任,并建立突发事件的报告、处置和协调机制。

县级人民政府及其有关部门应当依法维护校园周边的治安和交通秩序,设立监控设备和交通安全设施,预防和制止侵害未成年人合法权益的违法犯罪行为。

5. 提供卫生保健和营养指导

各级人民政府及其有关部门应当对未成年人进行卫生保健和营养指导,提供卫生保健服务。卫生健康部门应当做好对未成年人的疾病预防工作,对国家免疫规划项目的预防接种实行免费,实施疫苗全程信息化追溯制度。防治未成年人常见病、多发病,加强对传染病防治工作的监督管理,加强对伤害防控的指导和评估,加强对学校、幼儿园、婴幼儿照护服务机构卫生保健的指导和监督。

教育部门应当加强对未成年人的心理健康教育,建立对未成年人心理问题的早期发现和及时干预机制。卫生健康部门应当做好未成年人心理治疗、心理危机干预以及精神障碍早期识别和诊断治疗等。

6. 为特殊需要的未成年人提供社会救助

县级以上人民政府及其民政部门应当根据需要设立未成年人救助保护机构、儿童福利机构，负责收留、抚养需要国家监护的未成年人。对临时监护的未成年人，应当优先考虑亲属寄养；不具备条件或者不适合的，可以由未成年人救助保护机构或者儿童福利机构进行收留、抚养。临时监护期限一般不超过一年。临时监护期满后仍无法查明或者确定监护人的，由国家进行长期监护。

7. 实施网络素养教育和沉溺网络干预

各级人民政府应当采取措施，加强未成年人网络素养教育，指导中小学校和社会团体、企业事业组织、城乡基层群众性自治组织等开展提高未成年人网络素养的教育教学活动。教育、卫生健康等部门应当组织开展预防未成年人沉迷网络的宣传教育，对未成年人沉迷网络依法实施干预。

8. 专门学校与专门教育

专门教育是国家教育体系的重要组成部分，专门学校是实施专门教育的主要机构。国务院组织有关部门按照科学设置、合理布局、形式多样的原则，制定专门学校发展规划，制定专门学校办学标准、管理制度和考核评价等规范。县级以上地方人民政府根据需要设置专门学校或者与周边区域合作建设专门学校。鼓励和支持社会力量举办或者参与举办专门学校，并加强管理。

9. 开通保护热线和犯罪信息查询系统

县级以上地方人民政府应当开通全国统一的未成年人保护热线，及时受理、转介侵害未成年人合法权益的投诉、举报。鼓励和支持社会团体、企业事业组织参与设立未成年人保护服务平台、服务热线、服务站点，为未成年人提供咨询、帮助。

国务院应当建立全国统一的性侵害、虐待、暴力伤害等严重侵害未成年人违法犯罪人员信息查询系统，由公安机关向有用工需求的密切接触未成年人行业的相关组织提供查询服务。

三、未成年人不良行为和犯罪的预防和矫治

（一）预防未成年人犯罪的教育

1. 预防未成年人犯罪教育的内容

对未成年人应当加强思想、道德、法制和爱国主义、集体主义、社会主义教育。学校、各行政部门、共产主义青年团、少年先锋队应结合实际，开展多种形式的预防未成年犯罪的法制宣传活动。在上述教育的同时，应当进行预防犯罪的法制教育，增强未成年人法制观念，清楚了解违法犯罪给家庭、社会、学校带来的危害以及相应承担的法律意识。

2. 预防未成年人犯罪教育的责任人

教育行政部门、学校、司法行政部门、共青团、少年先锋队、职教机构、用人单位、少年宫、青年活动中心、居(村)委会、父母及其他监护人都是责任人。

教育行政部门、学校应当将预防犯罪的教育作为法制教育的内容纳入学校教育教学计划，结合常见多发的未成年人犯罪，对不同年龄的未成年人进行有针对性的预防犯罪教育；学校应当聘任从事法制教育的专职或者兼职教师；未成年人的父母或者其他监护人对未成年人的法制教育负有直接责任；儿童校外活动场所应当把预防未成年人犯罪作为重要工作内容；对于已满

十六周岁不满十八周岁准备就业的未成年人,职业教育培训机构、用人单位应当将法律知识和预防犯罪教育纳入职业培训的内容;司法行政部门、教育行政部门、共产主义青年团、少年先锋队以及居(村)民委员会应当结合实际,积极开展有针对性的预防未成年人犯罪的法制宣传活动。

(二) 对未成年人不良行为的预防

1. 家庭对未成年人的教育与监控

未成年人的父母或者其他监护人和学校应当教育未成年人不得吸烟、酗酒。任何经营场所不得向未成年人出售烟酒。未成年人的父母或者其他监护人和学校发现未成年人组织或者参加实施不良行为的团伙的,应当及时予以制止。发现该团伙有违法犯罪行为的,应当向公安机关报告。未成年人的父母或者其他监护人,不得让不满十六周岁的未成年脱离监护单独居住,不得对未成年人放任不管,不得迫使其离家出走,放弃监护职责。未成年人父母离异的,离异双方对子女都有教育的义务,任何一方都不得因离异而不履行教育子女的义务。

2. 学校的教育与管理

教育行政部门、学校应当举办各种形式的讲座、座谈、培训等活动,针对未成年人不同时期的生理、心理特点,介绍良好有效的教育方法,以指导教师、未成年人的父母和其他监护人有效地防止、矫正未成年人的不良行为。

3. 社会环境监控与管理

禁止在中小学附近开办营业性舞厅、营业性电子游戏场所以及其他未成年人不适宜进入的场所。公安机关应当加强中小学校周围环境的治安管理,及时制止、处理中小学周围发生的违法犯罪行为。城(居)民委员会应当协助公安机关做好维护中小学周围治安的工作。

4. 传媒与出版物管理

以未成年人为对象的出版物,不得含有诱发未成年人违法犯罪的内容,不得含有渲染暴力、色情、赌博、恐怖活动等危害未成年人身心健康的内容。任何单位和个人不得向未成年人出售、出租含有诱发未成年人违法犯罪以及渲染暴力、色情、赌博、恐怖活动等危害未成年人身心健康内容的读物、音像制品或者电子出版物。任何单位和个人不得利用通信、计算机网络等方式提供危害未成年人身心健康的内容及其信息。广播、电影、电视、戏剧节目,不得有渲染暴力、色情、赌博、恐怖活动等危害未成年人身心健康的内容。

(三) 对未成年人严重不良行为的矫治

1. 严重不良行为的界定

严重不良行为是指下列严重危害社会,尚不够刑事处罚的违法行为,主要包括:纠集他人结伙滋事,扰乱治安;携带管制刀具,屡教不改;多次拦截殴打他人或者强行索要他人财物;传播淫秽的读物或者音像制品等;进行淫乱或者色情、卖淫活动;多次偷窃;参与赌博,屡教不改;吸食、注射毒品;其他严重危害社会的行为。

2. 对未成年人严重不良行为的矫治

（1）工读学校的矫治

对有以上严重不良行为的未成年人,其父母或者其他监护人和学校应当相互配合,采取措施严加管教,提出申请后,经教育行政部门批准,也可以送工读学校进行矫治和接受教育。

（2）司法矫治

未成年人有本法所规定的严重不良行为,构成违反治安管理的,由公安机关依法予以治安处罚。因不满十四周岁或情节较轻的,可以予以训诫。

（3）社会矫治

因不满十六周岁不予刑事处罚的,责令父母或者其他监护人严加管教,必要时,由政府依法收容教养。在收容教养期间,执法机关保证其继续接受文化、法律知识或职业技术教育,对没有完成义务教育的未成年人,保证其完成义务教育。解除收容教养、劳动教养的未成年人,在复学、升学、就业等方面与其他未成年人享有同等权利,任何单位和个人不得歧视。

(四) 对未成年人重新犯罪的预防措施

对犯罪的未成年人追究刑事责任,实行教育、感化、挽救方针,坚持教育为主,惩罚为辅的原则。

1. 未成年人犯罪案件不公开审理和报道

人民法院审判未成年人犯罪的刑事案件,应当由熟悉未成年人身心特点的审判员依法组成少年法庭进行。对于审判被告人不满十八周岁的刑事案件,不公开审理。

2. 未成年人罪犯特殊对待和管理

对被拘留、逮捕和执行刑罚的未成年人与成年人应当分别关押、分别管理、分别教育。未成年犯在执行刑罚期间,执行机关应当加强对未成年犯的法制教育和职业技术教育。

3. 对违法犯罪未成年人进行社会帮教和权利维护

未成年人的父母或者其他监护人和学校、城市居民委员会、农村村民委员会,对因不满十六周岁而不予刑事处罚、免予刑事处罚的未成年人,或者被判处非监禁刑罚,被判处刑罚宣告缓刑、被假释的未成年人,应当采取有效的帮教措施,协助司法机关做好对未成年人的教育、挽救工作。

四、孤儿和流浪未成年人的保护与安置

孤儿是指失去父母、查找不到生父母的未满十八岁的未成年人,由地方县级以上民政部门依据有关规定和条件认定。地方各级政府要按照有利于孤儿身心健康成长的原则,采取多种方式拓展孤儿安置渠道,妥善安置孤儿。

2006年3月,民政部同国家发展改革委、财政部等十四个部门联合印发了《关于加强孤儿救助工作的意见》。这是新中国成立以来对孤儿生活救助和服务保障第一个综合性的福利性制度安排,在我国儿童福利事业的发展史上具有里程碑意义。2010年11月18日《关于加强孤儿救助工作的意见》国办发〔2010〕54号是由民政部发布实施的一部意见,主要为了指导孤儿救助工作。

(一) 监护人的责任

孤儿的监护人应当依法履行监护职责,维护孤儿的合法权益。监护人不履行监护职责或侵害被监护人的合法权益的,应当承担相应的法律责任。人民法院可以根据有关人员或有关单位的申请,依法撤销监护人的资格。

(二)安置孤儿的四种方式

1. 亲属抚养

孤儿的监护人依照《中华人民共和国民法通则》等法律法规来确定。孤儿的祖父母、外祖父母、兄、姐要依法承担抚养义务、履行监护职责;鼓励关系密切的其他亲属、朋友担任孤儿监护人;没有前述监护人的,未成年人的父、母的所在单位或者未成年人住所地的居民委员会、村民委员会或者民政部门担任监护人。监护人不履行监护职责或者侵害孤儿合法权益的,应承担相应的法律责任。

2. 机构养育

对没有亲属和其他监护人抚养的孤儿,经依法公告后由民政部门设立的儿童福利机构收留抚养。有条件的儿童福利机构可在社区购买、租赁房屋,或在机构内部建造单元式居所,为孤儿提供家庭式养育。公安部门应及时为孤儿办理儿童福利机构集体户口。

3. 家庭寄养

由孤儿父母生前所在单位或者孤儿住所地的村(居)民委员会或者民政部门担任监护人的,可由监护人对有抚养意愿和能力的家庭进行评估,选择抚育条件较好的家庭开展委托监护或者家庭寄养,并给予养育费用补贴,当地政府可酌情给予劳务补贴。

4. 依法收养

国家鼓励收养孤儿。收养孤儿按照《中华人民共和国收养法》的规定办理。对中国公民依法收养的孤儿,需要为其办理户口登记或者迁移手续的,户口登记机关应及时予以办理,并在登记与户主关系时注明子女关系。对寄养的孤儿,寄养家庭有收养意愿的,应优先为其办理收养手续。继续稳妥开展涉外收养,进一步完善涉外收养办法。

(三)相关部门保障孤儿基本生活和合法权益的职责

1. 财政部门职责

财政部门要建立稳定的经费保障机制,将孤儿保障所需资金纳入社会福利事业发展资金预算,通过财政拨款、民政部门使用的彩票公益金等渠道安排资金,切实保障孤儿的基本生活和儿童福利专项工作经费。

2. 发展改革部门职责

发展改革部门要充分考虑儿童福利事业发展需要,统筹安排儿童福利机构设施建设项目,逐步改善儿童福利机构条件。儿童福利机构是孤儿保障的专业机构,要发挥其在孤儿保障中的重要作用。对社会上无人监护的孤儿,儿童福利机构要及时收留抚养,确保孤儿居有定所、生活有着。要发挥儿童福利机构的专业优势,为亲属抚养、家庭寄养的孤儿提供有针对性的指导和服务。

3. 卫生部门职责

应当为孤儿提供基本的卫生医疗服务,提高孤儿医疗康复保障水平。将孤儿纳入城镇居民基本医疗保险、新型农村合作医疗、城乡医疗救助等制度覆盖范围,适当提高救助水平,参保(合)费用可通过城乡医疗救助制度解决;将符合规定的残疾孤儿医疗康复项目纳入基本医疗保障范围,稳步提高待遇水平。卫生部门要对儿童福利机构设置的医院、门诊部、诊所、卫生所(室)给予支持和指导;疾病预防控制机构要加强对儿童福利机构防疫工作的指导,及时调查处理机构内发生的传染病疫情;鼓励、支持医疗机构采取多种形式减免孤儿医疗费用。

4. **教育部门职责**

落实孤儿教育保障政策。家庭经济困难的学龄前孤儿到学前教育机构接受教育的,由当地政府予以资助。将义务教育阶段的孤儿寄宿生全面纳入生活补助范围。在普通高中、中等职业学校、高等职业学校和普通本科高校就读的孤儿,纳入国家资助政策体系优先予以资助;孤儿成年后仍在校就读的,继续享有相应政策;学校为其优先提供勤工助学机会。切实保障残疾孤儿受教育的权利,具备条件的残疾孤儿,在普通学校随班就读;不适合在普通学校就读的视力、听力、言语、智力等残疾孤儿,安排到特殊教育学校就读;不能到特殊教育学校就读的残疾孤儿,鼓励并扶持儿童福利机构设立特殊教育班或特殊教育学校,为其提供特殊教育。

5. **劳动保障部门职责**

认真贯彻落实《中华人民共和国就业促进法》和《国务院关于做好促进就业工作的通知》等精神,鼓励和帮扶有劳动能力的孤儿成年后实现就业,按规定落实好职业培训补贴、职业技能鉴定补贴、免费职业介绍、职业介绍补贴和社会保险补贴等政策;孤儿成年后就业困难的,优先安排其到政府开发的公益性岗位就业。人力资源社会保障部门要进一步落实孤儿成年后就业扶持政策,提供针对性的服务和就业援助,促进有劳动能力的孤儿成年后就业。

6. **人口与计划生育部门职责**

为收养当事人出具相关证明材料的部门或机构,应当及时、如实出具证明材料。

7. **公安部门职责**

为孤儿及时办理常住户口登记或迁移手续。公安部门应及时出具弃婴捡拾报案证明,积极查找弃婴和儿童的生父母或者其他监护人。

8. **司法部门职责**

依法保护孤儿的人身、财产权利,积极引导法律服务人员为孤儿提供法律服务,为符合法律援助条件的孤儿依法提供法律援助。有关方面要严厉打击查处拐卖孤儿、遗弃婴儿等违法犯罪行为,及时发现并制止公民私自收养弃婴和儿童的行为。公安部门应及时出具弃婴捡拾报案证明,积极查找弃婴和儿童的生父母或者其他监护人。

9. **建设部门职责**

因地制宜地解决孤儿的住房问题。居住在农村的无住房孤儿成年后,按规定纳入农村危房改造计划,优先予以资助,乡镇政府和村民委员会要组织动员社会力量和当地村民帮助其建房。居住在城市的孤儿成年后,符合城市廉租住房保障条件或其他保障性住房供应条件的,当地政府要优先安排、应保尽保。对有房产的孤儿,监护人要帮助其做好房屋的维修和保护工作。

10. **民政部门职责**

民政部门要发挥牵头部门的作用,加强孤儿保障工作能力建设,充实儿童福利工作力量,强化对儿童福利机构的监督管理,建设好全国儿童福利信息管理系统,建立健全孤儿福利服务工作网络、将散居孤儿纳入城乡社会救助体系。

11. **其他社会组织和机构职责**

进一步加大宣传工作力度,弘扬中华民族慈幼恤孤的人道主义精神和传统美德,积极营造全社会关心关爱孤儿的氛围。大力发展孤儿慈善事业,引导社会力量通过慈善捐赠、实施公益项目、提供服务等多种方式,广泛开展救孤、恤孤活动。

第三节　老年人权益保障

《中华人民共和国老年人权益保障法》是为保障老年人合法权益,发展老龄事业,弘扬中华民族敬老、养老、助老的美德而制定的法律。该法作为一部构建和发展和谐稳定社会关系的重要法律,从公布施行以后,对于保护老年人的合法权益发挥了重要作用。老年人不仅增强了自身法律保护的意识,还会从各个层面提高生活质量与幸福满意度。《中华人民共和国老年人权益保障法》于1996年8月29日第八届全国人大常委会第21次会议通过,现行版本是2018年12月29日第十三届全国人民代表大会常务委员会第七次会议通过的修正版。

我国老龄化形式越来越严峻,数据统计表明,2019年我国60岁以上人口达到25 388万人,占总人口的18.1%,其中65岁及以上人口达17 603万人,占总人口的12.6%。从养老抚养比数据可以看出,2019年我国老年抚养比为19.6%,与上一年度的16.85%相比,增幅为11年来最大,老年人也成为社会的重点关注对象。

一、老年人合法权益的主要内容

国家和社会应当采取措施,健全保障老年人权益的各项制度,逐步改善保障老年人生活、健康、安全以及参与社会发展的条件,实现老有所养、老有所医、老有所为、老有所学、老有所乐。

(一) 婚姻家庭权

1. **享受家庭赡养与扶养的权利**

老年人养老以居家为基础,家庭成员应当尊重、关心和照料老年人。赡养人应当履行对老年人经济上供养、生活上照料和精神上慰藉的义务,照顾老年人的特殊需要。最新修订法律中强调要满足老年人精神需要,不得忽视、冷落老年人。对生活不能自理的老年人,赡养人应当承担照料责任;不能亲自照料的,可以按照老年人的意愿委托他人或者养老机构等照料。

2. **居住权**

赡养人应当妥善安排老年人的住房,不得强迫老年人居住或者迁居条件低劣的房屋。老年人自有的或者承租的住房,子女或者其他亲属不得侵占,不得擅自改变其产权关系或者租赁关系。老年人自有的住房,赡养人有维修的义务。

3. **婚姻自由权**

老年人的婚姻自由受法律保护。子女或者其他亲属不得干涉老年人离婚、再婚及婚后的生活。赡养人的赡养义务不因老年人的婚姻关系的变化而消除。

4. **财产所有权**

对个人的财产,老年人依法享有占有、使用、收益和处分的权利,子女或者其他亲属不得干涉,不得以窃取、骗取、强行索取等方式侵犯老年人的财产权益。

5. **继承权**

老年人有依法继承父母、配偶、子女或者其他亲属遗产的权利,有接受赠予的权利。子女或者其他亲属不得侵占、抢夺、转移、隐匿或者损毁应当由老年人继承或者接受赠予的财产。老年人以遗嘱处分财产,应当依法为老年配偶保留必要的份额。

(二) 社会保障的权利

1. 生活保障权

通过基本养老保险制度保障老年人的基本生活。对长期生活不能自理、经济困难的老年人,地方各级人民政府应当根据其失能程度等情况予以护理补贴。对流浪乞讨、遭受遗弃等生活无着的老年人,按照有关规定予以救助。老年人无劳动能力、无生活来源、无赡养人和抚养人,或者其赡养人和抚养人确无赡养能力或者抚养能力的,由地方各级人民政府依照有关规定给予供养或者救助。

2. 医疗保障权

通过基本医疗保险制度,保障老年人的基本医疗需要。享受最低生活保障的老年人和符合条件的低收入家庭中的老年人参加新型农村合作医疗和城镇居民基本医疗保险所需个人缴费部分,由政府给予补贴。有关部门制定医疗保险办法时,应当对老年人给予照顾。

3. 住房保障权

地方各级人民政府在实施廉租住房、公共租赁住房等住房保障制度或者进行危旧房屋改造时,应当优先照顾符合条件的老年人。

4. 社会福利与其他保障措施

国家建立和完善老年人福利制度,根据经济社会发展水平和老年人的实际需要,增加老年人的社会福利。国家鼓励地方建立和完善八十周岁以上低收入老年人高龄津贴制度和计划生育家庭老年人扶助制度。老年人依法享有的养老金、医疗待遇和其他待遇应当得到保障,有关机构必须按时足额支付,不得克扣、拖欠或者挪用。国家根据经济发展以及职工平均工资增长、物价上涨情况,适时提高养老保障水平。

老年人可以与集体经济组织、基层群众性自治组织、养老机构等组织或者个人签订遗赠扶养协议或者其他扶助协议。负有抚养义务的组织或者个人按照遗赠扶养协议,承担该老年人生养死葬的义务,享有受遗赠的权利。

(三) 社会服务

1. 社区养老

地方各级人民政府和有关部门采取措施,发展城乡社区养老服务,鼓励、扶持专业服务机构及其他组织和个人,为居家的老年人提供生活照料、紧急救援、医疗护理、精神慰藉、心理咨询等多种形式的服务。对经济困难的老年人,地方各级人民政府应当逐步给予养老服务补贴。

2. 养老机构的建设与管理

设立养老机构应当向县级以上人民政府民政部门申请行政许可。经许可的,依法办理相应的登记。县级以上人民政府民政部门负责养老机构的指导、监督和管理,其他有关部门依照职责分工对养老机构实施监督。养老机构变更或者终止的,应当妥善安置收住的老年人,并按照规定到有关部门办理手续。养老机构应当与接受服务的老年人或者其代理人提前拟定服务协议,明确双方的权利、义务,养老机构及其工作人员不得以任何方式侵害老年人的权益。国家鼓励养老机构投保责任保险,鼓励保险公司承担责任保险。

3. 养老服务人才的培养

国家建立健全养老服务人才培养、使用、激励和评价制度，依法规范用工，促进从业人员劳动报酬合理增长，发展专职、兼职和志愿者相结合的养老服务队伍。

国家鼓励高等学校、中等职业学校和职业培训机构设置相关专业或者培训项目，培养养老服务专业人才。

（四）社会优待

县级以上人民政府及其有关部门根据经济社会发展和老年人的特殊需要，制定优待老年人的办法，逐步提高优待水平。

1. 医疗优待

医疗机构应当对老年人就医予以方便和优先。有条件的地方，可以为老年人设立家庭病床，开展巡回医疗、护理、康复、免费体检等服务。提倡为老年人义诊。

2. 法律优待

老年人因其合法权益受侵害提起诉讼，但缴纳诉讼费有困难的，可以缓交或者免交；需要获得律师帮助，但无力支付律师费用的，可以获得法律援助。

鼓励律师事务所、公证处、基层法律服务所及其他法律服务机构为经济困难老人提供免费或者优惠服务。

3. 社会优待

提倡与老年人日常生活密切相关的服务行业提供优待和照顾。对老年人免费或者优惠开放博物馆、科技馆、公园、旅游景点等场所。老年人乘坐公共交通工具时，应当为老年人提供优先、优惠服务。

（五）宜居环境

国家采取措施，推进宜居环境建设，为老年人提供安全、便利和舒适的环境。各级人民政府在制定城乡规划时，应当根据人口老龄化发展趋势、老年人口分布和老年人的特点，统筹考虑适合老年人的公共基础设施、生活服务设施、医疗卫生设施和文化体育设施建设。

各级人民政府和有关部门应当按照国家无障碍设施工程建设标准，优先推进与老年人日常生活密切相关的公共服务设施的改造。国家推动老年宜居社区建设，引导、支持老年宜居住宅的开发，推动和扶持老年人家庭无障碍设施的改造，为老年人创造无障碍居住环境。

（六）参与社会发展的权利

1. 国家和社会尊重老年人参与社会发展的权利

《中华人民共和国老年人权益保障法》规定，国家和社会应当重视、珍惜老年人的知识、技能、经验和优良品德，发挥老年人的专长和作用，保障老年人参与经济、政治、文化和社会生活，在制定法规、公共政策时，涉及老年人权益重大问题的，应当听取老年人和老年人组织的意见。

2. 国家和社会要为老年人参与社会发展创造条件

根据社会需要和可能，鼓励老年人在自愿和量力的情况下，可以从事对青少年和儿童进行社会主义、爱国主义等优良传统教育，传授文化和科技知识，提供咨询服务，参加志愿服务，兴办公益事务等其他社会活动。老年人参加劳动的合法收入受法律保护。任何单位、个人不得安排老年人从事危害身心健康的劳动或危险作业。

3. 继续受教育的权利

老年人有继续教育的权利。国家发展老年教育,把老年教育纳入终身教育体系,鼓励社会办好各类老年学校。各级人民政府对老年教育应当加强领导,统一规划,加大投入。

二、保障老年人合法权益的方式方法

继续推进加强法制建设和教育、扩大普法工作、健全法律援助制度、扩大社会养老尊老宣传等措施是保障老年人合法权益的有效途径。

国家要重视老年人合法权益保障的相关法律法规建设,将维权工作纳入老年人发展的全局中来,不断完善体制机制,加快各项制度举措的实施和落实。老年人合法权益受到侵害的,被侵害人或者其代理人有权要求有关部门处理,或者依法向人民法院提起诉讼。

通过举办法律知识讲座,不断强化老年人依法维权的意识,组织法律服务人员集中深入老年人群体,帮助解答、宣传关于老年人在继承、财产等方面的法律问题。社会工作者可作为法律部门与老年人群体之间的桥梁,提供法律资源,包括免费法律咨询服务、法制教育活动,为处在维权困境中的老年人提供法律援助。

全国司法行政系统,应积极为老年人提供法律服务和法律援助,丰富服务内容,提升服务质量,建立老年人维权的服务平台。老年人因其合法权益受侵害而提起诉讼、缴纳诉讼费有困难的,可以缓交、减交或者免交;需要律师帮助,但无力支付律师费用的,可以获得法律援助。

全社会应当广泛开展敬老、养老、助老宣传教育活动,树立尊重、关心、帮助老年人的社会风尚。基层群众组织和依法设立的老年人组织应当反映老年人的要求,维护老年人合法权益,为老年人服务。

第四节 残疾人保障

残疾人是指在心理、生理、人体结构上某种组织、功能丧失或者不正常,全部或者部分丧失以正常方式从事某种活动能力的人。残疾人包括视力残疾、听力残疾、言语残疾、肢体残疾、智力残疾、精神残疾、多重残疾或其他残疾。

《中华人民共和国残疾人保障法》(以下简称《残疾人保障法》)是为了维护残疾人的合法权益、发展残疾人事业、保障残疾人平等充分地参与社会生活、共享社会物质文化成果,根据宪法而制定的法规,于2008年4月24日修订通过,自2008年7月1日起施行。该法根据2018年10月26日第十三届全国人民代表大会常务委员会第六次会议修正。

一、残疾人合法权益的主要内容

残疾人在政治、经济、文化、社会和家庭生活等方面享有同其他公民平等的权利。残疾人的公民权利和人格尊严受法律保护。禁止基于残疾的歧视。

(一)康复权

康复权是指残疾人享有的、由国家和社会为残疾人提供的康复指导、康复训练、康复服务等权利。《残疾人保障法》规定,国家保障残疾人享有康复服务的权利。康复工作应当从实际出发,以社区康复为基础,加强康复新技术的研究、开发和应用,为残疾人提供有效的康复服务。

1. 建设残疾人康复机构

各级人民政府鼓励扶持社会力量兴办残疾人康复机构,组织和指导城乡社区服务组织、医疗预防保健机构、残疾人组织、家庭和其他社会力量,开展社区康复工作。残疾人教育机构、福利性单位和其他为残疾人服务的机构,应当创造条件,开展康复训练活动。

2. 培养康复专业人才

政府和社会采取多种形式对从事康复工作的人员进行技术培训。向残疾人、残疾人家属、有关工作人员和志愿工作者普及康复知识,传授康复方法。医学院校和其他有关院校应当有计划地开设康复课程,设置相关专业,培养各类康复专业人才。

3. 研发、供应康复器材

政府有关部门应当组织和扶持残疾人康复器械、辅助器具的研制、生产、供应、维修服务。

(二)教育权

《残疾人保障法》规定,国家保障残疾人受教育的权利,各级政府应当将残疾人教育作为国家教育事业的组成部分,统一规划,加强领导,为残疾人接受教育创造条件。

1. 义务教育

政府、社会、学校应当采取有效措施,解决残疾儿童、少年就学存在的实际困难,帮助其完成义务教育。为接受义务教育的残疾学生、贫困残疾人家庭学生提供免费教科书,并给予寄宿生活费等费用补助。对接受义务教育以外其他教育的上述人群,按照国家有关规定给予资助。

2. 教育方针与形式

残疾人教育,实行普及与提高相结合、以普及为重点的方针,保障义务教育,着重发展职业教育,积极开展学前教育,逐步发展高级中等以上教育。同时,残疾人教育应当根据残疾人的身心特性和需要,符合以下要求:

(1)在进行思想和文化教育的同时,加强身心补偿和职业教育。

(2)根据残疾类别和接受能力,采取普通教育方式或特殊教育方式。

(3)特殊教育的课程设置、教材、教学方法、入学和在校年龄,可以有适度弹性。

3. 教育机构建设与管理

县级以上人民政府应当根据残疾人的数量、分布状况和残疾类别等因素,合理设置残疾人教育机构,并鼓励社会力量办学、捐资助学。普通教育机构对具有接受普通教育能力的残疾人实施教育,并为其学习提供便利和帮助。普通小学、初级中等学校、普通高级中等学校应按照国家规定招收符合条件的残疾学生。

提供特殊教育的机构应当具备适合残疾人学习、康复、生活特点的场所和措施。残疾幼儿教育机构、普通幼儿教育机构附设的残疾儿童班、特殊教育机构的学前班、残疾儿童福利机构、残疾儿童家庭,对残疾儿童实施学前教育。初中及以下和高中及以上特殊教育机构按照国家规定为残疾学生实施相应教育措施。

4. 特殊教育教师培养

国家有计划地举办各级各类特殊教育示范院校、专业,在普通示范院校附设特殊教育班,培养、培训特殊教育师资。普通师范院校开设特殊教育课程或者讲授有关内容,使普通教师掌握必要的特殊教育知识。特殊教育教师和手语翻译享受特殊教育津贴。

5. 残疾人教育辅助工具

政府有关部门应当组织和扶持盲文、手语的研究和应用,特殊教育教材的编写和出版,特殊教育教学用具及其他辅助用品的研制、生产和供应。

(三) 劳动权

《残疾人保障法》规定,国家保障残疾人劳动的权利。各级人民政府应当对残疾人劳动就业统筹规划,为残疾人创造劳动就业条件。

1. 残疾人就业方针

残疾人劳动就业,实行集中与分散相结合的方针,采取优惠政策和扶持保护政策,通过多渠道、多层次、多种形式,使残疾人劳动就业逐步普及、稳定、合理。

2. 残疾人就业扶持

国家鼓励和扶持残疾人自主择业、自主创业。地方各级人民政府和农村基层组织,应当组织和扶持农村残疾人从事种植业、养殖业和其他形式的生产劳动。对安排残疾人就业达到、超过规定比例或者集中安排残疾人就业的用人单位和从事个体经营的残疾人,依法给予税收优惠,并在生产、经营、资金、物资、场地等方便给予扶持。地方各级人民政府应当开发适合残疾人就业的公益性岗位。对申请从事个体经营的残疾人,有关部门应当优先核发营业执照。

3. 保护就业合法权益

国家保护残疾人福利性单位的财产所有权和经营自主权,使其合法权益不受侵犯。在职工的招用、转正、晋级、职称评定、劳动报酬、生活福利、休息休假、社会保险等方面,不得歧视残疾人。任何单位和个人不得以暴力、威胁或者非法限制人身自由的手段强迫残疾人劳动。

4. 残疾人就业培训

政府有关部门设立的公共就业服务机构,应当为残疾人免费提供就业服务。残疾人联合会举办的残疾人就业服务机构,应当组织开展免费的职业指导、职业介绍和职业培训,为残疾人就业和用人单位招用残疾人提供服务和帮助。

(四) 精神文化生活权

《残疾人保障法》规定,国家保障残疾人享有平等参与文化生活的权利。各级人民政府和有关部门鼓励、帮助残疾人参加各种文化、体育、娱乐活动,积极创造条件,丰富残疾人的精神文化生活。

残疾人文化、体育、娱乐活动的开展应当面向基层,融于社会公共文化生活,适应各类残疾人的不同特点和需要,使残疾人能够广泛参与。政府和社会采取下列措施,丰富残疾人的精神文化生活:通过大众传媒,及时宣传残疾人工作、生活情况,为残疾人服务;组织扶持残疾人读物的编写和出版,根据需要设置盲人读物图书室;开办电视手语节目、残疾人专题广播栏目,推进电视栏目、影视作品加配字幕和解说;组织和扶持残疾人开展群众性文化、体育、娱乐活动,举办特殊艺术演出和残疾人体育运动会;兴建公共场所为残疾人提供方便和照顾。

(五) 社会福利权

《残疾人保障法》规定,国家保障残疾人享有各项社会保障的权利。政府和社会采取措施,完善对残疾人的社会保障,保护和改善残疾人的生活。

1. 社会保险

残疾人及其所在单位应当按照国家有关规定参加社会保险。残疾人所在城乡基层群众性自治组织、残疾人家庭,应当鼓励、帮助残疾人参加社会保险。残疾人及其所在单位应当按照国家有关规定参加社会保险,对生活确有困难的残疾人,按照国家有关规定给予社会保险补贴。

2. 社会救助

各级人民政府对生活确有困难的残疾人,通过多渠道给予生活、教育、住房和其他社会救助。各级人民政府对贫困残疾人的基本医疗、康复服务、必要的辅助器具的配置和更换,应当按照规定给予救助。对生活不能自理的残疾人,地方各级人民政府应当根据情况给予护理补贴。

3. 三无供养

地方各级人民政府对无劳动能力、无抚养人或者抚养人不具有抚养能力、无生活来源的残疾人,按照规定予以供养。国家鼓励和扶持社会力量举办残疾人供养、托养机构。不得侮辱、虐待、遗弃老人。

4. 残疾人社会优待

县级以上人民政府对残疾人搭乘公共交通工具,应当根据实际情况给予便利和优惠。残疾人可以免费携带随身必备的辅助器具。国家鼓励和支持提供电信、广播电视服务的单位对盲人、听力残疾人、言语残疾人给予优惠。各级人民政府应当逐步增加对残疾人的其他照顾和扶助。

5. 社会支持

政府有关部门和残疾人组织应当建立和完善社会各界为残疾人捐助和服务的渠道,鼓励和支持发展残疾人慈善事业,开展志愿者助残等公益活动。

(六) 环境友好权

《残疾人保障法》规定,国家和社会应当采取措施,逐步完善无障碍措施,推进信息交流无障碍,为残疾人平等参与社会生活创造无障碍环境,建设符合残疾人实际需求的无障碍设施。

1. 无障碍设施建设

无障碍设施的建设和改造,应当符合残疾人的实际需要。各级人民政府和有关部门应当按照国家无障碍设施工程规定,逐步推进已建成设施的改造,优先推进与残疾人日常工作、生活密切相关的公共服务设施的改造,并且应当进行及时的维修和保护。

2. 创造无障碍交流环境

国家采取措施,为残疾人信息交流无障碍创造条件。国家和社会研制、开发适合残疾人使用的信息交流技术和产品,为残疾人获取公共信息提供便利。

3. 公共环境无障碍

在公共服务机构和公共场所应当创造条件,为残疾人提供语音、手语、盲文等信息交流服务,并提供优先服务、辅助性服务。公共交通工具应当逐步达到无障碍设施的要求,为残疾人提供便利。有条件的停车场可设置残疾人专用车位。

4. 政治参与无障碍

组织选举的部门应当为残疾人参加选举提供便利,有条件的,应为盲人提供盲文选票。

5. 无障碍设备研发

国家扶持和鼓励无障碍辅助设备、无障碍交通工具的研制和开发。

二、保障残疾人合法权益的方式方法

保障残疾人合法权益可以通过完善法律法规、扩大法律宣传和援助、加强执法监督检查等手段和途径实现。及时了解到残疾人群体的法律需求,根据实际情况,完善残疾人权益保护的法律法规体系,健全相关配套法律法规,使残疾人合法权益在受到侵害时能够有法可循,拿起法律武器保护自身合法权益。

利用广播、电视、报刊等大众传媒途径,加强残疾人权益的法制宣传工作,宣传关于残疾人权益保护的相关法律法规,提高残疾人对法律法规的认识度,营造良好的法制氛围,在合法权益受到侵害时,能够使用法律武器维护自身的合法权益。作为弱势群体的残疾人群体,在合法权益受到侵害时,可寻求社会工作机构的帮助。社会工作者作为残疾人群权益的代表者,应运用专业知识与技能,根据相关法律法规,依法维护残疾人的合法权益。

要强化执法监督检查、用法律手段保障残疾人合法权益。在落实残疾人权益保护的相关法律法规的过程中,需要各级单位,包括人民法院、检察院、残联等单位合作,互相协调沟通,各担其职,分工合作,认真履行职责,避免出现走过场、形式化的活动。这就需要来自政府、人民的监督,促进各单位能够真正去切实解决残疾人遇到的法律问题,合法保护残疾人的合法权益。

为残疾人提供法律救助服务,是维护残疾人合法权益的科学方法和有效手段,充分发挥国家司法救助、法律援助、法律服务的功能和作用,使残疾人能够享受门槛更低、服务内容更多、服务范围更广的法律服务。对有经济困难或者其他原因确需法律援助或者司法救助的残疾人,当地法律援助机构或者人民法院应当给予帮助,依法为其提供法律援助或者司法救助。

十九大报告提到,要加强社会保障体系建设。按照兜底线、织密网、建机制的要求,全面建成覆盖全民、城乡统筹、权责清晰、保障适度、可持续的多层次社会保障体系。完善城镇职工基本养老保险和城乡居民基本养老保险制度,尽快实现养老保险全国统筹。完善统一的城乡居民基本医疗保险制度和大病保险制度。统筹城乡社会救助体系,完善最低生活保障制度。坚持男女平等的基本国策,保障妇女、儿童合法权益。完善社会救助、社会福利、慈善事业、优抚安置等制度,健全农村留守儿童和妇女、老年人关爱服务体系。发展残疾人事业,加强残疾康复服务。要继续加强社会保障建设进程,为特殊人群从行政、司法、社会等方面提供保护。

【本章小结】

保障特殊人群的合法权益始终是社会关注的重点,同时也是国家和社会密切关注的方面,在十九大报告中也同样重视特殊人群的社会保障与社会福利等相关内容。在十九大报告中提到,要提高和改善民生水平,加强和创新社会治理,其中要加强社会保障体系建设,按照兜底线、织密网、建机制的要求,全面建成覆盖全民、城乡统筹、权责清晰、保障适度、可持续的多层次社会保障体系。社会中相对弱势群体,如未成年人、妇女、老年人、残疾人等特殊群体相关权益保障的法律法规,是构筑多层次社会保障体系的重要组成部分。相关的法规与政策,有针对性地为特殊人群从行政、司法、社会等方面提供保护,能够弥补这一部分社会群体基于自身条件所遭受的社会待遇的差别,促进其合法权益受到真正的保护。

【思考题】

1. 论述如何从社会工作视角维护妇女合法权益。
2. 简述最新修订的《未成年人保护法》的变化内容。
3. 论述未成年人保护的理论与现实意义。
4. 论述重视老年人权益保障的现实意义。
5. 简述维护残疾人合法权益的方式方法。

第五章
劳动保障法规与政策

CHAPTER FIVE

根据社会工作实务的需要,社会工作者应掌握《中华人民共和国就业促进法》(以下简称《就业促进法》)、《中华人民共和国劳动法》(以下简称《劳动法》)、《中华人民共和国劳动合同法》(以下简称《劳动合同法》)、《中华人民共和国劳动争议调解仲裁法》(以下简称《劳动争议调解仲裁法》)、《集体合同规定》等法规与政策的内容。本章的重要知识点包括促进就业原则(平等就业原则中的妇女、传染病病原携带者以及16周岁就业)、就业援助的对象及措施、劳动合同的种类及试用期规定、劳动合同的解除和终止、最低工资标准、工作时间(延长工作时间的情况)、劳动保护(女职工、未成年工)、劳动争议处理(仲裁)、集体协商及集体合同。

第一节 促进就业的法规与政策

我国促进就业的法规与政策主要体现在《就业促进法》和《就业服务与就业管理规定》中。[①] 就业被视为民生之本和安国之策,《就业促进法》作为我国就业领域的首部基本法,其施行对发展国民经济、扩大市场就业、促进社会和谐稳定起了重要作用。

一、促进就业的原则及政策支持

(一) 促进就业的原则

习近平总书记在党的二十大报告中指出:"必须坚持在发展中保障和改善民生,强化就业优先政策,健全就业促进机制,促进高质量充分就业。健全就业公共服务体系,完善重点群体就业支持体系,加强困难群体就业兜底帮扶。统筹城乡就业政策体系,破除妨碍劳动力、人才流动的体制和政策弊端,消除影响平等就业的不合理限制和就业歧视,使人人都有通过勤奋劳动实现自身发展的机会。"国家对于促进就业的措施主要有促进就业的协调机制、政府的投入保障机制、创造公平的就业环境、建立公共服务就业制度及就业援助制度等。

---

① 《就业促进法》经2007年8月30日第十届全国人民代表大会常务委员会第二十九次会议通过,自2008年1月1日起施行。《就业服务与就业管理规定》(简称《规定》)由劳动保障部于2007年11月5日公布,自2008年1月1日起施行。《规定》于2018年12月14日进行第三次修订,修订后《规定》共九章七十六条。

1. 国家促进就业

我国《促进就业法》在总则中规定,要求把国家促进就业放在经济社会发展的突出位置,实施积极的就业政策,贯彻劳动者自主择业、市场调节就业、政府促进就业的方针,多渠道扩大就业。根据《劳动法》和《促进就业法》的规定,促进就业的国家责任主要体现在以下方面:

国家通过促进经济和社会发展,创造就业条件,扩大就业机会。国家鼓励企业、事业组织、社会团体在法律、行政法规规定的范围内兴办产业或者拓展经营,增加就业。国家支持劳动者自愿组织起来就业和从事个体经营实现就业。

地方各级人民政府应当采取措施,发展多种类型的职业介绍机构,提供全方位公共就业服务,促进高校毕业生等青年群体、农民工多渠道就业创业。破除妨碍劳动力、人才社会性流动的体制机制弊端,使人人都有通过辛勤劳动实现自身发展的机会。

县级以上人民政府把扩大就业作为经济和社会发展的重要目标,纳入国民经济和社会发展规划,并制定促进就业的中长期规划和年度工作计划。

县级以上人民政府通过发展经济和调整产业结构、规范人力资源市场、完善就业服务、加强职业教育和培训、提供就业援助等措施,创造就业条件,扩大就业。

国务院建立全国促进就业工作协调机制,研究就业工作中的重大问题,协调推动全国的促进就业工作。国务院劳动行政部门具体负责全国的促进就业工作。省、自治区、直辖市人民政府根据促进就业工作的需要,建立促进就业工作协调机制,协调解决本行政区域就业工作中的重大问题。县级以上人民政府有关部门按照各自的职责分工,共同做好促进就业工作。

2. 平等就业和自主择业

《就业促进法》规定,劳动者依法享有平等就业和自主择业的权利。劳动者就业,不因民族、种族、性别、宗教信仰等不同而受歧视。用人单位依法享有自主用人的权利,但应当依照本法以及其他法律、法规的规定,保障劳动者的合法权益。① 《劳动法》《就业服务与就业管理规定》等也作出了相关规定。

国家要倡导劳动者树立正确的择业观念,提高就业能力和创业能力;鼓励劳动者自主创业、自谋职业。各级人民政府和有关部门应当简化程序,提高效率,为劳动者自主创业、自谋职业提供便利。用人单位应当依照劳动法等法律、法规的规定,保障劳动者的合法权益。工会、共产主义青年团、妇女联合会、残疾人联合会以及其他社会组织,要协助人民政府开展促进就业工作,依法维护劳动者的劳动权利。

3. 照顾特殊和困难群体

我国《促进就业法》规定各级人民政府创造公平就业的环境,消除就业歧视,制定政策并采取措施对就业困难人员给予扶持和援助。主要体现在:

国家保障妇女享有与男子平等的劳动权利。用人单位招用人员,除国家规定的不适合妇女的工种或者岗位外,不得以性别为由拒绝录用妇女或者提高对妇女的录用标准。用人单位录用女职工,不得在劳动合同中规定限制女职工结婚、生育的内容。

国家保障残疾人的劳动权利。各级人民政府应当对残疾人就业统筹规划,为残疾人创造就业条件。用人单位招用人员,不得歧视残疾人。

---

① 《促进就业法》第三条、第八条。

各民族劳动者享有平等的劳动权利。用人单位招用人员，应当依法对少数民族劳动者给予适当照顾。

用人单位招用人员，不得以是传染病病原携带者为由拒绝录用。但是，经医学鉴定传染病病原携带者在治愈前或者排除传染嫌疑前，不得从事法律、行政法规和国务院卫生行政部门规定禁止从事的易使传染病扩散的工作。这体现了劳动者权利与义务的统一。

农村劳动者进城就业享有与城镇劳动者平等的劳动权利，不得对农村劳动者进城就业设置歧视性限制等。

各级人民政府建立健全就业援助制度，采取税费减免、贷款贴息、社会保险补贴、岗位补贴等办法，通过公益性岗位安置等途径，对就业困难人员实行优先扶持和重点帮助。

4. 禁止16岁以下未成年人就业

我国《劳动法》规定，禁止招收未满16岁的未成年人就业。其中，未满16周岁就业的未成年人被称为童工。用人单位不得安排未成年工从事矿山井下、有毒、有害、国家规定的第四级体力劳动强度的劳动，以及其他禁忌从事的劳动，即未成年工只能从事不影响其生长发育的劳动。文艺、体育和特种工艺单位招用未满16周岁的未成年人，必须依照国家有关规定，履行审批手续，并保障其受教育的权利。

（二）政策支持

围绕政府承担促进就业法定职责的立法理念，我国《促进就业法》第二章专章规定了政策支持的基本原则。

1. 产业政策促进就业

国家鼓励各类企业在法律、法规规定的范围内，通过兴办产业或者拓展经营，增加就业岗位。

国家鼓励发展劳动密集型产业、服务业，扶持中小企业，多渠道、多方式增加就业岗位。国家鼓励、支持、引导非公有制经济发展，扩大就业，增加就业岗位。县级以上人民政府在安排政府投资和确定重大建设项目时，应当发挥投资和重大建设项目带动就业的作用，增加就业岗位。

2. 财政政策促进就业

国家实行有利于促进就业的财政政策，加大资金投入，改善就业环境，扩大就业。县级以上人民政府应当根据就业状况和就业工作目标，在财政预算中安排就业专项资金用于促进就业工作。就业专项资金用于职业介绍、职业培训、公益性岗位、职业技能鉴定、特定就业政策和社会保险等的补贴，小额贷款担保基金和微利项目的小额担保贷款贴息，以及扶持公共就业服务等。

3. 失业保险制度促进就业

国家建立健全失业保险制度，依法确保失业人员的基本生活，并促进其实现就业。

《就业服务与就业管理规定》第六十一条规定，劳动保障行政部门应当建立健全就业登记制度和失业登记制度，完善就业管理和失业管理。第六十四条规定，登记失业人员凭登记证享受公共就业服务和就业扶持政策；其中符合条件的，按规定申领失业保险金。

4. 优惠政策促进就业

国家鼓励企业增加就业岗位，扶持失业人员和残疾人就业，对下列企业、人员依法给予税收优惠：吸纳符合国家规定条件的失业人员达到规定要求的企业；失业人员创办的中小企业；安置残疾人员达到规定比例或者集中使用残疾人的企业；从事个体经营的符合国家规定条件的失业人员;从事个体经营的残疾人;国务院规定给予税收优惠的其他企业、人员。有关部门应当在经营场地等方面对上述企业和个人给予照顾,免除行政事业性收费。

5. 金融政策促进就业

国家实行有利于促进就业的金融政策,增加中小企业的融资渠道;鼓励金融机构改进金融服务,加大对中小企业的信贷支持,并对自主创业人员在一定期限内给予小额信贷等扶持。

6. 统筹兼顾促进就业

国家实行城乡统筹的就业政策,建立健全城乡劳动者平等就业的制度,引导农业富余劳动力有序转移就业。

各级人民政府统筹做好城镇新增劳动力就业、农业富余劳动力转移就业和失业人员就业工作。县级以上地方人民政府在制定城镇规划时,将本地区农业富余劳动力转移就业作为重要内容,引导其就地、就近转移就业和有序向城市异地转移就业;劳动力输出地和输入地人民政府应当互相配合,改善农村劳动者进城就业的环境和条件。

7. 就业服务促进就业

各级人民政府采取措施,逐步完善和实施与非全日制用工等灵活就业相适应的劳动和社会保险政策,为灵活就业人员提供帮助和服务。地方各级人民政府和有关部门应当加强对失业人员从事个体经营的指导,提供政策咨询、就业培训和开业指导等服务。

二、就业服务与就业援助

(一) 就业服务和管理

县级以上人民政府应当鼓励社会各方面依法开展就业服务活动,加强对公共就业服务和职业中介服务的指导和监督,逐步完善覆盖城乡的就业服务体系。培育和完善统一开放、竞争有序的人力资源市场,为劳动者就业提供服务。

1. 建立健全公共就业服务体系

县级以上人民政府设立的公共就业服务机构不得从事营利性活动。地方各级人民政府和有关部门、公共就业服务机构举办的招聘会,不得向劳动者收取费用。

2. 加强职业中介机构管理

县级以上人民政府和有关部门加强对职业中介机构的管理,鼓励其提高服务质量,发挥其在促进就业中的作用,对职业中介机构提供公益性就业服务的,按照规定给予补贴。

职业中介机构应当遵循合法、诚实信用、公平、公开的原则。用人单位通过职业中介机构招用人员,应当如实向职业中介机构提供岗位需求信息。禁止任何组织或者个人利用职业中介活动侵害劳动者的合法权益。

3. 建立失业预警制度

县级以上人民政府建立失业预警制度,对可能出现的较大规模的失业,实施预防、调节和控制。

4. 建立劳动力调查登记制度

国家建立劳动力调查统计制度和就业登记、失业登记制度,开展劳动力资源和就业、失业状况调查统计,并公布调查统计结果。统计部门和劳动行政部门进行劳动力调查统计和就业、失业登记时,用人单位和个人应当如实提供调查统计和登记所需要的情况。

(二) 就业援助

就业援助的对象是就业困难人员,即指因身体状况、技能水平、家庭因素、失去土地等原因难以实现就业,以及连续失业一定时间仍未能实现就业的人员。各级人民政府可通过采取税费减免、贷款贴息、社会保险补贴、岗位补贴等办法,通过公益性岗位安置等途径,对就业困难人员实行优先扶持和重点帮助。主要措施包括:

1. 公益性岗位优先安排

政府投资开发的公益性岗位,应当优先安排符合岗位要求的就业困难人员。被安排在公益性岗位工作的,按照国家规定给予岗位补贴。

2. 鼓励支持社会各方面的服务援助

地方各级政府加强基层就业援助服务工作,对就业困难人员实施重点帮助,提供有针对性的就业服务和公益性岗位援助;鼓励和支持社会各方面为就业困难人员提供技能培训、岗位信息等服务。

3. 扶助残疾人就业

各级人民政府采取特别扶助措施,促进残疾人就业。用人单位应当按照国务院相关规定安排残疾人就业。

4. 确保城市家庭至少一人就业

法定劳动年龄内的家庭人员均处于失业状况的城市居民家庭,可以向住所地街道、社区公共就业服务机构申请就业援助。街道、社区公共就业服务机构经确认属实的,应当为该家庭中至少一人提供适当的就业岗位。

5. 困难人员集中地区引导转移

国家鼓励资源开采型城市和独立工矿区发展与市场需求相适应的产业,引导劳动者转移就业。对因资源枯竭或者经济结构调整等原因造成就业困难人员集中的地区,上级人民政府应当给予必要的扶持和帮助。

第二节 劳动合同的规定

劳动合同,是指劳动者与用人单位之间确立劳动关系、明确双方权利和义务的协议。涉及劳动合同的规定主要体现在《劳动法》《劳动合同法》等法律规范中。

一、劳动合同订立的原则

我国《劳动法》[①]第十七条规定,"订立和变更劳动合同,应遵循平等自愿、协商一致的原则,不得违反法律、行政法规的规定"。该项规定明确了劳动者与用人单位签订劳动合同必须遵循的几项基本原则。

---

① 1994年7月5日第八届全国人民代表大会常务委员会第八次会议通过,2009年8月27日第十一届全国人民代表大会常务委员会第十次会议《关于修改部分法律的决定》第一次修正,2018年12月29日第十三届全国人民代表大会常务委员会第七次会议《关于修改〈中华人民共和国劳动法〉等七部法律的决定》进行了第二次修正。

(一) 平等自愿原则

平等自愿原则包括两层含义，一是平等，二是自愿。

所谓平等原则就是劳动者和用人单位在订立劳动合同时在法律地位是平等的，没有高低、从属之分，不存在命令和服从、管理和被管理关系。只有地位平等了，双方才能自由表达真实的意思。自愿原则是指订立劳动合同完全是出于劳动者和用人单位双方的真实意志，是双方协商一致达成的，任何一方都不得强迫对方接受其意志，包括是否订立劳动合同、与谁订立劳动合同、合同的内容等均应双方自愿约定。凡采取欺诈、胁迫等手段，把自己的意愿强加给对方的，均不符合自愿原则。

对于双方当事人来讲，平等是自愿的基础和条件，自愿是平等的表现，二者相辅相成、不可分割。平等自愿原则是劳动合同订立的基础和基本条件。

(二) 协商一致原则

协商一致原则是指在订立合同的过程中，劳动者与用人单位双方对劳动合同的内容、期限等条款进行充分协商，达到双方对劳动权利、义务表示一致。民事合同是双方意思表示一致的结果，劳动合同作为合同的一种类型，也需要劳动者和用人单位双方达成合意。只有协商一致，合同才能成立。

(三) 合法公平原则

合法是劳动合同有效的前提条件。所谓合法就是劳动合同的形式和内容必须符合法律、法规的规定。首先，劳动合同的形式要合法。如除非全日制用工外，法律规定劳动合同需要以书面形式订立。如果是口头合同，当双方发生争议，法律不承认其效力，用人单位要承担不订书面合同的法律后果。其次，劳动合同的内容要合法。如关于劳动合同的期限、工作时间、劳动报酬、劳动保护等。

公平原则是指劳动合同的内容应当公平、合理。即在符合法律规定的前提下，劳动合同双方公正、合理地确立双方的权利和义务。有些合同内容，相关劳动法律、法规往往只规定了一个最低标准，在此基础上双方自愿达成协议，就是合法的，但有时合法的未必公平、合理。如用人单位提供少量的培训费用来培训劳动者，却要求劳动者订立较长的服务期，而且在服务期内不提高劳动者的工资或者不按照正常工资调整机制提高工资。这些都不违反法律的强制性规定，但有失公平。

(四) 诚实信用原则

在订立劳动合同时，双方当事人要诚实，讲信用。如《劳动合同法》第八条规定了用人单位的告知义务和劳动者的说明义务，即用人单位招用劳动者时，应当如实告知劳动者工作内容、工作条件、工作地点、职业危害、安全生产状况、劳动报酬，以及劳动者要求了解的其他情况；用人单位有权了解劳动者与劳动合同直接相关的基本情况，劳动者应当如实说明。

延伸扩展：劳动合同与劳务合同的五项区别

第一，主体不同。劳务合同的主体可以双方都是单位，也可以双方都是自然人，还可以一方是单位,另一方是自然人;而劳动合同的主体是确定的,只能是接受劳动的一方为单位,提供劳动的一方是自然人。劳务合同提供劳动一方主体的多样性与劳动合同提供劳动一方只能是自然人有重大区别。

第二,双方当事人关系不同。劳动合同的劳动者在劳动关系确立后成为用人单位的成员,须遵守用人单位的规章制度,双方之间具有领导与被领导、支配与被支配的隶属关系;劳务合同的一方无须成为另一方成员即可为需方提供劳动,双方之间的地位自始至终是平等的。

第三,承担劳动风险责任的主体不同。劳动合同的双方当事人由于在劳动关系确立后具有隶属关系,劳动者必须服从用人单位的组织、支配,因此在提供劳动过程中的风险责任须由用人单位承担;劳务合同提供劳动的一方有权自行支配劳动,因此劳动风险责任自行承担。

第四,法律干预程度不同。因劳动合同支付的劳动报酬称为工资,具有按劳分配性质,工资除当事人自行约定数额外,其他如最低工资、工资支付方式等都要遵守法律、法规的规定;而劳务合同支付的劳动报酬称为劳务费,主要由双方当事人自行协商价格及支付方式等,国家法律不过分干涉。

第五,适用法律和争议解决方式不同。劳务合同属于民事合同的一种,受《民法》及《合同法》调整,故因劳务合同发生的争议由人民法院审理;而劳动合同纠纷属于《劳动法》调整范围,要求采用仲裁前置程序。

二、劳动合同的种类

我国《劳动合同法》①第十二条规定,劳动合同分为固定期限劳动合同、无固定期限劳动合同和以完成一定工作任务为期限的劳动合同。

(一)固定期限劳动合同

固定期限劳动合同是指用人单位与劳动者约定合同终止时间的劳动合同。用人单位与劳动者协商一致,可以订立固定期限劳动合同。

(二)无固定期限劳动合同

无固定期限劳动合同,是指用人单位与劳动者约定无确定终止时间的劳动合同。用人单位与劳动者协商一致,可以订立无固定期限劳动合同。有下列情形之一,劳动者提出或者同意续订、订立劳动合同的,除劳动者提出订立固定期限劳动合同外,应当订立无固定期限劳动合同:

劳动者在该用人单位连续工作满十年的;

用人单位初次实行劳动合同制度或者国有企业改制重新订立劳动合同时,劳动者在该用人单位连续工作满十年且距法定退休年龄不足十年的;

连续订立二次固定期限劳动合同,且劳动者没有《劳动合同法》第三十九条和第四十条第一

---

① 《劳动合同法》是为了完善劳动合同制度,明确劳动合同双方当事人的权利和义务,保护劳动者的合法权益,构建和发展和谐稳定的劳动关系而制定的法律。由第十届全国人民代表大会常务委员会第二十八次会议于2007年6月29日修订通过,自2008年1月1日起施行。2012年12月28日第十一届全国人民代表大会常务委员会第三十次会议《关于修改〈中华人民共和国劳动合同法〉的决定》进行了修正。

项、第二项规定的情形,续订劳动合同的。用人单位自用工之日起满一年不与劳动者订立书面劳动合同的,视为用人单位与劳动者已订立无固定期限劳动合同。

(三) 以完成一定工作任务为期限的劳动合同

以完成一定工作任务为期限的劳动合同,是指用人单位与劳动者约定以某项工作的完成为合同期限的劳动合同。用人单位与劳动者协商一致,可以订立以完成一定工作任务为期限的劳动合同。

三、劳动合同的内容

(一) 劳动合同的必备条款

根据《劳动合同法》第十七条规定,劳动合同应当具备以下条款:

用人单位的名称、住所和法定代表人或者主要负责人;劳动者的姓名、住址和居民身份证或者其他有效身份证件号码;劳动合同期限;工作内容和工作地点;工作时间和休息休假;劳动报酬;社会保险;劳动保护、劳动条件和职业危害防护;法律、法规规定应当纳入劳动合同的其他事项。

劳动合同对劳动报酬和劳动条件等标准约定不明确而引发争议的,用人单位与劳动者可以重新协商;协商不成的,适用集体合同规定;没有集体合同或者集体合同未规定劳动报酬的,实行同工同酬;没有集体合同或者集体合同未规定劳动条件等标准的,适用国家有关规定。

(二) 劳动合同的约定条款

劳动合同除前款规定的必备条款外,用人单位与劳动者可以约定试用期、培训、保守秘密、补充保险和福利待遇等其他事项。

1. 试用期

包含在劳动合同期限内,同一用人单位与同一劳动者只能约定一次试用期。仅约定试用期的,试用期不成立。

(1) 试用期期限及限制

劳动合同期限三个月以上不满一年的,试用期不得超过一个月;劳动合同期限一年以上不满三年的,试用期不得超过二个月;三年以上固定期限和无固定期限的劳动合同,试用期不得超过六个月。以完成一定工作任务为期限的劳动合同或者劳动合同期限不满三个月的,不得约定试用期。

(2) 试用期工资

劳动者在试用期的工资不得低于本单位相同岗位最低档工资或者劳动合同约定工资的百分之八十,并不得低于用人单位所在地的最低工资标准。

(3) 试用期内允许解除合同的情形

试用期内允许解除合同的情形可分为过失性辞退和无过失性辞退。在试用期中,除劳动者有以下情形外,用人单位不得解除劳动合同。用人单位在试用期解除劳动合同的,应当向劳动者说明理由。

过失性辞退(又可称为"过错性辞退"):试用期内被证明不符合录用条件的;严重违反用人单位的规章制度的;严重失职,营私舞弊,给用人单位造成重大损害的;劳动者同时与其他用人单位建立劳动关系,对完成本单位的工作任务造成严重影响,或者经用人单位提出,拒不改正的;因以欺诈、胁迫的手段或者乘人之危,使对方在违背真实意思的情况下订立或者变更劳动合同,致使劳动合同无效的;被依法追究刑事责任的。

无过失性辞退(又可称为"非过错性辞退"):劳动者患病或者非因工负伤,在规定的医疗期满后不能从事原工作,也不能从事由用人单位另行安排的工作的;劳动者不能胜任工作,经过培训或者调整工作岗位,仍不能胜任工作的;劳动合同订立时所依据的客观情况发生重大变化,致使劳动合同无法履行,经用人单位与劳动者协商,未能就变更劳动合同内容达成协议的。有上述情形之一的,用人单位提前三十日以书面形式通知劳动者本人或者额外支付劳动者一个月工资后,可以解除劳动合同。

2. 培训和服务期

用人单位为劳动者提供专项培训费用,对其进行专业技术培训的,可以与该劳动者订立协议,约定服务期。

劳动者违反服务期约定的,应当按照约定向用人单位支付违约金。违约金的数额不得超过用人单位提供的培训费用。用人单位要求劳动者支付的违约金不得超过服务期尚未履行部分所应分摊的培训费用。用人单位与劳动者约定服务期的,不影响按照正常的工资调整机制提高劳动者在服务期期间的劳动报酬。

3. 保密义务和竞业限制

用人单位与劳动者可以在劳动合同中约定保守用人单位的商业秘密和与知识产权相关的保密事项。对负有保密义务的劳动者,用人单位可以在劳动合同或者保密协议中与劳动者约定竞业限制条款,并约定在解除或者终止劳动合同后,在竞业限制期限内按月给予劳动者经济补偿。劳动者违反竞业限制约定的,应当按照约定向用人单位支付违约金。

(1) 竞业限制的范围

竞业限制的人员限于用人单位的高级管理人员、高级技术人员和其他负有保密义务的人员。竞业限制的范围、地域、期限由用人单位与劳动者约定,竞业限制的约定不得违反法律、法规的规定。

(2) 竞业限制的期限

在解除或者终止劳动合同后,前款规定的人员到与本单位生产或者经营同类产品、从事同类业务的有竞争关系的其他用人单位,或者自己开业生产或者经营同类产品、从事同类业务的竞业限制期限,不得超过二年。

四、劳动合同的法律效力

(一)劳动合同的无效

无效的劳动合同是指由当事人签订成立而国家不予承认其法律效力的劳动合同。一般合同一旦依法成立,就具有法律拘束力,但是无效合同即使成立,也不具有法律拘束力,不发生履行效力。根据《劳动合同法》的规定,下列劳动合同无效或者部分无效:

以欺诈、胁迫的手段或者乘人之危,使对方在违背真实意思的情况下订立或者变更劳动合同的。如用人单位在合同期满后强迫劳动者续订劳动合同。

用人单位免除自己的法定责任、排除劳动者权利的。劳动合同的订立应遵循公平原则,其核心含义就是要求劳动合同当事人的权利与义务相一致。为了保障劳动者的合法权益,用人单位免除己方法定责任如"一律不支付经济补偿金","生死病老都与企业无关"等条款均无效。

违反法律、行政法规强制性规定的。如用人单位约定试用期超过6个月,不为劳动者购买社会保险等。

另外,《劳动合同法》第二十七条规定:劳动合同部分无效,不影响其他部分效力的,其他部分仍然有效。在现实生活中,除了主体不适格的情况外,劳动合同所有内容都无效的并不多见,更多的情况下是部分条款无效或者个别条款无效。正因为如此,《劳动合同法》沿用《劳动法》的规定,为处理部分无效的劳动合同提供了法律依据,也避免了一方当事人借故以部分条款无效否定多数条款有效的可能性。

(二) 无效劳动合同的确认和处理

1. 劳动合同无效的确认机构:劳动争议仲裁机构或者人民法院

2. 劳动合同无效的处理

(1) **全部无效——撤销合同**

第一,劳动关系归于消灭。劳动合同的订立违背了当事人一方或双方的真实意思,或者违反了法律、行政法规的强制性规定,在这样的劳动合同被认定为全部无效的情况下,双方当事人之间的劳动关系自然归于消灭。

第二,劳动者已付出劳动的,用人单位应支付报酬。劳动合同被确认无效,无论是哪一方的过错,只要劳动者已经付出劳动的,用人单位就应当向劳动者支付劳动报酬,但是劳动者与用人单位恶意串通,共同损害国家利益、社会公共利益或者他人合法权益的除外。劳动报酬的数额,可以参考用人单位相同或相近岗位劳动者的劳动报酬确定;用人单位无相同或相近岗位的,按照本单位职工平均工资确定。如果用人单位与劳动者在合同中约定了工资条款,除工资条款违反国家法律、法规的强制性规定,或者双方当事人恶意串通侵害社会公共利益的情况外,只要当事人约定的工资条款是双方真实意思的体现,劳动报酬的数额可以按照双方约定的条款确定。

第三,有过错的一方承担赔偿责任。劳动合同被确认无效,给对方造成损害的,有过错一方应当承担赔偿责任。

第四,用人单位为劳动者提供合同被确认无效以前的各项福利待遇。如果用人单位对劳动合同无效有过错的,用人单位应当向劳动者依法提供劳动合同被确认无效以前的各项福利待遇,包括各项社会保险和住房公积金等,但是劳动合同因主体不适格而无效的除外。如果劳动合同无效是因为劳动者的原因,用人单位则无须向劳动者提供各项福利待遇。

(2) **部分无效——修改合同**

第一,调整无效部分使之有效,调整的效力可溯及于劳动合同订立之时。如合同规定的劳动报酬低于当地最低工资标准的,该条款无效,应当按照当地最低工资标准执行或者由当事人双方另行约定,并且应当补足以前的差额部分,同时还应当支付相当于低于最低工资标准部分25%的经济补偿金。

第二,有过错的一方承担赔偿责任。劳动合同被确认无效,给对方造成损害的,有过错一方应当承担赔偿责任。

五、劳动合同的履行和变更

(一) 劳动合同的履行

劳动合同的履行是指劳动合同双方当事人按照劳动合同的约定履行各自义务、实现各自权益的行为。《劳动合同法》第二十九条规定,用人单位与劳动者应当按照劳动合同的约定,全面履行各自的义务。当事人双方按照劳动合同规定的条件,履行自己所应承担义务的行为。劳动合同履行所遵循的原则主要有全面履行原则、劳动者亲自履行原则、继续履行原则。

1. 全面履行原则

用人单位与劳动者应当按照劳动合同的约定,全面履行各自的义务,主要体现在:

第一,劳动合同双方当事人严格按照劳动合同约定的时间、地点、方式,全面履行劳动合同义务。

第二,遵循诚实信用原则,履行劳动合同的附随义务。劳动合同属于继续性合同,劳动合同的内容有不断扩张的自然倾向。劳动合同自然增加的义务,双方也应当履行。附随义务因劳动合同双方当事人不同而有所不同,但以下义务,虽然劳动合同未作约定,也属于劳动合同当事人的当然义务:(1)劳动者对用人单位的义务,主要是忠诚义务,包括工作中尽力避免用人单位利益受损害或者减少用人单位的利益损害、不得为可能对用人单位不利的行为、工作过程中遇有可能损害用人单位利益的情况立即汇报等。(2)用人单位对劳动者的义务,主要是保护等义务,包括保护劳动者的健康、保护劳动者不受工作场所的性骚扰以及为劳动者提供发展机会等。

2. *劳动者亲自履行原则*

劳动者亲自履行,是指劳动者必须本人履行劳动合同约定的义务,而不能委托他人代为履行。劳动合同的人身属性决定了劳动合同双方当事人具有高度的人身信赖关系,双方当事人是经过慎重选择与对方订立劳动合同的。用人单位选择了劳动者,就是选择了该特定劳动者本人的劳动能力,而不是选择了一般的劳动能力。所以,劳动者只能以本身蕴涵的为用人单位所选择的劳动能力亲自履行劳动合同义务。

3. *继续履行原则*

在劳动合同可以继续履行的前提下,未出现劳动合同解除和终止的情形,劳动条件没有较大变更时,劳动合同一般应当继续履行。

(二) 劳动合同的变更

劳动合同的变更是指劳动合同依法订立后,在合同尚未履行或者尚未履行完毕之前,经用人单位和劳动者双方当事人协商同意,对劳动合同内容作部分修改、补充或者删减的法律行为。劳动合同的变更是原劳动合同的派生,是双方已存在的劳动权利义务关系的发展。

劳动合同的变更必须在劳动合同依法订立之后,在没有履行或者尚未履行完毕之前的有效时间内进行,即劳动合同双方当事人已经存在劳动合同关系。如果劳动合同尚未订立或者是已经履行完毕则不存在劳动合同的变更问题。

劳动合同的变更必须坚持平等自愿、协商一致的原则,即劳动合同的变更必须经用人单位和劳动者双方当事人的同意。平等自愿、协商一致是劳动合同订立的原则,也是其变更应遵循的原则。劳动合同关系,是通过劳动者与用人单位协商一致而形成的,其变更当然应当通过双方协商一致才能进行。劳动合同允许变更,但不允许单方变更,任何单方变更劳动合同的行为都是无效的。

在实际情况中,有的用人单位为达到变更劳动合同的目的,采取了许多变通的手段。如某用人单位根据工作的需要,决定采取公开考试的办法,对考试不通过的职工,一律另行安排工作岗位或予以辞退。这种形式是否合法呢?我们认为,劳动合同的变更需要经过双方当事人协商一致,否则不能变更。采取公开考试的办法似乎公平,在未经劳动者同意的情况下,对劳动者不具有约定力,所以,用人单位对原合同仍应履行。

劳动合同的变更必须合法,不得违反法律、法规的强制性规定。劳动合同变更也并非是任意的,用人单位和劳动者约定的变更内容必须符合国家法律、法规的相关规定。

变更劳动合同必须采用书面形式。劳动合同双方当事人经协商后对劳动合同中的约定内容的变更达成一致意见时,必须达成变更劳动合同的书面协议,任何口头形式达成的变更协议都是无效的。劳动合同变更的书面协议应当指明对劳动合同的哪些条款作出变更,并应订明劳动合同变更协议的生效日期,书面协议经用人单位和劳动者双方当事人签字盖章后生效,从而尽量避免劳动合同双方当事人因劳动合同的变更问题而产生劳动争议。

六、劳动合同的解除和终止

(一)劳动合同的解除

劳动合同的解除,是指当事人双方提前终止劳动合同的法律效力,解除双方的权利义务关系。

1. 双方协商解除

用人单位与劳动者协商一致,可以解除劳动合同。协商解除劳动合同没有规定实体、程序上的限定条件,只要双方达成一致,内容、形式、程序不违反法律禁止性、强制性规定即可。若是用人单位提出解除劳动合同的,用人单位应向劳动者支付解除劳动合同的经济补偿金。

2. 劳动者单方解除

具备法律规定的条件时,劳动者享有单方解除权,无须双方协商达成一致意见,也无须征得用人单位的同意。劳动者单方解除合同的情形具体又可以分为预告解除和即时解除。

(1) 预告解除

劳动者提前 30 日以书面形式通知用人单位,可以解除劳动合同,但不得违反合同约定和保密竞业规定;劳动者在试用期时,提前 3 日通知用人单位,可以解除劳动合同。

(2) 即时解除

满足《劳动合同法》第三十八条规定的情形之一的,劳动者可单方解除合同。即:未按照劳动合同约定提供劳动保护或者劳动条件的;未及时足额支付劳动报酬的;未依法为劳动者缴纳社会保险费的;用人单位的规章制度违反法律、法规的规定,损害劳动者权益的;因本法第二十六条第一款规定的情形致使劳动合同无效的;法律、行政法规规定劳动者可以解除劳动合同的其他情形。

需注意的是,用人单位以暴力、威胁或者非法限制人身自由的手段强迫劳动者劳动的,或者用人单位违章指挥、强令冒险作业甚至危及劳动者人身安全的,劳动者可以立刻解除劳动合同,不需事先告知用人单位。这种属于即时解除中可以立即解除且不用事先告知用人单位的情形。

对于劳动者可即时解除劳动合同的上述情形,劳动者无须支付违约金,用人单位应当支付经济补偿。

3. 用人单位单方解除

当具备法律规定的条件时,用人单位享有单方解除权,无须双方协商达成一致意见。主要包括过失性辞退(过错性辞退)、无过失性辞退(非过错性辞退)、经济性裁员三种情形。

(1) 过失性辞退

《劳动合同法》第三十九条规定,劳动者有下列情形之一的,用人单位可以解除劳动合同:在试用期间被证明不符合录用条件的;严重违反用人单位的规章制度的;严重失职,营私舞弊,给用人单位造成重大损害的;劳动者同时与其他用人单位建立劳动关系,对完成本单位的工作任务造成严重影响,或者经用人单位提出,拒不改正的;因本法第二十六条第一款第一项规定的情形致使劳动合同无效的;被依法追究刑事责任的。

过失性辞退在程序上没有严格限制,用人单位无须支付劳动者解除劳动合同的经济补偿金。若双方规定了符合法律规定的违约金条款的,劳动者须支付违约金。

(2) 无过失性辞退

劳动者本人无过错,但由于主客观原因致使劳动合同无法履行,用人单位在符合法律规定的情形下,履行法律规定的程序后有权单方解除劳动合同。

《劳动合同法》第四十条规定,有下列情形之一的,用人单位提前三十日以书面形式通知劳动者本人或者额外支付劳动者一个月工资后,可以解除劳动合同:劳动者患病或者非因工负伤,在规定的医疗期满后不能从事原工作,也不能从事由用人单位另行安排的工作的;劳动者不能胜任工作,经过培训或者调整工作岗位,仍不能胜任工作的;劳动合同订立时所依据的客观情况发生重大变化,致使劳动合同无法履行,经用人单位与劳动者协商,未能就变更劳动合同内容达成协议的。

无过失性辞退时,用人单位选择额外支付劳动者一个月工资解除劳动合同的,其额外支付的工资应当按照该劳动者上一个月的工资标准确定。用人单位应当支付劳动者经济补偿。

(3) 经济性裁员

指用人单位为降低劳动成本,改善经营管理,因经济或技术等原因一次裁减20人以上或者不足20人以上但占企业职工总数10%以上的劳动者。经济性裁员具有严格的条件和程序限制,用人单位裁员时必须遵守规定,用人单位应当支付劳动者经济补偿金。

经济性裁员适用的情形包括:依照《企业破产法》规定进行重整的;生产经营发生严重困难的;企业转产、重大技术革新或者经营方式调整,经变更劳动合同后,仍需裁减人员的;其他因劳动合同订立时所依据的客观经济情况发生重大变化,致使劳动合同无法履行的。

法律规定裁减人员时,应当优先留用下列人员:与本单位订立较长期限的固定期限劳动合同的;与本单位订立无固定期限劳动合同的;家庭无其他就业人员,有需要扶养的老人或者未成年人的。用人单位依照本条第一款规定裁减人员,在六个月内重新招用人员的,应当通知被裁减的人员,并在同等条件下优先招用被裁减的人员。

(二)劳动合同禁止解除的情形

劳动者有下列情形之一的,用人单位不得依照《劳动合同法》第四十条、第四十一条的规定解除劳动合同。

从事接触职业病危害作业的劳动者未进行离岗前职业健康检查,或者疑似职业病病人在诊断或者医学观察期间的;

在本单位患职业病或者因工负伤并被确认丧失或者部分丧失劳动能力的;

患病或者非因工负伤,在规定的医疗期内的;

女职工在孕期、产期、哺乳期的;

在本单位连续工作满十五年,且距法定退休年龄不足五年的;

法律、行政法规规定的其他情形。

(三)劳动合同的终止

1. 终止的情形

有下列情形之一的,劳动合同终止:劳动合同期满的;劳动者开始依法享受基本养老保险待遇的;劳动者死亡,或者被人民法院宣告死亡或者宣告失踪的;用人单位被依法宣告破产的;用人单位被吊销营业执照、责令关闭、撤销或者用人单位决定提前解散的;法律、行政法规规定的其他情形。

2. 终止手续

用人单位应当在终止劳动合同时出具终止劳动合同的证明,并在十五日内为劳动者办理档案和社会保险关系转移手续。劳动者应当按照双方约定,办理工作交接。用人单位依照本法有关规定应当向劳动者支付经济补偿的,在办结工作交接时支付。用人单位对已经终止的劳动合同的文本,至少保存二年备查。(注意:劳动合同的解除也适用上述手续。)

七、集体合同

(一)集体合同的内容和分类

集体合同又称劳动协约、团体协约、集体协约或者联合工作合同,是企业与工会签订的以劳动条件为中心内容的书面集体协议。集体合同由工会代表企业职工一方与用人单位订立;尚未建立工会的用人单位,由上级工会指导劳动者推举的代表与用人单位订立。企业职工一方与用人单位通过平等协商,可以就劳动报酬、工作时间、休息休假、劳动安全卫生、保险福利等事项订立集体合同。集体合同中劳动报酬和劳动条件等标准不得低于当地人民政府规定的最低标准。用人单位与劳动者订立的劳动合同中,劳动报酬和劳动条件等标准不得低于集体合同规定的标准。

根据我国《劳动合同法》规定,集体合同的类型主要有专项集体合同、行业性集体合同和区域性集体合同。依法订立的集体合同对用人单位和劳动者具有约束力。行业性、区域性集体合同对当地本行业、本区域的用人单位和劳动者具有约束力。

1. 专项集体合同

专项集体合同是指用人单位与劳动者根据法律、法规、规章的规定,就集体协商的某项内容签订的专项书面协议。一般而言,企业职工一方与用人单位可以订立劳动安全卫生、女职工权益保护、工资调整机制等专项集体合同。例如,专项集体合同里规定企业与女职工建立劳动关系应当订立劳动合同,实行男女同工同酬;在企业工会委员会、职工民主管理和进修、培训、出国考察、挂职锻炼时,企业必须安排一定比例的女职工参加;根据女职工的生理特点,对月经期、孕期、产期和哺乳期的女职工给予特殊保护;企业不得在孕期、产期、哺乳期,降低其基本工资或终止、解除其劳动合同等。

2. 行业性集体合同

行业性集体合同主要是指在一定行业内,由地方工会或者行业性工会联合会与相应行业内企业方面代表,就劳动报酬、工作时间、休息休假、劳动安全卫生、保险福利等事项进行平等协商所签订的集体合同。我国法律规定,在县级以下区域内,建筑业、采矿业、餐饮服务业等行业可以由工会与企业方面代表订立行业性集体合同。例如,建筑业、采矿业大量使用农民工,拖欠农民工工资或者造成人身危害的问题比较突出,就此工会出面签订行业性集体合同,对于约束建筑企业、保护农民工利益能够起到较好的作用。

3. 区域性集体合同

区域性集体合同是指在一定区域内(县、区、乡、镇、街道、村),由区域性工会联合会与相应经济组织或区域内企业,就劳动报酬、工作时间、休息休假、劳动安全卫生、保险福利等事项进行平等协商所签订的集体合同。在县级以下区域内,建筑业、采矿业、餐饮服务业等行业可以由工会与企业方面代表订立区域性集体合同。

(二) 集体合同的效力

1. 集体合同的时间效力

指集体合同从什么时间开始发生效力,什么时间终止其效力。集体合同的时间效力通常以其延续时间为标准,一般从集体合同成立之日起生效,如果当事人另有约定的,应在集体合同中明确规定。集体合同的期限届满,其效力终止。我国法律规定,集体合同订立后,应当报送劳动行政部门;劳动行政部门自收到集体合同文本之日起十五日内未提出异议的,集体合同即行生效。

2. 集体合同对产业的效力

集体合同对产业的效力,是指对于从事集体合同规定的同一产业的职工、企业所具有的约束力。由于我国目前的产业工会不具有订立集体合同的权利能力,因此,我国尚不存在集体合同对产业的效力问题。

(三) 集体合同纠纷和法律救济

用人单位违反集体合同,侵犯职工劳动权益的,工会可以依法要求用人单位承担责任;因履行集体合同发生争议,经协商解决不成的,工会可以依法申请仲裁、提起诉讼。

八、劳务派遣规定

(一) 劳务派遣的概念和适用岗位

随着我国市场经济的深入发展和劳动力市场主体的自主地位日益确立,一些地方法规允许由人事部门主管的人才中介机构经审批开展"人才租赁与转让"业务,一些保安公司、清洁公司等企业亦兼从事派遣活动,劳务派遣企业如雨后春笋般涌现在全国各个省市,通过此方式就业的员工数量也以惊人的速度不断增长。

劳务派遣是指由劳务派遣机构与派遣劳工订立劳动合同,把劳动者派向其他用工单位,再由其用工单位向派遣机构支付一笔服务费用的一种用工形式。劳务派遣单位与被遣劳动者订立劳动合同,由被遣劳动者向用人单位给付劳务的新型劳动关系,一般发生在临时性、辅助性和暂时性岗位。临时性工作岗位是指存续时间不超过六个月的岗位;辅助性工作岗位是指为主营业务岗位提供服务的非主营业务岗位;替代性工作岗位是指用工单位的劳动者因脱产学习、休假等原因无法工作的一定期间内,可以由其他劳动者替代工作的岗位。用工单位应当严格控制劳务派遣用工数量,不得超过其用工总量的一定比例,具体比例由国务院劳动行政部门规定。劳务派遣单位不得向本单位进行劳务派遣。

(二) 劳务派遣单位的设立

根据《劳动合同法》第五十七条规定,经营劳务派遣业务应当具备下列条件:第一,注册资本不得少于人民币二百万元;第二,有与开展业务相适应的固定的经营场所和设施;第三,有符合法律、行政法规规定的劳务派遣管理制度;第四,符合法律、行政法规规定的其他条件。经营劳务派遣业务,应当向劳动行政部门依法申请行政许可。经许可的,依法办理相应的公司登记;未经许可,任何单位和个人不得经营劳务派遣业务。

(三) 劳务派遣单位的义务

《劳动合同法》第五十七条规定,"劳务派遣单位是本法所称用人单位,应当履行用人单位对劳动者的义务"。劳务派遣单位应当与被派遣劳动者订立二年以上的固定期限劳动合同,按月支付劳动报酬;被派遣劳动者在无工作期间,劳务派遣单位应当按照所在地人民政府规定的最低工资标准,向其按月支付报酬。

1. 劳务派遣协议

劳务派遣单位派遣劳动者应当与接受以劳务派遣形式用工的单位(以下称用工单位)订立劳务派遣协议。劳务派遣协议应当约定派遣岗位和人员数量、派遣期限、劳动报酬和社会保险费的数额与支付方式以及违反协议的责任。用工单位应当根据工作岗位的实际需要与劳务派遣单位确定派遣期限,不得将连续用工期限分割订立数个短期劳务派遣协议。

2. 劳务派遣单位的告知义务

劳务派遣单位应当将劳务派遣协议的内容告知被派遣劳动者。劳务派遣单位不得克扣用工单位按照劳务派遣协议支付给被派遣劳动者的劳动报酬。劳务派遣单位和用工单位不得向被派遣劳动者收取费用。

(四) 用工单位的义务

用工单位虽不是劳动法意义上的用人单位,但由于被派遣劳动者实际在用工单位提供劳动,接受用工单位的管理,因此,用工单位同样需对被派遣劳动者负有相应的义务。

《劳动合同法》第六十二条规定,用工单位应当履行下列义务:执行国家劳动标准,提供相应的劳动条件和劳动保护;告知被派遣劳动者的工作要求和劳动报酬;支付加班费、绩效奖金,提供与工作岗位相关的福利待遇;对在岗被派遣劳动者进行工作岗位所必需的培训;连续用工的,实行正常的工资调整机制。

另外,《劳动合同法》第五十九条第二款还规定,"用工单位应当根据工作岗位的实际需要与劳务派遣单位确定派遣期限,不得将连续用工期限分割订立数个短期劳务派遣协议"。

(五) 劳务派遣的退回机制与法律救济

用工单位与被派遣劳动者之间建立的是用工关系,而非劳动合同关系。因此,在被派遣劳动者有法定可解除劳动合同情形时,用工单位不能直接解除劳动合同,而只能将劳动者退回。值得注意的是,实践中很多用人单位认为劳务派遣的灵活性体现为可以随时退回劳动者,这是错误的。

在法律救济方面,《劳动合同法》第九十二条规定,劳务派遣单位违反本法规定的给被派遣劳动者造成损害的,劳务派遣单位与用工单位承担连带赔偿责任。

其他法律法规,如《劳动争议调解仲裁法》第二十二条规定,劳务派遣单位或者用工单位与劳动者发生劳动争议的,劳务派遣单位和用工单位为共同当事人。《劳动合同法实施条例》第三十五条规定,用工单位违反《劳动合同法》和本条例有关劳务派遣规定的,由劳动行政部门和其他有关主管部门责令改正;情节严重的,以每位被派遣劳动者1 000元以上5 000元以下的标准处以罚款;给被派遣劳动者造成损害的,劳务派遣单位和用工单位承担连带赔偿责任。

九、非全日制用工相关规定

(一) 非全日制用工的概念

非全日制劳动是灵活就业的一种重要形式。近年来,我国非全日制劳动用工形式呈现迅速发展的趋势,特别是在餐饮、超市、社区服务等领域,用人单位使用的非全日制用工形式越来越多。非全日制用工,是指以小时计酬为主,劳动者在同一用人单位一般平均每日工作时间不超过四小时,每周工作时间累计不超过二十四小时的用工形式。在非全日制用工中,双方当事人可以订立口头协议。从事非全日制用工的劳动者可以与一个或者一个以上用人单位订立劳动合同;但是,后订立的劳动合同不得影响先订立的劳动合同的履行。

(二) 非全日制用工的特点

根据《劳动合同法》第六十八条至第七十二条的规定,非全日制用工具有以下主要特点:

1. 非强制订立书面劳动合同

根据《劳动合同法》的规定,建立劳动关系,应当订立书面劳动合同,但例外的是非全日制用工双方当事人可以仅订立口头协议,双方通过口头约定的方式明确各自的权利、义务,这也体现了非全日制用工的灵活性。

2. 可建立多重劳动关系

通常全日制员工只能与一家用人单位建立劳动关系,而从事非全日制用工的劳动者可以与一个或者一个以上用人单位订立劳动合同,后订立的劳动合同不得影响先订立的劳动合同的履行。

3. 工作时间灵活

"一般平均每日工作时间不超过4小时,每周工作时间累计不超过24小时",在上述时限内具体工作时间安排可由用人单位灵活自主决定和安排。

4. 薪资支付周期短

非全日制用工劳动报酬结算支付周期最长不得超过十五日。

5. 解约方式灵活

全日制用工模式下,解雇保护标准严格,必须满足法律规定的条件、程序等方可解除员工的劳动关系,否则用人单位将承担违法解雇的不利后果,然而在非全日制用工模式下,双方当事人任何一方都可以随时通知对方终止用工,且终止用工的,用人单位无需向劳动者支付经济补偿。

第三节 工作时间、休息休假、工资和劳动保护的规定

一、工资

(一) 工资分配原则

工资是职工因参加企业劳动,作为劳动报酬领取,并由企业定期支付的一定数额的货币。用人单位根据本单位的生产经营特点和经济效益,依法自主确定本单位的工资分配方式和工资水平。为了保证国家对用人单位工资总量的宏观控制,《中华人民共和国劳动法》规定了工资分配应遵守的基本原则:

1. 按劳分配原则

指按照劳动者提供的劳动数量和劳动质量支付相应的工资。等量劳动取得等量报酬,实行按劳分配原则,要体现奖勤罚懒,奖优罚劣,多劳多得,少劳少得。

2. 同工同酬原则

同工同酬是指提供的劳动数量和劳动质量相同,领取相等的报酬。实行同工同酬,要求对所有劳动者不分性别、年龄、种族、民族,只要付出同等劳动,就付给同等的劳动报酬。

3. 工资水平适应经济发展原则

工资水平是指一定区域和一定时间内劳动者平均收入的高低程度。生产决定分配,只有经济发展才能提供更多的可分配的社会产品,因此工资水平必须与经济发展水平相适应。工资水平应在经济发展的基础上逐步提高。

(二) 工资支付

《劳动法》第五十条和第五十一条规定,工资应当以货币形式按月支付给劳动者本人。不得克扣或者无故拖欠劳动者的工资。劳动者在法定休假日和婚丧假期间以及依法参加社会活动期间,用人单位应当依法支付工资。

(三) 最低工资保障

国家实行最低工资保障制度。"最低工资"是指劳动者在法定工作时间内履行了正常劳动义务的前提下,由其所在单位支付的最低劳动报酬,其一般不包括加班工资,特殊工作环境、特殊条件下的津贴,也不包括劳动者保险、福利待遇和各种非货币的收入。在我国,最低工资应以法定货币按时支付。最低工资的具体标准由省、自治区、直辖市人民政府规定,报国务院备案。用人单位支付劳动者的工资不得低于当地最低工资标准。

相关法文:

《劳动法》

第四十八条 国家实行最低工资保障制度。用人单位支付劳动者的工资不得低于当地最低工资标准。

《劳动合同法》

第二十条 劳动者在试用期的工资不得低于本单位相同岗位最低档工资或者劳动合同约定工资的百分之八十,并不得低于用人单位所在地的最低工资标准。

劳动部关于贯彻执行《中华人民共和国劳动法》若干问题的意见(劳部发〔1995〕309号)

第五十七条 劳动者与用人单位形成或建立劳动关系后,试用、熟练、见习期间,劳动者在法定工作时间内,提供了正常劳动情况下,雇主必须支付劳动者不低于当地标准的最低工资。

《最低工资规定》(劳动和社会保障部令第21号)

第五条 最低工资标准一般采取月最低工资标准和小时最低工资标准的形式。月最低工资标准适用于全日制就业劳动者,小时最低工资标准适用于非全日制就业劳动者。

1. 支付条件

劳动者与用人单位形成或建立劳动关系后(含试用、熟练、见习期间),在法定工作时间内提供了正常劳动,其所在的用人单位应当支付其不低于最低工资标准的工资。

(1) 获得最低工资的前提是劳动者在法定工作时间内提供了正常劳动。正常劳动,是指劳动者按依法签订的劳动合同约定,在法定工作时间或劳动合同约定的工作时间内从事的劳动。劳动者依法享受带薪年休假、探亲假、婚丧假、生育(产)假、节育手术假等国家规定的假期间,以及法定工作时间内依法参加社会活动期间,都视为提供了正常劳动。

(2) 最低工资标准是由政府通过立法确定的。省、自治区、直辖市范围内的不同行政区域可以有不同的最低工资标准。

(3) 只要劳动者提供了法定工作时间的正常劳动,用人单位支付的劳动报酬就不得低于政府规定的最低工资标准。

2. 最低工资标准的确定

最低工资标准每年会随着生活费用水平、职工平均工资水平、经济发展水平的变化而由当地政府进行调整。根据《劳动法》第四十九条的规定,确定和调整最低工资标准应当综合参考下列因素:劳动者本人及平均赡养人口的最低生活费用;社会平均工资水平;劳动生产率;就业状况;以及地区之间经济发展水平的差异。

另外,关于第一项中"最低生活费用"的确认,根据《劳动法条文说明》第四十二条的规定,应为劳动者本人及其赡养人口为维持最低生活需要而必须支付的费用,包括吃、穿、住、行等方面。一般可采取参照国家统计部门家计调查中对调查户数的10%最低收入户的人均生活费用支出额乘以赡养人口系数来计算最低工资额,再根据其他因素作适当调整并确定。

3. 最低工资标准的发布

根据《最低工资规定》第八条至第十一条的规定,最低工资标准的确定和调整方案由省、自治区、直辖市人民政府劳动保障行政部门会同同级工会、企业联合会/企业家协会研究拟订,并将拟订的方案报送劳动保障部。劳动保障部对方案可以提出修订意见,若在方案收到后14日内未提出修订意见的,视为同意。

省、自治区、直辖市劳动保障行政部门应将本地区最低工资标准方案报省、自治区、直辖市人民政府批准,并在批准后7日内在当地政府公报上和至少一种全地区性报纸上发布。省、自治区、直辖市劳动保障行政部门应在发布后10日内将最低工资标准报劳动保障部。

最低工资标准发布实施后,如相关因素发生变化,应当适时调整。最低工资标准每两年至少调整一次。用人单位应在最低工资标准发布后10日内将该标准向本单位全体劳动者公示。

二、工作时间和休息休假

(一) 工作时间

国家实行劳动者每日工作时间不超过八小时、平均每周工作时间不超过四十四小时的工时制度。对实行计件工作的劳动者,用人单位应当根据前述规定的工时制度合理确定其劳动定额和计件报酬标准。

用人单位应当保证劳动者每周至少休息一日。企业因生产特点不能实行工时制度相关规定的,经劳动行政部门批准,可以实行其他工作和休息办法。

用人单位由于生产经营需要,经与工会和劳动者协商后可以延长工作时间,一般每日不得超过一小时;因特殊原因需要延长工作时间的,在保障劳动者身体健康的条件下延长工作时间每日不得超过三小时,但是每月不得超过三十六小时。有下列情形之一的,延长工作时间不受前述规定的限制:发生自然灾害、事故或者因其他原因,威胁劳动者生命健康和财产安全,需要紧急处理的;生产设备、交通运输线路、公共设施发生故障,影响生产和公众利益,必须及时抢修的;法律、行政法规规定的其他情形。

(二) 休假

1. 年休假制度

国家实行带薪年休假制度。劳动者连续工作一年以上的,享受带薪年休假。具体办法由国务院规定。目前我国的法定休假有法定节日、年休假、产假、婚丧假。

法定节日:包括元旦、春节、清明节、国际劳动节、端午节、中秋节、国庆节。

年休假：劳动者连续工作1年以上的，享受带薪年休假。劳动者根据相应的工作年限享受相应的年休假天数。国家法定休假日、休息日不计入年休假的假期。

《职工带薪年休假条例》(2008)

第三条 职工累计工作已满1年不满10年的，年休假5天；已满10年不满20年的，年休假10天；已满20年的，年休假15天。

《企业职工带薪年休假实施办法》(2008)

第三条 职工连续工作满12个月以上的，享受带薪年休假（以下简称年休假）。

第五条 职工新进用人单位且符合本办法第三条规定的，当年度年休假天数，按照在本单位剩余日历天数折算确定，折算后不足1整天的部分不享受年休假。前款规定的折算方法为：（当年度在本单位剩余日历天数÷365天）×职工本人全年应当享受的年休假天数。

产假：女职工生育享受98天产假。在休产假期间，用人单位不得降低其工资、辞退或者以其他形式解除劳动合同。

婚丧假：婚丧假期间，用人单位应当依法支付工资。

2. 职工未提出年休假是否视为自动放弃

机关、团体、企业、事业单位、民办非企业单位、有雇工的个体工商户等单位的职工连续工作1年以上的，享受带薪年休假。单位应当保证职工享受年休假。职工在年休假期间享受与正常工作期间相同的工资收入。

根据《职工带薪年休假条例》第五条规定：单位根据生产、工作的具体情况，并考虑职工本人意愿，统筹安排职工年休假。可见，休年休假是由用人单位主动安排的，是用人单位的强制义务，而非必须由职工主动提出休年休假申请才能启动。即使职工没有提出休年休假的申请，用人单位也应当主动安排，而不能视为职工自动放弃。除非用人单位安排职工休年休假，职工因个人原因提出不休年休假，可以视为职工自行放弃年休假。

3. 职工不应当享受带薪年假的情形

有下列情形之一的，不享受当年的年休假：职工依法享受寒暑假，其休假天数多于年休假天数的；职工请事假累计20天以上且单位按照规定不扣工资的；累计工作满1年不满10年的职工，请病假累计2个月以上的；累计工作满10年不满20年的职工，请病假累计3个月以上的；累计工作满20年以上的职工，请病假累计4个月以上的。

三、劳动保护

（一）劳动安全卫生

1. 用人单位的责任

第一，必须建立、健全劳动安全卫生制度，严格执行国家劳动安全卫生规程和标准。对劳动者进行劳动安全卫生教育，防止劳动过程中的事故，减少职业危害。

第二，保障设备设施卫生安全。劳动安全卫生设施必须符合国家规定的标准。新建、改建、扩建工程的劳动安全卫生设施必须与主体工程同时设计、同时施工、同时投入生产和使用。

第三，安全卫生条件与用品保障。用人单位必须为劳动者提供符合国家规定的劳动安全卫生条件和必要的劳动防护用品，对从事有职业危害作业的劳动者应当定期进行健康检查。

2. 劳动者的责任和权利

从事特种作业的劳动者必须经过专门培训并取得特种作业资格。劳动者在劳动过程中必须严格遵守安全操作规程。有权拒绝进入危险工作环境、提出批评检举和控告。劳动者对用人单位管理人员违章指挥、强令冒险作业，有权拒绝执行；对危害生命安全和身体健康的行为，有权提出批评、检举和控告。

3. 国家责任和义务

国家建立伤亡事故和职业病统计报告和处理制度。县级以上各级人民政府劳动行政部门、有关部门和用人单位应当依法对劳动者在劳动过程中发生的伤亡事故和劳动者的职业病状况，进行统计、报告和处理。

（二）特殊群体劳动保护

国家对女职工和未成年工实行特殊劳动保护。

1. 女职工特殊劳动保护

我国《劳动法》第七章规定了国家对女职工实行特殊劳动保护，主要内容是：

（1）平等就业，特定时期不被辞退

女职工在孕期、产期、哺乳期内，用人单位不得解除劳动合同。

相关法文：

《劳动法》

第六十二条　女职工生育享受不少于九十天的产假。

《女职工劳动保护特别规定》（2012）

第五条　用人单位不得因女职工怀孕、生育、哺乳降低其工资、予以辞退、与其解除劳动或者聘用合同。

（2）同工同酬

根据《劳动法》和《女职工劳动保护特别规定》，用人单位不得因女职工怀孕、生育、哺乳降低其工资，怀孕女职工调岗不得以"同工同酬"为由降薪。

（3）合理工作安排

禁止安排女职工从事矿山井下、国家规定的第四级体力劳动强度的劳动和其他禁忌从事的劳动。

（4）"四期"保护

这是指在女职工的经期、孕期、产期以及哺乳期对女性职工的劳动强度和待遇的保护，具体而言为：不得安排女职工在经期从事高处、低温、冷水作业和国家规定的第三级体力劳动强度的劳动；不得安排女职工在怀孕期间从事国家规定的第三级体力劳动强度的劳动和孕期禁忌从事的劳动；对怀孕七个月以上的女职工，不得安排其延长工作时间和夜班劳动；不得安排女职工在哺乳未满一周岁婴儿期间从事国家规定的第三级体力劳动强度的劳动和哺乳期禁忌从事的其他劳动，不得安排其延长工作时间和夜班劳动。

2. 未成年工特殊劳动保护

未成年工是指年满十六周岁未满十八周岁的劳动者，即劳动者的最低就业年龄为十六岁。

用人单位应根据未成年工的健康检查结果安排其从事适合的劳动，对不能胜任原劳动岗位的,应根据医务部门的证明,予以减轻劳动量或安排其他劳动。用人单位不得安排未成年工从事矿山井下、有毒有害、国家规定的第四级体力劳动强度的劳动和其他禁忌从事的劳动。用人单位应当对未成年工定期进行健康检查。

另外,对未成年工的使用和特殊保护实行登记制度。用人单位招收使用未成年工,除符合一般用工要求外,还须向所在地的县级以上劳动行政部门办理登记。各级劳动行政部门须按《未成年工特殊保护规定》(1995)有关规定,审核体检情况和拟安排的劳动范围。未成年工须持《未成年工登记证》上岗。

四、职业培训制度

国家通过各种途径,采取各种措施,发展职业培训事业,开发劳动者的职业技能,提高劳动者素质,增强劳动者的就业能力和工作能力。

国家确定职业分类,对规定的职业制定职业技能标准,实行职业资格证书制度,由经备案的考核鉴定机构负责对劳动者实施职业技能考核鉴定。

各级人民政府应当把发展职业培训纳入社会经济发展的规划,鼓励和支持有条件的企业、事业组织、社会团体和个人进行各种形式的职业培训。

用人单位应当建立职业培训制度,按照国家规定提取和使用职业培训经费,根据本单位实际,有计划地对劳动者进行职业培训。从事技术工种的劳动者,上岗前必须经过培训。

第四节 劳动争议处理

一、劳动争议处理的原则、范围与机构

(一) 劳动争议处理的原则

根据《劳动法》和《劳动争议调解仲裁法》[①]规定,解决劳动争议,应当根据合法、公正、及时处理的原则,依法维护劳动争议当事人的合法权益。要着重调解,及时处理;在查清事实的基础上,依法处理;当事人在适用法律上一律平等。

1. 调解原则

运用调解原则是处理劳动争议的基本手段,且贯穿于劳动争议处理的始终。调解在仲裁程序上表现为:仲裁委员会受理争议案件后可以先进行调解,在调解不成的情况下应尽快进行裁决,而在裁决作出前的任何阶段都可以进行调解。仲裁程序上的调解与裁决具有同等的法律效力。调解在诉讼程序上表现为:人民法院在不同的审判阶段可以先进行调解,在调解不成的情况下,应尽快作出判决。人民法院主持下达成的调解协议,与判决具有同等的法律效力。

调解的原则并不意味着强制调解,而是要求在自愿的前提下,尽量调解解决劳动争议。调解与自愿原则是密不可分的,当事人是否申请调解委员会调解,当事人是否接受调解建议,是否达

---

① 中华人民共和国第十届全国人民代表大会常务委员会第三十一次会议于2007年12月29日通过制定《中华人民共和国劳动争议调解仲裁法》,自2008年5月1日起施行。

成调解协议完全出于自愿不得强迫。调解协议的内容还必须符合有关法律、法规的规定,否则自愿达成的协议也无效。在调解中要注意防止久调不决的现象,即能够调解的就调解,不能够调解的就尽快进入裁决或者判决。

2. 及时处理原则

劳动争议必须及时处理。调解虽然是调解争议的重要手段,但并不是万能的手段,当调解无法达成协议时不能久调不决。及时处理原则要求劳动争议当事人、劳动争议调解委员会、劳动争议仲裁委员会及人民法院在劳动争议案件处理过程中,必须按照法律规定及时行使权利、履行职责。当事人应及时申请调解或仲裁,超过法定时间将不予受理。当事人应及时参加调解、仲裁活动,否则调解无法进行,仲裁则可能被视为撤诉或被缺席仲裁。

当事人不服仲裁而起诉的要及时,不服一审判决的上诉也要及时,否则失去起诉权、上诉权,合法权益将得不到保障。调解委员会调解争议要及时,不能超过30天;仲裁委员会受理争议案件要及时,不应超过7日,仲裁要及时,不能超过60天;人民法院审判要及时,审判不应超过6个月,否则应承担相应的法律责任。及时处理的原则有助于及时维护双方当事人的合法权益,及时稳定劳动关系,使劳动者与用人单位生活、生产秩序正常化,使社会秩序稳定。

3. 以事实为依据,以法律为准绳原则

在处理劳动争议时,要求调解委员会、仲裁委员会及人民法院都必须对争议的事实进行深入、细致、客观的调查、分析,查明事实真相,这是准确适用法律、公正处理争议的基础。在查清事实的基础上,应当依照法律规定依法进行调解、仲裁和审判。

处理劳动争议是一项政策性很强的工作,既不能主观臆断,更不能徇私枉法。以法律为准绳要求处理劳动争议,判断是非、责任,要以劳动法律、法规为依据;处理争议的程序要依法;处理的结果要合法,不得侵犯社会公共利益和他人的利益。

4. 当事人在适用法律上一律平等原则

依法维护劳动争议双方当事人的合法权益体现了当事人适用法律上一律平等的原则。这一原则要求,调解委员会、仲裁委员会、人民法院在处理劳动争议案件时,对劳动争议的任何一方当事人都应同等对待,其法律地位完全平等,法律赋予当事人的权利义务双方当事人平等地享有和承担,不应因身份、地位的不同而采取不同的标准对待。用人单位与劳动者在申请调解、仲裁和诉讼时,在参加调解、仲裁、诉讼活动时都享有同等的权利,时效一样,陈述事实、进行辩论和举证、申请回避、是否达成调解协议,不服仲裁裁决是否向法院起诉等等方面权利是同等的,承担的义务也是同等的。

(二) 我国劳动争议的范围

因确认劳动关系发生的争议;因订立、履行、变更、解除和终止劳动合同发生的争议;因企业开除、除名、辞退职工和职工辞职、自动离职发生的争议;因工作时间、休息休假、社会保险、福利、培训以及劳动保护发生的争议(这里的保险是指包括工伤保险、医疗保险、生育保险、待业保险、养老保险等社会保障待遇);因劳动报酬、工伤医疗费、经济补偿或者赔偿金等发生的争议;法律、法规规定的其他劳动争议。

(三) 劳动争议的处理机构

1. 调解组织:企业劳动争议调解委员会、依法设立的基层人民调解组织和在乡镇、街

道设立的具有劳动争议调解职能的组织

(1) 劳动争议调解委员会的组成

在用人单位内,可以设立劳动争议调解委员会。劳动争议调解委员会由职工代表、用人单位代表和工会代表组成。劳动争议调解委员会主任由工会代表担任。劳动争议调解组织的调解员应当由公道正派、常联系群众、热心调解工作,并具有一定法律知识、政策水平和文化水平的成年公民担任。当事人申请劳动争议调解可以书面申请,也可以口头申请。口头申请的,调解组织应当当场记录申请人基本情况、申请调解的争议事项、理由和时间。

(2) 调解协议书的效力

经调解达成协议的,应当制作调解协议书。调解协议书由双方当事人签名或者盖章,经调解员签名并加盖调解组织印章后生效,对双方当事人具有约束力,当事人应当履行。自劳动争议调解组织收到调解申请之日起十五日内未达成调解协议的,当事人可以依法申请仲裁。因支付拖欠劳动报酬、工伤医疗费、经济补偿或者赔偿金事项达成调解协议,用人单位在协议约定期限内不履行的,劳动者可以持调解协议书依法向人民法院申请支付令。人民法院应当依法发出支付令。

2. 仲裁机构:劳动争议仲裁委员会

劳动争议仲裁委员会是处理劳动争议的专门机构。

设立:县、市、市辖区人民政府设立仲裁委员会,负责处理本辖区内发生的劳动争议。设区的市、市辖区仲裁委员会受理劳动争议案件的范围由省、自治区人民政府规定。

组成:各级仲裁委员会由劳动行政主管部门的代表、工会的代表、政府指定的经济综合管理部门的代表组成,主任由劳动行政主管部门的负责人担任,其办事机构设在同级的劳动行政主管部门。劳动争议仲裁委员会组成人员应当是单数。

职责:解、聘、兼仲裁员,受理、讨论劳动争议案件,监督仲裁活动。

相关法文:

《中华人民共和国劳动争议调解仲裁法》(2008)

第十九条 劳动争议仲裁委员会由劳动行政部门代表、工会代表和企业方面代表组成。劳动争议仲裁委员会组成人员应当是单数。

劳动争议仲裁委员会依法履行下列职责:

(一)聘任、解聘专职或者兼职仲裁员;

(二)受理劳动争议案件;

(三)讨论重大或者疑难的劳动争议案件;

(四)对仲裁活动进行监督。

劳动争议仲裁委员会下设办事机构,负责办理劳动争议仲裁委员会的日常工作。

3. 司法机构:人民法院

人民法院是国家审判机关,也担负着处理劳动争议的任务。劳动争议当事人对仲裁委员会的裁决不符、进行起诉的案件,人民法院民事审判庭负责受理。

劳动争议当事人对仲裁裁决不服的,可以自收到仲裁裁决书之日起十五日内向人民法院提起诉讼。一方当事人在法定期限内不起诉又不履行仲裁裁决的,另一方当事人可以申请人民法院强制执行。

二、劳动争议仲裁制度

劳动争议仲裁是指劳动争议仲裁委员会根据当事人的申请,依法对劳动争议在事实上作出判断、在权利义务上作出裁决的一种法律制度。

(一) 劳动争议仲裁的特点

1. 着重调解

仲裁委员会受理争议案件后可以先进行调解,在调解不成的情况下应尽快进行裁决,而在裁决作出前的任何阶段都可以进行调解。仲裁程序上的调解与裁决具有同等的法律效力。

2. 及时迅速

仲裁庭裁决劳动争议案件,应当自劳动争议仲裁委员会受理仲裁申请之日起四十五日内结束。案情复杂需要延期的,经劳动争议仲裁委员会主任批准,可以延期并书面通知当事人,但是延长期限不得超过十五日。逾期未作出仲裁裁决的,当事人可以就该劳动争议事项向人民法院提起诉讼。仲裁庭裁决劳动争议案件时,其中一部分事实已经清楚,可以就该部分先行裁决。

3. 区分举证责任

当事人提供的证据经查证属实的,仲裁庭应当将其作为认定事实的根据。劳动者无法提供由用人单位掌握管理的与仲裁请求有关的证据,仲裁庭可以要求用人单位在指定期限内提供。用人单位在指定期限内不提供的,应当承担不利后果,从而有利于保护劳动者权益。

(二) 劳动争议仲裁庭

1. 一般仲裁庭

由首席仲裁员(由仲裁委员会主任或授权办事机构负责人指定)和两名仲裁员(当事人或仲裁委员会选定)组成。

2. 简易仲裁庭

由一名仲裁员组成,处理事实清楚、情节易认定和适用法律明确的简单争议案件。

(三) 劳动争议仲裁员

1. 任职条件

仲裁员应当公道、正派并符合下列条件之一:曾任审判员的;从事法律研究、教学工作并具有中级以上职称的;具有法律知识、从事人力资源管理或者工会等专业工作满五年的;律师执业满三年的。

2. 仲裁员的职责

参加仲裁、调查取证、调解、审查请求、参加合议、提出裁决意见和保守秘密。

3. 适用回避制度

仲裁员有下列情形之一,应当回避,当事人也有权以口头或者书面方式提出回避申请:是本案当事人或者当事人、代理人的近亲属的;与本案有利害关系的;与本案当事人、代理人有其他关系,可能影响公正裁决的;私自会见当事人、代理人,或者接受当事人、代理人的请客送礼的。劳动争议仲裁委员会对回避申请应当及时作出决定,并以口头或者书面方式通知当事人。

（四）仲裁程序

1. 管辖范围

劳动争议仲裁委员会负责管辖本区域内发生的劳动争议。

劳动争议由劳动合同履行地或者用人单位所在地的劳动争议仲裁委员会管辖。双方当事人分别向劳动合同履行地和用人单位所在地的劳动争议仲裁委员会申请仲裁的,由劳动合同履行地的劳动争议仲裁委员会管辖。

2. 当事人

发生劳动争议的劳动者和用人单位为劳动争议仲裁案件的双方当事人。

劳务派遣单位或者用工单位与劳动者发生劳动争议的,劳务派遣单位和用工单位为共同当事人。

当事人可以委托代理人参加仲裁活动。委托他人参加仲裁活动,应当向劳动争议仲裁委员会提交有委托人签名或者盖章的委托书,委托书应当载明委托事项和权限。

3. 申请和受理

仲裁时效：劳动争议申请仲裁的时效期间为一年。仲裁时效期间从当事人知道或者应当知道其权利被侵害之日起计算。

仲裁时效因当事人一方向对方当事人主张权利,或者向有关部门请求权利救济,或者对方当事人同意履行义务而中断。从中断时起,仲裁时效期间重新计算。因不可抗力或者有其他正当理由,当事人不能在仲裁时效期间申请仲裁的,仲裁时效中止。从中止时效的原因消除之日起,仲裁时效期间继续计算。劳动关系存续期间因拖欠劳动报酬发生争议的,劳动者申请仲裁不受前述规定的仲裁时效期间的限制；但是,劳动关系终止的,应当自劳动关系终止之日起一年内提出。

仲裁申请：申请人申请仲裁应当提交书面仲裁申请,并按照被申请人人数提交副本。书写仲裁申请确有困难的,可以口头申请,由劳动争议仲裁委员会记入笔录,并告知对方当事人。

相关法文：

《中华人民共和国劳动争议调解仲裁法》(2008)

第二十八条　仲裁申请书应当载明下列事项：

（一）劳动者的姓名、性别、年龄、职业、工作单位和住所,用人单位的名称、住所和法定代表人或者主要负责人的姓名、职务；

（二）仲裁请求和所根据的事实、理由；

（三）证据和证据来源、证人姓名和住所。

仲裁的受理：劳动争议仲裁委员会收到仲裁申请之日起五日内,认为符合受理条件的,应当受理,并通知申请人；认为不符合受理条件的,应当书面通知申请人不予受理,并说明理由。对劳动争议仲裁委员会不予受理或者逾期未作出决定的,申请人可以就该劳动争议事项向人民法院提起诉讼。

4. 开庭和裁决

开庭：仲裁庭应当在开庭五日前,将开庭日期、地点书面通知双方当事人。当事人有正当理由的,可以在开庭三日前请求延期开庭。是否延期,由劳动争议仲裁委员会决定。

申请人收到书面通知,无正当理由拒不到庭或者未经仲裁庭同意中途退庭的,可以视为撤回仲裁申请。被申请人收到书面通知,无正当理由拒不到庭或者未经仲裁庭同意中途退庭的,可以缺席裁决。

鉴定:仲裁庭对专门性问题认为需要鉴定的,可以交由当事人约定的鉴定机构鉴定;当事人没有约定或者无法达成约定的,由仲裁庭指定的鉴定机构鉴定。根据当事人的请求或者仲裁庭的要求,鉴定机构应当派鉴定人参加开庭。当事人经仲裁庭许可,可以向鉴定人提问。

质证和辩论:当事人在仲裁过程中有权进行质证和辩论。质证和辩论终结时,首席仲裁员或者独任仲裁员应当征询当事人的最后意见。

裁决:裁决应当按照多数仲裁员的意见作出,少数仲裁员的不同意见应当记入笔录。仲裁庭不能形成多数意见时,裁决应当按照首席仲裁员的意见作出。

仲裁庭对追索劳动报酬、工伤医疗费、经济补偿或者赔偿金的案件,根据当事人的申请,可以裁决先予执行,移送人民法院执行。仲裁庭裁决先予执行的,应当符合下列条件:当事人之间权利义务关系明确;不先予执行将严重影响申请人的生活。劳动者申请先予执行的,可以不提供担保。

终局裁决情形:追索劳动报酬、工伤医疗费、经济补偿或者赔偿金,不超过当地月最低工资标准十二个月金额的争议;因执行国家的劳动标准在工作时间、休息休假、社会保险等方面发生的争议。

用人单位有证据证明下列之一的,可以自收到仲裁裁决书之日起三十日内向劳动争议仲裁委员会所在地的中级人民法院申请撤销裁决:适用法律、法规确有错误的;劳动争议仲裁委员会无管辖权的;违反法定程序的;裁决所根据的证据是伪造的;对方当事人隐瞒了足以影响公正裁决的证据的;仲裁员在仲裁该案时有索贿受贿、徇私舞弊、枉法裁决行为的。

仲裁裁决被人民法院裁定撤销的,当事人可以自收到裁定书之日起十五日内就该劳动争议事项向人民法院提起诉讼。

裁决书效力:裁决书自作出之日起发生法律效力。劳动者对仲裁裁决不服的,可以自收到仲裁裁决书之日起十五日内向人民法院提起诉讼。

当事人对发生法律效力的调解书、裁决书,应当依照规定的期限履行。一方当事人逾期不履行的,另一方当事人可以依照民事诉讼法的有关规定向人民法院申请执行。受理申请的人民法院应当依法执行。

第五节 劳动保障监察

劳动保障是指以保护劳动者的基本权益为目的所采取的一切措施和行为的总和。劳动保障制度是劳动制度的一个重要组成部分,根据国家法律规定,通过国民收入分配和再分配的形式,在劳动者因年老、疾病、伤残和失业等而出现困难时向其提供物质帮助以保障其基本生活。

劳动保障监察,是劳动保障行政机关依法对用人单位遵守劳动保障法律法规的情况进行监督检查,发现和纠正违法行为,并对违法行为依法进行行政处理或行政处罚的行政执法活动。

相关法规主要有:《中华人民共和国劳动法》、《中华人民共和国劳动合同法》、《社会保险费征缴暂行条例》(1999)、《劳动保障监察条例》(2004)、《劳动和社会保障部关于实施〈劳动保障监察条例〉若干规定》以及劳动保障实体方面其他的一些法规和规章。

一、劳动保障监察概述

(一) 劳动保障监察范围

我国《劳动保障监察条例》[①]第二条规定:"对企业和个体工商户(以下称用人单位)进行劳动保障监察,适用本条例。对职业介绍机构、职业技能培训机构和职业技能考核鉴定机构进行劳动保障监察,依照本条例执行。"劳动保障监察的范围主要包括企业、个体工商户和职业介绍、培训、技能考核鉴定机构。

(二) 劳动保障监察机构

在我国,劳动保障部门及其委托的机构负责行政区域内的劳动保障监察工作。

相关法文:

《劳动保障监察条例》(2004)

第三条　国务院劳动保障行政部门主管全国的劳动保障监察工作。县级以上地方各级人民政府劳动保障行政部门主管本行政区域内的劳动保障监察工作。

县级以上各级人民政府有关部门根据各自职责,支持、协助劳动保障行政部门的劳动保障监察工作。

第四条　县级、设区的市级人民政府劳动保障行政部门可以委托符合监察执法条件的组织实施劳动保障监察。

劳动保障行政部门和受委托实施劳动保障监察的组织中的劳动保障监察员应当经过相应的考核或者考试录用。

劳动保障监察证件由国务院劳动保障行政部门监制。

(三) 劳动保障监察原则

劳动保障监察遵循公正、公开、高效、便民的原则。

实施劳动保障监察,坚持教育与处罚相结合,接受社会监督。

二、监察机构的职责和监察事项

(一) 监察机构的职责

劳动保障监察员依法履行劳动保障监察职责,受法律保护。劳动保障监察员应当忠于职守,秉公执法,勤政廉洁,保守秘密。任何组织或者个人对劳动保障监察员的违法违纪行为,有权向劳动保障行政部门或者有关机关检举、控告。

劳动保障行政部门实施劳动保障监察,履行下列职责:宣传劳动保障法律、法规和规章,督促

[①] 《劳动保障监察条例》是为贯彻实施劳动和社会保障法律、法规和规章,规范劳动保障监察工作,维护劳动者的合法权益,根据劳动法和有关法律制定。经2004年10月26日国务院第68次常务会议通过,由国务院于2004年11月1日发布,自2004年12月1日起施行。

用人单位贯彻执行;检查用人单位遵守劳动保障法律、法规和规章的情况;受理对违反劳动保障法律、法规或者规章的行为的举报、投诉;依法纠正和查处违反劳动保障法律、法规或者规章的行为。

(二) 监察事项

劳动保障行政部门对下列事项实施劳动保障监察:

用人单位制定内部劳动保障规章制度的情况;用人单位与劳动者订立劳动合同的情况;用人单位遵守禁止使用童工规定的情况;用人单位遵守女职工和未成年工特殊劳动保护规定的情况;用人单位遵守工作时间和休息休假规定的情况;用人单位支付劳动者工资和执行最低工资标准的情况;用人单位参加各项社会保险和缴纳社会保险费的情况;职业介绍机构、职业技能培训机构和职业技能考核鉴定机构遵守国家有关职业介绍、职业技能培训和职业技能考核鉴定的规定的情况;法律、法规规定的其他劳动保障监察事项。

三、劳动保障监察的实施

(一) 劳动保障监察的管辖

1. 地域管辖

这是最主要的管辖方式,是对用人单位的劳动保障监察,由用人单位用工所在地的县级或者设区的市级劳动保障行政部门管辖。

2. 级别管辖

上级劳动保障行政部门根据工作需要,可以调查处理下级劳动保障行政部门管辖的案件。省、自治区、直辖市人民政府可以对劳动保障监察的管辖制定具体办法。

3. 指定管辖

劳动保障行政部门对劳动保障监察管辖发生争议的,报请共同的上一级劳动保障行政部门指定管辖。

(二) 劳动保障监察的形式

劳动保障监察以日常巡视检查、审查用人单位按照要求报送的书面材料、及时立案、接受举报投诉等形式进行。

劳动保障行政部门或者受委托实施劳动保障监察的组织应当设立举报、投诉信箱和电话。对因违反劳动保障法律、法规或者规章的行为引起的群体性事件,劳动保障行政部门应当根据应急预案,迅速会同有关部门处理。

(三) 劳动保障监察的措施

劳动保障行政部门实施劳动保障监察,有权采取下列调查、检查措施:进入用人单位的劳动场所进行检查;就调查、检查事项询问有关人员;要求用人单位提供与调查、检查事项相关的文件资料,并作出解释和说明,必要时可以发出调查询问书;采取记录、录音、录像、照相或者复制等方式收集有关情况和资料;委托会计师事务所对用人单位工资支付、缴纳社会保险费的情况进行审计;法律、法规规定可以由劳动保障行政部门采取的其他调查、检查措施。

劳动保障行政部门对事实清楚、证据确凿、可以当场处理的违反劳动保障法律、法规或者规章的行为有权当场予以纠正。

(四)劳动保障监察员

劳动保障监察员经考试录用,依法履行劳动保障监察职责,受法律保护。劳动保障监察员应当忠于职守,秉公执法,勤政廉洁,保守秘密,适用亲属回避原则。

劳动保障监察员进行调查、检查,不得少于2人,并应当佩戴劳动保障监察标志、出示劳动保障监察证件。劳动保障监察员办理的劳动保障监察事项与本人或者其近亲属有直接利害关系的,应当回避。

劳动保障监察员滥用职权、玩忽职守、徇私舞弊或者泄露在履行职责过程中知悉的商业秘密的,依法给予行政处分;构成犯罪的,依法追究刑事责任。劳动保障行政部门和劳动保障监察员违法行使职权,侵犯用人单位或者劳动者的合法权益的,依法承担赔偿责任。

(五)劳动保障监察的期限和处理

1. 调查期限和例外

劳动保障行政部门对违反劳动保障法律、法规或者规章的行为的调查,应当自立案之日起60个工作日内完成;对情况复杂的,经劳动保障行政部门负责人批准,可以延长30个工作日。

2. 处理方式和原则

劳动保障行政部门对违反劳动保障法律、法规或者规章的行为,根据调查、检查的结果,主要有三种处理方式:

第一,对依法应当受到行政处罚的,依法作出行政处罚决定;

第二,对应当改正未改正的,依法责令改正或者作出相应的行政处理决定;

第三,对情节轻微且已改正的,撤销立案。

另外,若发现违法案件不属于劳动保障监察事项的,应当及时移送有关部门处理;涉嫌犯罪的,应当依法移送司法机关。

关于劳动保障行政部门的告知程序,对违反劳动保障法律、法规或者规章的行为作出行政处罚或者行政处理决定前,应当听取用人单位的陈述、申辩;作出行政处罚或者行政处理决定,应当告知用人单位依法享有申请行政复议或者提起行政诉讼的权利。

关于时效问题,违反劳动保障法律、法规或者规章的行为在2年内未被劳动保障行政部门发现,也未被举报、投诉的,劳动保障行政部门不再查处。该期限自违反劳动保障法律、法规或者规章的行为发生之日起计算;违反劳动保障法律、法规或者规章的行为有连续或者继续状态的,自行为终了之日起计算。

【本章小结】

我国社会经济经历了巨大的转型,在维护社会平稳发展的同时,劳动关系与劳动力市场的平稳运行是社会经济发展的基石。劳动保障法规与政策也经历了不断发展和完善的过程。面对我国经济体制的蓬勃发展,多种用工形式以及雇佣者与劳动者之间的复杂关系也是我们不得不应对的问题。尤其是在用人单位与劳动者之间的权利义务关系中,劳动者权益的保障和维护,是社会治理行动主体必须正视的问题。在劳动关系领域的各个环节中,用人单位与劳动者都需对自身行为的合法性、合规性有基本的认识。劳动合同的订立、劳动保险缴纳、女性劳动者的生育权利维护等极易引发社会矛盾与冲突的问题,都表明劳动保障法规的重要作用。完善的劳动保障法规与政策,对促进劳动力市场和企业之间的矛盾缓和,维持市场经济健康有序发展,发挥市场活力具有重要意义。

【思考题】

1. 我国促进就业的原则主要有哪些?
2. 请简述我国法律制度框架下,劳动合同的订立原则、内容、种类和特点。
3. 请简述劳动合同解除和终止的区别。
4. 请简述我国劳动争议仲裁的范围、程序和法律后果。

第六章
医疗卫生法规与政策

CHAPTER SIX

医疗卫生事业是事关民众健康的重大事项,涉及民众的重大利益,是关乎民生的重大问题。医疗卫生法规与政策是社会工作法规与政策的重要组成部分。本章主要内容包括公共卫生、医疗服务体制、城市社区卫生服务和计划生育法规与政策。

在法规层面,我国医疗卫生领域法律包括《人口与计划生育法》《药品管理法》《传染病防治法》《食品卫生法》《执业医师法》《献血法》《红十字会法》《国境卫生检疫法》《职业病防治法》《母婴保健法》等,《刑法》等法律中也有关于医疗卫生方面的规定。此外,国务院及所属有关部门制定了大量行政法规和规章。这一系列立法举措使我国医疗卫生法规范体系日益充实。2019年12月28日,第十三届全国人民代表大会常务委员会第十五次会议通过了《基本医疗卫生与健康促进法》,该法自2020年6月1日起施行,自此我国卫生与健康领域第一部基础性、综合性法律问世。

在政策层面,我国医疗卫生政策经历了几次重大变革。新中国成立初期,党中央根据老解放区、解放军中卫生工作和前苏联卫生工作的经验,制定了"面向工农兵""预防为主""团结中西医""卫生工作与群众运动相结合"的卫生工作四大原则。改革开放后,为适应新时期卫生工作发展的形势,我国对卫生工作方针进行了调整。1996年,在卫生改革经验的基础上,形成了新时期卫生工作方针,即"以农村为重点,预防为主,中西医并重,依靠科技和教育,动员全社会参与,为人民健康服务,为社会主义现代化建设服务"。迈入21世纪,人民群众对于医疗卫生的需求不断提高,中共中央、国务院于2016年10月25日印发《"健康中国2030"规划纲要》,将习近平总书记在全国卫生健康大会讲话中的"以基层为重点,以改革创新为动力,预防为主,中西医并重,将健康融入所有政策,人民共建共享"这38个字确立为新时代我国卫生与健康工作的方针。医疗卫生工作重点从过去的"预防为主"转向"防治结合"。伴随着健康中国战略号角的吹响,我国医疗卫生事业正在踏上新的征程。

第一节　公共卫生法规与政策

公共卫生是医疗卫生服务体系的组成部分,其主要功能是通过政府的公共政策促进民众健康、预防疾病和为民众提供健康保护。为此,我国颁布了《传染病防治法》《母婴保健法》《艾滋病防治条例》《突发公共卫生事件应急条例》等法律法规及相关文件。

一、公共卫生体系

(一) 公共卫生体系的主要内容

世界卫生组织在2006—2007年提出的公共卫生的基本内容包括：传染病预防和控制,传染病研究；流行性疾病的预警和反应；疟疾、结核、艾滋病；慢性非传染病的监测、预防和管理；健康促进；精神卫生和物质滥用；烟草、营养、卫生与环境、食品安全、暴力、损伤和残疾；生殖卫生、确保母婴平安和儿童与青少年卫生；基本药物、基本卫生技术、免疫和疫苗的开发。

目前我国已经形成了以政府为主导,包括国家、省、市、区县、乡镇各级各类医疗卫生机构为主体,财政、社保、农业、教育、体育、科技和食药监、媒体等多个部门配合,全社会参与的公共卫生服务体系；提供的公共卫生服务从中央辐射到省、市、县,并建立了县、乡、村"三级农村卫生网络"；同时注重进行流行病学调查、慢性病调查、健康信息沟通与交流等全方位的公共卫生研究,已实现对传染病疫情监测、健康危害因素监测、死因监测等重要公共卫生数据的实时管理,传染病控制和应急反应能力明显提高。

(二) 基本公共卫生服务均等化政策

2009年,中共中央、国务院发布《关于深化医药卫生体制改革的意见》,意见提出的总体目标是建立健全覆盖城乡居民的基本医疗卫生制度,为群众提供安全、有效、方便、价廉的医疗卫生服务,到2020年,基本公共卫生服务逐步均等化的机制基本完善。

1. 基本公共卫生服务覆盖城乡居民

现阶段国家基本公共卫生服务项目主要包括：(1)建立居民健康档案；(2)健康教育；(3)预防接种；(4)传染病防治；(5)高血压、糖尿病等慢性病和重性精神疾病管理；(6)儿童保健；(7)孕产妇保健；(8)老年人保健等。从2009年开始,逐步在全国统一建立居民健康档案,并实施规范管理。

2. 增加国家重大公共卫生服务项目

国家和各地区针对主要传染病、慢性病、地方病、职业病等重大疾病和严重威胁妇女、儿童等重点人群的健康问题以及突发公共卫生事件预防和处置需要,制定和实施重大公共卫生服务项目,并适时充实调整。从2009年开始,新增以下项目：一是15岁以下人群补种乙肝疫苗项目；二是农村妇女乳腺癌、宫颈癌检查项目；三是为农村妇女孕前和孕早期增补叶酸预防神经管缺陷项目；四是实施"百万贫困白内障患者复明工程"；五是在贵州、云南等六省实施消除燃煤型氟中毒危害项目；六是实施农村改水改厕项目。

3. 加强公共卫生服务能力建设

加强公共卫生服务能力建设的主要任务包括：大力培养公共卫生技术人才和管理人才,在农村卫生人员和全科医师、社区护士培训中强化公共卫生知识和技能,以提高公共卫生服务能力；加强以健康档案为基础的信息系统建设,提高公共卫生服务的工作效率和管理能力；重点改善精神卫生、妇幼卫生、卫生监督、计划生育等专业公共卫生机构的设施条件；加强重大疾病以及突发公共卫生事件预测预警和处置能力;积极推广和应用中医药预防保健方法和技术。同时,落实传染病医院、鼠防机构、血防机构和其他疾病预防控制机构从事高风险岗位工作人员的待遇政策。

4. 保障公共卫生服务所需经费

专业公共卫生机构人员经费、发展建设经费、公用经费和业务经费由政府预算全额安排,服务性收入上缴财政专户或纳入预算管理。按项目为城乡居民免费提供基本公共卫生服务。中央财政通过转移支付对困难地区给予补助。

二、疾病预防体制

(一)建立和发展

新中国成立以来,疾病预防体制从无到有、不断发展。1953年,经政务院批准,在全国范围内成立了卫生防病工作的主体,即省、地、县三级卫生防疫站;20世纪90年代,随着疾病预防控制和卫生监督体制改革,各地疾病预防控制中心陆续挂牌;2001年,经国务院批准,在中国预防医学科学院的基础上,组建成立了中国疾病预防控制中心。

在前期疾病预防控制体系建设的基础上,2005年,原卫生部发布了《关于疾病预防控制体系建设的若干规定》,提出今后一个时期内疾病预防控制体系建设的重点是:加强国家、省、设区的市、县级疾病预防控制机构和基层预防保健组织建设,强化医疗卫生机构疾病预防控制的责任;建立功能完善、反应迅速、运转协调的突发公共卫生事件应急机制;健全覆盖城乡、灵敏高效、快速畅通的疫情信息网络;改善疾病预防控制机构基础设施和实验室设备条件;加强疾病预防控制专业队伍建设,提高流行病学调查、现场处置和实验室检测检验能力。疾病预防控制体系建设,要遵循"统筹规划、整合资源,明确职责、提高效能,城乡兼顾、健全体系"的原则,坚持基础设施建设与完善运行管理机制相结合,加强疾病预防控制机构和队伍建设,建立稳定的经费保障体系,保证疾病预防控制工作落实。

(二)疾病预防控制法规的主要内容

我国目前疾病预防控制政策与法规的主要内容有:国家免疫规划、职业病防治法规与政策、地方病防治法规与政策、精神卫生工作法规与政策、慢性病防控法规与政策、艾滋病治疗与救助等内容。

1. 国家免疫规划

国家免疫规划是指按照国家或者省、自治区、直辖市确定疫苗品种、免疫程序或者接种方案,在人群中有计划地进行预防接种,以预防和控制特定传染病的发生和流行。

2008年,原卫生部、国家发改委、教育部、财政部、国家食品药品监督局联合下发了《关于实施扩大国家免疫规划的通知》,规定在现行全国范围使用的国家免疫规划疫苗基础上,将甲肝疫苗、流脑疫苗、乙脑疫苗、麻疹腮腺炎风疹联合疫苗、无细胞百白破疫苗纳入国家免疫规划,对适龄儿童实行预防接种。2010年,原卫生部印发《2010年扩大国家免疫规划项目管理方案》,规定扩大国家免疫规划项目疫苗,继续使用乙肝疫苗、卡介苗、脊灰减毒活疫苗、百白破疫苗、白破疫苗、麻疹类疫苗(包括麻风疫苗、麻腮疫苗、麻腮风疫苗和麻疹疫苗)、甲肝减毒活疫苗、A群流脑疫苗、A+C群流脑疫苗、乙脑减毒活疫苗、出血热疫苗、炭疽疫苗和钩体疫苗。自1978年实施计划免疫政策起，我国国家免疫规划疫苗已从4种扩大到14种，可预防的传染病从6种扩大到15种。

2. 职业病防治法规与政策

职业病是指企业事业单位和个体经济组织的劳动者在职业活动中，因接触粉尘、放射性物质和其他有毒有害物质等因素而引起的疾病。2001年10月27日，第九届全国人大常委会第二十四次会议通过了《中华人民共和国职业病防治法》。该法经历四次修正，对职业病的前期预防、劳动过程中的防护与管理、职业病诊断与职业病人保障、监督检查及法律责任等方面作了明确规定。

（1）**劳动者职业卫生保护权利**

《中华人民共和国职业病防治法》明确规定劳动者享有以下职业卫生保护权利：

获得职业卫生教育、培训；获得职业健康检查、职业病诊疗、康复等职业病防治服务；了解工作场所产生或者可能产生的职业病危害因素、危害后果和应当采取的职业病防护措施；要求用人单位提供符合防治职业病要求的职业病防护设施和个人使用的职业病防护用品，改善工作条件；对违反职业病防治法律、法规以及危及生命健康的行为提出批评、检举和控告；拒绝违章指挥和强令进行没有职业病防护措施的作业；参与用人单位职业卫生工作的民主管理，对职业病防治工作提出意见和建议。

（2）**职业病防护**

在职业病的防护方面，用人单位应当采取下列职业病防治管理措施：

设置或者指定职业卫生管理机构或者组织，配备专职或者兼职的职业卫生专业人员，负责本单位的职业病防治工作；制定职业病防治计划和实施方案；建立、健全职业卫生管理制度和操作规程；建立、健全职业卫生档案和劳动者健康监护档案；建立、健全工作场所职业病危害因素监测及评价制度；建立、健全职业病危害事故应急救援预案。

（3）**职业病诊断与职业病病人保障**

职业病诊断应当由取得《医疗机构执业许可证》的医疗卫生机构承担。劳动者可以在用人单位所在地或者本人居住地依法承担职业病诊断的医疗卫生机构进行职业病诊断。职业病病人依法享受国家规定的职业病待遇。

在待遇方面，用人单位应当保障职业病病人依法享受国家规定的职业病待遇。用人单位应当按照国家有关规定，安排职业病病人进行治疗、康复和定期检查。用人单位对不适宜继续从事原工作的职业病病人，应当调离原岗位，并妥善安置。用人单位对从事接触职业病危害的作业的劳动者，应当给予适当岗位津贴。职业病病人的诊疗、康复费用，伤残以及丧失劳动能力的职业病病人的社会保障，按照国家有关工伤社会保险的规定执行。职业病病人除依法享有工伤社会保险外，依照有关民事法律，尚有获得赔偿的权利的，有权向用人单位提出赔偿要求。

3. 地方病防治法规与政策

地方病是指具有地区性发病特点的一类疾病。我国是地方病流行较为严重的国家，主要有碘缺乏病、燃煤污染型氟砷中毒、大骨节病、克山病等。2018年，国家卫生健康委员会等10个部门联合制定的《地方病防治专项三年攻坚行动方案（2018—2020年）》正式下发，其中规定了六大重点任务：

（1）**重点防控措施强化行动**

强化大骨节病防治策略，巩固防治成果。持续落实克山病、燃煤污染型氟砷中毒防控措施。

加快推进饮水型氟砷中毒病区、水源性高碘病区改水工作。逐步推广普及低氟砖茶。在缺碘地区继续落实食盐加碘策略，维持人群碘营养适宜水平。在血吸虫病流行区坚持以控制传染源为主的防治策略，强化综合治理。

（2）现症病人救治救助行动

做好现症地方病病人、血吸虫病确诊病例治疗和社区管理。开展现症病人综合帮扶。

（3）监测评价全覆盖行动

开展信息化管理，实现监测全覆盖。开展对地方病控制和消除的评价工作。

（4）群众防病意识提高行动

开发权威的科普材料，打造全媒体平台。开展形式多样的健康教育和科普宣传，加强健康促进。

（5）防治能力提升行动

强化国家级专业机构建设。加强重点地区地方病防治能力建设。稳定防治队伍，多途径解决防治力量不足的问题。

（6）科技防病突破行动

支持和开展相关疾病病因研究。提高治疗效果，评估健康危害。开展相关工具、技术研究，促进研发、评价与转化。抢救性保存我国地方病生物样本资源，为相关科学研究做好基础储备。

4. 精神卫生工作法规与政策

精神疾病是指在各种生物学、心理学以及社会环境因素影响下，人的大脑功能失调，导致认知、情感、意志和行为等精神活动出现不同程度障碍的疾病。我国正处于社会转型期，各种社会矛盾增多，竞争压力加大，人口和家庭结构变化明显，使得严重精神疾病患病率呈上升趋势。与此同时，儿童和青少年心理行为问题、老年性痴呆和抑郁、药品滥用、自杀及重大灾害后受灾人群心理危机等方面的问题也日益突出。精神卫生已成为重大的公共卫生问题和突出的社会问题。

2004年原卫生部、教育部等部委联合发布了《关于进一步加强精神卫生工作的指导意见》，提出了以下指导性意见：

（1）工作目标

精神卫生工作要按照"预防为主、防治结合、重点干预、广泛覆盖、依法管理"的原则，建立"政府领导、部门合作、社会参与"的工作机制，建立健全精神卫生服务网络，把防治工作重点逐步转移到社区和基层。

（2）组织领导

各部门要加强分工协作。卫生部门所属精神卫生机构要承担精神疾病患者的救治任务，调整现有精神卫生机构的服务方向和重点，提高治疗与康复水平。民政部门所属精神卫生机构要承担在服役期间患精神疾病的复员、退伍军人的救治任务，并及时收容和治疗无劳动能力、无生活来源、无赡养和抚养人的精神疾病患者。公安机关要了解掌握本地区内可能肇事、肇祸精神疾病患者的有关情况，督促家属落实日常监管和治疗措施，对严重肇事、肇祸精神疾病患者实施强制治疗，由安康医院负责做好治疗工作，没有安康医院的省、自治区、直辖市要尽快建立。司法部门要结合监管场所的医疗卫生工作，做好被监管人员精神疾病的治疗与康复工作。

（3）重点人群心理行为干预

重视儿童和青少年心理行为问题的预防和干预。加强妇女心理行为问题和精神疾病的研究与干预。开展老年心理健康宣传和精神疾病干预。加强救灾工作中的精神卫生救援。开展职业人群和被监管人群的精神卫生工作。

（4）加强精神疾病的治疗与康复工作

首先要建立健全精神卫生服务体系和网络。其次要加强社区和农村精神卫生工作，充分发挥社区卫生服务体系在精神疾病患者治疗与康复中的作用，根据实际情况在社区建立精神康复机构，并纳入社会福利发展计划。最后要加强重点精神疾病的治疗与康复工作。采取措施为精神分裂症、抑郁症、老年痴呆症等重点精神疾病患者提供适当的治疗与康复服务。加强精神疾病药品的管理和供给工作，积极开展以药物为主的综合治疗，不断提高治疗与康复水平。

5. 慢性病防控法规与政策

慢性病是指不构成传染、具有长期积累形成疾病形态损害的疾病的总称。慢性病一旦防治不及，会对人造成经济、生命等方面的危害。常见的慢性病主要有心脑血管疾病、癌症、糖尿病等。2017年，国务院印发《中国防治慢性病中长期规划（2017—2025年）》，规划提出八大策略与措施：一是加强健康教育，提升全民健康素质；二是实施早诊早治，降低高危人群发病风险；三是强化规范诊疗，提高治疗效果；四是促进医防协同，实现全流程健康管理；五是完善保障政策，切实减轻群众就医负担；六是控制危险因素，营造健康支持性环境；七是统筹社会资源，创新驱动健康服务业发展；八是增强科技支撑，促进监测评价和研发创新。

（1）糖尿病的防治宣传和管理工作

我国约有1.14亿糖尿病患者，约占全球糖尿病患者的27%，已成为世界上糖尿病患者最多的国家。原卫生部办公厅于2008年印发了《〈防治糖尿病宣传知识要点〉的通知》，为各地开展防治糖尿病宣传工作、普及糖尿病预防知识、降低糖尿病危害提供参考。2009年起，糖尿病基层防治管理工作作为国家基本公共卫生服务项目在全国推广实施。2015年起，糖尿病作为国家分级诊疗首批试点疾病，依托家庭医生签约制度推动糖尿病患者的基层首诊、基本诊疗和防治管理。

（2）农村妇女两癌检查

乳腺癌和宫颈癌是威胁现代女性健康的两大主要因素。原卫生部与全国妇联分别于2009年和2010年印发《农村妇女"两癌"检查项目管理方案》，制定了一系列农村妇女乳腺癌筛查方案，关注农村妇女的健康。

（3）农村地区癫痫防治工作

癫痫是一种常见的神经系统疾病，也是重要的公共卫生问题。我国目前约有超过900万癫痫患者，农村地区约有三分之二以上的癫痫病人没有得到合理治疗。为加强我国农村地区癫痫防治工作，中央财政安排专项经费，在重点省、自治区的部分县开展了"农村地区癫痫防治管理项目"。为保障项目实施，原卫生部于2006年制定了《农村癫痫防治管理项目管理办法（试行）》和《农村癫痫防治管理项目技术指导方案》。

6. 艾滋病治疗与救助

艾滋病是一种由人类免疫缺陷病毒引起的危害大、病死率高的严重传染病。截至2019年10月底，全国报告存活艾滋病感染者95.8万。目前，艾滋病经输血传播基本阻断，经静脉吸毒传播和母婴传播得到有效控制，性传播成为主要传播途径。

为加大对艾滋病的防治力度，我国政府于2006年1月公布了《艾滋病防治条例》，并于2019年进行修正。该条例提出：艾滋病防治工作坚持预防为主、防治结合的方针，建立政府组织领导、部门各负其责、全社会共同参与的机制,加强宣传教育,采取行为干预和关怀救助等措施,实行综合防治。

(1) 艾滋病治疗的规定

首先,医疗机构应当为艾滋病病毒感染者和艾滋病病人提供艾滋病防治咨询、诊断和治疗服务。医疗机构不得因就诊的病人是艾滋病病毒感染者或者艾滋病病人,推诿或者拒绝对其及其他疾病进行治疗。

其次,对确诊的艾滋病病毒感染者和艾滋病病人,医疗卫生机构的工作人员应当将其感染或者发病的事实告知本人;本人为无行为能力人或者限制行为能力人的,应当告知其监护人。

再次,医疗卫生机构应当按照国务院卫生主管部门制定的《预防艾滋病母婴传播技术指导方案》的规定,对孕产妇提供艾滋病防治咨询和检测,对感染艾滋病病毒的孕产妇及婴儿提供预防艾滋病母婴传播的咨询、产前指导、阻断、治疗、产后访视、婴儿随访和检测等服务。

(2) 艾滋病救助的规定

关于关怀救助。县级以上人民政府应当采取下列艾滋病防治关怀救助措施,具体包括:第一,向农村艾滋病病人和城镇经济困难的艾滋病病人免费提供抗艾滋病病毒的治疗药品。第二,对农村和城镇经济困难的艾滋病病毒感染者、艾滋病病人适当减免抗机会性感染治疗药品的费用。第三,向接受艾滋病咨询、检测的人员免费提供咨询和初筛检测。第四,向感染艾滋病病毒的孕产妇免费提供预防艾滋病母婴传播的治疗和咨询。

关于教育救助。生活困难的艾滋病病人遗留的孤儿和感染艾滋病病毒的未成年人接受义务教育的,应当免收杂费、书本费;接受学前教育和高中阶段教育的,应当减免学费等相关费用。

关于生活救助。县级以上地方人民政府应当对生活困难并符合社会救助条件的艾滋病病毒感染者、艾滋病病人及其家属给予生活救助。

关于生产与工作救助。县级以上地方人民政府有关部门应当创造条件,扶持由劳动能力的艾滋病病毒感染者和艾滋病病人从事力所能及的生产和工作。

三、突发公共卫生事件的应对机制

突发公共卫生事件是指突然发生造成或者可能造成社会公众健康严重损害的重大传染病疫情、群体性不明原因疾病、重大食物和职业中毒以及其他严重公众健康的事件。2003年国务院和原卫生部在非典型肺炎(SARS)疫情出现后紧急出台了《突发公共卫生事件应急条例》,并于2011年进行修订。该条例提出:应当遵循预防为主、常备不懈的方针,贯彻统一领导、分级负责、反应及时、措施果断、依靠科学、加强合作的原则。

(一) 预防与应急准备

在预防方面,地方各级人民政府应当依照法律、行政法规的规定,做好传染病预防和其他公共卫生工作,防范突发事件的发生。国家建立统一的突发事件预防控制体系。监测与预警工作应当根据突发事件的类别,制定监测计划,科学分析、综合评价监测数据。

在应急准备方面,国务院卫生行政主管部门按照分类指导、快速反应的要求,制定全国突发事件应急预案,报请国务院批准。县级以上各级人民政府应当加强急救医疗服务网络的建设,配备相应的医疗救治药物、技术、设备和人员,提高医疗卫生机构应对各类突发事件的救治能力。

县级以上地方人民政府卫生行政主管部门,应当定期对医疗卫生机构和人员开展突发事件应急处理相关知识、技能的培训,定期组织医疗卫生机构进行突发事件应急演练,推广最新知识和先进技术。国务院有关部门和县级以上地方人民政府及其有关部门,应当根据突发事件应急预案的要求,保证应急设施、设备、救治药品和医疗器械等物资储备。

(二) 报告与信息发布

国家建立突发事件应急报告制度。国务院卫生行政主管部门制定突发事件应急报告规范,建立重大、紧急疫情信息报告系统。任何单位和个人对突发事件,不得隐瞒、缓报、谎报或者授意他人隐瞒、缓报、谎报。接到报告的地方人民政府、卫生行政主管部门依照本条例规定报告的同时,应当立即组织力量对报告事项调查核实、确证,采取必要的控制措施,并及时报告调查情况。有下列情形之一的,省、自治区、直辖市人民政府应当在接到报告1小时内,向国务院卫生行政主管部门报告:

发生或者可能发生传染病暴发、流行的;发生或者发现不明原因的群体性疾病的;发生传染病菌种、毒种丢失的;发生或者可能发生重大食物和职业中毒事件的。

国家建立突发事件举报制度,公布统一的突发事件报告、举报电话。任何单位和个人有权向人民政府及其有关部门报告突发事件隐患,有权向上级人民政府及其有关部门举报地方人民政府及其有关部门不履行突发事件应急处理职责,或者不按照规定履行职责的情况。国家建立突发事件的信息发布制度。国务院卫生行政主管部门负责向社会发布突发事件的信息。

(三) 应急处理

突发事件发生后,卫生行政主管部门应当组织专家对突发事件进行综合评估,初步判断突发事件的类型,提出是否启动突发事件应急预案的建议。国务院有关部门和县级以上地方人民政府及其有关部门,应当保证突发事件应急处理所需的医疗救护设备、救治药品、医疗器械等物资的生产、供应;铁路、交通、民用航空行政主管部门应当保证及时运送。县级以上各级人民政府应当提供必要资金,保障因突发事件致病、致残的人员得到及时、有效的救治。

全国突发事件应急处理指挥部对突发事件应急处理工作进行督察和指导,地方各级人民政府及其有关部门应当予以配合。根据突发事件应急处理的需要,突发事件应急处理指挥部有权紧急调集人员、储备的物资、交通工具以及相关设施、设备;必要时,对人员进行疏散或者隔离,并可以依法对传染病疫区实行封锁。突发事件应急处理指挥部根据突发事件应急处理的需要,可以对食物和水源采取控制措施。

医疗卫生机构应当对因突发事件致病的人员提供医疗救护和现场救援,对就诊病人必须接诊治疗,并书写详细、完整的病历记录;对需要转送的病人,应当按照规定将病人及其病历记录的复印件转送至接诊的或者指定的医疗机构。传染病暴发、流行时,街道、乡镇以及居民委员会、村民委员会应当组织力量,团结协作,群防群治,协助卫生行政主管部门和其他有关部门、医疗卫生机构做好疫情信息的收集和报告、人员的分散隔离、公共卫生措施的落实工作,向居民、村民宣传传染病防治的相关知识。有关部门、医疗卫生机构应当对传染病做到早发现、早报告、早隔离、早治疗,切断传播途径,防止扩散。

交通工具上发现根据国务院卫生行政主管部门的规定需要采取应急控制措施的传染病病

人、疑似传染病病人,其负责人应当以最快的方式通知前方停靠点,并向交通工具的营运单位报告。在突发事件中需要接受隔离治疗、医学观察措施的病人、疑似病人和传染病病人密切接触者在卫生行政主管部门或者有关机构采取医学措施时应当予以配合。

第二节　医疗服务体制法规与政策

我国医疗服务体制包括医疗资源和医疗服务。早在新中国成立之初,我国就形成了由国家和集体独办的、按行政辖区为主划分的、由上到下进行业务指导的城乡两个三级医疗预防网。城市三级预防网的构成为:一级医疗机构由街道医院、诊所、门诊部、企业医疗机构组成;二级医疗机构由区级医院和相同规模的企业医疗机构组成;三级医疗机构由所在市的省、市综合医院以及教学医院、专科医院组成。农村三级医疗预防网的构成为:一级医疗机构由村(大队)卫生所及相近的企业医疗机构组成;二级医疗机构由公社(区、乡)卫生院组成;三级医疗机构由区级医院、防治中心组成。

改革开放以来,我国积极探索适应市场经济体制的医疗服务体系改革之路,一方面,城市医疗服务机构发展迅速,城市大医院的建设在数量和质量上有了很大提高,临床学科水平、解决疑难重症能力等各方面都达到了前所未有的高度,医疗服务的供给能力大幅度提升。另一方面,由于医疗费用上涨,医疗保障不足,以及农村医疗服务在一定时期里发展缓慢,导致城乡居民看病贵、看病难的问题依然存在。为此,国家近年来进一步深化医疗卫生体制改革,进一步促进医疗服务事业的发展,为人民群众的身体健康提供基本保障。

一、医疗服务体制改革

国务院印发的《"十三五"深化医药卫生体制改革规划》提到:"十三五"期间,要在分级诊疗、现代医院管理、全民医保、药品供应保障、综合监管等5项制度建设上取得新突破,同时统筹推进相关领域改革。

(一)建立科学合理的分级诊疗制度

1. 健全完善医疗卫生服务体系

优化医疗卫生资源布局,明确各级各类医疗卫生机构功能定位,加强协作,推动功能整合和资源共享。推进大医院与基层医疗卫生机构、全科医生与专科医生的资源共享和业务协同,健全基于互联网、大数据技术的分级诊疗信息系统。实施中医药传承与创新工程,推动中医药服务资源与临床科研有机结合,加强中医适宜技术的应用,充分发挥中医药在"治未病"、重大疾病治疗和疾病康复中的重要作用。

2. 提升基层医疗卫生服务能力

以常见病、多发病的诊断和鉴别诊断为重点,强化乡镇卫生院、社区卫生服务中心基本医疗服务能力建设。规范社区卫生服务管理,推动实施社区卫生服务提升工程。促进先进适宜技术的普及普惠。实施基层中医药服务能力提升工程"十三五"行动计划。2020年,所有社区卫生服务机构和乡镇卫生院以及70%的村卫生室具备中医药服务能力,同时具备相应的医疗康复能力。完善基层管理和运行机制。

3. 引导公立医院参与分级诊疗

进一步完善和落实医保支付和医疗服务价格政策,调动三级公立医院参与分级诊疗的积极性和主动性,引导三级公立医院收治疑难复杂和危急重症患者,逐步下转常见病、多发病和疾病稳定期、恢复期患者。鼓励打破行政区域限制,推动医疗联合体建设,与医保、远程医疗等相结合,实现医疗资源有机结合、上下贯通。

4. 推进形成诊疗—康复—长期护理连续服务模式

明确医疗机构急慢分治服务流程,建立健全分工协作机制,畅通医院、基层医疗卫生机构、康复医院和护理院等慢性病医疗机构之间的转诊渠道,形成"小病在基层、大病到医院、康复回基层"的合理就医格局。城市大医院主要提供急危重症和疑难复杂疾病的诊疗服务,将诊断明确、病情稳定的慢性病患者、康复期患者转至下级医疗机构以及康复医院、护理院等慢性病医疗机构。

5. 科学合理引导群众就医需求

建立健全家庭医生签约服务制度,通过提高基层服务能力、医保支付、价格调控、便民惠民等措施,鼓励城乡居民与基层医生或家庭医生团队签约。到2017年,家庭医生签约服务覆盖率达到30%以上,重点人群签约服务覆盖率达到60%以上。2020年,将签约服务扩大到全人群,基本实现家庭医生签约服务制度全覆盖。遵循医学科学规律,结合功能定位,明确县、乡两级医疗机构的医疗服务范围,对于超出功能定位和服务能力的疾病,为患者提供相应转诊服务。

(二) 建立科学有效的现代医院管理制度

1. 完善公立医院管理体制

妥善处理医院和政府关系,实行政事分开和管办分开,推动医院管理模式和运行方式转变。加强政府在方向、政策、引导、规划、评价等方面的宏观管理,加大对医疗行为、医疗费用等方面的监管力度,减少对医院人事编制、科室设定、岗位聘任、收入分配等的管理。逐步取消公立医院行政级别。落实公立医院独立法人地位。公立医院依法制订章程。建立健全公立医院全面预算管理制度、成本核算制度、财务报告制度、总会计师制度、第三方审计制度和信息公开制度。

2. 建立规范高效的运行机制

取消药品加成(不含中药饮片),通过调整医疗服务价格、加大政府投入、改革支付方式、降低医院运行成本等,建立科学合理的补偿机制。逐步建立以成本和收入结构变化为基础的医疗服务价格动态调整机制,按照"总量控制、结构调整、有升有降、逐步到位"的原则,降低药品、医用耗材和大型医用设备检查治疗和检验等价格,重点提高诊疗、手术、康复、护理、中医等体现医务人员技术劳务价值的项目价格,加强分类指导,理顺不同级别医疗机构和医疗服务项目间的比价关系。继续推进公立医院后勤服务社会化。

3. 建立以质量为核心、公益性为导向的医院考评机制

健全医院绩效评价体系,机构考核应涵盖社会效益、服务提供、质量安全、综合管理、可持续发展等内容,重视卫生应急、对口支援以及功能定位落实和分级诊疗实施情况等体现公益性的工作。将落实医改任务情况列入医院考核指标,强化医院和院长的主体责任。

4. 控制公立医院医疗费用不合理增长

逐步健全公立医院医疗费用控制监测和考核机制。设定全国医疗费用增长控制目标,各

省(区、市)根据不同地区医疗费用水平和增长幅度以及不同类别医院的功能定位等,分类确定控费要求并进行动态调整。卫生计生等有关部门对公立医院药品、高值医用耗材、大型医用设备检查等情况实施跟踪监测。

(三)建立高效运行的全民医疗保障制度

1. 健全基本医保稳定可持续筹资和报销比例调整机制

完善医保缴费参保政策,厘清政府、单位、个人缴费责任,逐步建立稳定可持续的多渠道筹资机制,同经济社会发展水平、各方承受能力相适应。2020年,基本医保参保率稳定在95%以上。健全与筹资水平相适应的基本医保待遇动态调整机制。加快建立异地就医直接结算机制,推进基本医保全国联网和异地就医直接结算,加强参保地与就医地协作,方便群众结算,减少群众"跑腿""垫资"。到2020年,建立医保基金调剂平衡机制,逐步实现医保省级统筹,基本医保政策范围内报销比例稳定在75%左右。

2. 深化医保支付方式改革

健全医保支付机制和利益调控机制,实行精细化管理,激发医疗机构规范行为、控制成本、合理收治和转诊患者的内生动力。全面推行按病种付费为主,按人头、按床日、总额预付等多种付费方式相结合的复合型付费方式,鼓励实行按疾病诊断相关分组付费方式。逐步扩大纳入医保支付的医疗机构中药制剂和针灸、治疗性推拿等中医非药物诊疗技术范围,探索符合中医药服务特点的支付方式。2020年,医保支付方式改革逐步覆盖所有医疗机构和医疗服务,全国范围内普遍实施适应不同疾病、不同服务特点的多元复合式医保支付方式,按项目付费占比明显下降。

3. 健全重特大疾病保障机制

在全面实施城乡居民大病保险基础上,采取降低起付线、提高报销比例、合理确定合规医疗费用范围等措施,提高大病保险对困难群众支付的精准性。完善职工补充医疗保险政策。积极引导社会慈善力量等多方参与。逐步形成医疗卫生机构与医保经办机构间数据共享的机制,推动基本医保、大病保险、医疗救助、疾病应急救助、商业健康保险有效衔接,全面提供"一站式"服务。

二、健全农村医疗服务体系

2006年,原卫生部等部委发布了《农村卫生服务体系建设与发展规划》,提出要完善农村卫生机构功能和提高服务能力,以乡(镇)卫生院建设为重点,健全县、乡、村三级卫生服务网络。规划指出:农村卫生服务体系以公有制为主导、多种所有制形式共同发展和完善,由政府、集体、社会和个人举办的县、乡、村三级医疗卫生机构组成,以县级医疗卫生机构为龙头,乡(镇)卫生院为中心,村卫生室为基础,主要包括县医院、县中医(民族医)医院、县疾病预防控制机构、县卫生执法监督机构、县妇幼保健机构、乡(镇)卫生院、村卫生室及其他卫生机构等。农村卫生服务队伍由执业医师、执业助理医师、辅助技术人员和乡村医生、卫生员共同组成。农村卫生服务体系建设与发展规划的主要建设任务是:依据统一的建设标准和规范,对政府举办的乡(镇)卫生院、县医院、县妇幼保健机构和县中医医院,及村卫生室的业务用房进行建设,配置基本医疗设备,使其具备开展预防保健和基本医疗服务的条件,完善服务功能,提高服务能力。

2019年,国家卫生健康委组织编写的《乡镇卫生院服务能力评价指南(2019年版)》印发,进一步明确了乡镇卫生院的建设条件和评价标准。指南指出：乡镇卫生院是公益性、综合性的基层医疗卫生机构，承担着常见病和多发病的诊疗、基本公共卫生服务、健康管理等功能任务，是农村医疗卫生服务体系的基础。乡镇卫生院的主要职责是提供常见病、多发病的诊疗服务以及部分疾病的康复、护理服务；提供预防、保健、健康教育、计划生育等基本公共卫生服务；向医院转诊超出自身服务能力的常见病、多发病及危急和疑难重症病人；受县级卫生健康行政部门委托，承担辖区内的公共卫生管理工作，负责村卫生室（所）业务管理和技术指导工作。

2019年，中共中央、国务院发布《关于建立健全城乡融合发展体制机制和政策体系的意见》。意见提到，健全乡村医疗卫生服务体系。建立和完善相关政策制度，增加基层医务人员岗位吸引力，加强乡村医疗卫生人才队伍建设。改善乡镇卫生院和村卫生室条件，因地制宜建立完善医疗废物收集转运体系，提高慢性病、职业病、地方病和重大传染病防治能力，加强精神卫生工作，倡导优生优育。健全网络化服务运行机制，鼓励县医院与乡镇卫生院建立县域医共体，鼓励城市大医院与县医院建立对口帮扶、巡回医疗和远程医疗机制。全面建立分级诊疗制度，实行差别化医保支付政策。因地制宜建立完善全民健身服务体系。

第三节　城市社区卫生服务法规与政策

社区卫生服务是20世纪60年代在欧美等发达国家发展起来的，现已被世界各国公认为最佳的基层医疗模式。在我国，社区卫生服务是在政府领导、社区参与、上级卫生机构指导下，以基层卫生机构为主体、全科医师为骨干，合理使用社区资源和适宜技术，以人的健康为中心、家庭为单位、社区为范围、需求为导向，以妇女、儿童、老年人、慢性病人、残疾人、贫困居民等为重点，以解决社区主要卫生问题、满足基本卫生服务需求为目的，融预防、医疗、保健、康复、健康教育、计划生育技术等为一体的，有效、经济、方便、综合、连续的基层卫生服务。

一、社区卫生服务的发展

社区卫生服务是1996年12月召开的全国卫生工作会议上正式提出的，在这次会议上通过了《中共中央国务院关于卫生改革和发展的决定》，明确提出了改革城市卫生服务体系，积极发展社区卫生服务，逐步形成功能合理，方便群众的卫生服务网络。

1999年7月，卫生部等10部委印发了《关于发展城市社区卫生服务的若干意见》明确了我国社区卫生服务的基本概念、总体目标和基本框架。2002年8月，卫生部等11部委印发了《关于加强发展城市社区卫生服务的意见》，明确提出加大支持力度的发展策略。2006年2月，国务院发布了《国务院关于发展城市社区卫生服务的指导意见》，指出发展社区卫生服务，要坚持公益性质，完善社区服务功能；坚持政府主导，鼓励社会参与，多渠道发展；坚持以调整和充分利用现有卫生资源为主，健全社区卫生服务。

为提高社区卫生服务中心的服务能力和质量，2018年8月，国家卫生健康委、国家中医药管理局印发了《关于开展"优质服务基层行"活动的通知》（国卫基层函〔2018〕195号），明确了《社区卫生服务中心服务能力标准（2018年版）》。为方便各地更好地理解和把握标准，2019年4月，国家卫生健康委编写了《社区卫生服务中心服务能力评价指南（2019年版）》。

二、社区卫生服务机构的服务对象和内容

按照《国务院发展城市社区卫生服务的指导意见》的规定:"社区卫生服务机构要以社区、家庭和居民为服务对象,以妇女、儿童、老年人、慢性病人、残疾人、贫困居民等为服务重点。"这意味着:第一,社区卫生服务机构的服务对象是社区、家庭和居民;第二,社区卫生服务机构的重点服务对象是妇女、儿童、老年人、慢性病人、残疾人和贫困居民等人群。

社区卫生服务项目主要包括:社区常见病、多发病和诊断明确疾病的诊治;社区慢性病防治;社区妇幼保健服务;社区传染病防治;社区公共卫生监督;社区卫生信息管理;社区脆弱人群保健,即所谓"六位一体"。

卫生部和中医药局2006年6月发布的《城市社区卫生服务机构管理办法(试行)》,进一步明确了公共卫生服务和基本医疗服务的具体内容。公共卫生服务包括健康教育、传染病和慢性病防治、计划免疫、妇幼保健、老年保健、康复、计划生育技术指导等12项具体内容;基本医疗服务主要是"小病""常见病""多发病",对于限于技术和设备条件难以安全、有效诊治的疾病,则应及时转诊到上级医疗机构。

《社区卫生服务中心服务能力标准(2018年版)》划分服务内容为医疗服务、检验检查服务、公共卫生服务和计划生育技术服务四个大类。医疗服务包括急诊急救、全科医疗、中医医疗、口腔医疗和康复医疗服务。公共卫生服务涵盖居民健康档案管理、健康教育、预防接种、中医药健康管理、传染病及突发公共卫生事件报告和处理、卫生计生监督协管、重大公共卫生项目、儿童健康管理等14项具体内容。

三、社区卫生服务机构需要具备的条件

卫生部、中医药局2006年6月印发了《城市社区卫生服务中心基本标准》和《城市社区卫生服务站基本标准》。国家卫生健康委、国家中医药管理局于2019年明确了《社区卫生服务中心服务能力标准(2018年版)》,提出社区卫生服务中心需要具备的条件如下:

在科室设置方面,第一,临床科室应包括全科诊室、中医诊室、康复治疗室、抢救室、预检分诊室(台);第二,设置医技及其他科室,应有药房、检验科、放射科、B超室、心电图室(B超与心电图室可合并设立)、健康信息管理室、消毒供应室(可依托有资质的第三方机构);第三,设置公共卫生科或预防保健科,包含预防接种室、预防接种留观室、儿童保健室、妇女保健(计划生育指导)室、健康教育室等;第四,职能科室应有院办、党办、医务、护理、财务、病案管理、信息、院感、医保结算、后勤管理等专(兼)职岗位。

在建筑面积方面,按服务人口数量业务用房面积达标:1 400平方米/3—5万人口、1 700平方米/5—7万人口、2 000平方米/7—10万人口。在床位设置方面,根据服务范围和人口合理配置,至少设日间观察床5张。在设备配置方面,应配有诊疗设备、辅助检查设备、预防保健设备、健康教育及其他设备,设病床的,配备与之相应的病床单元设施,此外配备必要的中医药服务设备。

在人员配备方面,第一,至少有6名执业范围为全科医学专业的临床类别、中医类别执业医师,9名注册护士;至少有1名副高级以上任职资格的执业医师;至少有1名中级以上任职资格的中医类别执业医师;至少有1名公共卫生执业医师;每名执业医师至少配备1名注册护士,其中至少具有1名中级以上任职资格的注册护士;设病床的,每5张病床至少增加配备1名执业医师、1

名注册护士。第二,人员编制数不低于本省(区、市)出台的编制标准。第三,卫生技术人员数不低于单位职工总数的80%。

四、社区卫生服务的筹资与补偿机制

(一)政府财政补贴

社区卫生服务是福利性社会公益事业,政府的支持对发展社区卫生服务很重要。政府的支持是全方位的,包括组织、领导、协调和财政支持。政府财政给予社区卫生服务管理信息系统及设备更新等方面的启动经费和人才培养经费;在收费等方面给予一定的优惠,享有国家和地方的税费优惠政策;购买部分社区公共卫生服务;为公立社区卫生服务机构人员提供补助。

(二)有偿医疗卫生服务

医疗服务项目按照谁受益谁负担的原则,实行非营利性的有偿服务,按服务成本收费。出诊服务费、护士上门服务费、健康档案建档费、保健服务合同费等卫生保健费用均由个人支付。

(三)纳入职工医疗保险

将一些符合规定的社区卫生服务机构纳入基本医疗保险定点单位,报销一些基本卫生服务项目,使社区卫生服务机构有稳定的资金来源。

(四)其他筹资方式

社区资助,申请专项资金支持,接受社会团体、慈善机构或个人捐助等多方筹资作为社区卫生服务费用的补充,以促进社区卫生服务快速发展。

第四节 计划生育法规与政策

计划生育是指为了社会、家庭和夫妻的利益,育龄夫妻有计划在适当年龄生育合理数量的子女,并养育健康的下一代,以增进家庭幸福,促进人口、经济、社会、资源、环境协调发展和可持续发展。实行计划生育是我国的基本国策之一。

一、计划生育法规与政策的一般规定

(一)《人口与计划生育法》

我国自20世纪70年代末80年代初就将实行计划生育、控制人口数量、提高人口素质确立为国家的一项基本政策,比较有效地控制了人口数量、提高了人口素质。为了实现人口与经济、社会、资源、环境的协调发展,推行计划生育,维护公民的合法权益,促进家庭幸福、民族繁荣与社会进步,我国于2001年颁布了《人口与计划生育法》,并于2015年进行修正。

实行计划生育是我国的基本国策。《人口与计划生育法》第二条规定:"我国是人口众多的国家,实行计划生育是国家的基本国策。国家采取综合措施,控制人口数量,提高人口素质。国家依靠宣传教育、科学技术进步、综合服务、建立健全奖励和社会保障制度,开展人口与计划生育工作。"

《人口与计划生育法》第十八条规定:"国家提倡一对夫妻生育两个子女。符合法律、法规规定条件的,可以要求安排再生育子女。少数民族也要实行计划生育。"这是我国现行生育政策。

《人口与计划生育法》第四条规定:"各级人民政府及其工作人员在推行计划生育工作中应当严格依法行政,文明执法,不得侵犯公民的合法权益。计划生育行政部门及其工作人员依法执行公务受法律保护。"

《人口与计划生育法》第十七条规定:"公民有生育的权利,也有依法实行计划生育的义务,夫妻双方在实行计划生育中负有共同的责任。"这一规定确立了夫妻双方在实行计划生育中的共同责任。

《人口与计划生育法》第二十一条规定:"实行计划生育的育龄夫妻免费享受国家规定的基本项目的计划生育技术服务。前款规定所需经费,按照国家有关规定列入财政预算或者由社会保险予以保障。"根据国家财力的实际情况,免费提供的计划生育技术服务项目仅限于法律规定的基本项目的范围,即孕情、环情检测,提供避孕药具、放置和取出宫内节育器、绝育术、人工终止妊娠术、技术常规规定的各项医学检查,计划生育手术并发症的诊治等。

《人口与计划生育法》规定:"国家对实行计划生育的夫妻,按照规定给予奖励。"在国家提倡一对夫妻生育一个子女期间,自愿终身只生育一个子女的夫妻,国家发给《独生子女父母光荣证》。获得《独生子女父母光荣证》的夫妻,按照国家和省、自治区、直辖市有关规定享受独生子女父母奖励。独生子女发生意外伤残、死亡的,按照规定获得扶助。在国家提倡一对夫妻生育一个子女期间,按照规定应当享受计划生育家庭老年人奖励扶助的,继续享受相关奖励扶助。符合法律、法规规定生育子女的夫妻,可以获得延长生育假的奖励或者其他福利待遇。妇女怀孕、生育和哺乳期间,按照国家有关规定享受特殊劳动保护并可以获得帮助和补偿。公民实行计划生育手术,享受国家规定的休假;地方人民政府可以给予奖励。

《人口与计划生育法》规定:"地方各级人民政府对农村实行计划生育的家庭发展经济,给予资金、技术、培训等方面的支持、优惠;对实行计划生育的贫困家庭,在扶贫贷款、以工代赈、扶贫项目和社会救济等方面给予优先照顾。"

《人口与计划生育法》规定:"不符合本法第十八条规定生育子女的公民,应当依法缴纳社会抚养费。"

(二) 2021年《人口与计划生育法(修正草案)》

伴随着我国老龄化趋势的加剧,人口结构失衡的问题日益突出,调整既有人口政策的工作正在稳步推进。中共中央政治局于2021年5月31日召开会议,听取"十四五"时期积极应对人口老龄化重大政策举措汇报,审议《关于优化生育政策促进人口长期均衡发展的决定》。此次会议在既有的二胎政策上提出进一步优化生育政策,实施一对夫妻可以生育三个子女政策及配套支持措施,并明确指出2021年5月31日后均可生三孩,生育登记先备案后补办。

2021年6月18日国务院常务会议通过《中华人民共和国人口与计划生育法(修正草案)》。

2021年8月20日全国人大常委会会议通过了《关于修改人口与计划生育法的决定》修改后的人口计生法规定国家提倡适龄婚育、优生优育,一对夫妻可以生育三个子女。

二、对流动人口计划生育的管理办法

改革开放40年来,我国流动人口规模在经历长期快速增长后开始进入调整期。国家卫生健康部门自2010年起每年发布的《中国流动人口发展报告》指出:2009年我国流动人口数量达到2.11亿人;2010—2015年流动人口增长速度明显下降;全国流动人口规模从2015年起从此前的持续上升转为缓慢下降。做好流动人口服务与管理工作,引导人口有序流动和合理分布,关系改革发展稳定大局,关系计划生育的长期稳定。2009年4月,在之前相关法律法规的基础上,国务院审议通过了《流动人口计划生育工作条例》,对流动人口计划生育工作作出了如下规定:

(一)流动人口计划生育工作的对象

流动人口计划生育工作的对象是指离开户籍所在地的县、市或者市辖区,以工作、生活为目的异地居住的成年育龄人员。

(二)流动人口计划生育工作的领导、主管和配合部门及其职责

《流动人口计划生育工作条例》明确规定,县级以上地方人民政府领导本行政区域内流动人口计划生育工作,将流动人口计划生育工作纳入本地经济社会发展规划,并提供必要的保障;建立健全流动人口计划生育工作协调机制,组织协调有关部门对流动人口计划生育工作实行综合管理;实行目标管理责任制,对有关部门承担的流动人口计划生育工作进行考核、监督,建立流动人口信息采集、通报制度等。

国务院人口和计划生育部门主管全国流动人口计划生育工作,制定流动人口计划生育工作规划并组织实施;建立流动人口计划生育信息管理系统,实现流动人口户籍所在地和现居住地计划生育信息共享,并与相关部门有关人口的信息管理系统实现信息共享。

县级以上地方人民政府人口和计划生育部门主管本行政区域内流动人口计划生育工作,落实本级人民政府流动人口计划生育管理和服务措施;组织实施流动人口计划生育工作检查和考核;建立流动人口计划生育信息通报制度,汇总、通报流动人口计划生育信息;受理并及时处理与流动人口计划生育工作有关的举报,保护流动人口相关权益。

县级以上人民政府公安、民政、人力资源社会保障、住房城乡建设、卫生、价格等部门和县级以上工商行政管理部门在各自职责范围内,负责有关的流动人口计划生育工作。

乡(镇)人民政府、街道办事处负责本管辖区域内流动人口计划生育工作,对流动人口实施计划生育管理,开展计划生育宣传教育;组织从事计划生育技术服务的机构指导流动人口中的育龄夫妻(以下称育龄夫妻)选择安全、有效、适宜的避孕节育措施,依法向育龄夫妻免费提供国家规定的基本项目的计划生育技术服务。

(三)流动人口户籍所在地和现居住地的职责

按照《流动人口计划生育工作条例》规定:流动人口计划生育工作由流动人口户籍所在地和居住地的人民政府共同负责,以现居住地人民政府为主,户籍所在地人民政府予以配合。

流动人口现居住地的地方人民政府负责对流动人口计划生育工作的日常管理,并将流动人口计划生育工作纳入当地计划生育管理。具体包括:进行人口与计划生育宣传教育、学习,查验

《流动人口婚育证明》,了解已婚育龄人员的计划生育情况,组织有关单位为已婚育龄人员提供避孕药具,定期为已婚育龄人员进行避孕节育、优生优育及其他生殖保健服务。

(四) 流动人口婚育证明的办理及生育服务登记

1. 婚育证明的办理和交验

流动人口中的成年育龄妇女(以下称成年育龄妇女)在离开户籍所在地前,应当凭本人居民身份证到户籍所在地的乡(镇)人民政府或者街道办事处办理婚育证明;已婚的,办理婚育证明还应当出示结婚证。婚育证明应当载明成年育龄妇女的姓名、年龄、公民身份证号码、婚姻状况、配偶信息、生育状况、避孕节育情况等内容。流动人口户籍所在地的乡(镇)人民政府、街道办事处应当及时出具婚育证明。

流动人口成年育龄妇女应当自到达现居住地之日起30日内提交婚育证明。成年育龄妇女可以向现居住地的乡(镇)人民政府或者街道办事处提交婚育证明,也可以通过村民委员会、居民委员会向现居住地的乡(镇)人民政府或者街道办事处提交婚育证明。

流动人口现居住地的乡(镇)人民政府、街道办事处应当查验婚育证明,督促未办理婚育证明的成年育龄妇女及时补办婚育证明;告知流动人口在现居住地可以享受的计划生育服务和奖励、优待,以及应当履行的计划生育相关义务。

2. 流动人口办理第一个子女生育服务登记的规定

流动人口育龄夫妻生育第一个子女的,可以在现居住地的乡(镇)人民政府或者街道办事处办理生育服务登记。办理生育服务登记,应当提供下列证明材料:夫妻双方的居民身份证;结婚证;女方的婚育证明和男方户籍所在地的乡(镇)人民政府或者街道办事处出具的婚育情况证明材料。育龄夫妻现居住地的乡(镇)人民政府或者街道办事处应当自收到女方的婚育证明和男方的婚育情况证明材料之日起7个工作日内,向育龄夫妻户籍所在地的乡(镇)人民政府或者街道办事处核实有关情况。育龄夫妻户籍所在地的乡(镇)人民政府或者街道办事处应当自接到核实要求之日起15个工作日内予以反馈。核查无误的,育龄夫妻现居住地的乡(镇)人民政府或者街道办事处应当在接到情况反馈后即时办理生育服务登记;情况有误、不予办理的,应当书面说明理由。现居住地的乡(镇)人民政府或者街道办事处应当自办理生育服务登记之日起15个工作日内向育龄夫妻户籍所在地的乡(镇)人民政府或者街道办事处通报办理结果。

已婚育龄妇女的避孕节育信息由现居住地和户籍所在地乡(镇)人民政府或者街道办事处负责互相通报、核实。

出具婚育证明或者其他计划生育证明材料,不得收取任何费用。流动人口计划生育工作所需经费,按照国家有关规定予以保障。

(五) 流动人口的计划生育权利

流动人口的计划生育权利主要包括:流动人口在现居住地获得宣传教育、计划生育技术服务、晚婚晚育和计划生育手术休假,以及计划生育奖励、优待、救济等;规定了地方各级人民政府、职能部门、用人单位在保障流动人口权益时应履行的职责,特别提出了对涉及流动人口隐私的相关信息要予以保密。

(六)流动人口计划生育信息管理

第一,建立流动人口计划生育信息管理系统。

第二,强化户籍地和现居住地间流动人口计划生育信息的通报工作,流动人口现居住地和户籍所在地的乡(镇)人民政府或者街道办事处之间建立流动人口计划生育信息通报制度,及时采集流动人口计划生育信息,运用流动人口计划生育信息管理系统核实、通报流动人口计划生育信息。

第三,拓宽流动人口计划生育信息收集渠道,房屋租赁机构、房屋出租(借)人和物业服务企业等有关组织和个人有责任和义务提供相关信息。

【本章小结】

医疗卫生事业是关乎国计民生的重大事项。本章主要介绍了我国公共卫生、医疗服务体制、城市社区卫生服务等方面的法规与政策,这些法律法规的不断完善有助于我国城市社区、农村社区医疗卫生事业的健康发展。此外,我国是一个拥有14亿人口的发展中国家,要实现经济、社会的可持续发展,计划生育政策是我国的基本国策之一。随着经济社会的发展,流动人口呈现出很多新动向,因此,做好流动人口服务和管理工作,引导人口有序流动和合理分布,关系改革发展稳定大局,关系计划生育的长期稳定。

【思考题】

1. 试述我国疾病预防体制的主要内容。
2. 应对突发公共卫生事件的措施有哪些?
3. 关于艾滋病治疗与救助的规定有哪些?
4. 试述公立医院改革试点的主要内容。
5. 社区卫生服务机构的服务对象是什么?内容有哪些?
6. 计划生育政策法规的一般规定是什么?
7. 对流动人口计划生育的管理办法有哪些规定?

第七章
婚姻家庭法规与政策

CHAPTER SEVEN

婚姻家庭法规与政策包括婚姻家庭关系、收养关系与私有财产继承三部分,与公民的生活息息相关,是社会工作专业人员应该掌握的重要内容。家庭是社会的重要组成部分,家庭关系的和睦是一个社会文明和谐的重要标志。社会工作专业人员对调节家庭矛盾,维护社会安定起着举足轻重的作用。如何正确妥善地处理好家庭成员间的人身与财产关系,是对社会工作专业人员专业素养与能力的更高要求。

第一节 婚姻家庭关系的法规与政策

婚姻家庭关系是社会工作者的重点服务领域之一,相关法律法规既调整夫妻关系,也调整家庭关系,在内容上包括婚姻家庭成员间人身和财产上的权利义务,涉及结婚与离婚的条件和程序、夫妻共同财产及债务的处理、家庭成员间的人身及财产关系等,是本章最为重点的一节。

1950年颁布的《中华人民共和国婚姻法》是新中国成立后我国制定的第一部法律,主要任务是废除封建主义婚姻家庭制度。此法实施近30年后,社会生活发生了巨大的变化,"婚姻家庭领域出现了新的情况和问题。如:封建婚姻回潮、道德水平下降、法律观念淡薄等"[①]。为了调整人们的婚姻家庭关系,更好地维护公民的合法权益,国家立法部门于1978年底成立了修改《婚姻法》小组,对1950年《婚姻法》进行修订,并于1980年9月公布,1981年1月1日施行,使新的社会主义婚姻家庭制度得到了完善和发展。在20世纪后期,我国经济社会快速发展,人们对待婚姻家庭产生了新的观念追求,1980年《婚姻法》具有很大的局限性、滞后性。为了适应转型后的婚姻家庭关系,2001年第九届全国人民代表大会常务委员会第二十一次会议重新修订并颁布了新的《中华人民共和国婚姻法》。现婚姻家庭关系的相关法律已汇编至《中华人民共和国民法典》中的"婚姻家庭编"。

一、我国的婚姻制度

结婚是男女双方以永久共同生活为目的,依法确立夫妻关系的行为。在我国结婚行为的主

---

① 巫昌祯:《婚姻法学》,中央广播电视大学出版社2006年,第24—27页。

体必须是异性男女,同性不能结婚。结婚的行为必须遵循法律规定的条件,按照法律规定的程序进行,从而确立夫妻关系。

我国实行婚姻自由、一夫一妻、男女平等的婚姻制度。保护妇女、未成年人和老人的合法权益。

婚姻自由是受宪法保护的一项基本公民权利,婚姻自由包括结婚自由与离婚自由。法律明确规定禁止包办、买卖婚姻和其他干涉婚姻自由的行为。

一夫一妻制是指任何人只能有一个配偶,我国法律明确禁止重婚,如果有配偶者与他人结婚,或者明知他人有配偶而与之结婚的,依我国《刑法》规定,构成重婚罪。

男女平等是我国婚姻制度中的基本原则之一,指夫妻双方在婚姻家庭关系中,享有同等的权利,负担同等的义务。我国《宪法》第四十八条第1款明确规定:"中华人民共和国妇女在政治的、经济的、文化的、社会的和家庭的生活等各方面享有同男子平等的权利。"党的十九大报告指出,要"坚持男女平等基本国策,保障妇女儿童合法权益"。可见,婚姻家庭关系中的男女平等既是宪法男女平等原则的具体体现,也是对基本国策的落实与遵循。

保护妇女、未成年人和老人的合法权益,体现了对婚姻家庭中弱势群体的特殊保护。"婚姻家庭法通过一系列的可行措施对弱者实行保护就显得尤为重要。婚姻家庭法以保护弱者为其价值取向之一,这就是它的理念。"[1]《民法典》新增家庭文明建设条款,提倡夫妻应当互相忠实,互相尊重;家庭成员间应当敬老爱幼,互相帮助,维护平等、和睦、文明的婚姻家庭关系,禁止家庭暴力及家庭成员间的虐待和遗弃行为。

二、婚姻关系的建立

婚姻关系的建立必须满足法律规定的条件,按照法律规定的程序进行。违背结婚的法定要件可能构成无效的婚姻或可撤销的婚姻。

(一)结婚的条件

结婚的条件包括必备条件及禁止条件。

必备条件为:第一,结婚应当男女双方完全自愿,禁止任何一方对他方加以强迫或者任何组织、个人加以干涉。这是婚姻自由原则在结婚条件上的具体表现。第二,男女双方必须达到法定婚龄,具体而言我国法律规定男不得早于二十二周岁,女不得早于二十周岁,是法律上规定符合结婚条件的男女最低年龄限制。

我国结婚的法定禁止条件为禁止直系血亲或者三代以内旁系血亲结婚。禁止一定范围内的血亲结婚,是基于社会伦理、自然规律、后代生理健康等因素的考虑。

直系血亲或三代以内旁系血亲判断方法:直系血亲是具有直接血缘关系的亲属,即生育自己和自己所生育的上下各代亲属。三代以内旁系血亲是指在血缘上和自己同出于三代以内的亲属。计算方式为:从两个旁系亲属分别往上数至双方同源血亲,从自己开始计算为第一代,如果两边数目相等,则任何一边的数目即为他们的代数;如果两边数目不相等,则以大的数目为其代数。

---

[1] 马忆南:《婚姻家庭法的弱者保护功能》,《法商研究》1999年第4期。

(二) 结婚的程序

结婚登记是男女双方婚姻成立并发生法律效力,取得社会承认的法定程序,具有公示性、公信性。要求结婚的男女双方应当亲自到婚姻登记机关申请结婚登记。符合法律规定的,予以登记,发给结婚证。完成结婚登记,即确立婚姻关系。未办理结婚登记的,应当补办登记。我国现行有效的《婚姻登记条例》于 2003 年公布并实施,为进一步规范婚姻登记工作,我国民政部于 2015 年发布了《婚姻登记工作规范》,详细规定了结婚登记和离婚登记的具体要求、程序和所需材料。

1. 登记机关

内地居民办理婚姻登记的机关是县级人民政府民政部门或者乡(镇)人民政府,省、自治区、直辖市人民政府可以按照便民原则确定农村居民办理婚姻登记的具体机关。内地居民结婚,男女双方应当共同到一方当事人常住户口所在地的婚姻登记机关办理结婚登记。

中国公民同外国人,内地居民同香港特别行政区居民、澳门特别行政区居民、台湾地区居民、华侨办理婚姻登记的机关是省、自治区、直辖市人民政府民政部门或者省、自治区、直辖市人民政府民政部门确定的机关。男女双方应当共同到内地居民常住户口所在地的婚姻登记机关办理结婚登记。

2. 申请材料

办理结婚登记的内地居民应当出具本人的户口簿、身份证,本人无配偶以及与对方当事人没有直系血亲和三代以内旁系血亲关系的签字声明等证明材料,填写结婚申请书。

3. 登记程序

申请登记男女双方应当亲自办理。结婚登记应当按照初审—受理—审查—登记(发证)的程序办理。由登记机关审查材料证件和结婚条件后办理结婚登记。婚姻登记机关应当对结婚登记当事人出具的证件、证明材料进行审查并询问相关情况,查看当事人所持证件是否真实、完备,男女双方是否符合结婚的法定条件。婚姻登记机关对当事人符合结婚条件的,应当当场予以登记,发给结婚证;对当事人不符合结婚条件不予登记的,应当向当事人说明理由。

(三) 无效婚姻与可撤销婚姻

1. 无效婚姻

无效婚姻是指违反婚姻法定成立条件的婚姻。我国《民法典》明确规定的婚姻无效的情形有三种:

第一,重婚。因违反我国婚姻制度中一夫一妻原则而归于无效。

第二,当事人为禁止结婚的亲属关系。因违反结婚的禁止条件而无效。

第三,男女一方或双方未到法定婚龄。因违反结婚的法定年龄条件而无效。

无效婚姻的婚姻当事人及利害关系人(近亲属或基层组织)可以作为请求权人向人民法院申请婚姻无效。申请婚姻无效在程序上不适用调解,若涉及财产分割和子女抚养,则可以调解。

2. 可撤销婚姻

可撤销婚姻是指已经成立的婚姻因违背某项婚姻要件而具有了可撤销的性质。《民法典》中规定了胁迫结婚及隐瞒重大疾病结婚两种可撤销婚姻的法定情形。

因胁迫结婚的,受胁迫的一方可以向婚姻登记机关或者人民法院请求撤销该婚姻。撤销婚姻的请求,应当自胁迫行为终止之日起一年内提出;被非法限制人身自由的当事人请求撤销婚姻的,应当自恢复人身自由之日起一年内提出。

因隐瞒重大疾病可撤销的情形是指一方患有重大疾病,应当在结婚登记前如实告知另一方,若不如实告知的,另一方可以向婚姻登记机关或者人民法院请求撤销该婚姻。撤销婚姻的请求,应当自知道或者应当知道撤销事由之日起一年内提出。婚前隐瞒重大疾病属于可撤销婚姻的情形系新增规定,充分保障了双方对婚前重大疾病的知情权。

3. 婚姻的无效

《民法典》规定,无效的或者被撤销的婚姻自始没有法律约束力。当事人不具有夫妻的权利和义务。同居期间所得的财产,由当事人协议处理;协议不成时,由人民法院根据照顾无过错方的原则判决。对重婚导致的婚姻无效的财产处理,不得侵害合法婚姻当事人的财产权益。如有子女,子女受法律保护,适用法律关于父母子女的规定。

(四)事实婚姻

事实婚姻判断的首要标志为是否办理了结婚登记手续。对于1994年2月1日以前,符合结婚实质要件的,按事实婚姻处理。1994年2月1日以后、案件办理前,补办结婚手续的认可,效力按满足实质要件时起算;不补办的,按同居关系处理。

三、夫妻关系

男女双方完成结婚登记时,夫妻关系成立,双方产生夫妻间人身和财产关系。夫妻双方在婚姻家庭关系中地位平等,相互独立,平等地享有权利、承担义务。

(一)夫妻人身关系

夫妻人身关系是夫妻双方在家庭中的身份、地位等方面的权利义务关系。我国婚姻法规定的夫妻人身关系主要为姓名权,人身自由权,抚养、教育、保护子女的权利和义务,相互扶养的义务,日常家事代理权,相互继承权,反映了夫妻双方在身份、家庭等各方面地位的平等。

1. 姓名权

夫妻双方享有平等的姓名权,都有各用自己姓名的权利。姓名权是基于人格权而产生的一种绝对权利,不受婚姻关系的影响。夫妻姓名权的规定是对我国古代女子婚后必须冠以夫姓这种封建做法的否定,体现了男女平等的精神。

2. 人身自由权

人身自由权受《宪法》保护,是每位公民的基本权利。夫妻双方都有参加生产、工作、学习和社会活动的自由,一方不得对另一方加以限制或者干涉。这是双方家庭地位平等以及人格独立的具体体现。

3. 抚养、教育、保护子女的权利和义务

《民法典》新增夫妻双方对未成年子女的权利与义务。法律规定双方平等享有对未成年子女抚养、教育和保护的权利,共同承担对未成年子女抚养、教育和保护的义务。新法强调父母应当对抚育未成年子女平等地享有权利、承担义务,共同为其生活与成长承担责任,这体现了对未成年人的保护。

4. 相互扶养的义务

《民法典》规定:"夫妻有相互扶养的义务。需要扶养的一方,在另一方不履行扶养义务时,有权要求其给付扶养费的权利。"这里所称的扶养义务,主要是指在婚姻关系存续期间,夫妻间有在生活中相互扶助和供养的法律责任,既包括生活上的照顾,也包括经济上的供养。

5. 日常家事代理权

夫妻一方因家庭日常生活需要而实施的民事法律行为,对夫妻双方发生效力,但是夫妻一方与相对人另有约定的除外。这是指因为家庭日常生活需要,配偶一方与第三人为一定法律行为时的当然代理权,另一方需对由此产生的法律效力承担连带责任。日常家事代理权有利于维护交易稳定,既能够保护第三人的利益,也符合夫妻共同生活的家庭需求。

6. 相互继承权

夫妻有相互继承遗产的权利,且为第一顺序继承人。夫妻间的相互继承权基于婚姻的法律效力而产生,以夫妻的人身关系为前提。

(二) 夫妻财产关系

夫妻财产关系是夫妻双方在财产方面的权利和义务关系。夫妻财产关系依照发生的根据可以分为法定财产制与约定财产制,我国现行法律兼采两者,其之间的关系是约定优先于法定。"由于婚姻法仍然属于私法的范畴,体现了意思自治原则,因此如果当事人对其财产事先有约定的,则依约定确定其财产归属;若无约定,则依法律规定确定财产归属。"[①]在权利的行使上,法律规定夫妻对共同财产有平等的所有权和平等的处理权。

1. 法定夫妻财产制

法定夫妻财产制是指夫妻双方未就婚姻存续期间的财产进行约定,从而直接适用有关法律规定的夫妻财产制度。法定夫妻财产制包括法定夫妻共同财产与法定夫妻一方的个人财产。随着社会经济的发展,家庭财富的增加,夫妻财产关系多元化,法律明确规定共同财产和个人财产的范围与界限能够使夫妻对财产权益的纠纷有法可依,有利于维护夫妻合法的财产权益。

(1) 夫妻共同财产

在范围和内容上,法定夫妻共同财产为夫妻在婚姻关系存续期间所得的下列财产,包括:工资、奖金和其他劳务报酬;生产、经营、投资的收益;知识产权的收益(此收益是指婚姻关系存续期间,实际取得或者已经明确可以取得的财产性收益);继承或者受赠所得的财产,但是遗嘱或者赠予合同中确定只归夫或者妻一方的财产除外;其他应当归共同所有的财产,包括一方以个人财产投资取得的收益,男女双方实际取得或者应当取得的住房补贴、住房公积金,男女双方实际取得或者应当取得的养老保险金、破产安置补偿费。由一方婚前承租、婚后用共同财产购买的房屋,房屋权属证书登记在一方名下的,应当认定为夫妻共同财产。夫妻对共同财产,有平等的处理权。

(2) 夫妻共同债务

法定夫妻共同财产在内容上也包括夫妻共同债务。法律规定夫妻双方共同签字或者夫妻一

[①] 王利明:《婚姻法修改中的若干问题》,《法学》2001年第3期。

方事后追认等共同意思表示所负的债务,以及夫妻一方在婚姻关系存续期间以个人名义为家庭日常生活需要所负的债务,属于夫妻共同债务。夫妻一方在婚姻关系存续期间以个人名义超出家庭日常生活需要所负债务,不属于夫妻共同债务,但是债权人能够证明该债务用于夫妻共同生活、共同生产经营或者基于夫妻双方共同意思表示的除外。

(3) 夫妻个人财产

夫妻个人财产是指夫妻婚前个人享有的财产以及婚姻关系存续期间依法应当属于夫妻一方所有的财产。我国2001年《婚姻法》第一次明确规定夫妻个人特有财产制度,使我国家庭财产法律制度进一步得到了完善。目前我国法定夫妻一方的个人财产包括一方的婚前财产;一方因受到人身损害获得的损害赔偿和补偿;遗嘱或者赠予合同中确定只归夫或者妻一方的财产;一方专用的生活用品;其他应当归一方的财产属于夫妻一方的个人财产,如军人的伤亡保险金、伤残补助金、医药生活补助费等属于个人财产。

2. 约定夫妻财产制

约定夫妻财产制是指夫妻双方通过平等自愿的协商对婚前和婚姻存续期间所获财产的归属、处分及解除婚姻关系后财产的分割方式达成协议。夫妻约定财产制优先于法定夫妻财产制,是意思自治原则在夫妻财产关系中的具体体现。法律规定男女双方可以约定婚姻关系存续期间所得的财产以及婚前财产归各自所有、共同所有或者部分各自所有、部分共同所有。约定应当采用书面形式,没有约定或者约定不明确的,适用法定财产制。夫妻对婚姻关系存续期间所得的财产以及婚前财产的约定,对双方具有约束力。对于夫妻对婚姻关系存续期间所得的财产约定归各自所有的,一方对外所负的债务,相对人知道该约定的,以夫或者妻一方的个人财产清偿,不作为夫妻共同债务。

四、亲属关系

婚姻关系除了产生夫妻间的权利义务关系外,还产生家庭亲属间的父母子女关系,祖父母、外祖父母与孙子女、外孙子女以及兄弟姐妹之间的关系。法律对上述家庭亲属间权利义务的规定在维护家庭关系幸福和睦的同时充分发扬了中华民族尊老爱幼的社会风尚。

(一) 父母子女关系

父母子女的关系,在法律上是指父母子女之间的权利义务关系,包括自然血亲的父母子女关系以及法律拟制血亲的父母子女关系,是家庭关系中重要的组成部分。

父母对未成年子女有抚养教育的义务,即使父母离异,双方仍要对子女负抚养的责任,法律规定父母不履行抚养义务的,未成年子女或者不能独立生活的成年子女,有要求父母给付抚养费的权利。父母对未成年子女有保护和教育的权利和义务,如未成年子女造成他人损害的,父母应当依法承担民事责任。

子女应当尊重父母的婚姻权利,不得干涉父母离婚、再婚以及婚后的生活。子女对父母的赡养义务,也不因父母的婚姻关系变化而终止。成年子女不履行赡养义务的,无劳动能力或者生活困难的父母,有要求成年子女给付赡养费的权利。子女应当尊重父母的婚姻权利,不得干涉父母离婚、再婚以及婚后的生活。子女对父母的赡养义务,不因父母的婚姻关系变化而终止。

非婚生子女享有与婚生子女同等的权利,任何组织、个人不得加以危害和歧视非婚生子女。

不直接抚养非婚生子女的生父或者生母,应当负担未成年子女或者不能独立生活的成年子女的抚养费。继父母与继子女间,不得虐待或者歧视。继父或者继母和受其抚养教育的继子女间的权利义务关系,适用法律关于父母子女关系的规定。

(二)祖孙、兄弟姐妹关系

与父母子女关系不同,祖父母与孙子女、外祖父母与外孙子女以及兄弟姐妹之间的关系,是一种附条件的权利义务关系。为使老年人老有所养,使未成年人幼有所育,法律规定了在未成年人父母无力履行法定抚养教育义务的时候其祖父母、外祖父母的替代义务,及孙子女、外孙子女相应的赡养义务。法律规定祖父母、外祖父母对孙子女、外孙子女的抚养条件应当同时具备以下三点:

第一,孙子女、外孙子女的父母已经死亡或者父母无力抚养;第二,孙子女、外孙子女是未成年人,需要抚养,或者孙子女、外孙子女成年后仍不能独立生活的;第三,祖父母、外祖父母必须有负担能力,这里的负担能力包括提供一定经济条件的能力和监护能力。相应地,孙子女、外孙子女对祖父母、外祖父母的赡养义务也需满足一定的条件,具体而言有三点:第一,赡养祖父母、外祖父母的子女已经死亡或者失去赡养能力;第二,祖父母、外祖父母需要赡养,对于有经济来源、生活上可以自理的祖父母、外祖父母,其孙子女、外孙子女可以不承担赡养义务;第三,孙子女、外孙子女是有负担能力的成年人,对于经济或行为能力上无负担能力的孙子女、外孙子女,无法对祖父母、外祖父母履行赡养义务。

兄弟姐妹关系包括同胞兄弟姐妹、同父异母或同母异父的兄弟姐妹、养兄弟姐妹和继兄弟姐妹。一般情况下,对子女的抚养是父母应尽的义务,兄弟姐妹相互之间不发生权利义务关系,但是,在特殊情况下也可以发生兄、姐抚养未成年弟、妹的情况,由此兄、姐与弟、妹之间便产生了扶养关系。兄、姐对弟、妹的扶养关系应具备以下条件:第一,被扶养的弟、妹父母已经死亡或者无力抚养;第二,弟、妹尚未成年,需要扶养;第三,兄、姐有负担能力,包括经济条件和监护能力。以上三个条件必须同时具备,才能产生兄、姐对弟、妹的扶养义务。弟、妹对兄、姐的扶养义务也是在符合法定条件下才会产生的,具体条件有:第一,兄、姐缺乏劳动能力又缺乏生活来源,确实需要扶养;第二,弟、妹是由兄、姐扶养长大的,且已经是成年人;第三,弟、妹必须有负担能力。以上三个条件同时具备时,才形成这种扶养关系。

五、婚姻的解除

婚姻的解除方式包括登记离婚与诉讼离婚。

(一)登记离婚

登记离婚也称协议离婚,是指夫妻双方依照法律规定自愿达成离婚的协议。登记离婚需要满足一定的条件并符合法定的程序。

1. 登记离婚的条件

我国法律规定男女双方自愿离婚的,准予离婚。双方应当订立书面离婚协议,并亲自到婚姻登记机关申请离婚登记。离婚协议书应当载明双方自愿离婚的意思表示以及对子女抚养、财产及债务处理等事项协商一致的意见。离婚协议中关于财产分割的条款或者当事人因离婚就财产分割达成的协议,对男女双方具有法律约束力。

2. 登记离婚的程序

内地居民自愿离婚的,男女双方应当共同到一方当事人常住户口所在地的婚姻登记机关办理离婚登记。中国公民同外国人在中国内地自愿离婚的,内地居民同香港特别行政区居民、澳门特别行政区居民、台湾地区居民、华侨在中国内地自愿离婚的,男女双方应当共同到内地居民常住户口所在地的婚姻登记机关办理离婚登记。办理离婚登记的内地居民应当出具下列证件和证明材料:本人的户口簿、身份证;本人的结婚证;双方当事人共同签署的离婚协议书。

在程序上,婚姻登记机关应当对离婚登记当事人出具的证件、证明材料进行审查并询问相关情况。对当事人确属自愿离婚,并已对子女抚养、财产、债务等问题达成一致处理意见的,应当当场予以登记,发给离婚证。

3. 离婚申请的撤回

近年来,我国离婚率日益高攀,《民法典》新增"离婚冷静期"制度,即离婚申请的撤回制度。通过在离婚手续中规定一定的冷静期,让当事夫妻慎重考虑后,再批准离婚,可以在很大程度上使更多的婚姻得到调适和挽救,从而减少冲动型离婚,抑制社会逐年上涨的高离婚率,构建和谐社会、和谐家庭。法律规定自婚姻登记机关收到离婚登记申请之日起一个月内,任何一方不愿意离婚的,可以向婚姻登记机关撤回离婚申请。在上述规定期间届满后三十日内,双方应当亲自到婚姻登记机关申请发给离婚证;未申请的,视为撤回离婚登记申请。

(二) 诉讼离婚

诉讼离婚是指夫妻一方或双方向人民法院起诉要求解除婚姻关系,人民法院按诉讼程序审理后,通过调解或判决的方式解除其婚姻关系的制度。与协议离婚相比,诉讼离婚适用范围更广,一切离婚关系都可以通过诉讼的方式进行,而协议离婚只适用于双方自愿并就子女和财产问题进行了适当处理的情况。在诉讼离婚中,离婚判决书、调解书生效,即解除婚姻关系。

男女一方要求离婚的,可由有关部门进行调解或者直接向人民法院提起离婚诉讼。法律规定人民法院审理离婚案件,应当先进行调解。如感情确已破裂,调解无效,应准予离婚。因此,人民法院判决离婚案件,必须以感情破裂为根据。对感情破裂的认定,法律规定有下列情形之一的,人民法院可以认定为感情确已破裂;有下列情形之一,调解无效的,应当准予离婚:重婚或者与他人同居;实施家庭暴力或者虐待、遗弃家庭成员;有赌博、吸毒等恶习屡教不改;因感情不和分居满二年;其他导致夫妻感情破裂的情形。此外,一方被宣告失踪,另一方提起离婚诉讼的,应准予离婚。经人民法院判决不准离婚后,又分居满一年,一方再次提起离婚诉讼的,应准予离婚。

在离婚关系中有两项特别规定需要注意:一是对现役军人婚姻进行的特殊保护。法律规定现役军人的配偶要求离婚,应当征得军人同意,但是军人一方有重大过错的除外。二是对妇女在离婚中的特殊保护。法律规定怀孕期间、分娩后一年内或终止妊娠后六个月内,男方不得提出离婚,但是女方提出离婚或者人民法院认为确有必要受理男方离婚请求的除外。此处"确有必要"的情况主要有两种:一是为了防止在夫妻矛盾十分尖锐的情况下,人民法院若不立即受理男方的离婚请求,会发生危及女方、胎儿、其他近亲属安全或伤害他人、自杀的后果;二是女方怀孕的婴儿系出于与他人的非法两性关系。

(三) 离婚的法律后果

1. 人身关系的法律后果

(1) 夫妻身份关系终止

离婚将引起一系列的法律后果,首先意味着夫妻人身关系的断裂,夫妻身份终止,相应的人身权利义务因此消失,丧失夫妻相互继承权。

(2) 离婚后的子女抚养

如双方生育子女,应当对子女的抚养问题进行妥善的安排。父母与子女间的关系,不因父母离婚而消除。离婚后,子女无论由父或者母直接抚养,仍是父母双方的子女,父母对于子女仍有抚养、教育和保护的权利和义务。离婚后涉及子女抚养的归属,法律按子女的年龄分情况进行了规定。对于不满两周岁的子女,以由母亲直接抚养为原则。已满两周岁的子女,如双方因抚养问题发生争执不能达成协议时,由人民法院根据双方的具体情况,按照最有利于未成年子女的原则进行判决。

离婚后,一方直接抚养的子女,另一方应负担抚养费的一部分或者全部,负担费用的多少和期限的长短,由双方协议;协议不成时,由人民法院判决。关于子女抚养费的协议或者判决,不妨碍子女在必要时向父母任何一方提出超过协议或者判决原定数额的合理要求。

(3) 离婚后的子女探望

离婚后,不直接抚养子女的父或者母,有探望子女的权利,另一方有协助的义务。探望权是一种身份权,非由法定事由不得加以限制或者剥夺,探望权能够保证非抚养一方能够定期与子女团聚,有利于未成年人的成长。行使探望权利的方式、时间由当事人协议;协议不成时,由人民法院判决。父或者母探望子女,不利于子女身心健康的,由人民法院依法中止探望的权利;中止的事由消失后,应当恢复探望的权利。祖父母、外祖父母探望孙子女、外孙子女的,参照适用父母探望权的规定。

2. 财产关系的法律后果

离婚不仅解除夫妻间的人身关系,也将产生终止夫妻财产关系的效果。离婚时夫妻共同财产应当进行分割,夫妻共同债务应当依法进行清偿。

对夫妻共同财产的分割应当由双方协议处理;协议不成时,由人民法院根据财产的具体情况,按照顾子女、女方和无过错方权益的原则进行判决。当事人结婚前,父母为双方购置房屋出资的,该出资应当认定为对自己子女的个人赠予,但父母明确表示赠予双方的除外。当事人结婚后,父母为双方购置房屋出资的,该出资应当认定为对夫妻双方的赠予,但父母明确表示赠予一方的除外。

在分割夫妻共同财产时,一方隐藏、转移、变卖、毁损夫妻共同财产,或者伪造债务企图侵占另一方财产的,在离婚分割夫妻共同财产时,对隐藏、转移、变卖、毁损夫妻共同财产或者伪造债务的一方,可以少分或者不分。离婚后,另一方发现有上述行为的,可以向人民法院提起诉讼,请求再次分割夫妻共同财产。

离婚时,夫妻共同债务,应当共同偿还。共同财产不足清偿或者财产归各自所有的,由双方协议清偿;协议不成时,由人民法院判决。

3. 离婚救济制度

2001年《婚姻法》修订后，离婚经济帮助制度、离婚经济补偿制度、离婚损害赔偿制度三部分共同组成了我国的离婚救济制度体系，在保障离婚自由的同时妥善解决家庭纠纷，更好地保护离婚夫妻中弱势一方的法律权益。离婚救济制度彰显了婚姻关系中的人文关怀精神，符合时代和社会的发展。

（1）离婚经济帮助制度

离婚时的经济帮助是指夫妻离婚时，一方生活确有困难，经双方协议或由法院判决，有负担能力的一方应当给予其适当帮助的法律制度。在条件上此处的经济帮助仅限于离婚时，且提供帮助的一方必须有负担能力。离婚导致婚姻关系的解除，夫妻双方间不再相互负担权利义务，任意一方无权向另一方索要抚养费，但夫妻一方因客观原因可能在离婚后生活陷于困难，需要救济。"本来人们的生活困难问题应该是一个社会问题，应由社会保障机制加以解决，但在社会保障不健全的情况下，只好让有关人员担负起这项任务，以让另一方配偶提供经济帮助为内容的离婚经济帮助制度就是在此基础上产生的既便宜又较公平的一项制度。"[①]该制度的设立能在实现离婚自由的同时保障弱势一方的利益，体现了人道主义关怀，有利于离婚纠纷的圆满解决。

（2）离婚经济补偿制度

离婚经济补偿制度是指一方因抚育子女、照料老人、协助另一方工作等付出较多义务的，离婚时有权向另一方请求补偿，另一方应当予以补偿。在我国的家庭关系中，妇女操持家务的现象尤为普遍，离婚经济补偿制度将家庭劳务予以经济价值上的肯定，更好地实现公平公正，有利于保护婚姻一方当事人的合法权益。

（3）离婚损害赔偿制度

离婚损害赔偿制度是指由于一方的重大过错损害了另一方的合法权益并且导致夫妻离婚的，没有过错的一方有权请求损害赔偿的法律制度。适用离婚损害赔偿制度首先需要具有损害事实，其次配偶一方有法定过错。根据《民法典》的规定，有下列情形之一，导致离婚的，无过错方有权请求损害赔偿：重婚；与他人同居；实施家庭暴力；虐待、遗弃家庭成员；有其他重大过错。最后过错行为须与损害事实之间存在因果关系，且请求权人无过错。离婚损害赔偿制度使无过错方在离婚时得到物质上的补偿，具有抚慰受害方，弥补其精神损害，制裁过错方的功能。

第二节 收养关系的法规与政策

收养是指公民依照法律规定的条件和程序领养他人子女为自己的子女，从而使原本没有父母子女关系的当事人之间产生法律拟制的父母子女关系的民事法律行为。在我国，收养是较为常见的现象，收养对于维护家庭稳定和谐、帮助儿童健康成长具有十分重要的意义。首先，收养可以使丧失父母的孤儿或者因特殊原因不能与父母共同生活的子女，在养父母的培养教育之下得到健康的成长；第二，党的十九大报告中指出，要"积极应对人口老龄化，构建养老、孝老、敬老政策体系和社会环境"，通过收养可以使没有子女或丧失子女的人，在感情上得到慰藉，使养父母在晚年时老有所养，享受天伦之乐；第三，收养可以弘扬社会成员间相互扶助的道德风尚，完善家

---

① 巫昌祯：《婚姻法执行状况调查》，中央文献出版社2004年，第64页。

庭关系,促进社会稳定。

目前我国在家庭收养关系方面主要的法律法规有:《中华人民共和国民法典》的"婚姻家庭"编部分;《中国公民收养子女登记办法》(我国于1999年5月颁布,于2019年3月修正);《外国人在中华人民共和国收养子女登记办法》(现行此法于1999年5月颁布此行政法规)。当前,国内公民依法收养意识不断增强,社会工作者应当充分协助收养关系双方,通过办理收养登记,有效地保障收养关系当事人的合法权益,维护合法的收养关系,促进家庭和睦与社会安定。

一、收养的原则

收养的原则体现了收养制度的精神和意旨,是贯穿收养法律法规的基本准则,也是学习和掌握这部分法律法规的基础。《民法典》增设有关收养的原则性规定,即"收养应当遵循最有利于被收养人的原则,保障被收养人和收养人的合法权益。禁止借收养名义买卖未成年人"。

(一)平等自愿原则

这是指收养关系的成立必须建立在当事人法律地位平等,以及当事人自愿的基础上。收养行为属于民事法律行为,基于民事关系当事人法律地位平等。正因为收养人、被收养人以及送养人之间的法律地位平等,所以收养关系的成立必须遵循自愿的原则。法律规定收养人收养与送养人送养,应当双方自愿。收养8周岁以上未成年人的,应当征得被收养人的同意。

(二)限制送养原则

收养制度中限制送养的原则与婚姻制度中父母对子女法定的抚养教育义务紧密相连,因为父母对子女的抚养教育义务是一种法定义务,父母不得随意不承担义务,因此非因特殊困难,父母不得将子女送养。根据《民法典》的规定,即使未成年人的父母均不具备完全民事行为能力,该未成年人的监护人也不得将其送养,但是父母对该未成年人有严重危害可能的除外。同时规定,生父母送养子女,应当双方共同送养。

(三)最有利于被收养人的原则

收养应当遵循最有利于被收养人的原则,这是调整收养关系的最高指导原则,旨在保障被收养人的权益,增进被收养人利益,改善其生活条件。如法律规定了被收养人的通常范围,即孤儿、弃婴、生父母无力抚养的未成年人可以作为被收养人。收养制度以法律的形式扶助幼孤未成年人,能够最大限度地帮助未成年人健康成长,同时适应社会发展和家庭生活的需要。

(四)兼顾收养人的原则

收养制度在重点保护被收养人的同时,也兼顾保护收养人的合法权益。收养的法定基本原则中明确说明"保障被收养人和收养人的合法权益",因此,除保护被收养人外,收养人、送养人的利益也应当依法维护。如《民法典》规定收养关系解除后,经养父母抚养的成年养子女,对缺乏劳动能力又缺乏生活来源的养父母,应当给付生活费。生父母要求解除收养关系的,养父母可以要求生父母适当补偿收养期间支出的抚养费。

(五) 不得违背社会公德的原则

收养子女，应当遵守社会公德，不得违背善良伦理风俗。如法律规定无配偶者收养异性子女的，收养人与被收养人的年龄应当相差40周岁以上。

(六) 收养秘密受保护的原则

收养关系的成立产生家庭成员间人身财产关系，属于公民的私密行为，如当事人要求保守秘密的，知情的其他人应当尊重收养关系各方当事人意愿，为其保密。《民法典》规定收养人、送养人要求保守收养秘密的，其他人应当尊重其意愿，不得泄露。

(七) 禁止借收养名义买卖未成年人的原则

为严厉打击买卖儿童的行为，收养关系中严禁借收养名义买卖儿童。被收养的未成年人不是商品，不容买卖。根据我国《刑法》的规定，拐卖儿童的，构成拐卖儿童罪；出卖亲生子女，情节恶劣构成犯罪的，应当依照遗弃罪追究刑事责任。

二、收养关系的成立

收养关系的成立必须符合法定的实质要件和形式要件。

(一) 收养成立的实质要件

实质要件是指收养关系各方当事人应具备的法定主体资格，是被收养人、收养人、送养人必须符合法律法规所规定的要求而成立的要件。

1. 被收养人的条件

法律规定对于丧失父母的孤儿、查找不到生父母的儿童、生父母有特殊困难无力抚养的不满14周岁的未成年人可以作为被收养人。

我国实行限制送养原则，因此，通常情况下，仅以上三种未成年人可以被他人收养。一是丧失父母的不满14周岁的孤儿，收养制度中的孤儿是指丧失父母的儿童，被收养可以帮助他们重新拥有完整的家庭，得到父母的关爱和温暖，保护儿童受教育和保护的权利。二是查找不到生父母的儿童，主要是指弃婴和其他类似情况的儿童。对于走失的儿童，经过相当时间确实无法查找到其生父母的，也属于这里的查找不到生父母的儿童。三是生父母有特殊困难无力抚养的未成年子女。生父母有法定抚养教育子女的义务，如有特殊困难，仍不能将其子女送养，只有在因特殊困难而导致无力抚养的情况下，才可以将其子女送养，体现了限制送养的原则。

2. 送养人的条件

送养人是指依法将被收养人送养的人，即被收养人的生父母、监护人，社会福利机构等。《民法典》规定孤儿的监护人、儿童福利机构以及有特殊困难无力抚养子女的生父母可以作为送养人。如未成年人的父母均不具备完全民事行为能力，并且可能严重危害该未成年人的，该未成年人的监护人可以将其送养。对于生父母送养子女的，应当双方共同送养。生父母一方不明或者查找不到的，可以单方送养。

3. 收养人的条件

我国法律对收养人设定了一定的条件与限制,这是为了充分保证被收养人能够在收养人的监护下,得到良好的抚育和照顾。《民法典》规定收养人应当同时具备下列条件:

第一,无子女或者只有一名子女。这是基于对我国人口状况的考虑,根据法律规定无子女的收养人可以收养两名子女,有一名子女的收养人只能收养一名子女。对子女数量的限制有两个例外,一是为鼓励爱心收养行为和保护孤残儿童,法律规定收养孤儿、残疾儿童或查找不到父母的弃婴和儿童,可不受无子女和收养一名的限制;二是华侨收养三代以内同辈旁系血亲的子女不受此限制。

第二,收养人有抚养、教育和保护被收养人的能力。收养人应当具备完全民事行为能力,在身体、智力、经济、道德品质和教育子女等方面都能够履行父母对子女应尽的义务。

第三,收养人不得患有在医学上认为不应当收养子女的疾病,主要是指收养人不得患有精神疾病或传染病,以保证被收养人的健康成长。

第四,无不利于被收养人健康成长的违法犯罪记录。如有虐待、遗弃、强奸等违法犯罪记录的人无疑是不适合再收养未成年人的。

第五,年满30周岁。这是对收养人年龄的限制,包括30周岁本数在内。夫妻共同收养,则必须双方都年满30周岁。对于无配偶者收养异性子女的,收养人与被收养人的年龄应当相差40周岁以上,但是收养三代以内同辈旁系血亲的子女的不受此限制。

(二)收养成立的形式要件

1. 收养登记

收养成立的形式要件是指程序上要向有关部门进行登记,当事人可以订立收养协议、办理收养公证。我国收养关系的法定程序是进行登记。《民法典》规定收养应当向县级以上人民政府民政部门登记。收养关系自登记之日起成立。未办理收养登记的,应当补办登记。收养查找不到生父母的儿童的,办理登记的民政部门应当在登记前予以公告。收养登记是通过公权力的干预,防止借收养名义买卖儿童的行为,并依法充分保障被收养的未成年人的权益。

申请收养登记,收养关系当事人应当亲自到收养登记机关办理,提交收养申请书、收养人的居民户口簿和居民身份证、由收养人所在单位或者村民委员会、居民委员会出具的本人婚姻状况和抚养教育被收养人的能力等情况的证明、收养人出具的子女情况声明、县级以上医疗机构出具的未患有在医学上认为不应当收养子女的疾病的身体健康检查证明等证明材料。夫妻共同收养子女的,应当共同到收养登记机关办理登记手续,一方因故不能亲自前往的,应当书面委托另一方办理登记手续,委托书应当经过村民委员会或者居民委员会证明或者经过公证。收养登记机关审查后,对符合收养法规定条件的,为当事人办理收养登记,发给收养登记证,收养关系自登记之日起成立;对不符合收养法规定条件的,不予登记,并对当事人说明理由。

2. 收养协议与收养公证

《民法典》规定收养关系当事人愿意订立收养协议的,可以订立收养协议。收养协议即是以书面的形式确定收养关系的行为,收养关系的成立需要当事人平等自愿的达成合意。订立书面收养协议后,收养关系中的收养人、被收养人或送养人任意一方要求办理公证的,应当办理收养公证。收养协议与收养公证均非必须,取决于当事人意愿。

三、外国人在华收养子女

在对外开放中,跨国往来的行为日益频繁,外国人来华收养儿童也逐渐增多。为了保护我国儿童的权益,尊重收养关系当事人的真实意愿与自由,我国法律允许外国人在华收养儿童,但同时也对其条件和程序做出了严格的限制,具体规定在1999年发布实施的《外国人在中华人民共和国收养子女登记办法》中。法律规定外国人依法可以在中华人民共和国收养子女,外国人在华收养子女,应当符合中国及收养人所在国有关收养法律的规定,并应当经其所在国主管机关依照该国法律审查同意。

在程序上,收养人应当提交跨国收养申请书,并提供由其所在国有权机构出具的有关收养人的出生证明、婚姻状况证明、职业、经济收入和财产状况证明、身体健康检查证明、有无受过刑事处罚的证明、收养人所在国主管机关同意其跨国收养子女的证明、家庭情况报告(包括收养人的身份、收养的合格性和适当性、家庭状况和病史、收养动机以及适合于照顾儿童的特点)等相关证明材料,该证明材料应当经其所在国外交机关或者外交机关授权的机构认证,并经中华人民共和国驻该国使领馆认证。该收养人应当与送养人订立书面协议,协议一式三份,收养人、送养人各执一份,办理收养登记手续时收养登记机关收存一份。书面协议订立后,收养关系当事人应当共同到被收养人常住户口所在地的省、自治区、直辖市人民政府民政部门办理收养登记。夫妻共同收养的,应当共同来华办理收养手续;一方因故不能来华的,应当书面委托另一方,委托书应当经所在国公证和认证。

收养登记机关收到外国人来华收养子女登记申请书和有关材料后,应当进行审查,对符合规定的,为当事人办理收养登记,发给收养登记证书。收养关系自登记之日起成立。收养关系当事人办理收养登记后,各方或者一方要求办理收养公证的,应当到收养登记地的具有办理涉外公证资格的公证机构办理收养公证。

四、收养的效力

收养的效力是指收养关系成立后,在收养方、被收养方、送养方之间产生的权利和义务的规定。收养行为在养父母与养子女之间产生拟制的父母子女关系,同时导致养子女与生父母之间天然的父母子女间权利义务的消解。如存在不符合收养关系当事人主体资格或违反法定收养程序的情形,则属于无效的收养行为。

(一)拟制效力

拟制效力是指收养关系成立导致收养人与被收养人之间产生父母子女之间的权利义务关系,以及被收养人与收养人的近亲属间产生相应的亲属关系的法律后果。《民法典》规定自收养关系成立之日起,养父母与养子女间的权利义务关系适用法律关于父母子女关系的规定,养子女与养父母的近亲属之间的权利义务关系适用法律关于子女与父母的近亲属的规定。收养关系成立后,公安部门应当依照国家有关规定为被收养人办理户口登记。养子女可以随养父或者养母的姓,经当事人协商一致,也可以保留原姓。

(二)解消效力

解消效力是指收养关系的成立导致养子女与生父母之间的权利义务关系消除,以及养子女与生父母的近亲属间的权利义务关系也消除的法律效果。收养关系成立后,养子女与生父母之间彼此不再是法律意义上的父母与子女,他们原有的权利和义务终止,养子女与生父母的其他近亲属间的权利义务关系因收养关系的成立而不复存在,仅存在自然血亲关系。

(三) 无效的收养行为

由于行为人不具有相应的民事行为能力,当事人成立收养行为的意思表示不真实,或收养关系的当事人有违反收养条件的收养行为,收养行为无效。确认收养行为的无效可以由收养登记机关依行政程序确认,或由人民法院以判决形式确认收养无效。被确认无效的收养关系追溯至收养关系成立之时自始无效,收养人与被收养人不产生拟制的亲属关系。

五、收养关系的解除

收养关系是法律拟制的亲属关系,属于可以解除的民事关系。收养解除的方式有两种,一是登记解除,也称协议解除,二是诉讼解除。

(一) 登记解除

根据法律规定,收养人在被收养人成年以前,不得解除收养关系,但是收养人、送养人双方协议解除的除外。养子女 8 周岁以上的,应当征得本人同意。

收养关系当事人协议解除收养关系的,应当持居民户口簿、居民身份证、收养登记证和解除收养关系的书面协议,共同到被收养人常住户口所在地的收养登记机关办理解除收养关系登记。收养登记机关对解除收养关系登记申请书及有关材料进行审查,审查后对符合收养法规定的,为当事人办理解除收养关系的登记,收回收养登记证,发给解除收养关系证明。

(二) 诉讼解除

诉讼解除,是指收养当事人无法达成解除收养的协议,通过向人民法院提起诉讼从而解除收养关系的行为。如收养人不履行抚养义务,有虐待、遗弃等侵害未成年养子女合法权益行为的,送养人有权要求解除养父母与养子女间的收养关系,送养人、收养人不能达成解除收养关系协议的,可以向人民法院起诉。

对于成年养子女而言,养父母与成年养子女关系恶化、无法共同生活的,可以协议解除收养关系,不能达成协议的,可以向人民法院起诉。诉讼解除收养关系应当进行调解,无效的,依法判决准予解除或不准解除。

(三) 解除的法律后果

经收养关系当事人达成协议,或经人民法院调解或判决解除收养关系的,收养关系自协议成立时,或调解书送达之日、判决书生效之日起,收养关系解除。

收养关系解除后,在身份关系上养子女与养父母及其他近亲属间的权利义务关系即行消除,与生父母及其他近亲属间的权利义务关系自行恢复。但是成年养子女与生父母及其他近亲属间的权利义务关系是否恢复,可以协商确定。

在财产关系上,经养父母抚养的成年养子女,对缺乏劳动能力又缺乏生活来源的养父母,应当给付生活费。因养子女成年后虐待、遗弃养父母而解除收养关系的,养父母可以要求养子女补偿收养期间支出的抚养费。生父母要求解除收养关系的,养父母可以要求生父母适当补偿收养期间支出的抚养费,但是因养父母虐待、遗弃养子女而解除收养关系的除外。

第三节　私有财产继承法规与政策

继承是指自然人死亡之后其遗留的个人合法财产依照法律的规定或有效遗嘱、遗赠协议无偿转移给其继承人、遗赠扶养人的法律制度。随着社会经济的发展,公民对私有财产的管理和分配意识逐渐提高,自然人的合法财产数量增多,类型多样化,因继承引发的纠纷也越来越多,情形更加复杂,处理不当则极易产生家庭纠纷,影响家庭和睦。社会专业工作人员准确理解并掌握相关法律法规是解决此类问题的基础,在处理私有财产的继承时应当遵循互谅互让、协商处理的原则,兼顾被继承人的具体情况,依法依规协助处理遗产继承。

我国于1985年颁布并实施了《继承法》,于2020年将《继承法》的相关规定纳入《民法典》作为单独的一编,就法定继承、遗嘱继承、遗赠、遗赠扶养协议等相关遗产处理的方式做出了规定。

一、继承的法律关系

"继承的法律关系是由《继承法》规范所调整的、基于被继承人死亡而发生的继承人之间、继承人与其他公民之间的财产方面的权利义务关系。"[①]

(一)继承的种类

继承根据继承人和继承遗产的方式可以分为法定继承与遗嘱继承。根据继承人参与继承时的地位,可分为本位继承和代位继承。本位继承是指继承人基于本人地位,按自己原本的继承顺序继承遗产,而代位继承是指原应继承被继承人遗产的继承人不能继承时,晚辈直系血亲继承。转继承是指继承人在继承开始后、实际接受遗产前死亡,该继承人应得的遗产由其本人的继承人继承。

(二)继承关系的要素

继承的法律关系包含主体、内容、客体三个要素。继承的法律关系的主体是指根据法律规定或被继承人遗嘱指定而享有继承权并承担相应义务的人。继承的法律关系的内容指继承关系中产生的权利与义务。继承的法律关系的客体是被继承人遗留的遗产。遗产是自然人死亡时遗留的个人合法财产,但法律规定或者依其性质不得继承的除外。遗产在时间上是被继承人死亡时遗留的财产,在内容上包括财产和财产性权利,在性质上遗产具有合法性,属于自然人个人所有的合法财产。遗产还包括死者遗留的债务,根据法律规定,遗产已经分割的,继承人清偿被继承人的债务、缴纳所欠税款以所得遗产实际价值为限,超过遗产实际价值部分,继承人自愿偿还的不在此限。

---

① 巫昌祯:《婚姻与继承法学》,中国政法大学出版社2001年,第279页。

（三）继承的开始

继承关系从被继承人死亡时开始，包括自然死亡与法律上的宣告死亡。在特殊情况下，相互有继承关系的数人在同一事件中死亡，难以确定死亡时间的，推定没有其他继承人的人先死亡；都有其他继承人，辈分不同的，推定长辈先死亡；辈分相同的，推定同时死亡，相互不发生继承。

继承开始后，知道被继承人死亡的继承人应当及时通知其他继承人和遗嘱执行人。继承人中无人知道被继承人死亡或者知道被继承人死亡而不能通知的，由被继承人生前所在单位或者住所地的居民委员会、村民委员会负责通知。

二、法定继承

法定继承是指继承人按照法律规定的范围和顺序进行继承。法定继承人以一定人身关系和抚养关系为前提。

（一）继承权的接受、丧失与恢复

1. 继承权的接受与放弃

继承权是一种民事权利，继承人可以自愿主动选择放弃继承权。对继承人而言，继承开始后，继承人放弃继承的，应当在遗产处理前，以书面形式作出放弃继承的表示。没有表示的，视为接受继承。

2. 继承权的丧失

继承权在法定情形下也可以被剥夺，继承权的丧失是依据法律的强制性规定剥夺继承人的继承权，是对继承人不法或不道德行为的一种民事制裁。根据《民法典》规定，有5种情形继承人丧失继承权：

第一，继承人有故意杀害被继承人的行为。继承人故意杀害被继承人的行为必须是以剥夺被继承人的生命为目的而实施加害的行为，无论其出于何种动机，不论是否有谋夺遗产的意图，不论是既遂或未遂，也不论是否最终被追究刑事责任，都应确认其丧失继承权。

第二，为争夺遗产而杀害其他继承人的。继承人为争夺遗产而杀害其他继承人，是指继承人出于争夺遗产的动机而故意杀害其他继承人或遗嘱继承人的行为。

第三，遗弃被继承人或者虐待被继承人情节严重的。遗弃被继承人，是指继承人有扶养能力和扶养条件而对于缺乏劳动能力又无生活来源的被继承人拒不履行扶养义务。虐待被继承人，是指对被继承人的身体或精神进行摧残或折磨。虐待以情节严重为丧失继承权之要件，而情节是否严重，则应从实施虐待行为的时间、手段、后果和社会影响等各方面综合认定。

第四，伪造、篡改或者销毁遗嘱，情节严重的。所谓"伪造、篡改或者销毁遗嘱"是指继承人在主观上故意实施上述行为并达到既遂的状态，且在程度上属于情节严重的情形。如果上述行为未遂，即遗嘱并未被真正伪造、篡改或销毁，或继承人过失实施上述行为，均不导致继承权的丧失。

第五，以欺诈、胁迫手段迫使或者妨碍被继承人设立、变更或者撤回遗嘱，情节严重的。继承人以欺诈、胁迫手段迫使或者妨碍被继承人设立、变更或者撤回遗嘱，严重侵害了被继承人的遗嘱自由，妨害其真实意思表示，情节严重的，应当剥夺其继承权。

3. 继承权的恢复

《民法典》新增被继承人宽恕行为与继承权恢复的法律制度，规定被继承人知道继承人遗弃被继承人，虐待被继承人，伪造、篡改、隐匿或者销毁遗嘱，或以欺诈、胁迫手段迫使或者妨碍被继承人设立、变更或者撤回遗嘱的行为之一，但对该继承人表示宽恕或者事后在遗嘱中明确将其列为继承人的，该继承人不丧失继承权。但应当注意，因故意杀害被继承人或为争夺遗产杀害其他继承人而丧失继承权的继承权不得恢复。

（二）法定继承人的范围

法定继承人包括基于婚姻关系而产生相互继承权的配偶、子女（包括婚生子女、非婚生子女、养子女和有扶养关系的继子女）、父母（包括生父母、养父母和有扶养关系的继父母）、兄弟姐妹（包括同父母的兄弟姐妹、同父异母或者同母异父的兄弟姐妹、养兄弟姐妹、有扶养关系的继兄弟姐妹）、祖父母、外祖父母以及尽了主要赡养义务的丧偶儿媳、女婿。

（三）法定继承人的顺序

继承开始后，法定继承人应当按照法律规定的先后顺序参加继承。法定继承人分为第一顺序继承人和第二顺序继承人，继承开始后，先由第一顺序继承人继承，第二顺序继承人不继承，只有在没有第一顺序继承人时，才由第二顺序的继承人参加继承。继承的顺序由法律规定，任何人和机关不能变更自己的继承顺序，应当明确的是继承人可以放弃继承权但是不能放弃自己的继承顺序。我国法定继承的第一顺序包括配偶、子女、父母，尽了主要赡养义务的丧偶儿媳和女婿；第二顺序包括兄弟姐妹、祖父母、外祖父母。

（四）代位继承和转继承

代位继承是指原应继承被继承人遗产的继承人不能继承时，晚辈直系血亲继承。被继承人的子女先于被继承人死亡的，由被继承人的子女的晚辈直系血亲代位继承。被继承人的兄弟姐妹先于被继承人死亡的，由被继承人的兄弟姐妹的子女代位继承。代位继承人一般只能继承被代位继承人有权继承的遗产份额。

转继承是指继承开始后，继承人于遗产分割前死亡，并没有放弃继承的，该继承人应当继承的遗产转给其继承人；但是遗嘱另有安排的除外。

（五）法定继承中的遗产处理

继承人应当本着互谅互让、和睦团结的精神，协商处理继承问题。遗产分割的时间、办法和份额，由继承人协商确定。法定继承的分配原则是，同一顺序继承人一般应当均等分配遗产份额。这是指在没有特殊情况下，同一顺序的法定继承人应按人数平均分配遗产。但在特殊情况可以不均等分配，主要是：第一，对生活有特殊困难并缺乏劳动能力的继承人，分配时应当予以照顾；第二，对尽了主要的扶养义务或者与被继承人共同生活的继承人可以多分，对有扶养能力和扶养条件但不尽扶养义务的继承人，应该少分或者不分；此外，由继承人协商统一的，也可以不均等分配。除以法律规定参加继承的法定继承人外，符合条件的其他人也有权取得部分遗产，根据法律规定，对继承人以外的依靠被继承人扶养的人，或者继承人以外的对被继承人扶养较多的人,可以分给适当的遗产。

三、遗嘱继承

(一) 遗嘱继承的概念

遗嘱是指被继承人在生前按照法律规定的内容和形式,将其遗产转移给指定的法定继承人,并在其死亡后产生法律效力的法律行为。法律规定自然人可以依照法律规定立遗嘱处分个人财产,将个人财产指定由法定继承人的一人或者数人继承,并可以指定遗嘱执行人。自然人也可以立遗嘱将个人财产赠给国家、集体或者法定继承人以外的人。遗嘱应当对缺乏劳动能力又没有生活来源的继承人保留必要的遗产份额。

对比来看,法定继承的事实要件只有一个,即被继承人死亡,而遗嘱继承的发生需要满足两个法律事实,即被继承人死亡和被继承人生前设有合法有效的遗嘱。遗嘱是被继承人直接意志的体现,遗嘱中可以确定继承人以及其顺序和份额。在效力上,遗嘱的效力优先于法定继承,是对遗嘱人处分其财产权利自由的充分尊重。

(二) 遗嘱的形式

遗嘱的形式是指立遗嘱人表达自己处分其财产的意思的方式。根据《民法典》的规定,遗嘱有6种法定形式:

1. 自书遗嘱

自书遗嘱是指由遗嘱人亲笔书写的遗嘱。《民法典》规定,自书遗嘱由遗嘱人亲笔书写、签名,注明年、月、日。

2. 代书遗嘱

代书遗嘱是指由遗嘱人口述,请他人代书的遗嘱,为保证代书遗嘱系遗嘱人真实的意思表示,《民法典》规定代书遗嘱应当有两个以上见证人在场见证,由其中一人代书,并由遗嘱人、代书人和其他见证人签名,注明年、月、日。

3. 打印遗嘱

随着科学技术的发展,打印形式的遗嘱愈加普遍,《民法典》将打印遗嘱在立法上予以明确,作为法定的遗嘱形式,顺应了时代的发展,符合现代人的生活习惯,满足了现实生活中实践的需要。法律规定打印遗嘱应当有两个以上见证人在场见证。遗嘱人和见证人应当在遗嘱每一页签名,注明年、月、日。

4. 录音录像遗嘱

录像遗嘱是《民法典》新增的法定遗嘱形式。以录音录像形式立的遗嘱,应当有两个以上见证人在场见证。遗嘱人和见证人应当在录音录像中记录其姓名或者肖像,以及年、月、日。

5. 口头遗嘱

由于口头遗嘱易被篡改和伪造,且遗嘱人死后无法查证,因此法律对口头遗嘱作了严格的规定。法律规定人在危急情况下,可以立口头遗嘱。口头遗嘱应当有两个以上见证人在场见证。危急情况解除后,遗嘱人能够用书面或者录音录像形式立遗嘱的,所立的口头遗嘱经过三个月则无效。

6. 公证遗嘱

公证遗嘱是指由遗嘱人亲自申请,经国家公证机构办理的遗嘱。公证机构办理遗嘱公证,应当由两个以上公证员共同办理。特殊情况下只能由一个公证员办理的,应当有一个以上见证人在场。根据《民法典》的最新规定,取消了以往旧法中公证遗嘱证明力最强、效力最高的规定。这是因为公证遗嘱效力最优的规定有其自身的弊端,若遗嘱人在公证遗嘱后反悔,需再次办理公证遗嘱才能使之前被公证的遗嘱归于无效,如果遗嘱人在身体不便、年老体弱的情况下,可能出现未来得及办理新的公证遗嘱即死亡的情况,那么此时的公证遗嘱显然不是遗嘱人真实的意思表示,以此为准剥夺了遗嘱人的遗嘱自由,因此取消公证遗嘱效力最优的规定体现了对遗嘱人意愿的充分尊重。

对遗嘱见证人,《民法典》作出了规定,下列人员不能作为遗嘱见证人:无民事行为能力人、限制民事行为能力人以及其他不具有见证能力的人;继承人、受遗赠人;与继承人、受遗赠人有利害关系的人。

(三)遗嘱的效力

遗嘱是一种民事法律行为,只有具备一定的条件,才能具有法律效力。

有效的遗嘱需要符合法定的形式和内容。第一,遗嘱人立遗嘱时需具有遗嘱能力,无行为能力人和限制民事行为能力人均不具有遗嘱能力,他们所立遗嘱无效。确定遗嘱人是否具有遗嘱能力,应当以遗嘱人设立遗嘱时为准。无行为能力人即使后来具备了行为能力,其所立遗嘱仍属于无效遗嘱;遗嘱人在立遗嘱时具备相应的民事行为能力,后来丧失行为能力的,不影响遗嘱的效力。第二,所立遗嘱是遗嘱人的真实意思表示。第三,遗嘱在内容上必须合法,不得违反法律和公共利益;在形式上必须符合法律规定的形式要件。第四,遗嘱人处分不属于自己财产的部分内容无效。因为遗嘱处分的范围仅限于遗嘱个人所有的合法财产,如果遗嘱中处分了属于国家、集体或他人的财产,则该部分无效。

无效的遗嘱是指由于缺乏遗嘱生效的必备要件而不发生法律效力的遗嘱。依照《民法典》的规定,无民事行为能力人、限制民事行为能力人所立遗嘱无效;受胁迫、受欺诈所立的遗嘱无效;伪造的遗嘱无效;被篡改的遗嘱,其中篡改的内容无效。

(四)遗嘱的撤回与变更

《民法典》规定遗嘱人可以撤回、变更自己所立的遗嘱。遗嘱人立遗嘱后,财产、继承人以及遗嘱人的感情都可能发生变化,对遗嘱中遗产的分配也可能产生影响,因此遗嘱人可以撤回其遗嘱,或者改动、变更其遗嘱的全部或部分内容,以保障遗嘱人的遗嘱自由和真实意思表示。

撤回与变更遗嘱的方式有两种。一是明示撤销与变更。遗嘱人以公开的意思表示,明确对原遗嘱进行修改或撤回,变更后的遗嘱也应该符合遗嘱的法定形式,否则不发生撤回与变更遗嘱的效力。二是推定遗嘱的撤回与变更。所谓推定的方式是指法律规定遗嘱人立遗嘱后,遗嘱人实施与遗嘱内容相反行为的,视为对遗嘱相关内容的撤回。立有数份遗嘱,内容相抵触的,以最后的遗嘱为准。

(五)遗嘱的执行

遗嘱的执行是指在遗嘱生效后为实现遗嘱的内容所进行的程序。为确保遗产得到妥善管理，更好地维护继承人、债权人利益，避免和减少纠纷，《民法典》新增遗产管理人制度，规定了遗产管理人的产生方式、职责和权利等内容。

1. 遗产管理人的产生

法律规定继承开始后，遗嘱执行人为遗产管理人；没有遗嘱执行人的，继承人应当及时推选遗产管理人；继承人未推选的，由继承人共同担任遗产管理人；没有继承人或者继承人均放弃继承的，由被继承人生前住所地的民政部门担任遗产管理人。对遗产管理人的确定有争议的，利害关系人可以向人民法院申请指定遗产管理人。

2. 遗产管理人的职责

遗产管理人应当履行相应的法定职责，包括：清理遗产并制作遗产清单；向继承人报告遗产情况；采取必要措施防止遗产毁损；处理被继承人的债权债务；按照遗嘱或者依照法律规定分割遗产；实施与管理遗产有关的其他必要行为。

遗产管理人因故意或者重大过失造成继承人、受遗赠人、债权人损失的，应当承担民事责任。遗产管理人可以依照法律规定或者按照约定获得报酬。

四、遗赠和遗赠扶养协议

（一）遗赠

遗赠是指以遗嘱的方式将财产赠予国家、集体、法定继承人外的公民的单方民事法律行为。在遗赠关系中，立遗嘱人称为遗赠人，接受遗产的人称为受遗赠人，遗嘱中指定赠予的财产为遗赠财产或遗赠物。做出遗赠的遗赠人须有遗嘱能力，遗赠内容必须合法且为遗赠人的真实意思表示，不能侵犯缺乏劳动能力又没有生活来源的继承人的合法权益。受遗赠人只能是国家、集体或法定继承人以外的人，法定继承人不能作为受遗赠人。受遗赠人应当在知道受遗赠后两个月内，作出接受或者放弃受遗赠的表示。到期没有表示的，视为放弃受遗赠。法律规定，受遗赠人故意杀害被继承人的，丧失受遗赠权。

（二）遗赠扶养协议

遗赠扶养协议是指遗赠人与扶养人之间订立的关于扶养人承担遗赠人生养死葬的义务，遗赠人死后其遗产归扶养人所有的协议。《民法典》规定自然人可以与继承人以外的组织或者个人签订遗赠扶养协议。按照协议，该组织或者个人承担该自然人生养死葬的义务，享有受遗赠的权利。遗赠扶养协议是双方民事法律行为，一经签订对双方当事人具有法律效力，扶养人应当承担相应的对遗赠人生养死葬的义务，同时享有获得遗赠人相应遗产的权利。在效力上遗赠扶养协议优先于遗嘱，具有最优先适用的效力。

五、遗产的分割

（一）遗产分割的规则和方法

遗产的处理，应当遵循遗赠扶养协议优先于遗嘱继承，遗嘱继承优先于法定继承的规定。遗产分割应当有利于生产和生活需要，不损害遗产的效用。不宜分割的遗产，可以采取折价、适当补偿或者共有等方法处理,同时坚持兼顾被继承人的具体情况和发挥遗产效用的原则。

(二)法定继承的适用范围

有下列情形之一的,遗产中的有关部分按照法定继承办理:遗嘱继承人放弃继承或者受遗赠人放弃受遗赠;遗嘱继承人丧失继承权或者受遗赠人丧失受遗赠权;遗嘱继承人、受遗赠人先于遗嘱人死亡或者终止;遗嘱无效部分所涉及的遗产;遗嘱未处分的遗产。

(三)遗产的认定

夫妻共同所有的财产,除有约定的以外,分割遗产的,应当先将共同所有的财产的一半分出为配偶所有,其余的为被继承人的遗产。遗产在家庭共有财产之中的,遗产分割时,应当先分出他人的财产。

(四)特留份制度

遗嘱的特留份规定对遗嘱中遗产的处分具有一定限制。特留份是指法律规定遗嘱人不得以遗嘱方式取消特定的法定继承人继承的遗产份额,其实质是赋予特定的法定继承人一定的继承份额来限制遗嘱人的遗嘱自由。"特留份制度符合基本的道德规范要求,有利于对家庭成员的扶助和社会利益的保护。"[1]

我国的特留份规定是指"遗嘱应当对缺乏劳动能力又没有生活来源的继承人保留必要的遗产份额"。遗嘱人在设立遗嘱时,如果没有给特留份权利人保留法定的份额,则遗产处理时,应当为该继承人留下必要遗产,剩余部分才可以继续进行分配。

(五)胎儿预留份

我国法律明确了在遗产继承时对胎儿利益的保护。《民法典》规定:遗产分割时,应当保留胎儿的继承份额。胎儿娩出时是死体的,保留的份额按照法定继承办理。这里的法定继承并非按胎儿的法定继承人继承,而是为胎儿预留的遗产份额按照原被继承人的法定继承来处理。

(六)无人继承的遗产

无人继承又无人受遗赠的遗产,归国家所有,用于公益事业;死者生前是集体所有制组织成员的,归所在集体所有制组织所有。

(七)缴纳税款与清偿债务

为保护债权人利益,保障国家税收应收尽收,《民法典》明确规定遗产分割前,应当清偿被继承人依法应当缴纳的税款和债务,但是应当为缺乏劳动能力又没有生活来源的继承人保留适当的遗产。继承人以所得遗产实际价值为限清偿被继承人依法应当缴纳的税款和债务。超过遗产实际价值部分,继承人自愿偿还的不在此限。继承人放弃继承的,对被继承人依法应当缴纳的税款和债务可以不负清偿责任。执行遗赠不得妨碍清偿遗赠人的债务、缴纳所欠税款。既有法定

---

[1] 麻昌华:《论法的民族性与我国继承法的修改》,《法学评论》2015年第1期。

继承又有遗嘱继承、遗赠的,由法定继承人清偿被继承人的债务、缴纳所欠税款;超过法定继承遗产实际价值的,由遗嘱继承人和受遗赠人按比例以所得遗产清偿。

【本章小结】

　　我国自建国以来,婚姻家庭领域的法规与政策经历了一系列的发展变化。其发展脉络与我国社会中婚恋关系与家庭关系的紧密相关。婚姻关系建立在两性自我认知的不断发展变化之上,受到社会文化与习俗的影响,先后经历了婚姻自由、妇女解放、男女平等、城乡二元分化等重大婚姻家庭领域的变革。其中独生子女生育政策、老龄化政策、反家庭暴力法规、全面放开生育政策是这一领域重大的政策变化内容,标志着婚姻家庭法规与政策发展的不同阶段,反映出我国人民婚姻生活、家庭关系与家庭结构变迁的历史轨迹。这一领域的法规与政策内容丰富,种类繁多,包含中共中央文件、国务院文件、全国人大法律和国务院行政法规,以及民政部等部门规章五类法规、政策。本章对我国现存婚姻家庭法规、政策的框架体系及其结构性特征进行了整合,试图展现出我国现代化进程中婚姻家庭福利政策发展规律。

【思考题】

1. 试论述新增"离婚冷静期"制度的现实意义。
2. 简述遗赠予法定继承的区别与联系。
3. 比较代位继承与转继承的区别。

第八章
城乡基层群众自治和社区建设法规与政策

CHAPTER EIGHT

我国既有不断发展壮大的城市,也有数量众多的乡村,随着城市化进程的不断推进,农村人口不断向城市转移,这为城市社区的建设提出了挑战,也对农村社区原有的管理方式提出了新的要求。无论是农村社区还是城市社区,解决不断涌现的问题,离不开国家出台的相关法规和政策的支持。在此背景下,社区治理成为国家治理的重要组成部分,社会工作者也在其中扮演着愈发重要的角色。

本章主要讲解农村村民自治、城市社区居民自治、城乡社区建设、城乡社区服务四个方面的法规和政策,主要涉及两部法律和6个行政法规:1998年通过的《中华人民共和国村民委员会组织法》(2018年修订)、1989年通过的《中华人民共和国城市居民委员会组织法》(2018年修订);2013年发布的《村民委员会选举规程》、2019年发布的《关于加强和改进乡村治理的指导意见》、2010年发布的《关于加强和改进城市社区居民委员会建设工作的意见》、2019年发布的《关于加强和改进城市基层党的建设工作的意见》、2014年发布的《关于加强基层服务型党组织建设的意见》、2013年发布的《关于加快推进社区社会工作服务的意见》。

第一节 农村村民自治法规与政策

为保障农村村民实行自治,由村民依法办理自己的事情,发展农村基层民主,维护村民的合法权益,促进社会主义新农村建设,党和政府于1998年根据宪法制定了《中华人民共和国村民委员会组织法》,并于2018年修订,民政部在2013年发布了《村民委员会选举规程》,这两部法规对村民委员会的性质、结构和职责,村民委员选举,村民(代表)会议和民主管理、民主监督,村民委员会与政府组织及相关组织的关系进行了相应的规定和说明。

一、村民委员会的性质、结构和职责

(一) 性质和特点

村民委员会是村民进行自我管理、自我教育、自我服务的基层群众性自治组织,是农村村民

行使自治和民主权利的重要组织形式。根据其定义,可以看出,村民委员会具有群众性、自治性和地域性等特点。

(二)组织设置及结构

村民委员会根据村民居住状况、人口多少,按照便于群众自治,有利于经济发展和社会管理的原则设立。

村民委员会的设立、撤销、范围调整,由乡、民族乡、镇的人民政府提出,经村民会议讨论同意,报县级人民政府批准。

从组织设置角度看,村民委员会可以根据村民居住状况、集体土地所有权关系等分设若干村民小组。

村民委员会由主任、副主任和委员共三至七人组成。村民委员会成员中,应当有妇女成员,多民族村民居住的村应当有人数较少的民族的成员。

村民委员会根据需要设人民调解、治安保卫、公共卫生与计划生育等委员会。村民委员会成员可以兼任下属委员会的成员。人口少的村的村民委员会可以不设下属委员会,由村民委员会成员分工负责人民调解、治安保卫、公共卫生与计划生育等工作。可以根据本村的规模和实际情况进行组织设置。

应当建立村务监督委员会或其他形式的财务监督机构,负责民主理财、监督村务公开等制度的落实。

(三)主要职责

村民委员会成员分工负责人民调解、治安保卫、公共卫生与计划生育等工作。

支持和组织村民依法发展各种形式的合作经济和其他经济,承担本村生产的服务和协调工作,促进农村生产建设和经济发展。

依照法律规定,管理本村属于村农民集体所有的土地和其他财产,引导村民合理利用自然资源,保护和改善生态环境。

尊重并支持集体经济组织依法独立进行经济活动的自主权,维护以家庭承包经营为基础、统分结合的双层经营体制,保障集体经济组织和村民、承包经营户、联户或者合伙的合法财产权和其他合法权益。

宣传宪法、法律、法规和国家的政策,教育和推动村民履行法律规定的义务、爱护公共财产,维护村民的合法权益,发展文化教育,普及科技知识,促进男女平等,做好计划生育工作,促进村与村之间的团结、互助,开展多种形式的社会主义精神文明建设活动。

支持服务性、公益性、互助性社会组织依法开展活动,推动农村社区建设。多民族村民居住的村,村民委员会应当教育和引导各民族村民增进团结、互相尊重、互相帮助。

遵守宪法、法律、法规和国家的政策,遵守并组织实施村民自治章程、村规民约,执行村民会议、村民代表会议的决定、决议,办事公道,廉洁奉公,热心为村民服务,接受村民监督。

村民委员会协助乡、民族乡、镇的人民政府开展工作。

二、村民委员会选举

(一)关于村民委员会选举的产生和主要职责

1. 村民选举委员会的产生

村民委员会的选举,由村民选举委员会主持。村民选举委员会由主任和委员组成,在村民会议、村民代表会议或者各村民小组会议上,由村民直接选举产生。实行少数服从多数的议事原则。

村民选举委员会成员被提名为村民委员会成员候选人,应当退出村民选举委员会。任何组织或者个人不得指定、委派或者撤换村民委员会成员。

村民选举委员会每届任期5年,届满应当及时举行换届选举。村民委员会成员可以连选连任。成员退出或者因其他原因出缺的,按照原推选结果依次递补,也可以另行推选。

2. 村民选举委员会的职责

制定村民委员会选举工作方案;宣传有关村民委员会选举的法律、法规和政策;解答有关选举咨询;召开选举工作会议,部署选举工作;提名和培训本村选举工作人员;公布选举日、投票地点和时间,确定投票方式;登记参加选举的村民,公布参加选举村民的名单,颁发参选证;组织村民提名确定村民委员会成员候选人,审查候选人参选资格,公布候选人名单;介绍候选人,组织选举竞争活动;办理委托投票手续;制作或者领取选票、制作票箱,布置选举大会会场、分会场或者投票站;组织投票,主持选举大会,确认选举是否有效,公布并上报选举结果和当选名单;建立选举工作档案,主持新老村民委员会的工作移交;受理申诉,处理选举纠纷;办理选举工作中的其他事项。

(二)选民登记

村民委员会选举前,应当对下列人员进行登记,列入参加选举的村民名单:户籍在本村并且在本村居住的村民;户籍在本村,不在本村居住,本人表示参加选举的村民;户籍不在本村,在本村居住一年以上,本人申请参加选举,并且经村民会议或者村民代表会议同意参加选举的公民。已在户籍所在村或者居住村登记参加选举的村民,不得再参加其他地方村民委员会的选举。

既可以以村民小组为单位设立登记站,村民到站登记;也可以由登记员入户登记。村民选举委员会应当对登记参加选举的村民名单进行造册。

登记参加选举的村民名单应当在选举日的二十日前由村民选举委员会公布。对登记参加选举的村民名单有异议的,应当自名单公布之日起五日内向村民选举委员会申诉,村民选举委员会应当自收到申诉之日起三日内作出处理决定,并公布处理结果。

选举日前,村民选举委员会应当根据登记参加选举的村民名单填写、发放参选凭证,并由村民签收;投票选举时,村民凭参选证领取选票。

(三)提名确定候选人

1. 确定职位和职数

村民会议或者村民代表会议拟定村民委员会的职位和职数,村民选举委员会应当及时公布,并报乡级人民政府或者乡级村民委员会选举工作指导机构备案。

2. 确定候选人人数

村民选举委员会应当根据村民委员会主任、副主任、委员的职数,分别拟定候选人名额。候选人名额应当多于应选名额。

3. 提名确定候选人

村民委员会成员候选人,应当由登记参加选举的村民直接提名,根据拟定的候选人名额,按照得票多少确定。每一村民提名人数不得超过拟定的候选人名额。无行为能力或者被判处刑罚的,不得提名为候选人。

候选人中应当有适当的妇女名额,没有产生妇女候选人的,以得票最多的妇女为候选人。

4. 公布候选人名单

村民选举委员会应当以得票多少为序,公布候选人名单,并报乡级村民委员会选举工作指导机构备案。

候选人不愿意接受提名的,应当及时向村民选举委员会书面提出,由村民选举委员会确认并公布。候选人名额不足时,按原得票多少依次递补。村民委员会选举,也可以采取无候选人的方式,一次投票产生。

(四)选举竞争

村民选举委员会应当组织候选人与村民见面,由候选人介绍履职设想,回答村民提问。选举竞争应当在村民选举委员会的主持和监督下,公开、公平、公正地进行。村民选举委员会应当对候选人的选举竞争材料进行审核把关。

选举竞争活动一般在选举日前进行。候选人在选举日可进行竞职陈述,其他选举竞争活动不宜在当日开展。确有需要的,由村民选举委员会决定并统一组织。

村民选举委员会可以组织以下形式的选举竞争活动:在指定地点公布候选人的选举竞争材料;组织候选人与村民见面并回答村民问题;有闭路电视的村,可以组织候选人在电视上陈述;其他形式。

选举竞争材料和选举竞职陈述主要包括以下内容:候选人的基本情况;竞争职位及理由;治村设想;对待当选与落选的态度。

(五)投票选举

村民委员会投票选举,可采用召开选举大会和设立投票站两种方式。

实行无记名投票、公开计票的方法,选举结果应当当场公布。

登记参加选举的村民,选举期间外出不能参加投票的,可以委托本村有选举权的近亲属代为投票。每一登记参加选举的村民接受委托投票不得超过三人。提名为村民委员会候选人的,不得接受委托。

(六)选举有效性确认

选举村民委员会,有登记参加选举的村民过半数投票,选举有效。参加投票的村民人数,以从票箱收回的选票数为准。

有以下情形之一的,选举无效:村民选举委员会未按照法定程序产生的;候选人的产生不符合法律规定的;参加投票的村民人数未过登记参加选举的村民半数的;违反差额选举原则,采取等额选举的;收回的选票多于发出选票的;没有公开唱票、计票的;没有当场公布选举结果的;其他违反法律、法规有关选举程序规定的。

因村民选举委员会未按照法定程序产生而造成选举无效的,乡级村民委员会选举指导机构应当指导组织重新选举。因其他原因认定选举无效的,由村民选举委员会重新组织选举,时间由村民代表会议确定。

(七) 确认当选与颁发证书

候选人获得参加投票的村民过半数的选票,始得当选。获得过半数选票的人数超过应选名额时,以得票多的当选;如遇票数相等不能确定当选人时,应当就票数相等的人进行再次投票,以得票多的当选。

村民委员会主任、副主任的当选人中没有妇女,但委员的候选人中有妇女获得过半数选票的,应当首先确定得票最多的妇女当选委员,其他当选人按照得票多少的顺序确定;如果委员的候选人中没有妇女获得过半数选票的,应当从应选名额中确定一个名额另行选举妇女委员,直到选出为止,其他当选人按照得票多少的顺序确定。

选举结果经村民选举委员会确认有效后,须当场宣布,同时应当公布所有候选人和被选人所得票数。以暴力、威胁、欺骗、贿赂、伪造选票、虚报选举票数等不正当手段当选的,当选无效。

村民选举委员会应当在投票选举当日或者次日,公布当选的村民委员会成员名单,并报乡级人民政府备案。村民选举委员会无正当理由不公布选举结果的,乡级人民政府或者乡级村民委员会选举工作指导机构应当予以批评教育,督促其改正。

县级人民政府主管部门或者乡级人民政府,应当自新一届村民委员会产生之日起十日内向新当选的成员颁发统一印制的当选证书。

(八) 另行选举

村民委员会当选人不足应选名额的,不足的名额另行选举。另行选举可以在选举日当日举行,也可以在选举日后十日内进行,具体时间由村民选举委员会确定。

另行选举的,第一次投票未当选的人员得票多的为候选人,候选人以得票多的当选,但得票数不得少于已投选票数的三分之一。

另行选举的程序与第一次选举相同。参加选举的村民以第一次登记的名单为准,不重新进行选民登记。原委托关系继续有效,但被委托人成为候选人的委托关系自行终止,原委托人可以重新办理委托手续。

经另行选举,应选职位仍未选足,但村民委员会成员已选足三人的,不足职位可以空缺。主任未选出的,由副主任主持工作;主任、副主任都未选出的,由村民代表会议在当选的委员中推选一人主持工作。

(九) 选举后续工作

1. 工作移交

村民委员会应当自新一届村民委员会产生之日十日内完成工作移交。原村民委员会应当依法依规将印章、办公场所、办公用具、集体财务账目、固定资产、工作档案、债权债务及其他遗留问题等，及时移交给新一届村民委员会。移交工作由村民选举委员会主持，乡级人民政府监督。对拒绝移交或者无故拖延移交的，乡级人民政府应当给予批评教育，督促其改正。

2. 建立选举工作档案

村民委员会选举工作结束后，应当及时建立选举工作档案，交由新一届村民委员会指定专人保管，至少保存三年以上。

选举工作档案包括：村民选举委员会成员名单及推选情况材料；选举会议记录；发布的选举公告；选民登记册；候选人名单及得票数；选票和委托投票书、选举结果统计、选举报告单；选举大会议程和工作人员名单；新当选的村民委员会成员名单；选举工作总结；其他有关选举的资料。

（十）村民委员会成员的罢免和补选

1. 罢免

本村五分之一以上有选举权的村民或者三分之一以上的村民代表联名，可以提出罢免村民委员会成员的要求，启动罢免程序。罢免程序包括：书面向村民委员会提出罢免要求，说明罢免理由；召开村民代表会议，审议罢免要求；被罢免对象进行申辩或者书面提出申辩意见；召开村民会议，进行投票表决；公布罢免结果。

罢免村民委员会成员，须有登记参加选举的村民过半数投票，并须经投票的村民过半数通过。罢免获得通过的，被罢免的村民委员会成员自通过之日起终止职务，十日内办理工作交接手续。罢免未获通过的，六个月内不得以同一事实和理由再次提出罢免要求。

2. 补选

村民委员会成员出缺，可以由村民会议或者村民代表会议进行补选。村民委员会成员出缺的原因有：职务自行终止；辞职；罢免。

补选程序参照村民委员会选举投票程序。补选村民委员会个别成员的，由村民委员会主持；补选全体村民委员会成员的，由重新推选产生的村民选举委员会主持。补选时，村民委员会没有妇女成员的，应当至少补选一名妇女成员。

三、村民（代表）会议和民主管理、民主监督

（一）村民会议、村民代表会议和村民小组会议

1. 村民会议

由村民委员会召开村民会议，应当有本村十八周岁以上村民的过半数，或者本村三分之二以上的户的代表参加，村民会议所作决定应当经到会人员的过半数通过。根据需要可以邀请驻本村的企业、事业单位和群众组织派代表列席。

村民会议的主要职责有：审议村民委员会的年度工作报告，评议村民委员会成员的工作；有权撤销或者变更村民委员会不适当的决定；有权撤销或者变更村民代表会议不适当的决定。

村民会议可以授权村民代表会议审议村民委员会的年度工作报告，评议村民委员会成员的工作，撤销或者变更村民委员会不适当的决定。

涉及村民利益的下列事项，经村民会议讨论决定方可办理：本村享受误工补贴的人员及补贴

标准;从村集体经济所得收益的使用;本村公益事业的兴办和筹资筹劳方案及建设承包方案;土地承包经营方案;村集体经济项目的立项、承包方案;宅基地的使用方案;征地补偿费的使用、分配方案;以借贷、租赁或者其他方式处分村集体财产;村民会议认为应当由村民会议讨论决定的涉及村民利益的其他事项。

村民会议可以制定和修改村民自治章程、村规民约,并报乡、民族乡、镇的人民政府备案。

2. 村民代表会议

村民代表会议由村民委员会成员和村民代表组成,村民代表应当占村民代表会议组成人员的五分之四以上,妇女村民代表应当占村民代表会议组成人员的三分之一以上。村民代表由村民按每五户至十五户推选一人,或者由各村民小组推选若干人。村民代表的任期与村民委员会的任期相同。村民代表可以连选连任。

村民代表会议由村民委员会召集。村民代表会议每季度召开一次。有五分之一以上的村民代表提议,应当召集村民代表会议。村民代表会议有三分之二以上的组成人员参加方可召开,所作决定应当经到会人员的过半数同意。

3. 村民小组会议

村民小组会议,应当有本村民小组十八周岁以上的村民三分之二以上,或者本村民小组三分之二以上的户的代表参加,所作决定应当经到会人员的过半数同意。村民小组组长由村民小组会议推选。村民小组组长任期与村民委员会的任期相同,可以连选连任。

属于村民小组的集体所有的土地、企业和其他财产的经营管理以及公益事项的办理,由村民小组会议依照有关法律的规定讨论决定,所作决定及实施情况应当及时向本村民小组的村民公布。

(二) 民主管理和民主监督

村民委员会实行村务公开制度。村民委员会应当及时公布以下事项,接受村民的监督:由村民会议、村民代表会议讨论决定的事项及其实施情况;国家计划生育政策的落实方案;政府拨付和接受社会捐赠的救灾救助、补贴补助等资金、物资的管理使用情况;村民委员会协助人民政府开展工作的情况;涉及本村村民利益,村民普遍关心的其他事项。

一般事项至少每季度公布一次;集体财务往来较多的,财务收支情况应当每月公布一次;涉及村民利益的重大事项应当随时公布。村民委员会应当保证所公布事项的真实性,并接受村民的查询。

村民委员会和村务监督机构应当建立村务档案。村务档案包括:选举文件和选票,会议记录,土地发包方案和承包合同,经济合同,集体财务账目,集体资产登记文件,公益设施基本资料,基本建设资料,宅基地使用方案,征地补偿费使用及分配方案等。村务档案应当真实、准确、完整、规范。

村民委员会成员实行任期和离任经济责任审计,审计包括以下事项:本村财务收支情况;本村债权债务情况;政府拨付和接受社会捐赠的资金、物资管理使用情况;本村生产经营和建设项目的发包管理以及公益事业建设项目招标投标情况;本村资金管理使用以及本村集体资产、资源的承包、租赁、担保、出让情况,征地补偿费的使用、分配情况;本村五分之一以上的村民要求审计的其他事项。

村民委员会成员的任期和离任经济责任审计,由县级人民政府农业部门、财政部门或者乡、民族乡、镇的人民政府负责组织,审计结果应当公布,其中离任经济责任审计结果应当在下一届村民委员会选举之前公布。

四、村民委员会与政府组织及相关组织的关系

(一)村民委员会与政府组织的关系

村民委员会协助乡(民族乡)、镇的人民政府开展工作。人民政府对村民委员会协助政府开展工作应当提供必要的条件。人民政府有关部门委托村民委员会开展工作需要经费的,由委托部门承担。村民委员会办理本村公益事业所需的经费,由村民会议通过筹资筹劳解决;经费确有困难的,由地方人民政府给予适当支持。

(二)村民委员会与村级各组织的关系

驻在农村的机关、团体、部队、国有及国有控股企业、事业单位及其人员不参加村民委员会组织,但应当通过多种形式参与农村社区建设,并遵守有关村规民约。村民委员会、村民会议或者村民代表会议讨论决定与前款规定的单位有关的事项,应当与其协商。

第二节 城市社区居民自治法规与政策

我国城市社区居民委员会是居民自我管理、自我教育、自我服务的基层群众性自治组织。为了加强城市居民委员会的建设,由城市居民群众依法办理群众自己的事情,促进城市基层社会主义民主和城市社会主义物质文明、精神文明建设的发展,根据宪法制定通过了《中华人民共和国城市居民委员会组织法》(2018年修订),2010年制定了《关于加强和改进城市社区居民委员会建设工作的意见》。本节内容主要对居民委员会的性质、组织设置和主要职能,居民自治的基本内容,居委会与其他组织之间的关系,以及积极完善城市社区党组织领导下的社区居民自治制度等内容展开论述。

一、居民委员会的性质、组织设置和主要职能

(一)性质

从性质上来看,社区居民委员会是一种基层群众性自治组织,是居民自我管理、自我教育、自我服务的基层群众性自治组织。根据其定义和性质我们可以看出,居民委员会有着群众性、自治性和地域性等特点。

(二)组织设置

从组织设置上来看,居民委员会的设立、撤销、规模调整,由不设区的市、市辖区的人民政府决定,根据居民居住状况,按照便于居民自治的原则,一般在一百户至七百户的范围内设立。居民委员会可以分设若干居民小组,小组长由居民小组推选。健全居委会下属的委员会设置,选出

居民小组长、楼栋门栋长，积极开展楼院门栋居民自治，形成楼院门栋上下贯通、左右联动的社区居民委员会组织体系新格局。

辖区人口较多，社区管理和服务任务较重的社区居民委员会，根据工作需要可建立社区服务站（或简称社区工作站、社会工作站）等专业服务机构。

居民委员会由主任、副主任和委员共5至9人组成，由本居住地区全体有选举权的居民或者由每户派代表选举产生；根据居民意见，也可以由每个居民小组选举代表2至3人选举产生。居民委员会每届任期5年，其成员可以连选连任。社区专职工作人员可以面向社会公开招聘。

（三）主要职能

从职能上来看，主要包括以下几点：

1. 依法组织居民开展自治活动

社区居民委员会是社区居民自治的组织者、推动者和实践者，要宣传宪法、法律、法规和国家的政策，教育居民遵守社会公德和居民公约、依法履行应尽义务，开展多种形式的社会主义精神文明建设活动；召集社区居民会议，办理本社区居民的公共事务和公益事业；开展便民利民的社区服务活动，兴办有关服务事业，推动社区互助服务和志愿服务活动；组织居民积极参与社会治安综合治理、开展群防群治，调解民间纠纷，及时化解社区居民群众间的矛盾，促进家庭和睦、邻里和谐；管理本社区居民委员会的财产，推行居务公开；及时向人民政府或者它的派出机关反映社区居民群众的意见、要求和提出建议。

2. 依法协助城市基层人民政府或者它的派出机关开展工作

社区居民委员会是党和政府联系社区居民群众的桥梁和纽带，要协助城市基层人民政府或者它的派出机关做好与居民利益有关的社会治安、社区矫正、公共卫生、计划生育、优抚救济、社区教育、劳动就业、社会保障、社会救助、住房保障、文化体育、消费维权以及老年人、残疾人、未成年人、流动人口权益保障等工作，推动政府社会管理和公共服务覆盖到全社区。

3. 依法依规组织开展有关监督活动

社区居民委员会是社区居民利益的重要维护者，要组织居民有序参与涉及切身利益的公共政策听证活动，组织居民群众参与对城市基层人民政府或者它的派出机关及其工作人员的工作、驻社区单位参与社区建设的情况进行民主评议，对供水、供电、供气、环境卫生、园林绿化等市政服务单位在社区的服务情况进行监督。指导和监督社区内社会组织、业主委员会、业主大会、物业服务企业开展工作，维护社区居民的合法权益。

二、居民自治的基本内容

（一）民主选举

居民委员会的主任、副主任和委员由居民选举产生。

1. 选举的具体方式

直接选举：本居住地区全体有选举权的居民或者由每户派代表选举产生；

间接选举：根据居民意见，也可以由每个居民小组选取代表2至3人选举产生。

2. 选举要求

居民委员会每届任期5年（此前为3年），其成员可以连选连任；年满十八周岁的本居住地区居民，不分民族、种族、性别、职业、家庭出身、宗教信仰、教育程度、财产状况、居住期限，都有选举权和被选举权；但是，依照法律被剥夺政治权利的人除外。社区居民委员会选举由居民推选产生的居民选举委员会主持。探索社区流动人口在居住地参加社区居民委员会选举的方式方法，保障其民主政治权利。

（二）民主决策、民主管理和民主监督

居民会议是居民实行民主决策、民主管理和民主监督的重要载体。

居民会议由居民委员会召集和主持，居民委员会向居民会议负责并报告工作。

居民会议由18周岁以上的居民组成。有五分之一以上的18周岁以上的居民、五分之一以上的户或者三分之一以上的居民小组提议，应当召集居民会议。居民会议必须有全体18周岁以上的居民、户的代表或者居民小组选举的代表的过半数出席，才能举行。会议的决定，由出席人的过半数通过。采取少数服从多数的原则。居民会议有权撤换和补选居民委员会成员。

涉及全体居民利益的重要问题，居民委员会必须提请居民会议讨论决定。居民会议有权撤换和补选居民委员会成员。居民委员会根据需要设人民调解、治安保卫、公共卫生等委员会。居民委员会成员可以兼任下属的委员会的成员。居民较少的居民委员会可以不设下属的委员会，由居民委员会的成员分工负责有关工作。居民委员会进行工作应当采取民主的方法，不得强迫命令。

居民委员会办理本居住地区公益事业所需的费用，经居民会议讨论决定，可以根据自愿原则向居民筹集，也可以向本居住地区的受益单位筹集，但是必须经受益单位同意；收支账目应当及时公布，接受居民监督。居民委员会的工作经费和来源，居民委员会成员的生活补贴费的范围、标准和来源，由不设区的市、市辖区的人民政府或者上级人民政府规定并拨付；经居民会议同意，可以从居民委员会的经济收入中给予适当补助。

健全社区党组织，进一步扩大党的工作在城市社区覆盖面。

三、居民委员会与其他组织之间的关系

市、市辖区的人民政府有关部门，需要居民委员会或者它的下属委员会协助进行的工作，应当经市、市辖区的人民政府或者它的派出机关同意并统一安排。市、市辖区的人民政府的有关部门，可以对居民委员会有关的下属委员会进行业务指导。

自觉接受社区党组织的领导。社区党组织要支持和保障社区居民委员会充分行使职权，及时帮助解决社区居民委员会工作中存在的困难和问题。

支持社会组织和社区志愿者参与社区管理和服务。积极培育社区服务性、公益性、互助性社会组织，对不具备登记条件的社区服务性、公益性、互助性社会组织，要主动帮助办理备案手续，并在组织运作、活动场地等方面为其提供帮助；大力推行社区志愿者注册制度，健全社区志愿服务网络。

发挥业主大会和业主委员会在社区管理和服务中的积极作用。社区居民委员会要积极支持物业服务企业开展多种形式的社区服务，业主委员会和物业服务企业要主动接受社区居民委

会的指导和监督。建立健全社区党组织、社区居民委员会、业主委员会和物业服务企业协调机制，及时协调解决物业服务纠纷，维护各方合法权益。

强化驻区单位的社区建设责任。建立社区党组织、社区居民委员会、驻区单位联席会议制度，定期研究资源共享、社区共建事项。

四、积极完善城市社区党组织领导下的社区居民自治制度

坚持以扩大党内基层民主带动社区居民民主。推广社区党组织班子成员由党员和群众公开推荐与上级党组织推荐相结合的办法，逐步扩大社区党组织领导班子直接选举范围。全面推进社区党务公开，健全社区党员代表议事制度，引导党员参与民主实践，积极探索扩大党内基层民主多种实现形式，带动和促进社区居民民主健康发展。

坚持和发展社区民主选举制度。进一步规范社区民主选举程序，稳步扩大社区居民委员会直接选举覆盖面。社区党组织要加强对社区居民委员会选举工作的领导和指导，提倡按照民主程序将不参与选举的社区党组织负责人推选为居民选举委员会主任，主持居民选举委员会工作。社区居民委员会选举由居民推选产生的居民选举委员会主持。居民选举委员会成员依法被确定为居民委员会成员候选人的，应当退出居民选举委员会，所缺名额从原推选结果中依次递补。在符合相关法律法规规定的前提下，各地要对居民委员会成员候选人的资格条件作出规定，引导居民把办事公道、廉洁奉公、遵纪守法、热心为居民服务的人提名为候选人。探索社区流动人口在居住地参加社区居民委员会选举的方式方法，保障其民主政治权利。

完善社区民主管理制度。进一步健全社区党组织领导的充满活力的社区居民自治机制，推广社区党员或党员代表议事制度，深入开展以居民会议、议事协商、民主听证为主要形式的民主决策实践，以自我管理、自我教育、自我服务为主要目的的民主管理实践，以居务公开、民主评议为主要内容的民主监督实践，全面推进居民自治制度化、规范化、程序化。积极探索网上论坛、民情恳谈、社区对话等有效形式，鼓励社区居民和驻区单位广泛参与，切实保障社区居民的知情权、参与权、决策权、监督权。

健全社区居民委员会日常工作制度。社区居民委员会要把工作重点进一步转移到社区管理和服务上来，按照居民活动空间最大化、服务设施效益最优化的要求，改进社区居民委员会服务场所管理，方便居民群众使用。建立健全社区居民委员会与驻区单位协商议事制度，推行分片包块、上门走访、服务承诺、结对帮扶等做法，密切社区居民委员会工作人员与社区居民的关系。实行错时上下班、全日值班、节假日轮休等工作制度，方便群众办事。建立健全社区党组织与社区居民委员会联席会议制度，规范社区居民委员会财产、档案、公章管理，确保社区居民委员会工作有效运转。

第三节 城乡社区建设法规与政策

社区建设是20世纪中期社会学家对现代城市管理开展研究时提出的概念，是目前国际上普遍采用的比较规范而且比较可行的城市管理新模式。2000年，中央办公厅、国务院办公厅转发《民政部关于在全国推进城市社区建设的意见》，至今仍具有重要的指导意义；2019年，中共中央办公厅印发了《关于加强和改进城市基层党的建设工作的意见》，这是我国在社区党建层面主要

的政策文本。这两份中央文件十分具体地提出了中国城市管理中的社区建设相关问题,对推进中国的和谐社会建设将起到不可估量的作用。本节主要围绕社区建设的含义、原则和特征,社区建设的主要任务、内容和运行机制等进行探讨。

一、社区建设的含义、原则和特征

(一) 社区建设的含义

在了解社区建设含义之前,有必要先了解社区的概念。社区的概念最早是德国社会学家F.腾尼斯提出,认为社区是一种"共同体和亲密的伙伴关系"。我国学者费孝通等人将社区定义为"一定地域内的社会共同体,强调人口与空间的关系"。本节中所用的社区概念来自《民政部关于在全国推进城市社区建设的意见》中的定义,该意见将社区描述为聚居住在一定地域范围内的人们所组成的社会生活共同体。

社区建设是指在党和政府的领导下,依靠社区力量,利用社区资源,强化社区功能,解决社区问题,促进社区政治、经济、文化、环境协调和健康发展,不断提高社区成员生活水平和生活质量的过程。

社区建设对于个体和社会都具有十分重要意义。"对于个体来说,社区建设能够提高居民生活质量,提高居民满足感与获得感。对于社会来说,社区建设能够维护社会稳定"[①],推进城市改革与发展。

(二) 社区建设的原则

城市社区建设有以下五大原则:

1. 以人为本、服务居民

坚持以不断满足社区居民的社会需求、提高居民生活质量和文明程度为宗旨,把服务社区居民作为社区建设的根本出发点和归宿。

2. 资源共享、共筑共建

充分调动社区内机关、团体、部队、企业事业组织等一切力量广泛参与社区建设,最大限度地实现社区资源共有、共享,营造共驻社区、共建社区的良好氛围。

3. 责权统一、管理有序

改革城市基层社会管理体制,建立健全社区组织,明确社区组织的职责和权利,改进社区的管理与服务,寓管理于服务之中,增强社区的凝聚力。

4. 扩大民主、居民自治

坚持按地域性、认同感等社区构成要素科学合理地划分社区;在社区内实行民主选举、民主决策、民主管理、民主监督,逐步实现社区居民自我管理、自我教育、自我服务、自我监督。

5. 因地制宜、循序渐进

坚持实事求是,一切从实际出发,突出地方特色,从居民群众迫切要求解决和热切关注的问

---

① 向德平、华汛子:《中国社区建设的历程、演进与展望》,《中共中央党校(国家行政学院)学报》2019年第3期,第106—113页。

题入手,有计划、有步骤地实现社区建设的发展要求。

(三) 社区建设的特征

根据其定义,社区建设的特征有以下几方面:

综合性:在内容和方法上都具有极强的综合性。

社会性:我国社区建设是各类社区主体、各种社区力量共同参与的过程。

地域性:社区是一种地域性的社会实体,因而具有明显突出的地域性特征。

计划性:要系统有序地开展社区建设工作,需要从社区实际情况出发,制订切实可行的发展规划和工作计划,并按照计划开展活动。

群众性:从社区建设的对象看,不是指社区内的某一群体或几个群体,而是指社区内的所有群众。

二、社区建设的主要任务

(一) 健全社区组织体系

完成新型社区的构建,加强社区党组织建设,加强社区自治组织建设,积极发展社区服务性组织。

(二) 加强社区工作者队伍建设

规范用人机制,推行职业资格制度,推进社区专职工作者选拔任用制度改革;建立健全教育培训机制;加大社区建设财力投入,完善待遇保障机制;建立健全激励约束机制,树立先进典型;完善社区志愿者队伍建设,带动居民参与。

(三) 社区党的建设工作

2019年中共中央办公厅印发了《关于加强和改进城市基层党的建设工作的意见》,为切实加强党对城市工作的领导,推动城市经济社会发展,就加强和改进城市基层党的建设工作提出以下意见:

充分认识到加强和改进城市基层党建工作的重要性紧迫性。

把街道社区党组织建设得更加坚强有力。提升街道党(工)委统筹协调能力;确保社区党组织有资源、有能力为群众服务;增强街道社区党组织政治功能和战斗力。

增强城市基层党建整体效应。强化市、区、街道、社区党组织四级联动;推进街道社区党建、单位党建、行业党建互联互动;扩大新兴领域党建有效覆盖;广泛应用现代网络信息技术,推广"互联网+党建""智慧党建"等做法。

提升党组织领导基层治理工作水平。健全党组织领导下的社区居民自治机制;领导群团组织和社会组织参与基层治理;做实网格党建,促进精细化治理;建设覆盖广泛、集约高效的党群服务中心。

加强对城市基层党建工作的组织领导。

(四) 社区综合服务设施和信息化建设

加强社区综合服务设施建设,要将社区居民委员会工作用房和居民公益性服务设施建设纳入城市规划、土地利用规划和社区发展相关专项规划,并与社区卫生、警务、文化、体育、养老等服务设施统筹规划建设。新建住宅小区和旧城区连片改造居民区的建设单位必须按照国家有关标准要求,将公共服务设施配套建设纳入建设工程规划设计方案。老城区和已建成居住区没有社区居民委员会工作用房和居民公益性服务设施的,或者不能满足需要的,由区(县、市)人民政府负责建设,也可以从其他社区设施中调剂置换,或者以购买、租借等方式解决,所需资金由地方各级人民政府统筹解决。积极推动社区综合服务设施建设,提倡"一室多用",提高使用效益。

积极推进社区信息化建设。建立居民、家庭、社会组织、社区活动电子档案,实现社区服务队伍、服务人员、服务对象信息数字化,改进信息技术装备条件,完善社区服务设施网络环境,并逐步规范化、标准化,形成互联互通共享的信息服务系统。推进社区服务中心、社区服务站接入宽带网络,新建社区同步建设信息网络环境。推动社区网络和信息资源整合,鼓励建立覆盖区(市)或更大范围的社区综合信息管理和服务平台,实现数据一次采集、资源多方共享。优化区(市)、街道、社区等面向社会公众和企事业单位服务的流程,逐步实现行政管理、社会事务、便民服务等社区管理服务一体化,逐步健全新型社区管理和服务模式。推动各地设置统一的社区服务电话号码,逐步建立社区老年人、残疾人呼叫保障系统,推进社区信息亭等公益性信息服务设施建设。引导企业参与社区服务信息系统开发。

(五) 农村社区建设试点工作

2015年发布的《关于深入推进农村社区建设试点工作的指导意见》,以全面提高农村居民生活质量和文明素养为根本,完善村民自治与多元主体参与有机结合的农村社区共建共享机制,健全村民自我服务与政府公共服务、社会公益服务有效衔接的农村基层综合服务管理平台,形成乡土文化和现代文明融合发展的文化纽带,构建生态功能与生产生活功能协调发展的人居环境,打造一批管理有序、服务完善、文明祥和的农村社区建设示范点,为全面推进农村社区建设、统筹城乡发展探索路径、积累经验。

本着以人为本、完善治理,党政主导、社会协同,城乡衔接、突出特色,科学谋划、分类施策,改革创新、依法治理的原则,农村社区建设试点工作主要工作任务围绕着创新和完善农村社区治理机制,促进流动人口有效参与农村社区服务管理,畅通多元主体参与农村社区建设渠道,推进农村社区法治建设,提升农村社区公共服务供给水平,推动农村社区公益性服务、市场化服务创新发展,强化农村社区文化认同,改善农村社区人居环境等方面展开。

三、社区建设的主要内容

根据《民政部关于在全国推进城市社区建设的意见》,社区建设的主要内容有六个方面:

(一) 拓展社区服务

在大中城市,要重点抓好城区、街道办事处社区服务中心和社区居委会社区服务站的建设与管理。具体社区服务包括：老年人、儿童、残疾人、社会贫困户、优抚对象的社区救助和福利服务，社区居民便民利民服务，社区单位社会化服务，下岗职工再就业服务，社会保障社会化服务。不断提到社区服务质量和社区管理水平，使社区服务在改善居民生活、扩大就业机会、建立社会保障社会化服务体系、大力发展服务业等方面发挥更加积极的作用。在老年人福利服务方面，2010年9月，中央文明办志愿服务工作组、民政部基层政权和社区建设司、全国总工会宣教部等下发《关于在重阳节期间组织开展敬老爱老志愿服务活动的通知》，推动建立老年人志愿服务体系。

（二）发展社区卫生

把城市卫生工作的重点放到社区，积极发展社区卫生。加强社区卫生服务站点的建设，积极开展以疾病预防、医疗、保健、康复、健康教育和计划生育技术服务等主要内容的社区卫生服务，方便群众就医，不断改善社区居民卫生条件。2002年8月卫生部、民政部等部委发布《关于加快发展城市社区卫生服务的意见》的通知，从五个方面提出了二十二条意见，来促进社区卫生服务的发展。

（三）繁荣社区文化

积极发展社区文化事业，加强思想文化阵地建设，不断完善公益性群众文化设施。包括利用各种文化活动设施开展健康有益的活动，利用各种专栏宣传社会主义精神文明，倡导科学、文明、健康的生活方式，加强科学文化教育，形成文明和谐的社区文化氛围。

（四）美化社区环境

美化社区环境包括：大力整治社区环境，净化、绿化、美化社区；提高社区居民环境保护意识，赋予社区居民对社区环境的知情；搞好社区环境卫生，建设干净、整洁的美好社区。

（五）加强社区治安

建立社会治安综合治理网络，有条件的地方，要根据社区规模的调整，按照"一区（社区）一警"的模式调整民警责任区，设立社区警务室，健全社会治安防范体系，实行群防群治；组织开展经常性、群众性的法制教育和法律咨询、民事调解工作，加强对刑满释放、解除劳教人员的安置帮教工作和流动人口的管理，消除各种社会不稳定因素。

（六）因地制宜地确保城市社区建设发展的内容。

根据本地经济与社会发展水平和工作基础不断推进城市社区建设。2009年11月民政部发布的《民政部关于进一步推进和谐社区建设工作的意见》中对和谐社区建设的工作任务做了新的要求。其中和城市社区建设相关的有：进一步健全以基层群众自治为基础的新型社区管理体制机制，不断提高基层治理水平。同时提出要积极推广、运用现代信息技术，有条件的地方可实行社区网格化管理，提升社区管理的现代化水平。进一步完善以民生需求为导向的新型社区服务体系，不断提高社区居民生活水平。其中鼓励通过社区网站、呼叫热线、短信平台和有线数字电视平台、电子阅览室、信息服务自助终端，为社区居民提供"一网式""一线式"综合服务。可见，随时互联网时代的发展,社会建设对网络技术的需要不断加强。

四、社区建设的运行机制

根据《民政部关于在全国推进城市社区建设的意见》,社区建设要形成党委和政府领导、民政部门牵头、有关部门配合、社区居委会主办、社会力量支持、群众广泛参与的运行机制。

(一) 坚持党和政府的领导

在推进社区建设过程中,各级党委和政府要高度重视社区建设,分管领导要切实将工作落实到位。各级民主部门要在同级党委和政府的领导下,积极发挥职能作用,主动履行职责,开展社区建设各项工作。同时,要加强社区党组织建设。根据社区党员分布情况及时建立党组织,在街道党组织的领导下开展工作。加强党组织自身建设,发挥党员在社区建设中的模范作用。

(二) 发挥社区自治组织建设作用

社区居委会作为社会居民自治的重要组织,要充分发挥社区居委会在社区建设的作用,积极携手社区居民在自我管理、自我教育、自我服务、自我监督的过程中推进社区各方面建设。

(三) 发挥群众和社会力量

社区建设需要大批社会工作者,需要面向社会积极引进社会优秀人才,为社区建设建立起一支专业队伍。要积极发展志愿者队伍,广泛动员社会力量参与到社区建设。

第四节 城乡社区服务法规与政策

在我国现行的法规与政策中,有不少提到关于社会服务的相关规定,如《中华人民共和国居民委员会组织法》提到"居民委员会应当开展便民利民的社区服务活动";具体政策有1995年12月民政部关于印发《全国社区服务示范城区标准》的通知,2000年民政部发布的《民政部关于在全国推进城市社区建设的意见》分别对社区服务的内容进行了规定。2006年国务院发布《国务院关于加强和改进社区服务工作的意见》的通知。2016年民政部、中央组织部、中央综治办等关于印发《城乡社区服务体系建设规划(2016—2020年)》的通知。本节内容主要结合以上法规和政策对社区服务进行阐述。

一、社区服务的含义和原则

(一) 社区服务的含义

目前国内对社区服务含义的理解各有不同,有的侧重社会福利性,也有的侧重市场化产业化的含义。在《民政部关于在全国推进城市社区建设的意见》中,社区建设任务包括拓展社区服务,具体包括五方面:老年人、儿童、残疾人、社会贫困户、优抚对象的社区救助和福利服务方面;社区居民便民利民服务方面;社区单位社会化服务方面;下岗职工再就业服务;社会保障社会化服务方面。本节采用吴鹏森、章友德对社区服务的定义：是指"在政府的倡导和扶持下,为满足社区居民的需要,提高居民生活质量,以居民的自助与互动为基础,充分利用各种资源开展的公益性、福利性的社区福利服务与便民的社区社会化服务,是一种有偿和无偿相结合的社会服务"①。

(二) 社区服务的原则

根据社区服务相关政策并结合我国《城乡社区服务体系建设规划(2016—2020年)》,要促进社区服务健康有序发展,应遵循如下原则：

1. **从实际出发和立足居民需要的原则**

社区服务是立足本社区,为满足社区居民需要而开展的,务必坚持从群众实际需要出发。

2. **人民主体,多元参与的原则**

社区服务只有坚持多元参与,发挥政府、社区居委会、民间组织、驻社区单位、企业及个人在社区服务中的作用,才可以整合各种资源丰富社区服务。

3. **社会效益优先原则**

社区服务具有福利性,讲究社会效益,只要把社会效益放在第一位才可以真正促进社区服务的发展。

4. **持续发展,创新引领的原则**

要不断巩固、发展社区服务现有设施基础和制度基础,依靠机制创新、技术迭代和动能转换,推动社区服务新业态新模式加快成长。

5. **资源整合,精细服务的原则**

最大限度集中人力、物力、财力,整合资金、资产和资源,防止重复投资、重复建设、重复供给；丰富项目,优化流程,提升品质,努力形成多层次、立体化的服务格局。

二、社区服务的类别

社区服务主要是在社区中所呈现的各种服务,有些服务是带有比较明显的社会福利性的,而有些服务则具有普惠性特征,并且还可以分为有偿服务和无偿服务。下面从四类服务对社区服务进行介绍。

(一) 社区公共服务

社区公共服务的定义一般有几种观点,一些学者认为社区公共服务是政府主导的,另一些学者则认为由社会组织开展的服务,不包括政府组织所提供的服务。本书认为社区公共服务无论提供方是谁,都是各种集体性消费单位为社区及其成员提供的服务。在2011年11月《国务院办公厅关于印发社区服务体系建设规划(2011—2015年)的通知》中对社区服务体系的定义为：是指以社区为基本单元,以各类社区服务设施为依托,以社区全体居民、驻社区单位为对象,以公共服务、志愿服务、便民利民服务为主要内容,以满足社区居民生活需求、提高社区居民生活质量为目标,党委统一领导、政府主导支持、社会多元参与的服务网络及运行机制。该规划

---

① 吴鹏森、章友德编：《城市化、犯罪与社会管理》,社会科学文献出版社2013年。

提到,积极推进公共服务覆盖到社区,指出要依托社区综合服务设施和专业服务机构,面向全体社区居民开展以下项目:劳动就业、社会保险、社会服务、医疗卫生、计划生育、文体教育、社区安全、法制宣传、法律服务、法律援助、人民调解、邮政服务、科普宣传、流动人口服务管理等服务项目;切实保障优抚对象、低收入群体、未成年人、老年人、残疾人等社会群体服务需求;做好刑释解教人员、社区服刑人员管理服务工作;加强和改进对农民工及其子女的公共服务和社会管理。

该规划同时还指出,街道社区党组织要充分发挥领导核心作用,以开展创先争优活动为抓手,大力推进社区公共服务体系建设。建立党委统一领导、基层政府主导、社区组织协助、社会力量参与的社区公共服务新格局。可见,社区公共服务主要是党和政府主导的,提供的是更有公益性和福利性的服务内容,而服务提供方则没有过多限制。

(二) 社区社会工作服务

为贯彻落实《国家中长期人才发展规划纲要(2010—2020年)》(中发〔2010〕6号)、《国务院关于加强和改进社区服务工作的意见》(国发〔2006〕14号)、《中共中央办公厅 国务院办公厅关于加强和改进城市社区居民委员会建设工作的意见》(中办发〔2010〕27号)、《国务院办公厅关于印发〈社区服务体系建设规划(2011—2015年)〉的通知》(国办发〔2011〕61号)和《关于加强社会工作专业人才队伍建设的意见》(中组发〔2011〕25号)要求,切实加强社区社会工作专业人才队伍建设,积极发展社区社会工作服务,进一步促进和谐社区建设,加快推进社区社会工作服务,民政部、财政部发布《关于加快推进社区社会工作服务的意见》。意见指出:党的十六届六中全会以来,社区社会工作服务逐步开展,社会工作在拓展社区服务范围、深化社区服务内涵、提升社区服务水平、回应社区居民需求、加强社区凝聚力、促进社区和谐与发展等方面的专业作用得到初步显现。

意见提出总体目标:当前和今后一个时期,要建立健全社区社会工作服务政策制度,建立完善的社区社会工作服务标准体系,形成协调有力的社区社会工作服务体制机制;加快培养一支高素质的社区社会工作专业人才队伍,发展一批数量充足、服务专业的社区社会工作服务组织,科学设置社区社会工作专业岗位;2020年广大城乡社区自治组织成员、基层党组织成员、社区专职工作者、社区服务人员能够普遍掌握应用社会工作专业理念、知识与方法参与社区管理与服务,有效满足社区居民服务需求,促进社区和谐发展。

可见,社区社会工作服务的内容主要是:用社会工作专业能力提高社区管理与服务水平;用社会工作专业能力面向城乡社区特殊、困难群体提供社会工作服务;通过民办社会工作服务组织面向社区开展专业服务;重点开展针对老年人、未成年人、外来务工人员、残疾人和低收入家庭的社区照顾、社区融入、社区矫正、社区康复、就业辅导、精神减压与心理疏导服务。社区社会工作服务相对于其他服务来说具有更强的专业性和针对性。

(三) 社区志愿服务

社区志愿服务并没有一个明确的概念,但是从志愿服务实践而言,体现出不计报酬的特点。凡是出于自愿意志,奉献时间和才智且不计报酬,解决社区居民困难、提高居民生活质量、促进社区发展的行为,都属于社区志愿服务。中央精神文明建设指导委员会于2008年10月颁布的《关于深入开展志愿服务活动的意见》指出,要紧急抓住社会主义核心价值体系建设这个根本,贴近实际、贴近生活、贴近群众,广泛普及志愿服务理念,大力弘扬志愿精神,着力壮大志愿者队伍,着力完善志愿服务体系,使更多的人成为志愿者,使更多的志愿者成为良好社会风尚的倡导者,成为社会主义精神文明的传播者、实践者。

从组织管理来划分看,社区志愿服务分两种,一种是进行正式登记的具有官方背景的、由政府发起的志愿服务,一种是属于民办的、由民间组织发起的志愿服务。从社区志愿服务内容来看,社区志愿服务可以分为非专业性社区志愿服务和非专性社区志愿服务。比如受过社会工作专业训练的志愿服务人员和未经专业训练的志愿服务人员提供的志愿服务。社区志愿服务具有志愿性、非营利性、服务性、区域性等特点。鉴于社区志愿服务的特点和作用,国务院印发的《社区服务体系建设规划(2011—2015年)》中提出:大力发展社区志愿服务,根据社区居民构成,培育不同类型、不同层次的社区志愿服务组织;组织和带动公务员、专业技术人员、教师、共青团员、青少年学生以及身体健康的离退休人员等加入志愿者服务队伍;加强志愿服务管理,建立健全激励保障机制,通过政府购买服务等方式,鼓励和支持社会力量广泛参与志愿服务活动,推动社区志愿服务规范化、制度化、法制化;鼓励和支持驻区单位和社区居民开展邻里互助等群众性自我互助服务活动,为老幼病残等困难群体提供服务;倡导并组织社区居民和驻区单位开展社会捐赠、互帮互助、承诺服务,为社区困难群体提供帮扶服务;依托社区志愿服务组织,建立党委政府倡导、社区组织扶持、共产党员带头、专业社工引领、驻区单位和居民广泛参与的社区志愿服务新格局。

(四)社区便民商业性服务

社区便民商业性服务和社区志愿服务不同,具有明显的商业性质。2011年12月国务院办公厅关于印发《社区服务体系建设规划(2011—2015年)》的通知,要求大力发展便民利民服务。完善社区便民利民服务网络,优化社区商业结构布局,涉及如下五方面:

第一,鼓励和支持各类组织、企业和个人兴办居民服务业,重点发展社区居民购物、餐饮、维修、美容美发、洗衣、家庭服务、物流配送、快递派送和再生资源回收等服务,培育新型服务业态和服务品牌。

第二,鼓励有实力的企业运用连锁经营的方式到社区设立超市、便利店、标准化菜店和早餐网点等便民利民网点。

第三,鼓励邮政、金融、电信、供销、燃气、自来水、电力、产品质量监督等公用事业服务单位在社区设点服务,满足居民多样化生活需求。

第四,统筹家庭服务业发展,支持大型家庭服务企业运用连锁经营等方式到社区设立便民站点。涉及服务内容几乎涵盖社区居民生活的方方面面。

推进社区诚信计量体系建设,继续实施以"便利消费进社区、便民服务进家庭"的社区商业"双进工程",初步建立规划合理、结构均衡、竞争有序的社区商业体系。积极推动驻区单位后勤服务社会化。大力推行物业管理服务,建立社区管理和物业管理联动机制,提高物业服务质量。社区便民商业性服务是社区服务的充分补充,只有引入便民商业性服务,社会服务才能真正做到满足社区居民的需求。

【本章小结】

　　基层群众自治制度是依照宪法和法律,由居民(村民)选举的成员组成居民(村民)委员会,实行自我管理、自我教育、自我服务、自我监督的制度。社区建设是城市现代文明建设的一项基础工程,成为加强城市管理的一种必要手段。社区服务体系是以满足社区居民生活需求、提高社区居民生活质量为目标,多元主体参与的服务网络及运行机制。社会工作者在基层治理和社区建设中大有可为,党和政府不断加大对于社区发展和人才队伍建设的支持力度。社会工作者要熟悉相关法规与政策,为和谐社会发展贡献自己的一分力量。

【思考题】

1. 比较农村村民自治和城市社区居民自治在民主选举方面的异同。
2. 简述城市社区建设的主要任务。
3. 社区服务的基本原则有哪些?

第九章
人民调解、信访工作和突发事件应对的法规与政策

CHAPTER NINE

我国人民调解制度被国际社会誉为矛盾纠纷化解的"东方经验",信访制度同样被看作是一种具有中国特色的冲突化解机制,突发事件应对则关系到人民生命财产安全和社会安全。社会工作者在人民调解、信访工作、突发事件应对中都应积极参与和发挥作用,有必要熟悉和掌握相关法规与政策,比如两部法律《中华人民共和国人民调解法》《中华人民共和国突发事件应对法》,两个行政法规《人民调解委员会组织条例》《信访条例》。

第一节 人民调解法规与政策

人民调解是在继承和发扬我国民间调解优良传统基础上发展起来的一项具有中国特色的法律制度,是公共法律服务体系的重要组成部分,在矛盾纠纷多元化解机制中发挥着基础性作用。人民调解制度是人民群众实现自我管理、自我约束和自我服务的一项民主制度,是我国解决人民内部矛盾的一种重要方式。人民调解工作是司法工作的重要组成部分。目前,我国人民调解的主要法律依据是2010年8月28日通过公布,于2011年1月1日起开始实施的《中华人民共和国人民调解法》(下文简称《人民调解法》),共六章35条。此外,还有国务院1989年颁布并实施的《人民调解委员会组织条例》17条。

一、人民调解工作的含义和目的

人民调解又称诉讼外调解,是指人民调解委员会以国家法律、法规、规章、政策和社会公德为依据,通过对民间纠纷当事人进行说服、疏导等方法,促使纠纷各方在平等协商基础上自愿达成调解协议、解决民间纠纷的活动。人民调解是人民群众实现自我管理、自我约束和自我服务的一项民主制度,也是化解社会矛盾和维护社会稳定的一项法律制度,具有群众性、自治性、民间性的基本属性和特征。人民调解的目的是调解纠纷、增进团结、维护稳定。

人民调解制度在1954年《人民调解委员会暂行组织通则》中正式确立;1982年,《宪法》规定了人民调解制度的作用和地位;《继承法》《村民委员会组织法》《居民委员会组织法》《人民法院组织法》中对人民调解工作均有明确规定;目前我国人民调解的主要政策法规依据是1989年颁布的

《人民调解委员会组织条例》和 2010 年颁布的《人民调解法》。人民调解制度在组织规范、程序规范、效力规范方面逐步完善,使得相关工作有法可依,有规可循。人民调解的基本体制意义在于进一步做好群众工作,加强和创新社会治理,维护社会和谐稳定。

二、人民调解委员会和人民调解员

(一)人民调解委员会

人民调解委员会是依法设立的调解民间纠纷的群众性组织,受基层人民政府和基层人民法院指导。它的任务是调解民间纠纷,宣传法律、法规、规章和政策,教育普通民众,尊重社会公德。

目前,我国城乡村(居)民委员会设调解委员会,村(居)民小组设调解小组,村(居)人民调解委员由村民会议或者村民代表会议、居民会议推选产生,每十户设一名调解委员会或纠纷信息员,基本形成镇(街)调委会、村(居)调委会、调解小组的三级调解网络。企业、事业单位可根据需要设立人民调解委员会,其委员会成员由职工大会、职工代表大会或者工会组织推选产生。村民委员会、居民委员会和企业、事业单位应当为人民调解委员会开展工作提供办公条件和必要的工作经费。

人民调解委员会由委员三至九人组成,设主任一人,必要时可以设副主任若干人。人民调解委员会应当有妇女成员,多民族居住的地区应当有人数较少民族的成员。人民调解委员会委员每届任期三年,可以连选连任。人民调解委员会委员不能任职时,由原选举单位补选;严重失职或者违法乱纪的,由原选举单位撤换。

县级人民政府司法行政部门应当对本行政区域内人民调解委员会的设立情况进行统计,并且将人民调解委员会以及人员组成和调整情况及时通报所在地基层人民法院。人民调解委员会应当建立健全各项调解工作制度,听取群众意见,接受群众监督。

乡镇、街道以及社会团体或者其他组织根据需要可以参照《人民调解法》的有关规定设立人民调解委员会,调解民间纠纷。

(二)人民调解员

人民调解员是人民调解工作的具体承担者,肩负着化解矛盾、宣传法治、维护稳定、促进和谐的职责使命。人民调解员由人民调解委员会委员和人民调解委员会聘任的人员担任,应当由公道正派、热心人民调解工作,并具有一定文化水平、政策水平和法律知识的成年公民担任。县级人民政府司法行政部门应当定期对人民调解员进行业务培训。基层人民政府及其派出机关指导人民调解委员会的日常工作,由司法助理员负责。

人民调解员在调解工作中有下列行为之一的,由其所在的人民调解委员会给予批评教育、责令改正,情节严重的,由推选或者聘任单位予以罢免或者解聘:

偏袒一方当事人的;侮辱当事人的;索取、收受财物或者牟取其他不正当利益的;泄露当事人的个人隐私、商业秘密的。

人民调解员从事调解工作,应当给予其适当的误工补贴;因从事调解工作致伤致残,生活发生困难的,当地人民政府应当提供必要的医疗、生活救助;在人民调解工作岗位上牺牲的人民调解员,其配偶、子女按照国家规定享受抚恤和优待。

三、人民调解的原则

人民调解委员会依据法律、法规、政策对民间纠纷进行调解,法律、法规、政策没有明确规定的,依据社会公德进行调解。人民调解的基本原则是从人民调解的实践经验中总结出来的对调解工作具有普遍指导意义的和行为准则,表明人民调解的群众性、民主性、自治性和法制性。《人民调解法》规定,人民调解委员会调解民间纠纷,应当遵循当事人自愿平等,不违背法律法规政策,尊重当事人权利三项原则。

(一)自愿平等原则

人民调解应当在当事人自愿、平等的基础上进行,当事人享有充分的意思自治,不受任何强迫、歧视。这一原则体现在调解活动的始终。调解纠纷必须双方愿意、调解协议必须双方一致同意、协议履行与否必须当事人自愿。

(二)不违背法律法规政策原则

人民调解是中国特色社会主义法律制度的组成部分,国家的法律、法规和政策是人民调解组织调解民间纠纷的主要依据。民间纠纷的内容主要涉及当事人有权自行处分的人身、财产权益。因此,在不违背法律、法规和国家政策的前提下,可以依照社会公德、村规民约、公序良俗、行业管理进行调解。

(三)尊重当事人权利原则

这里的权利,既包括当事人的事体权利,也包括当事人通过仲裁、行政、司法等途径解决纠纷、要求救济的程序权利。人民调解是化解矛盾纠纷的有效机制,但并不是唯一机制。经调解达成或未达成调解协议,双方当事人均可再向法院起诉。不得因调解而阻止当事人依法通过仲裁、行政、司法等途径维护自己的权利。

同时,《人民调解法》规定,人民调解委员会调解民间纠纷,不收取任何费用。与人民调解三项原则一样,人民调解不收费制度也是人民调解工作必须遵循的一项基本制度。

国务院司法行政部门负责指导全国的人民调解工作,县级以上地方人民政府司法行政部门负责指导本行政区域的人民调解工作。基层人民法院对人民调解委员会调解民间纠纷进行业务指导。国家鼓励和支持人民调解工作。县级以上地方人民政府对人民调解工作所需经费应当给予必要的支持和保障,对有突出贡献的人民调解委员会和人民调解员按照国家规定给予表彰奖励。

四、当事人在调解中的权利和义务

(一)当事人在人民调解活动中享有的权利

1. 选择或者接受人民调解员

在调解纠纷时,人民调解委员会可以根据需要指定一名或数名人民调解员调解,也可以由当事人选择一名或数名调解员进行调解。

2. **接受调解、拒绝调解或者要求终止调解**

人民调解委员会受理调解申请,必须以双方当事人自愿调解为前提,一方当事人申请,另一方当事人不愿意调解的,人民调解委员会虽可受理,但不能强制其进行调解。另外,在调解过程中,一方当事人不愿继续调解的,应当终止调解。当事人申请调解后又撤回的,人民调解委员会应当尊重当事人的选择,不得强制调解。

3. **要求调解公开进行或者不公开进行**

调解是基于双方当事人的自愿,通过互谅互让达成调解,节省双方的时间,节约司法资源,对于当事人不希望他人知悉调解内容或具体情况,尤其是涉及商业秘密、个人隐私的,只要当事人一方申请不公开进行调解,人民法院应当准许。

4. **自主表达意愿、自愿达成调解协议**

在人民调解委员会主持下,经过双方当事人自主表达意愿、多轮的商讨、互谅互让,最终双方自愿达成一致意见而形成的协议即调解协议。在调解过程中,调解员要善于倾听双方当事人意见,由当事人自主、充分地表达意愿,不可先入为主、偏听偏信。

(二) 当事人在人民调解活动中需履行的义务

权利和义务总是一体两面的辩证关系,当事人享有权利,同时需要履行以下义务:如实陈述纠纷事实,不得提供虚假证明材料;遵守调解现场秩序,尊重人民调解员,不得加剧纠纷、激化矛盾;尊重对方当事人行使权利,自觉履行人民调解协议。

五、人民调解的程序

(一) 受理纠纷

人民调解委员会对纠纷进行审查,对属于它主管和管辖的纠纷予以接收的行为,称为受理纠纷。受理纠纷须具备以下条件:要有明确的申请调解人;要有具体的调解要求;要有提起申请调解的事实根据;申请调解的纠纷必须属于人民调解委员会主管和管辖。

人民调解委员会受理纠纷的方式有三种:申请受理、主动受理以及移交受理。

1. **申请受理**

当事人一方或双方主动要求人民调解委员会解决他们之间的纠纷,这是申请受理。当事人一方可以口头申请,也可以递交材料,形式不拘,以方便、易行为原则。

2. **主动受理**

人民调解委员会根据群众报告、有关单位转告或调解员亲自得知发生了纠纷,主动前去调查、斡旋,这是主动受理。主动受理是人民调解委员会受理纠纷的基本来源和重要形式。当事人一方明确拒绝调解的,不得调解。

3. **移交受理**

党委政府及有关部门或人民法院已经受理的矛盾纠纷,党委政府及有关部门、人民法院认为更适宜通过人民调解方式解决的,在征得当事人同意后,移交当地人民调解委员会调解。这种方式是移交受理。

此外,登记是人民调解委员会受理纠纷、进行调解的第一道程序。不管受理不受理都要登记,即使当事人明确拒绝不调解,也要进行记录。

(二) 调查研究

人民调解委员会受理纠纷以后,为了确定纠纷性质、正确解决纠纷,要及时开展调查研究,查明纠纷发生的原因、争执的焦点、发展的过程并记录证据,勘察现场、向相关人了解后以便提出有针对性的意见,在深入调查收集材料的基础上进行分析研究,提出调解方案。

(三) 进行调解

在确定调解方案后,人民调解委员会可确定时间、地点召开调解会进行调解,纠纷当事人双方必须按人民调解委员会通知的时间、地点出席调解会。双方有权接受、不接受和修改。

人民调解委员会根据调解纠纷的需要,可以指定一名或者数名人民调解员进行调解,也可以由当事人选择一名或者数名人民调解员进行调解。人民调解员根据调解纠纷的需要,在征得当事人的同意后,可以邀请当事人的亲属、邻里、同事等参与调解,也可以邀请具有专门知识、特定经验的人员或者有关社会组织的人员参与调解。人民调解委员会支持当地公道正派、热心调解、群众认可的社会人士参与调解。

人民调解员调解民间纠纷,应当查明事实、分清是非、坚持原则、明法析理、主持公道;应当及时、就地进行,防止矛盾激化。人民调解员根据纠纷的不同情况,可以采取多种方式调解民间纠纷,充分听取当事人的陈述,讲解有关法律、法规和国家政策,耐心疏导,在当事人平等协商、互谅互让的基础上提出纠纷解决方案,帮助当事人自愿达成调解协议。

人民调解员在调解纠纷过程中,发现纠纷有可能激化的,应当采取有针对性的预防措施;对有可能引起治安案件、刑事案件的纠纷,应当及时向当地公安机关或者其他有关部门报告。

(四) 结束调解

结束调解分两种情况:一是在调解会上,纠纷当事人双方在平等协商、互谅互让的基础上提出纠纷解决方案,自愿达成协议,调解成立而结束调解;二是纠纷当事人双方经过反复协商不能达成协议,调解不能成立而结束调解。一旦结束调解,人民调解委员应及时记录调解情况,并告知当事人纠纷解决的其他途径,如通过仲裁、行政、司法等途径维护自身权利。人民调解委员会应当建立调解工作档案,将调解登记、调解工作记录、调解协议书等材料立卷归档。

六、调解协议的内容、效力及确认

经人民调解委员会调解达成调解协议的,可以制作调解协议书。当事人认为无需制作调解协议书的,可以采取口头协议方式,人民调解员应当记录协议内容。制作调解协议书的可以载明下列事项:当事人的基本情况;纠纷的主要事实、争议事项以及各方当事人的责任;当事人达成调解协议的内容,履行的方式、期限等。

调解协议书自各方当事人签名、盖章或者按指印,人民调解员签名并加盖人民调解委员会印章之日起生效。调解协议书由当事人各执一份,人民调解委员会留存一份。如果是口头协议,自各方当事人达成协议之日起生效。

经人民调解委员会调解达成的调解协议,具有法律约束力,当事人应当按照约定履行。人民调解委员会应当对调解协议的履行情况进行监督,督促当事人履行约定的义务。双方当事人认为有必要的,可以自调解协议生效之日起30日内共同向人民法院申请司法确认,提交司法确认申请书、人民调解协议、身份证明、资格证明以及与调解协议相关的财产权利证明等证明材料,并提供双方当事人的送达地址、电话号码等信息。委托他人代为申请的,必须向人民法院提交由委托人签名或者盖章的授权委托书。人民法院应当及时对调解协议进行审查,依法确认调解协议的效力。

人民法院收到当事人的司法确认申请,应当在3日内决定是否受理,决定受理的应及时向当事人送达受理通知书。双方当事人同时到法院申请司法确认的,人民法院可以当即受理并作出是否确认的决定。人民法院依法确认调解协议有效,一方当事人拒绝履行或者未全部履行的,对方当事人可以向人民法院申请强制执行。人民法院依法确认调解协议无效的,当事人可以通过人民调解方式变更原调解协议或者达成新的调解协议,也可以向人民法院提起诉讼。

基层人民政府对于人民调解委员会主持下达成的调解协议,符合法律、法规、规章和政策的,应当予以支持;违背法律、法规、规章和政策的,应当予以纠正。

七、人民调解必须遵守的纪律

党的二十大报告提出"推进多层次多领域依法治理,提升社会治理法治化水平","健全城乡社区治理体系,及时把矛盾纠纷化解在基层、化解在萌芽状态"等重要论断,为加强诉源治理推动矛盾纠纷源头化解工作指明了前进方向,为构建党委领导下人民调解在先、法院诉讼断后、分层递进多元解纷新模式提供了根本遵循,也更加坚定了我们培育和发展好人民调解的决心。人民调解必须遵守的纪律与社会工作的平等接纳原则、尊重原则、保密原则等相一致,具体内容如下:

(一)不得徇私舞弊

这是保证调解员依法、公正地调解民间纠纷的一项重要纪律。调解员具有的这种权力,是人民委托给他们的,人民调解委员在调解过程中应当刚正不阿,忠于事实真相、忠于法律制度、忠于人民,严格依法办事,不贪污、不受贿、不徇私舞弊,热心为群众排难解纷。

(二)不得打压报复

人民调解的基本原则之一就是自愿平等原则,即当事人不愿意接受调解,任何单位和个人都不能压制、强迫,更不允许调解员利用职权对当事人进行打击报复。

(三)不得侮辱处罚

人民调解委员会是群众性的调解组织,在解决纠纷中没有采取任何强制措施的权力,只能采用说服教育的方法,使双方当事人自愿接受调解。在调解工作中,可能会遇到个别当事人无理取闹或者有违法犯罪行为,在这种情况下,调解员可以报送公安机关或者有关部门依法处理。

(四)不得泄露隐私、商业秘密

当事人向调解员说出个人隐私是出于对调解员的信任,是为了澄清事实、解决问题。因此,调解员有责任和义务为当事人保密,不得泄露扩散。

(五)不得索取、收受财物或者牟取其他不正当利益

调解员应当严格要求自己,自觉抵制不正之风,做到请客不去,送礼不收,秉公执法,这样才能使群众信得过,办事有威信。

八、加强人民调解员队伍建设

党的二十大报告提出"全面提高人才自主培养质量"。调解人才队伍是社会调解高质量发展的关键。积极培育专业化的调解人才队伍,从劳动争议、金融借款、证券期货、银行保险、交通事故、医疗损害等专业性较强的领域着手,推动社会调解专业化职业化发展。具体包括:其一,出台专业化社会调解组织和调解员资质认证规范文件,建立调解员资格认证和职级评价体系。其二,健全专业化调解人员的选拔与培养机制,通过聘用合同等形式建立稳定的调解员队伍,强化组织培训学习,选拔培养优秀的调解人员。其三,完善监督管理体系,保障专业化调解员工作独立自主和案件调解负责制,不断提高社会对调解员的职业认同。

(一)加强人民调解员队伍建设的基本原则

坚持党的领导,不断提高人民调解员队伍建设的规范化、法治化水平;按照法定条件和公开公平公正的原则,吸收更多符合条件的社会人士和专业人员参与人民调解工作;在积极发展兼职人民调解员队伍的同时,大力加强专职人民调解员队伍建设,不断优化人民调解员队伍结构;根据各地实际情况和专、兼职人民调解员队伍的不同特点,完善管理制度,创新管理方式,不断提高人民调解工作质量。

(二)加强人民调解员队伍建设的主要任务

1. 认真做好人民调解员的选任工作

严格选任条件,依法推选人民调解委员会委员,做好人民调解员聘任工作,提高人民调解员的专业化水平。

2. 明确人民调解员职责任务

人民调解员应积极参与矛盾纠纷排查,对排查发现的矛盾纠纷线索,采取有针对性的措施,预防和减少矛盾纠纷的发生;认真开展矛盾纠纷调解;对主动申请调解的,无正当理由不得推诿不受理;做好法治宣传教育工作,注重通过调解工作宣传法律、法规、规章和政策,教育公民遵纪守法,弘扬社会公德、职业道德和家庭美德;自觉接受指导,严格遵守规定,积极参加学习和业务培训。

3. 加强人民调解员思想作风建设

加强思想政治建设,组织广大人民调解员认真学习宣传贯彻党的十九大精神,树立政治意识、大局意识、核心意识,加强人民调解员职业道德教育,弘扬调解文化,增强人民调解员的社会责任感和职业荣誉感;加强纪律作风建设,完善人民调解员行为规范,教育人民调解员严格遵守和执行职业道德和工作纪律,建立投诉处理机制,及时查处人民调解员违法、违纪行为,不断提高群众满意度;加强党建工作,人民调解员应自觉接受党内外群众的监督,发挥先锋模范作用。

4. 加强人民调解员业务培训

落实司法行政部门作为培训主体的培训责任,分级负责,加大对人民调解员的培训力度;根据本地和行业、专业领域矛盾纠纷特点设置培训课程,重点开展社会形势、法律政策、职业道德、专业知识和调解技能等方面的培训,丰富培训内容,创新培训形式,开发人民调解员培训课程和教材,建立完善人民调解员培训质量评估体系。

5. 加强对人民调解员的管理

健全管理制度,人民调解委员会应当建立健全人民调解员聘用、学习、培训、考评、奖惩等各项管理制度,加强对人民调解员的日常管理,及时向社会公开人民调解员基本信息,方便当事人选择和监督。建立岗位责任和绩效评价制度,完善评价指标体系和退出机制。

6. 积极动员社会力量参与人民调解工作

切实发挥村(居)民小组长、楼栋长、网格员的积极作用,发展调解志愿者队伍,积极邀请社区老党员干部,人大代表委员、专家学者、专业技术人员、城乡社区工作者等参与矛盾纠纷化解。充分发挥司法行政系统资源优势,形成化解矛盾纠纷工作合力。建立人民调解咨询专家库。县级以上司法行政部门可以根据调解纠纷需要,会同相关行业主管部门设立人民调解咨询专家库,由法学、心理学、社会工作和相关行业、专业领域的专业人员组成,相关专家负责向人民调解委员会提供专家咨询意见和调解建议。

7. 强化对人民调解员的工作保障

落实人民调解员待遇,适当安排人民调解员补贴经费,接受社会监督;通过政府购买人民调解委员会、相关行业协会等社会组织的服务推进人民调解工作;落实人民调解员抚恤政策,探索多种资金渠道为在调解工作中因工作原因死亡、伤残的人民调解员或其亲属提供帮扶;探索建立人民调解员人身保障机制,加强对人民调解员的人身保护。

提高人民调解员素质,完善管理制度,强化工作保障,建设一支政治合格、熟悉业务、热心公益、公道正派、秉持中立的人民调解员队伍,才能充分发挥人民调解工作维护社会和谐稳定"第一道防线"的作用,推进平安中国、法治中国建设。

人民调解工作是司法工作的组成部分。人民调解委员会是群众性的自治组织,没有行政命令和司法强制的权力,解决人民群众内部矛盾纠纷时,只能采用说服教育的方法。人民调解委员会委员可以学习掌握社会工作的相关知识,社会工作者也可以成为人民调解委员会委员,充分运用社会工作理论、个案工作、小组工作、社区工作等工作方法参与人民调解工作,将社会工作技巧融入人民调解工作,有效化解纠纷,提高工作效率,对于维护社会稳定发展发挥着十分重要的作用。

第二节 信访工作法规与政策

信访反映了民众对行政投诉和救济的特殊需要,信访制度已经成为社会治理系统的重要环节,作为法律系统的一部分发挥着其独特的功能。信访工作法规与政策是信访制度的重要组成部分,主要包括《信访条例》和《信访工作责任制实施办法》。《信访条例》由国务院第76次常务会议通过,自2005年5月1日起施行,共7章51条。中共中央办公厅、国务院办公厅印发的《信访工作责任制实施办法》自2016年10月8日起施行,共5章19条。此外,还有中共中央办公厅国务院办公厅印发的《关于进一步加强信访法治化建设的意见》(中办发〔2017〕51号)等规范性文件。

一、信访工作的概念、机构与渠道

(一)信访工作的概念

信访工作是指公民、法人或者其他组织采用书信、电子邮件、传真、电话、走访等形式向各级人民政府、县级以上人民政府工作部门反映情况,提出建议、意见或投诉请求,依法由相关部门处理的活动。信访也称反映情况、上访等。反映情况,提出建议、意见或者投诉请求的公民、法人或者其他组织,称为信访人。

(二)信访工作机构的职责

各级人民政府、县级以上人民政府工作部门应当做好信访工作,认真处理来信、接待来访,倾听人民群众的意见、建议和要求,接受人民群众的监督,努力为人民群众服务。各级人民政府、县级以上人民政府工作部门应当畅通信访渠道,为信访人采用《信访条例》规定的形式反映情况,提出建议、意见或者投诉请求提供便利条件。任何组织和个人不得打击报复信访人。

《信访条例》明确规定:信访工作在各级人民政府领导下,坚持属地管理,分级负责,谁主管、谁负责,依法、及时、就地解决问题与疏导教育相结合的原则。县级以上人民政府应当建立统一领导、部门协调、统筹兼顾、标本兼治、各负其责、齐抓共管的信访工作格局,通过联席会议、建立排查调处机制、建立信访督察工作制度等方式,及时化解矛盾和纠纷。各级人民政府、县级以上人民政府各工作部门的负责人应当阅批重要来信、接待重要来访、听取信访工作汇报,研究解决信访工作中的突出问题。

县级以上人民政府应当设立信访工作机构;县级以上人民政府工作部门及乡、镇人民政府应当按照有利工作、方便信访人的原则,确定负责信访工作的机构(以下简称信访工作机构)或者人员,具体负责信访工作,履行以下职责:受理、交办、转达信访人提出的信访事项;承办上级和本级人民政府交由处理的信访事项;协调处理重要信访事项;督促检查信访事项的处理;研究、分析信访情况,开展调查研究,及时向本级人民政府提出完善政策和改进工作的建议;对本级人民政府其他工作部门和下级人民政府机构的信访工作进行指导。

各级人民政府应当建立健全信访工作责任制,对信访工作中的失职、渎职行为,严格依照有关法律、行政法规和《信访条例》的规定,追究有关责任人员的责任,并在一定范围内予以通报。将信访工作绩效纳入公务员考核体系。信访人反映的情况,提出的建议、意见,对国民经济和社会发展或者对改进国家机关工作以及保护社会公共利益有贡献的,由有关行政机关或者单位给予奖励。对在信访工作中做出优异成绩的单位或者个人,由有关行政机关给予奖励。

(三)信访的渠道

1. 信息公开

《信访条例》规定,各级人民政府、县级以上人民政府工作部门应当向社会公布信访工作机构的通信地址、电子信箱、投诉电话、信访接待的时间和地点、查询信访事项处理进展及结果的方式等相关事项。各级人民政府、县级以上人民政府工作部门应当在其信访接待场所或者网站公布与信访工作有关的法律、法规、规章,信访事项的处理程序,以及其他为信访人提供便利的相关事项。设区的市级、县级人民政府及其工作部门，乡、镇人民政府应当建立行政机关负责人信访接待日制度，由行政机关负责人协调处理信访事项。

2. **信访接待日**

设区的市级、县级人民政府及其工作部门，乡、镇人民政府应当建立行政机关负责人信访接待日制度，由行政机关负责人协调处理信访事项。信访人可以在公布的接待日和接待地点向有关行政机关负责人当面反映信访事项。县级以上人民政府及其工作部门负责人或者其指定的人员，可以就信访人反映突出的问题到信访人居住地与信访人面谈沟通。

3. **全国信访信息系统**

国家信访工作机构充分利用现有政务信息网络资源，建立全国信访信息系统，为信访人在当地提出信访事项、查询信访事项办理情况提供便利。县级以上地方人民政府应当充分利用现有政务信息网络资源，建立或者确定本行政区域的信访信息系统，并与上级人民政府、政府有关部门、下级人民政府的信访信息系统实现互联互通。

县级以上各级人民政府的信访工作机构或者有关工作部门应当及时将信访人的投诉请求输入信访信息系统，信访人可以持行政机关出具的投诉请求受理凭证到当地人民政府的信访工作机构或者有关工作部门的接待场所查询其所提出的投诉请求的办理情况。具体实施办法和步骤由省、自治区、直辖市人民政府规定。

4. **社会力量参与**

设区的市、县两级人民政府可以根据信访工作的实际需要，建立政府主导、社会参与、有利于迅速解决纠纷的工作机制。信访工作机构应当组织相关社会团体、法律援助机构、相关专业人员、社会志愿者等共同参与，运用咨询、教育、协商、调解、听证等方法，依法、及时、合理处理信访人的投诉请求。

二、信访事项的提出、受理、办理和督办程序

（一）信访事项的提出

1. **信访的对象**

信访人可以就下列组织、人员的职务行为反映情况，提出建议、意见，或者不服下列组织、人员的职务行为，可以向有关行政机关提出信访事项：行政机关及其工作人员；法律、法规授权的具有管理公共事务职能的组织及其工作人员；提供公共服务的企业、事业单位及其工作人员；社会团体或者其他企业、事业单位中由国家行政机关任命、派出的人员；村民委员会、居民委员会及其成员。

对依法应当通过诉讼、仲裁、行政复议等法定途径解决的投诉请求，信访人应当依照有关法律、行政法规规定的程序向有关机关提出。

信访人对各级人民代表大会以及县级以上各级人民代表大会常务委员会、人民法院、人民检察院职权范围内的信访事项，应当分别向有关的人民代表大会及其常务委员会、人民法院、人民检察院提出。信访人采用走访形式提出信访事项，应当向依法有权处理的本级或者上一级机关提出。

2. 提出信访事项应采用的形式

信访人提出信访事项,一般应当采用书信、电子邮件、传真等书面形式;信访人提出投诉请求的,还应当载明信访人的姓名(名称)、住址和请求、事实、理由。有关机关对采用口头形式提出的投诉请求,应当记录信访人的姓名(名称)、住址和请求、事实、理由。

信访人采用走访形式提出信访事项的,应当到有关机关设立或者指定的接待场所提出。多人采用走访形式提出共同的信访事项的,应当推选代表,代表人数不得超过5人。所提出的信访事项,应当客观真实,信访人对其所提供材料内容的真实性负责,不得捏造、歪曲事实,不得诬告、陷害他人。

3. 信访人禁止行为

信访人在信访过程中应当遵守法律、法规,不得损害国家、社会、集体的利益和其他公民的合法权利,自觉维护社会公共秩序和信访秩序,不得有下列行为:在国家机关办公场所周围、公共场所非法聚集、围堵、冲击国家机关,拦截公务车辆,或者堵塞、阻断交通的;携带危险物品、管制器具的;侮辱、殴打、威胁国家机关工作人员,或者非法限制他人人身自由的;在信访接待场所滞留、滋事,或者将生活不能自理的人弃留在信访接待场所的;煽动、串联、胁迫、以财物诱使、幕后操纵他人信访或者以信访为名借机敛财的;扰乱公共秩序、妨害国家和公共安全的其他行为。

(二)信访事项的受理

县级以上人民政府信访工作机构收到信访事项,应当予以登记,并区分情况,在15日内分别按下列方式处理:

对各级人民代表大会以及县级以上各级人民代表大会常务委员会、人民法院、人民检察院职权范围内的信访事项,应当告知信访人分别向有关的人民代表大会及其常务委员会、人民法院、人民检察院提出,对已经或者依法应当通过诉讼、仲裁、行政复议等法定途径解决的,不予受理,但应当告知信访人依照有关法律、行政法规规定程序向有关机关提出。

对依照法定职责属于本级人民政府或者其工作部门处理决定的信访事项,应当转送有权处理的行政机关;情况重大、紧急的,应当及时提出建议,报请本级人民政府决定。

信访事项涉及下级行政机关或者其工作人员的,按照"属地管理、分级负责,谁主管、谁负责"的原则,直接转送有权处理的行政机关,并抄送下一级人民政府信访工作机构。县级以上人民政府信访工作机构要定期向下一级人民政府信访工作机构通报转送情况,下级人民政府信访工作机构要定期向上一级人民政府信访工作机构报告转送信访事项的办理情况。

对转送信访事项中的重要情况需要反馈办理结果的,可以直接交由有权处理的行政机关办理,要求其在制定办理期限内反馈结果,提交办结报告。

信访人按照《信访条例》规定直接向各级人民政府信访工作机构以外的行政机关提出的信访事项,有关行政机关应当予以登记;对符合《信访条例》的相关规定并属于本机关法定职权范围的信访事项,应当受理,不得推诿、敷衍、拖延;对不属于本机关职权范围的信访事项,应当告知信访人向有权的机关提出。

有关行政机关收到信访事项后,能够当场答复是否受理的,应当当场书面答复;不能当场答复的,应当自收到信访事项之日起15日内书面告知信访人。但信访人的姓名(名称)、住址不清的除外。有关行政机关应当相互通报信访事项的受理情况。

行政机关及其工作人员不得将信访人的检举、揭发材料及有关情况透露或者转给被检举、揭发的人员或者单位。

涉及两个或者两个以上行政机关的信访事项,由所涉及的行政机关协商受理;受理有争议的,由其共同上一级行政机关决定受理机关。

应当对信访事项作出处理的行政机关分立、合并、撤销的,由继续行使其职权的行政机关受理;职责不清的,由本级人民政府或者其指定的机关受理。

公民、法人或者其他组织发现可能造成社会影响的重大、紧急信访事项和信访信息时,可以就近向有关行政机关报告。地方各级人民政府接到报告后,应当立即报告上一级人民政府;必要时,通报有关主管部门。县级以上地方人民政府有关部门接到报告后,应当立即报告本级人民政府和上一级主管部门;必要时,通报有关主管部门。国务院有关部门接到报告后,应当立即报告国务院;必要时,通报有关主管部门。行政机关对重大、紧急信访事项和信访信息不得隐瞒、谎报、缓报,或者授意他人隐瞒、谎报、缓报。对于可能造成社会影响的重大、紧急信访事项和信访信息,有关行政机关应当在职责范围内依法及时采取措施,防止不良影响的产生、扩大。

(三) 信访事项的办理

1. 办理原则

行政机关及其工作人员办理信访事项,应当恪尽职守、秉公办事,查明事实、分清责任,宣传法制、教育疏导,及时妥善处理,不得推诿、敷衍、拖延。

2. 办理方式

信访人反映的情况,提出的建议、意见,有利于行政机关改进工作、促进国民经济和社会发展的,有关行政机关应当认真研究论证并积极采纳。

行政机关工作人员与信访事项或者信访人有直接利害关系的,应当回避。

对信访事项有权处理的行政机关办理信访事项,应当听取信访人陈述事实和理由;必要时可以要求信访人、有关组织和人员说明情况;需要进一步核实有关情况的,可以向其他组织和人员调查。

对重大、复杂、疑难的信访事项,可以举行听证。听证应当公开举行,通过质询、辩论、评议、合议等方式,查明事实,分清责任。听证范围、主持人、参加人、程序等由省、自治区、直辖市人民政府规定。

3. 处理结果

对信访事项有权处理的行政机关经调查核实,应当依照有关法律、法规、规章及其他有关规定,分别作出以下处理,并书面答复信访人:

请求事实清楚,符合法律、法规、规章或者其他有关规定的,予以支持;有权处理的行政机关作出支持信访请求意见的,应当督促有关机关或者单位执行;

请求事由合理但缺乏法律依据的,应当对信访人做好解释工作;

请求缺乏事实根据或者不符合法律、法规、规章或者其他有关规定的,不予支持。

4. 时间要求

信访事项应当自受理之日起60日内办结,情况复杂的,经行政机关负责人批准,可以适当延长办理期限,但延长期限不得超过30日,并告信访人知延期理由。

5. 复查

信访人对行政机关作出的信访事项处理意见不服的,可以自收到书面答复之日起30日内请求原办理行政机关的上一级行政机关复查。收到复查请求的行政机关应当自收到复查请求之日起30日内提出复查意见,并予以书面答复。

6. 复核

信访人对复查意见不服的,可以自收到书面答复之日起30日内向复查机关的上一级行政机关请求复核,收到复核请求的行政机关应当自收到复核请求之日起30日内提出复核意见;对重大、复杂、疑难的信访事项,复核机关可以按照相关规定举行听证,经过听证的复核意见可以依法向社会公示。听证所需时间不计算在前款规定的期限内。信访人对复核意见不服,仍然以同一事实和理由提出投诉请求的,各级人民政府信访工作机构和其他行政机关不再受理。

(四) 信访事项的督办程序

县级以上人民政府信访工作机构发现有关行政机关有下列情形之一的,应当及时督办,并提出改进建议：无正当理由未按规定的办理期限办结信访事项的;未按规定反馈信访事项办理结果的;未按规定程序办理信访事项的;办理信访事项推诿、敷衍、拖延的;不执行信访处理意见的;其他需要督办的情形。

收到改进建议的行政机关应当在30日内书面反映情况;未采纳改进建议的,应当说明理由。

县级以上人民政府信访工作机构对于信访人反映的有关政策性问题,应当及时向本级人民政府报告,并提出完善政策、解决问题的建议。

县级以上人民政府信访工作机构对在信访工作中推诿、敷衍、拖延、弄虚作假造成严重后果的行政机关工作人员,可以向有关行政机关提出给予行政处分的建议。

县级以上人民政府信访工作机构应当就以下事项向本级人民政府定期提交信访情况分析报告：受理信访事项的数据统计、信访事项涉及领域以及被投诉较多的机关;转送、督办情况以及各部门采纳改进建议的情况;提出的政策性建议及其被采纳情况。

三、信访的法律责任

(一) 导致信访事项发生严重后果的情形

《信访条例》规定：县级以上人民政府信访机构发现有关行政机关有下列情形之一的,应当依法追究法律责任：超越或者滥用职权,侵害信访人合法权益的;行政机关应当作为而不作为,侵害信访人合法权益的;适用法律、法规错误或者违反法定程序,侵害信访人合法权益的;拒不执行有权处理的行政机关作出的支持信访事项请求意见的。

县级以上人民政府信访工作机构对收到的信访事项应当登记、转送、交办而未按规定登记、转送、交办,或者应当履行督办职责而未履行的,由其上级行政机关责令改正;造成严重后果的,对直接负责的主管人员和其他直接责任人员依法给予行政处分。

(二) 受理机关在受理过程中违反《信访条例》情形

负有受理信访事项职责而未履行的,由其上级行政机关责令改正;造成严重后果的,对直接负责的主管人员和其他直接负责人员依法给予行政处分。违反《信访条例》的情形如下：对收到的信访事项不按规定登记的；对属于其法定职权范围的信访事项不予受理的；行政机关未在规定期限内书面告知信访人是否受理信访事项的。

（三）有权处理的行政机关在办理中的禁止行为

对信访事项有权处理的行政机关在办理信访事件过程中，有下列行为之一的，由其上级行政机关责令改正；造成严重后果的，对直接负责的主管人员和其他直接负责人员已发给与行政处分：

推诿、敷衍、拖延信访事项办理或者未在法定期限内办结信访事项的；

对事实清楚，符合法律、法规或者其他有关规定的投诉请求未给予支持的。

（四）违反《信访条例》的信访人

信访人违反有关信访事项提出的规定的，有关国家机关工作人员应当对信访人进行劝阻、批评或者教育。经劝阻、批评和教育无效的，由公安机关予以警告、训诫或者制止；违反集会游行示威的法律、行政法规，或者构成违反治安管理行为的，由公安机关依法采取必要的现场处置措施、给予治安管理处罚；构成犯罪的，依法追究刑事责任。信访人捏造歪曲事实、诬告陷害他人，构成犯罪的，依法追究刑事责任；不构成犯罪的，公安机关依法给予治安管理处罚。

《信访工作责任制实施办法》规定：各级党政机关及其领导干部、工作人员不履行或者未能正确履行本办法所列责任内容，有下列情形之一的，应当追究责任：

因决策失误、工作失职，损害群众利益，导致信访问题产生，造成严重后果的；未按照规定受理、交办、转送和督办信访事项，或者不执行信访事项处理意见，严重损害信访群众合法权益的；违反群众纪律，对应当解决的群众合理合法诉求消极应付、推诿扯皮，或者对待信访群众态度恶劣、简单粗暴，损害党群干群关系，造成严重后果的；对发生的集体访或者信访负面舆情处置不力，导致事态扩大，造成不良影响的；对信访部门提出的改进工作、完善政策和给予处分等建议重视不够、落实不力，导致问题长期得不到解决的；其他应当追究责任的失职失责情形。

对前款规定中涉及的集体责任，领导班子主要负责人和直接主管的负责人承担主要领导责任，参与决策和工作的班子其他成员承担重要领导责任，对错误决策或者行为提出明确反对意见而没有被采纳的，不承担领导责任；涉及的个人责任，具体负责的工作人员承担直接责任，领导班子主要负责人和直接主管的负责人承担领导责任。

四、信访制度改革

党的二十大报告指出，在社会基层坚持和发展新时代"枫桥经验"，完善正确处理新形势下人民内部矛盾机制，加强和改进人民信访工作，畅通和规范群众诉求表达、利益协调、权益保障通道，完善网格化管理、精细化服务、信息化支撑的基层治理平台，健全城乡社区治理体系，及时把矛盾纠纷化解在基层、化解在萌芽状态。信访制度改革将信访问题源头治理作为统筹当前和长远、治标和治本，推进信访工作高质量发展的战略举措，以《信访工作条例》为基础，进一步完善党对信访工作全面领导的制度机制，加快构建信访工作高质量发展新格局。

(一) 预防和减少信访问题发生

1. 加大保障和改善民生力度

将保障和改善民生作为预防和化解矛盾纠纷的基础性工作,更加注重落实好各项民生政策,优先保障民生支出。针对土地征用、房屋拆迁、劳动和社会保障等方面的突出问题,加强顶层设计,完善相关政策,全力推动落实。

2. 提高科学民主决策水平

完善决策机制和程序,增强决策透明度和公众参与度。建立健全人民建议征集制度,鼓励和引导人民群众献计献策。健全重大决策社会稳定风险评估机制,对决策可能引发的各种风险进行科学预测、综合研判,并制定应对预案。健全决策纠错改正机制,适时决定是否对决策予以调整或者停止执行。落实决策责任追究制度,对违反决策规定、出现重大决策失误而造成重大损失或者恶劣影响的,严肃追究法律责任。

3. 坚持依法办事

各级国家机关及其工作人员要严格按照法定权限和程序行使权力、履行职责。依法保障人民群众参与社会治理和公共事务,坚决纠正限制和干涉群众正常信访活动的错误做法。严格落实行政执法责任制,对于不作为、乱作为的,依法追究责任。深化司法体制改革,确保司法公平公正。建立健全冤假错案责任追究制度,实行法官、检察官、人民警察对办案质量终身负责制,严肃查处刑讯逼供、暴力取证、隐匿伪造证据等违法行为,不断提高司法公信力。

4. 改进工作作风

发扬求真务实、真抓实干、密切联系群众的优良作风,深入基层调查研究,解决突出问题。总结推广干部进村入户、送政策送温暖送服务、记民情日记、建民情档案等做法,坚持与群众共同分析研究解决实际问题。坚决反对形式主义、官僚主义、享乐主义和奢靡之风,做到联系群众而不脱离群众、服务群众而不损害群众、解决问题而不引发问题,进一步密切党群干群关系。

(二) 畅通和拓宽信访渠道

1. 健全公开透明的诉求表达和办理方式

完善民生热线、视频接访、绿色邮政、信访代理等做法,更加重视群众来信尤其是初次来信办理,引导群众更多以书信、电话、传真、视频、电子邮件等形式表达诉求,树立通过上述形式也能有效解决问题的导向。实行网上受理信访制度,大力推行阳光信访,全面推进信访信息化建设,建立网下办理、网上流转的群众信访事项办理程序,实现办理过程和结果可查询、可跟踪、可督办、可评价,增强透明度和公正性;逐步推行信访事项办理群众满意度评价,把办理工作置于群众监督之下,提高信访公信力。

2. 突出领导干部接访下访重点

把领导干部接访下访作为党员干部直接联系群众的一项重要制度,与下基层调查研究、深入联系点、扶贫帮困等结合起来,提高工作实效性。在坚持定点接访的同时,更多采取重点约访、专题接访、带案下访、下基层接访、领导包案等方式,把行政资源集中用于解决重大疑难复杂问题、检验施政得失、完善政策措施、加强督查问效上。

3. 完善联合接访运行方式

按照一站式接待、一条龙办理、一揽子解决的要求,在市、县两级全部实行联合接访,减少群众信访成本,提高工作效率。加强对进驻联合接访场所责任部门的动态管理,做到信访问题突出的责任部门及时进驻,信访问题明显减少的责任部门有序退出;推行律师参与接访、心理咨询疏导和专业社会工作服务等第三方介入的方法,促进问题解决。

4. 引导群众依法逐级反映诉求

深入学习宣传贯彻《信访条例》,健全依法及时就地解决群众合理诉求机制,进一步强化属地责任,积极引导群众以理性合法方式逐级表达诉求,不支持、不受理越级上访。中央和国家机关来访接待部门对应到而未到省级职能部门反映诉求的,或者省级职能部门正在处理且未超出法定处理期限的,或者信访事项已经依法终结的,不予受理。各地可结合实际制定具体实施办法。依法维护信访秩序,对信访活动中的违法犯罪行为,由公安机关依法处理。

5. 充分发挥法定诉求表达渠道作用

按照涉法涉诉信访工作机制改革的总体要求,严格实行诉讼与信访分离,把涉法涉诉信访纳入法治轨道解决,建立涉法涉诉信访依法终结制度。各级政府信访部门对涉法涉诉事项不予受理,引导信访人依照规定程序向有关政法机关提出,或者及时转同级政法机关依法办理。完善法院、检察院、公安、司法行政机关信访事项受理办理制度,落实便民利民措施,为群众提供便捷高效热情服务。完善诉讼、仲裁、行政复议等法定诉求表达方式,使合理合法诉求通过法律程序得到解决。

(三) 依法规范信访工作

1. 完善信访联席会议制度

强化各级信访联席会议综合协调、组织推动、督导落实等职能作用,形成整合资源、解决信访突出问题的工作合力。根据实际需要,及时调整成员单位组成和专项工作小组设置,进一步明确各自职责任务,建立健全相关工作制度,特别注重从政策层面研究解决带有倾向性、普遍性和合理性的突出问题。

2. 健全解决特殊疑难信访问题工作机制

综合运用法律、政策、经济、行政等手段和教育、协商、调解、疏导等办法,认真解决特殊疑难信访问题,做到诉求合理的解决问题到位、诉求无理的思想教育到位、生活困难的帮扶救助到位、行为违法的依法处理。建立信访听证制度,对疑难复杂信访问题进行公开听证,促进息诉息访;规范信访事项复查复核工作,对已审核认定办结的信访事项不再受理;健全信访事项协商会办等制度,明确相关责任,加大化解"三跨三分离"信访事项力度。

3. 健全统筹督查督办信访事项工作机制

建立健全党委和政府统一领导、信访联席会议组织实施、相关职能部门共同参与的督查督办工作机制,进一步加大解决和化解信访突出问题的力度。对久拖不决、涉及面广、群众反映强烈、社会关注度高的重大疑难信访突出问题,列入党委和政府督查机构督查范围;采取有针对性的方法,加强对重点地区、重点领域、重点问题的跟踪督查和问效。各级党委和政府要支持信访部门开展督查,重视信访部门提出的改进工作、完善政策、给予处分等建议。

4. 健全科学合理的信访工作考核评价体系

改进和完善考核方式,综合考虑各地区经济社会发展情况、人口数量、地域特点、信访总量、诉求构成、解决问题的质量和效率等因素,合理设置考核项目和指标,不简单以信访数量多少为标准进行考评,推动各地区把工作重点放在预防和解决问题上。坚持量化考核和综合评议、上级评议和群众评议、平时考核和阶段性考核相结合,提高考核的科学性、客观性和可信度。

5. 健全经常性教育疏导机制

认真研究把握新形势下思想政治工作特点和规律,教育和引导群众正确认识发展中存在的问题,正确处理个人利益和集体利益、局部利益和全局利益、当前利益和长远利益的关系,确立与当前经济社会发展阶段相适应的心理预期,自觉维护改革发展稳定大局。充分运用现代科技手段,通过建立政务微博、民生微信、民情QQ群等方式,搭建联系群众、体察民情、回应民意的新平台,提高互联网时代做好群众思想政治工作的能力和水平。

(四) 全面夯实基层基础

1. 健全基层组织网络

进一步强化基层基础工作,把更多人力、物力、财力投向基层,把问题解决在基层,把矛盾化解在基层。创新党组织设置,推动党的组织和工作全覆盖。加强基层服务型党组织建设,提升基层党组织服务群众、做群众工作的能力和水平。建立健全基层民主管理机制,落实党务公开、政务公开、厂务公开、村务公开制度,充分调动群众民主参与、民主管理、民主监督的积极性。进一步加强乡镇(街道)、村(社区)、机关、企事业单位、社会组织党组织建设,建立健全解决问题、化解矛盾的基层综合服务管理平台。

2. 组织动员社会力量参与

完善党代表、人大代表、政协委员联系群众制度,组织老干部、老党员、老模范、老教师、老军人等参与解决和化解信访突出问题相关工作。发挥工会、共青团、妇联等人民团体优势,做好组织引导服务群众和维护群众权益工作。制定扶持引导政策,通过政府购买服务、提供办公场所等形式,发挥好社会组织的积极作用。建立健全群众参与机制和激励机制,把群众工作触角延伸到家家户户;引导村(社区)制定符合国家法律的村规民约,运用道德、习俗、伦理的力量调节关系、化解纠纷。

3. 加大社会矛盾纠纷排查化解工作力度

把矛盾纠纷排查化解工作的重心从事后处理转移到事前预防上来,做到发现得早、化解得了、控制得住、处理得好。健全矛盾纠纷预警机制,加强信息汇集分析研判;推行民情分析会、民情恳谈会等做法,充分发挥村(社区)、企事业单位信息员、调解员的作用。全面推行网格化管理模式,完善信访和人民调解、行政调解、司法调解联动工作体系,实现小事不出村、大事不出乡、矛盾不上交。

(五) 切实加强组织领导

1. 严格落实信访工作责任

各级党委和政府要把信访工作作为党的群众工作的重要组成部分和送上门来的群众工作,把创新群众工作方法、解决信访突出问题列入重要议事日程,定期研究部署,认真组织推动。落实主要领导负总责、分管领导具体负责、其他领导一岗双责、一级抓一级、层层抓落实的领导体制,为解决和化解信访突出问题提供组织保障。加大问责力度,对损害群众利益、造成信访突出问题的,对群众反映的问题推诿扯皮、不认真解决造成不良影响的,严肃追究责任。

2. 强化舆论引导

各级党委宣传部门和新闻媒体要高度重视对创新群众工作方法、解决信访突出问题的正面宣传和舆论引导，大力宣传党委和政府为保障和改善民生所付出的艰苦努力、取得的巨大成绩，大力推广解决群众合理诉求、维护群众合法权益的典型经验和做法，发出主流声音，树立正确导向；选择典型案例，向社会曝光无理缠访闹访、违法聚集滋事而依法受到处理的行为。

3. 加强信访干部队伍建设

各级党委和政府要重视和加强信访干部队伍建设，根据形势任务需要，不断充实信访工作力量。完善后备干部、新提拔干部和中青年干部到信访部门、信访干部到基层一线挂职锻炼制度；选拔群众工作经验丰富的干部到信访部门工作，重视信访干部的使用，深入开展信访干部交流工作，增强信访干部队伍活力，不断提高做好新形势下群众工作和解决信访突出问题的能力。

4. 健全、拓宽第三方参与信访问题化解的制度化渠道

调动社会力量和专业力量参与到信访工作中来，共同推动信访事项特别是疑难复杂问题的化解。社会工作可以增强信访人对于解决方案的认可度，为"阳光信访"、"责任信访"、"法治信访"奠定扎实基础，促进群众依法上访，有序上访，有利于切实维护信访工作的正常秩序。

新时代的信访工作，需要探索适应群众新需要、体现时代新特征的信访工作新模式，着力在专业化、法治化、信息化上下功夫，带着感情和责任为民解难、为党分忧。目前，国家信访局正在加快推进信访立法，强化信访制度的顶层设计，在畅通信访渠道、源头预防、依法解决群众诉求、多元化解矛盾纠纷、加强督查督办等方面持续发力，让群众参与基层社会治理的制度化渠道更加完善。

第三节 突发事件应对的法规与政策

为了预防和减少突发事件的发生，控制、减轻和消除突发事件引起的严重社会危害，规范突发事件应对活动，保护人民生命财产安全，维护国家安全、公共安全、环境安全和社会秩序，党和政府于2007年8月30日通过了《中华人民共和国突发事件应对法》，随着社会的发展，在突发事件的应对中社会工作的参与程度和作用也越来越明显，因此，社会工作者十分有必要了解应对突发事件的相关法规与政策。

一、突发事件的概念和管理体制

突发事件是指突然发生，造成或者可能造成严重社会危害，需要采取应急处置措施予以应对的自然灾害、事故灾难、公共卫生事件和社会安全事件。

按照社会危害程度、影响范围等因素，自然灾害、事故灾难、公共卫生事件分为特别重大、重大、较大和一般四级。法律、行政法规或者国务院另有规定的，从其规定。突发事件的分级标准由国务院或者国务院确定的部门制定。

国家建立统一领导、综合协调、分类管理、分级负责、属地管理为主的应急管理体制。突发事件应对工作实行预防为主、预防与应急相结合的原则。

国家建立重大突发事件风险评估体系，对可能发生的突发事件进行综合性评估，减少重大突发事件的发生，最大限度地减轻重大突发事件的影响。建立有效的社会动员机制，增强全民的公共安全和防范风险的意识，提高全社会的避险救助能力。

县级人民政府对本行政区域内突发事件的应对工作负责；涉及两个以上行政区域的，由有关行政区域共同的上一级人民政府负责，或者由各有关行政区域的上一级人民政府共同负责。突发事件发生后，发生地县级人民政府应当立即采取措施控制事态发展，组织开展应急救援和处置工作，并立即向上一级人民政府报告，必要时可以越级上报。

国务院在总理领导下研究、决定和部署特别重大突发事件的应对工作；根据实际需要，设立国家突发事件应急指挥机构，负责突发事件应对工作；必要时，国务院可以派出工作组指导有关工作。国务院和县级以上地方各级人民政府是突发事件应对工作的行政领导机关，其办事机构及具体职责由国务院规定。

有关人民政府及其部门作出的应对突发事件的决定、命令，应当及时公布。有关人民政府及其部门采取的应对突发事件的措施，应当与突发事件可能造成的社会危害的性质、程度和范围相适应；有多种措施可供选择的，应当选择有利于最大限度地保护公民、法人和其他组织权益的措施。公民、法人和其他组织有义务参与突发事件应对工作。中国人民解放军、中国人民武装警察部队和民兵组织依照本法和其他有关法律、行政法规、军事法规的规定以及国务院、中央军事委员会的命令，参加突发事件的应急救援和处置工作。

二、突发事件应对的过程与方法

（一）预防与应急准备

1. 建立健全突发事件应急预案体系

国务院制定国家突发事件总体应急预案，组织制定国家突发事件专项应急预案；应急预案制定机关应当根据实际需要和情势变化，适时修订应急预案。

2. 建立健全安全管理制度

各企事业单位应该定期检查本单位各项安全防范措施的落实情况，及时消除事故隐患，对报警装置和应急救援设备、设施进行定期检测、维护，使其处于良好状态，确保正常使用。

3. 建立健全突发事件应急管理培训制度

县级以上人民政府应当建立健全突发事件应急管理培训制度，对人民政府及其有关部门负有处置突发事件职责的工作人员定期进行培训。

4. 建立健全应急物资储备保障制度

完善重要应急物资的监管、生产、储备、调拨和紧急配送体系。

5. 建立健全应急通讯保障体系

完善公用通信网，建立有线与无线相结合、基础电信网络与机动通信系统相配套的应急通信系统，确保突发事件应对工作的通信畅通。

6. 整合应急资源

建立或者确定综合性应急救援队伍。人民政府有关部门可以根据实际需要设立专业应急救援队伍。县级以上人民政府及其有关部门可以建立由成年志愿者组成的应急救援队伍。单位应当建立由本单位职工组成的专职或者兼职应急救援队伍。加强专业应急救援队伍与非专业应急救援队伍的合作，联合培训、联合演练，提高合成应急、协同应急的能力。

7. 鼓励社会力量参与支持

鼓励公民、法人和其他组织为人民政府应对突发事件工作提供物资、资金、技术支持和捐赠。

8. 建立保险体系

国家发展保险事业,建立国家财政支持的巨灾风险保险体系,并鼓励单位和公民参加保险。

9. 培养专门人才,鼓励研发新技术、新工具

国家鼓励、扶持具备相应条件的教学科研机构培养应急管理专门人才,鼓励、扶持教学科研机构和有关企业研究开发用于突发事件预防、监测、预警、应急处置与救援的新技术、新设备和新工具。

(二) 监测与预警

1. 建立全国统一的突发事件信息系统

县级以上人民政府及其有关部门、专业机构应当通过多种途径收集突发事件信息,如设立专(兼)职汇报员制度,按照国家有关规定向上级人民政府报送突发事件信息,及时、客观、真实,不得迟报、谎报、瞒报、漏报,必要时组织相关部门、专业技术人员、专家学者对发生突发事件的可能性及其可能造成的影响进行评估。

2. 建立健全突发事件监测制度

县级以上人民政府及其有关部门应当根据自然灾害、事故灾难和公共卫生事件的种类和特点,建立健全基础信息数据库,完善监测网络,划分监测区域,确定监测点,明确监测项目,提供必要的设备、设施,配备专职或者兼职人员,对可能发生的突发事件进行监测。

3. 建立健全突发事件预警制度

按照突发事件发生的紧急程度、发展势态和可能造成的危害程度分为一级、二级、三级和四级,分别用红色、橙色、黄色和蓝色标示,一级为最高级别。对即将发生或者已经发生的社会安全事件,县级以上地方各级人民政府及其有关主管部门应当按照规定向上一级人民政府及其有关主管部门报告,必要时可以越级上报;并根据事态的发展,按照有关规定适时调整预警级别并重新发布。

(三) 应急处置与救援

1. 自然灾害、事故灾害或公共卫生事件发生后的应急处置措施

组织营救和救治受害人员,疏散、撤离并妥善安置受到威胁的人员以及采取其他救助措施;迅速控制危险源,标明危险区域,封锁危险场所,划定警戒区,实行交通管制以及其他控制措施;立即抢修被损坏的交通、通信、供水、排水、供电、供气、供热等公共设施,向受到危害的人员提供避难场所和生活必需品,实施医疗救护和卫生防疫以及其他保障措施;禁止或者限制使用有关设备、设施,关闭或者限制使用有关场所,中止人员密集的活动或者可能导致危害扩大的生产经营活动以及采取其他保护措施;启用本级人民政府设置的财政预备费和储备的应急救援物资,必要时调用其他急需物资、设备、设施、工具;组织公民参加应急救援和处置工作,要求具有特定专长的人员提供服务;保障食品、饮用水、燃料等基本生活必需品的供应;依法从严惩处囤积居奇、哄抬物价、制假售假等扰乱市场秩序的行为,稳定市场价格,维护市场秩序;依法从严惩处哄抢财物、干扰破坏应急处置工作等扰乱社会秩序的行为,维护社会治安;采取防止发生次生、衍生事件的必要措施。

2. 社会安全事件发生后的应急处置措施

强制隔离使用器械相互对抗或者以暴力行为参与冲突的当事人,妥善解决现场纠纷和争端,控制事态发展;对特定区域内的建筑物、交通工具、设备、设施以及燃料、燃气、电力、水的供应进行控制;封锁有关场所、道路,查验现场人员的身份证件,限制有关公共场所内的活动;加强对易受冲击的核心机关和单位的警卫,在国家机关、军事机关、国家通讯社、广播电台、电视台、外国驻华使领馆等单位附近设置临时警戒线;法律、行政法规和国务院规定的其他必要措施。

3. 各单位、组织的职责

严重危害社会治安秩序的事件发生时,公安机关应当立即依法出动警力,根据现场情况依法采取相应的强制性措施,尽快使社会秩序恢复正常。

突发事件发生地的居民委员会、村民委员会和其他组织应当按照当地人民政府的决定、命令,进行宣传动员,组织群众开展自救和互救,协助维护社会秩序。

受到自然灾害危害或者发生事故灾难、公共卫生事件的单位,应当立即组织本单位应急救援队伍和工作人员营救受害人员,疏散、撤离、安置受到威胁的人员,控制危险源,标明危险区域,封锁危险场所,并采取其他防止危害扩大的必要措施,同时向所在地县级人民政府报告;其他单位应当服从人民政府发布的决定、命令,配合人民政府采取的应急处置措施,做好本单位的应急救援工作,并积极组织人员参加所在地的应急救援和处置工作。

突发事件发生地的公民应当服从人民政府、居民委员会、村民委员会或者所属单位的指挥和安排,配合人民政府采取的应急处置措施,积极参加应急救援工作,协助维护社会秩序。

任何单位和个人不得编造、传播有关突发事件事态发展或者应急处置工作的虚假信息。

(四)事后恢复与重建

突发事件的威胁和危害得到控制或者消除后,履行统一领导职责或者组织处置突发事件的人民政府应当停止执行依照规定采取的应急处置措施,同时采取或者继续实施必要措施,防止发生自然灾害、事故灾难、公共卫生事件的次生、衍生事件或者重新引发社会安全事件。

突发事件应急处置工作结束后,履行统一领导职责的人民政府应当立即组织对突发事件造成的损失进行评估,组织受影响地区尽快恢复生产、生活、工作和社会秩序,制定恢复重建计划,并向上一级人民政府报告。受突发事件影响地区的人民政府应当及时组织和协调公安、交通、铁路、民航、邮电、建设等有关部门恢复社会治安秩序,尽快修复被损坏的交通、通信、供水、排水、供电、供气、供热等公共设施。

受突发事件影响地区的人民政府开展恢复重建工作需要上一级人民政府支持的,可以向上一级人民政府提出请求。上一级人民政府应当根据受影响地区遭受的损失和实际情况,提供资金、物资支持和技术指导,组织其他地区提供资金、物资和人力支援。

国务院根据受突发事件影响地区遭受损失的情况,制定扶持该地区有关行业发展的优惠政策。

受突发事件影响地区的人民政府应当根据本地区遭受损失的情况,制定救助、补偿、抚慰、抚恤、安置等善后工作计划并组织实施,妥善解决因处置突发事件引发的矛盾和纠纷。公民参加应急救援工作或者协助维护社会秩序期间,其在本单位的工资待遇和福利不变;表现突出、成绩显著的,由县级以上人民政府给予表彰或者奖励。对在应急救援工作中伤亡的人员,县级以上人民政府应依法给予抚恤。

履行统一领导职责的人民政府应当及时查明突发事件的发生经过和原因,总结突发事件应急处置工作的经验教训,制定改进措施,并向上一级人民政府提出报告。

三、突发事件的法律责任

(一) 各级人民政府和县级以上各级人民政府有关部门违反规定的情形

地方各级人民政府和县级以上各级人民政府有关部门违反《突发事件应对法》规定,不履行法定职责的,由其上级行政机关或者监察机关责令改正;有下列情形之一的,根据情节对直接负责的主管人员和其他直接责任人员依法给予处分:

未按规定采取预防措施,导致发生突发事件,或者未采取必要的防范措施,导致发生次生、衍生事件的;迟报、谎报、瞒报、漏报有关突发事件的信息,或者通报、报送、公布虚假信息,造成后果的;未按规定及时发布突发事件警报、采取预警期的措施,导致损害发生的;未按规定及时采取措施处置突发事件或者处置不当,造成后果的;不服从上级人民政府对突发事件应急处置工作的统一领导、指挥和协调的;未及时组织开展生产自救、恢复重建等善后工作的;截留、挪用、私分或者变相私分应急救援资金、物资的;不及时归还征用的单位和个人的财产,或者对被征用财产的单位和个人不按规定给予补偿的。

(二) 有关单位违反规定的情形

有关单位有下列情形之一的,由所在地履行统一领导职责的人民政府责令停产、停业,暂扣或者吊销许可证或者营业执照,并处5万元以上20万元以下的罚款;构成违反治安管理行为的,由公安机关依法给予处罚:

未按规定采取预防措施,导致发生严重突发事件的;未及时消除已发现的可能引发突发事件的隐患,导致发生严重突发事件的;未做好应急设备、设施日常维护、检测工作,导致发生严重突发事件或者突发事件危害扩大的;突发事件发生后,不及时组织开展应急救援工作,造成严重后果的。

(三) 其他违反情形

编造并传播有关突发事件事态发展或者应急处置工作的虚假信息,或者明知是有关突发事件事态发展或者应急处置工作的虚假信息而进行传播的,责令改正,给予警告;造成严重后果的,依法暂停其业务活动或者吊销其执业许可证;负有直接责任的人员是国家工作人员的,还应当对其依法给予处分;构成违反治安管理行为的,由公安机关依法给予处罚。

单位或者个人违反本法规定,不服从所在地人民政府及其有关部门发布的决定、命令或者不配合其依法采取的措施,构成违反治安管理行为的,由公安机关依法给予处罚。

单位或者个人违反本法规定,导致突发事件发生或者危害扩大,给他人人身、财产造成损害的,应当依法承担民事责任。

违反法律规定构成犯罪的,应依法追究刑事责任。

【本章小结】

本章梳理了我国的人民调解、信访工作和突发事件应对的法规与政策,了解了各领域的含义、特点、运行机制和其他相关要求。社会工作者在面临实际工作的情况下,应根据法规和政策的规定,使用社会工作的专业方式和方法,结合社会工作的实际领域,在实践中更好地服务有需要的个体和组织。

【思考题】

1. 人民调解的原则是什么?
2. 当事人在调解中的权利和义务有哪些?
3. 信访的对象和渠道分别包括哪些?
4. 突发事件应对的过程和方法是什么?

第十章
社会团体和公益事业法规与政策

CHAPTER TEN

历经30多年的改革开放,目前我国已经进入转型关键期。考虑到国家未来的可持续发展,政府需要简政放权以激发社会活力,建设"强国家、强社会"的双强体制。当政府退居治理后台时,考虑到维持稳定的必要性,势必要推举出新的治理核心以实现国家治理体系现代化和治理能力现代化。社会组织是我国社会主义现代化建设的重要力量,在促进经济发展、繁荣社会事业、创新社会治理、扩大对外交往等方面发挥了积极作用。纵观发展全局,力量日益攀升的社会组织无疑会接替政府的治理角色,填补政府退出后的治理空间,构建自主自律的社会秩序。十九大报告指出要加强社区治理体系建设,推动社会治理重心向基层下移,发挥社会组织作用,实现政府治理和社会调节、居民自治良性互动。社会组织构筑了公权和私权之间的沟通平台,它既承担着私人利益表达的责任,又是公共利益的代表者,它起着上情下达、下情上达的纽带和桥梁作用。

本章主要从社会团体、慈善事业、志愿服务、社会服务机构管理、基金会管理相关的法律和政策来阐述社会组织所涉及的法规与政策,厘清相关法律、法规有助于社会组织找准自身定位,实现社会组织健康有序发展,建构"强国家、强社会"的双强体制。

国家颁布《社会团体登记管理条例》《中华人民共和国慈善法》《志愿服务条例》《社会服务机构登记管理条例》《基金会管理条例》对社会组织的设立、管理做出具体规定。

第一节 社会团体法规与政策

为了保障公民的结社自由,维护社会团体的合法权益,促进社会主义物质文明、精神文明建设,国务院颁布《社会团体登记管理条例》,对社会团体的成立登记、管理、终止做出了具体的规定。条例的颁布顺应了社会发展的需要,通过逐步放开对社会团体的管控,创新社会治理,释放民间活力。为了促进社会团体的规范化、可持续发展,民政部先后出台了《申请成立社会团体办事指南》《社会团体注销办事指南》《社会团体法人变更办事指南》《社会团体活动资金变更办事指南》等文件。

一、社会团体的成立登记

（一）成立条件

1. 会员数量

如果会员全部为单位会员，则会员数应在 30 个以上；如果会员全部由个人会员组成，则会员数应在 50 个以上；如果会员由个人会员和单位会员混合组成，则会员总数不得少于 50 个。根据《社会团体登记管理条例》的规定，国家机关以外的组织可以作为单位会员加入社会团体。

2. 有专职工作人员

成立社会团体，必须有与其业务活动相适应的专职工作人员，其工资和保险福利待遇参照国家对事业单位的有关规定执行。

3. 名称规范

对社会团体的名称有两项基本要求：一是名称须符合法律、法规的规定，不得违背社会道德风尚；二是名称须与社会团体的业务范围、成员分布、活动地域相一致，准确反映社会团体的特征。地方性的社会团体的名称不得冠以"中国""全国""中华"等字样，全国性的社会团体的名称如果要冠以"中国""全国""中华"等字样，必须按照国家有关规定经过批准。

4. 其他方面

有合法的资产和经费来源，全国性的社会团体有 10 万元以上活动资金，地方性的社会团体和跨行政区域的社会团体有 3 万元以上活动资金；有固定的住所、明确的章程和相应的组织机构；有独立承担民事责任的能力。

（二）登记管辖

全国性的社会团体，由国务院的登记管理机关负责登记管理。地方性的社会团体，由所在地人民政府的登记管理机关负责登记管理。跨行政区域的社会团体，由所跨行政区域的共同上一级人民政府的登记管理机关负责登记管理。

登记管理机关、业务主管单位与其管辖的社会团体的住所不在一地的，可以委托社会团体住所所在地的登记管理机关、业务主管单位负责委托范围内的监督管理工作。

（三）登记程序

社会团体必须依法成立，除免于登记的社会团体以及可直接登记的社会团体以外，其他社会团体必须依照《社会团体登记管理条例》取得法人资格。

1. 免予登记的社会团体

按照民政部的有关规定，以下四类社会团体可以免予登记：一是机关、团体、企业事业单位内部经本单位批准成立、在本单位内部活动的团体；二是参加中国人民政治协商会议的人民团体，包括中华全国总工会、中国共产主义青年团、中华全国妇女联合会、中国科学技术协会、中华全国归国华侨联合会、中华全国台湾同胞联谊会、中华全国青年联合会、中华全国工商业联合会；三是由国务院机构编制管理机关核定，并经国务院批准免于登记的团体，包括中国文学艺术界联合会、中国作家协会、中华全国新闻工作者协会、中国人民对外友好协会、中国人民外交学会、中国国际贸易促进委员会、中国残疾人联合会、宋庆龄基金会、中国法学会、中国红十字会总会、中国职工思想政治工作研究会、欧美同学会、黄埔军校同学会、中华职业教育社；四是根据《民政部关于对部分社团免予社团登记的通知》的规定，中国文联所属的 11 个文艺家协会（即中国戏曲家协会、中国电影家协会、中国音乐家协会、中国美术家协会、中国曲艺家协会、中国舞蹈家协会、中国民间文艺家协会、中国摄影家协会、中国书法家协会、中国杂技家协会、中国电视家协会），以及省、自治区、直辖市作协、文联（不含文联所属文艺家协会），可以免予社团登记。

2. 可直接登记的社会团体

一是《中共中央关于全面深化改革若干重大问题的决定》和《国务院机构改革和职能转变方案》规定的行业协会商会；二是在自然科学和工程技术领域内从事学术研究和交流活动的科技类社会团体；三是提供扶贫、济困、扶老、救孤、恤病、助残、救灾、助医、助学服务的公益慈善类社会团体以及为满足城乡社区居民生活需求、在社区内活动的城乡社区服务类社会团体可直接向民政部门依法申请登记，不再需要业务主管单位审查同意。

3. 一般社会团体登记程序

（1）申请筹备

申请成立社会团体，应当经业务主管单位审查同意，由发起人向登记管理机关申请筹备。申请筹备时，须向登记管理机关提交筹备申请书、业务主管单位的批准文件、验资报告、场所使用权证明、章程草案、发起人和拟任负责人的基本情况和身份证明等文件。

登记管理机关应当自收到上述有效文件之日起 60 日内，作出批准或者不批准筹备的决定。根据《社会团体登记管理条例》的规定，如果申请成立的社会团体在申请筹备时弄虚作假，或者其宗旨、业务范围有悖于社会道德风尚，有损于国家利益、社会公共利益或其他组织和公民的合法权益，或者在同一行政区域内已有业务范围相同或者相似的社会团体，或者发起人、拟任负责人正在或者曾经受到剥夺政治权利的刑事处罚，不具有完全民事行为能力等法律规定的禁止情形时，登记管理机关不予批准筹备。

（2）召开会员（代表）大会

筹备成立的社会团体，应当自登记管理机关批准筹备之日起 6 个月内召开会员大会或者会员代表大会，通过章程，产生执行机构、负责人和法定代表人。登记管理机关应当自收到上述有效文件之日起 60 日内，作出批准或者不批准筹备的决定。在召开会员大会后，社会团体向登记管理机关申请成立登记。

（3）审查登记

在收到完成筹备工作的社会团体的登记申请书及有关文件之日起 30 日内，登记管理机关应当完成审查工作。对不予登记的，应当将不予登记的决定通知申请人。对没有前述所列不予批准筹备的情形，且筹备工作符合要求、章程内容完备的社会团体，准予登记。

依照法律规定，自批准成立之日起即具有法人资格的社会团体，应当自批准成立之日起 60 日内向登记管理机关提交批准文件，申领《社会团体法人登记证书》。登记管理机关自收到文件之日起 30 日内发给《社会团体法人登记证书》。

二、社会团体的管理

社会团体依法登记取得法人资格后，可依照法律、法规及其章程开展活动，任何组织和个人不得非法干涉。法律赋予了社会团体极大的自主权,反过来社会团体也需接受外部监督以维护法律的尊严。因而,加强对社会团体的外部监督与管理,引导社会团体建立健全组织内部治理,是确保社会团体健康有序发展的重要条件,是确保社会稳定、国家发展的重要机制。

(一) 社会团体分支机构、代表机构管理

社会团体的分支机构是社会团体设立的专门从事该社会团体某项业务活动的机构,代表机构是社会团体在其活动区域内设置的代表该社会团体开展活动、承办事项的机构。社会团体设立分支机构、代表机构应当经业务主管单位审查同意后,向负责该社会团体登记的登记管理机关提出申请。经登记管理机关登记后,方可开展活动。分支机构、代表机构是社会团体的组成部分,不具有法人资格,分支机构不得下设分支机构,其应按照团体章程开展业务,在社会团体授权的范围内开展活动、发展会员。

(二) 社会团体登记事项管理

社会团体的登记事项需要变更的,应当自业务主管单位审查同意之日起30日内,向登记管理机关申请变更登记。社会团体修改章程,应当自业务主管单位审查同意之日起30日内,报登记管理机关核准。

变更流程如下:负责人在中国社会组织网完成网上填报申请后,由登记管理机关进行形式审查,10日内登记管理机关作出批准与否的决定。通过变更申请后,社会团体经业务主管单位审查同意并加盖印章后,向登记大厅提交纸质材料。

(三) 社会团体财务管理

社会团体凭法人登记证书刻制印章并开立银行账户,同时复刻印章式样、银行账号报登记管理机关备案。依章程合法开展业务后,社会团体按照《民间非营利组织会计制度》进行会计核算、编制财务会计报告并保证会计信息真实完整。此外,社会团体的资产如果来源于国家拨款或者社会捐赠、资助,应当接受审计机关的监督;社会团体在换届或者更换法定代表人之前,登记管理机关、业务主管单位应当组织对其进行财务审计。

(四) 社会团体资产管理

首先,资产来源合法,形式涵盖国家拨款、捐赠、会费、服务费等。其次,接受合法,接受捐赠、资助必须符合章程规定的宗旨和业务范围,同时定期向业务主管单位报告接受、使用捐赠、资助的有关情况,并且适当向社会公开有关情况。最后,用途合法,经费及合法收入根据与捐赠人、资助人约定的期限、方式和合法用途使用,且必须用于章程规定的业务活动,不得在会员中分配。

(五) 社会团体税收管理

依据国家税务总局《事业单位、社会团体、民办非企业单位企业所得税征收管理办法》的规定,有应纳税收入的社会团体,应依法办理税务登记,按期进行纳税申报。在纳税年度内无论是否有应纳税所得额,都应当按规定期限和要求向主管税务机关报送纳税申报表和会计报表。除财政拨款、社会团体取得的各级政府资助、社会团体按规定收取的会费、社会各界的捐赠收入以

及行政事业性收费等按规定可不予征税的以外,社会团体取得的生产、经营所得和其他所得,均应当缴纳企业所得税。

社会团体符合《关于非营利组织免税资格认定管理有关问题的通知》规定的免税资格条件的,可以申请免税资格认定。申请免税资格时需递交申请报告、组织章程、税务登记证复印件、登记证复印件、申请前年度的资金来源及使用情况、公益活动和非营利活动的明细情况、具有资质的中介机构鉴证的申请前会计年度的财务报表和审计报告、登记管理机关出具的社会团体申请前年度的年度检查结论等财政、税务部门要求提供的材料。免税资格获得认定后,社会团体在五年有效期内无需缴税,社会团体若想延长免税优惠期,应在期满前三个月内提出复审申请,不提出复审申请或复审不合格的,其享受免税优惠的资格到期自动失效。

(六) 社会团体年检管理

根据《社会团体登记管理条例》的规定,社会团体应当于每年3月31日前向业务主管单位报送上一年度的工作报告,经业务主管单位初审同意后,于5月31日前报送登记管理机关,接受年度检查。工作报告的内容包括:本社会团体遵守法律法规和国家政策的情况、依照本条例履行登记手续的情况、按照章程开展活动的情况、人员和机构变动的情况以及财务管理的情况。

(七) 社会团体评估管理

依据《社会组织评估管理办法》的规定,当社会团体取得社会组织登记证书满两个年度,未参加过社会组织评估的或者获得的评估等级满5年有效期时,应申请参加评估。评估内容包括基础条件、内部治理、工作绩效和社会评价。评估结果分为5等级,高次为5A级(AAAAA)、4A级(AAAA)、3A级(AAA)、2A级(AA)、1A级(A),获得评估等级的社会组织在开展对外活动和宣传时,可以将评估等级证书作为信誉证明出示。

三、社会团体的终止

当出现法定终止情形时,社会团体将失去法人资格,终止存在。社会团体的终止有两种情形:一种是社会团体申请注销,另一种是被登记管理机关依法撤销。

(一) 注销登记

社会团体在办理注销登记前,应当在业务主管单位及其他有关机关的指导下,成立清算组织,完成清算工作。如果登记管理机关准予注销登记,将发给注销证明文件,收缴该社会团体的登记证书、印章和财务凭证。

按照《社会团体登记管理条例》的规定,当社会团体章程规定的宗旨已完成,或者社会团体自行解散,或是社会团体出现分立、合并等情形致其终止时,应当在业务主管单位审查同意后,向登记管理机关申请注销登记、注销备案。社会团体在办理注销登记前,应当在业务主管单位及其他有关机关的指导下,成立清算组织,完成清算工作。清算期间,社会团体不得开展清算以外的活动。在清算结束之日起15日内,社会团体应向登记管理机关提交法定代表人签署的注销登记申请书、业务主管单位的审查文件和清算报告书,办理注销登记。登记管理机关准予注销登记的,发给注销证明文件,收缴该社会团体的登记证书、印章和财务凭证。社会团体注销后,其所属分支机构、代表机构同时注销。社会团体注销后的剩余财务按有关规定办理。

(二) 撤销登记

撤销登记指的是登记管理机关依据法律规定撤销社会团体登记的行政行为。根据《社会团体登记管理条例》的规定，可能导致撤销登记的情形有：在申请登记时弄虚作假，骗取社会团体登记；自取得《社会团体法人登记证书》之日起1年未开展活动；社会团体严重违规，比如涂改、出租、出借《社会团体法人登记证书》，出租、出借社会团体印章，超出章程规定的宗旨和业务范围进行活动，拒不接受或者不按照规定接受监督检查，不按照规定办理变更登记，从事营利性的经营活动，侵占、私分、挪用社会团体资产或者所接受的捐赠、资助，违反国家有关规定收取费用、筹集资金或者接受、使用捐赠、资助，擅自设立分支机构、代表机构，或者对分支机构、代表机构疏于管理，造成严重后果的；社会团体的活动违反其他法律、法规，有关国家机关认为应当撤销登记的，由登记管理机关撤销登记。

社会团体被撤销登记后，由登记管理机关收缴《社会团体法人登记证书》和印章。

第二节 慈善事业法规与政策

2016年第十二届全国人大第四次会议通过的《中华人民共和国慈善法》（以下简称《慈善法》）作为社会领域的一部基本法律，对慈善组织的设立、内部管理、慈善募捐、慈善信托、慈善财产管理、慈善服务、信息公开等行为规范以及相关法律责任等作了较为全面的框架性规定。十九大报告指出，要"完善社会救助、社会福利、慈善事业、优抚安置等制度，健全农村留守儿童和妇女、老年人关爱服务体系"。十九大报告作为未来中国发展的指向针，明确了慈善事业与优抚安置、社会救助、社会福利处于同等地位，强化了发展慈善事业法规与政策的重要性。《慈善法》的出台，将传统道德慈善融合进现代成文法律中，为慈善募捐、捐赠、服务等行为建立了行为指引，有利于规范化和法制化地发展慈善事业，推动慈善组织依法践行其慈善宗旨。为了实现慈善事业合法化、合规化发展，民政部先后出台了《慈善组织认定办法》《慈善组织信息公开办法》《慈善信托管理办法》《中华人民共和国公益事业捐赠法》等法规。

一、慈善组织

慈善组织是指依法成立以面向社会开展慈善活动为宗旨的非营利性组织。慈善组织可以采取基金会、社会团体、社会服务机构等组织形式。

(一) 慈善组织资格认定

1. 认定条件

基金会、社会团体、社会服务机构申请认定为慈善组织，应当符合下列条件：第一，申请时具备相应的社会组织法人登记条件。第二，以开展慈善活动为宗旨，业务范围包括扶贫、济困；扶老、救孤、恤病、助残、优抚；救助自然灾害、事故灾难和公共卫生事件等突发事件造成的损害；促进教育、科学、文化、卫生、体育等事业的发展；防治污染和其他公害，保护和改善生态环境等。申请时的上一年度慈善活动的年度支出和管理费用符合国务院民政部门关于慈善组织的规定。第三,不以营利为目的,收益和营运结余全部用于章程规定的慈善目的;财产及其孳息没有在发起人、捐赠人或者本组织成员中分配。第四,有健全的财务制度和合理的薪酬制度。第五,法律、行政法规规定的其他条件。

2. 认定程序

（1）申请筹备

基金会申请认定为慈善组织时,应向民政部门递交申请书、书面承诺、会议纪要等材料。

社会团体、社会服务机构申请认定为慈善组织时,除递交申请书、书面承诺、会议纪要等材料外,还需提交情况说明书、财务审计报告、业务主管部门证明材料等文件。

（2）表决通过

社会团体应当经会员（代表）大会表决通过,基金会、社会服务机构应当经理事会表决通过,有业务主管单位的,还应当经业务主管单位同意。

（3）审查登记

民政部门自收到全部有效材料后,应当依法进行审核。情况复杂的,民政部门可以征求有关部门意见或者通过论证会、听证会等形式听取意见,也可以根据需要对该组织进行实地考察。

民政部门应当自受理申请之日起20日内作出决定。符合慈善组织条件的,予以认定并向社会公告;不符合慈善组织条件的,不予认定并书面说明理由。有特殊情况需要延长登记或者认定期限的,报经国务院民政部门批准,可以适当延长,但延长的期限不得超过60日。根据《慈善组织认定办法》的规定,如果负责人不合法律、法规和国家政策规定,或者申请前二年内受过行政处罚、申请时被民政部门列入异常名录以及有其他违反法律、法规、国家政策行为不予认定为慈善组织。认定为慈善组织的基金会、社会团体、社会服务机构,由民政部门换发登记证书,标明慈善组织属性。

（二）慈善组织管理

慈善组织应当根据法律、法规以及章程的规定,建立健全内部治理结构,明确决策、执行、监督等方面的职责权限,开展慈善活动。

慈善组织应当执行国家统一的会计制度,依法进行会计核算,建立健全会计监督制度,并接受政府有关部门的监督管理。慈善组织应当每年向其登记的民政部门报送年度工作报告和财务会计报告。报告应当包括年度开展募捐和接受捐赠情况、慈善财产的管理使用情况、慈善项目实施情况以及慈善组织工作人员的工资福利情况。

（三）慈善组织终止

按照《慈善法》的规定,当慈善组织章程规定的宗旨已经完成,或者慈善组织出现分立、合并等情形使其终止,或是连续两年未从事慈善活动,抑或是依法被撤销登记或者吊销登记证书而无法经营时,应当申请终止。

慈善组织在申请终止前,其决策机构应当在出现终止情形30日内成立清算组进行清算,并向社会公告。慈善组织清算后的剩余财产,应当按照慈善组织章程的规定转给宗旨相同或者相近的慈善组织;章程未规定的,由民政部门主持转给宗旨相同或者相近的慈善组织,并向社会公告。慈善组织清算结束后,应当向其登记的民政部门办理注销登记,并由民政部门向社会公告。

二、慈善募捐与慈善捐赠

(一) 慈善募捐

慈善募捐是指慈善组织基于慈善宗旨募集财产的活动,包括面向社会公众的公开募捐和面向特定对象的定向募捐。

1. 募捐资格认定条件

依法登记或者认定为慈善组织满两年的社会组织,申请公开募捐资格,应当符合下列条件:

(1) 内部治理结构规范

依规合法配备监事会、理事会。监事会成员三名及以上。理事会能够有效决策,负责人任职符合有关规定,理事会成员和负责人勤勉尽职,诚实守信。

(2) 专职工作人员

秘书长为专职,理事长(会长)、秘书长不得由同一人兼任,有与本慈善组织开展活动相适应的专职工作人员。理事会成员来自同一组织以及相互间存在关联关系组织的不超过三分之一,相互间具有近亲属关系的没有同时在理事会任职。理事会成员中非内地居民不超过三分之一,法定代表人由内地居民担任。

(3) 税务合规

依法办理税务登记,履行纳税义务。

(4) 组织评估优异

按照规定参加社会组织评估,评估结果为3A及以上。

(5) 申请合格

申请时未纳入异常名录,申请公开募捐资格前二年,未因违反社会组织相关法律、法规受到行政处罚,没有其他违反法律、法规、国家政策行为的。

《慈善法》公布前设立的非公募基金会,具有公益性捐赠税前扣除资格的社会团体,登记满两年,经认定为慈善组织的,可以申请公开募捐资格。

2. 募捐资格认定程序

《慈善法》公布前登记设立的公募基金会,凭其标明慈善组织属性的登记证书向登记的民政部门申领公开募捐资格证书。未登记设立的基金会依照以下流程申请募捐资格认定:

(1) 申请筹备

慈善组织申请公开募捐资格,应当向其登记的民政部门提交下列材料:申请书、财务审计报告、会议纪要、经业务主管单位同意的证明材料。值得一提的是,评估等级在4A及以上的慈善组织只需提交申请书。

(2) 表决通过

慈善组织应当履行内部程序,召开理事会决定申请公开募捐资格事宜,并经理事会表决通过,有业务主管单位的,还应当报经业务主管单位同意。

(3) 审核

民政部门收到全部有效材料后,应当依法进行审核。情况复杂的,民政部门可以征求有关部门意见或者通过论证会、听证会等形式听取意见,也可以根据需要对该组织进行实地考察。

民政部门应当自受理之日起20日内作出决定。对符合条件的慈善组织，发给公开募捐资格证书；对不符合条件的，不发给公开募捐资格证书并书面说明理由。法律、行政法规规定自登记之日起可以公开募捐的基金会和社会团体，由民政部门直接发给公开募捐资格证书。

3. 募捐流程

（1）制定募捐方案

募捐方案包括募捐目的、起止时间和地域、活动负责人姓名和办公地址、接受捐赠方式、银行账户、受益人、募得款物用途、募捐成本、剩余财产的处理等，募捐方案应当在开展募捐活动前报慈善组织登记的民政部门备案。

（2）选择募捐方式

募捐方式包括在公共场所设置募捐箱；举办面向社会公众的义演、义赛、义卖、义展、义拍、慈善晚会等；通过广播、电视、报刊、互联网等媒体发布募捐信息等其他公开募捐方式。若慈善组织通过互联网开展公开募捐的，应当在国务院民政部门统一或者指定的慈善信息平台发布募捐信息，并可以同时在其网站发布募捐信息。

（3）募捐备案

慈善组织应当在开展公开募捐活动的10日前将募捐方案报送登记的民政部门备案。材料齐备的，民政部门应当即时受理，对予以备案的向社会公开；材料不齐备的，民政部门应当即时告知慈善组织，慈善组织应当在10日内向其登记的民政部门予以补正。若募捐活动是为了应对重大自然灾害、事故灾难和公共卫生事件等突发事件，无法在开展活动前办理募捐方案备案时可先进行募捐，在活动开始后10日内补办好备案手续即可。若慈善组织采取募捐箱、义演开展公开募捐的，应当在其登记的民政部门管辖区域内进行，确有必要在其登记的民政部门管辖区域外进行的，除向其登记的民政部门备案外，还应当在开展公开募捐活动10日前，向其开展募捐活动所在地的县级人民政府民政部门备案，提交募捐方案、公开募捐资格证书复印件、确有必要在当地开展公开募捐活动的情况说明。有业务主管单位的慈善组织，还应当同时将募捐方案报送业务主管单位。开展公开募捐活动，涉及公共安全、公共秩序、消防等事项的，还应当按照其他有关规定履行批准程序。

当出现备案内容发生变更的情况，慈善组织应当在事项发生变化之日起10日内向其登记的民政部门补正并说明理由。

（4）开展活动

慈善组织应当按照宗旨和业务范围开展公开募捐活动明确的募捐目的和捐赠财产使用计划。慈善组织开展现场募捐活动时，应当在现场或者活动载体的显著位置，公布本组织名称、公开募捐资格证书、募捐方案、联系方式、募捐信息查询方法等。通过互联网开展公开募捐活动的，应当在民政部统一或者指定的慈善信息平台发布公开募捐信息，并可以同时在以本慈善组织名义开通的门户网站、官方微博、官方微信、移动客户端等网络平台发布公开募捐信息。在整个活动中应当尊重和维护募捐对象的合法权益，保障募捐对象的知情权，不得通过虚构事实等方式欺骗、诱导募捐对象实施捐赠。

（5）募捐财产管理

慈善组织独立开展公开募捐活动时，募捐账户应当使用本组织账户，不得使用个人和其他组织的账户，同时秉持公开透明原则，建立公开募捐信息档案，妥善保管、方便查阅。当具有公开募捐资格的慈善组织与不具有公开募捐资格的组织或者个人合作开展公开募捐活动时,应当依法签订书面协议,使用具有公开募捐资格的慈善组织名义开展公开募捐活动,募捐活动的全部收支应当纳入该慈善组织的账户,由该慈善组织统一进行财务核算和管理,并承担法律责任。

慈善组织依据法律法规、章程规定和募捐方案使用捐赠财产并定期将公开募捐情况和慈善项目实施情况向社会公开。若遇到确需变更捐赠财产用途的情况,应当召开理事会进行审议,报其登记的民政部门备案,并向社会公开。

(6) 法律责任

慈善组织若出现伪造、变造、出租、出借公开募捐资格证书的,未合法备案的,未按照募捐方案确定的时间、期限、地域范围、方式进行募捐的,开展公开募捐而未在募捐活动现场或者募捐活动载体的显著位置公布募捐活动信息的,开展公开募捐取得的捐赠财产未纳入慈善组织统一核算和账户管理的等情况,民政部门可以给予警告、责令限期改正。

已认定成功的慈善组织在运行过程中违反了相关认定条件或者连续6个月不开展公开募捐活动,由登记的民政部门纳入活动异常名录并向社会公告。

(二) 慈善捐赠

慈善捐赠是指自然人、法人和其他组织基于慈善目的,自愿、无偿赠予财产的活动。捐赠人可以通过慈善组织捐赠,也可以直接向受益人捐赠。

1. 捐赠人的权利与义务

根据《公益事业捐赠法》的规定,捐赠人包括境内外具备民事行为能力的自然人、法人或其他组织。

捐赠人的权利如下:第一,自愿。即捐赠行为自愿、信息公开自愿。捐赠行为应遵循自愿的原则,不得以强行摊派或者变相摊派的方式强迫捐赠人捐赠,同时捐赠活动不得以营利为目的。对捐赠人进行公开表彰时,应当事先征求捐赠人的意见。第二,自主。即自主选择受赠人、自主决定捐赠财产的使用和公益工程项目的留名纪念。自然人、法人或者其他组织可以选择符合其捐赠意愿的公益性社会团体和公益性非营利的事业单位进行捐赠。捐赠财产的使用应当尊重捐赠人的意愿,符合公益目的,不得将捐赠财产挪作他用。捐赠人对于捐赠的公益事业工程项目可以留名纪念。捐赠人单独捐赠的工程项目或者主要由捐赠人出资兴建的工程项目,可以由捐赠人提出工程项目的名称,报县级以上人民政府批准。第三,知情。即财产使用知情、捐赠对象知情、捐资建设工程知情。捐赠人有权向受赠人查询捐赠财产的使用、管理情况,并提出意见和建议。对于捐赠人的查询,受赠人应当如实答复以保证捐赠人的知情权。捐赠的公益事业工程项目竣工后,受赠单位应当将工程建设资金使用和工程质量验收情况向捐赠人通报。第四,监督。捐赠人利用签订捐赠协议这一形式进行监督。捐赠人与受赠人订立捐赠协议保证捐赠财产兴建公益事业工程项目,应当对工程项目的资金、建设、管理和使用作出约定。受赠人与捐赠人订立了捐赠协议的,应当按照协议约定的用途使用捐赠财产,不得擅自改变捐赠财产的用途。如果确需改变用途的,应当征得捐赠人的同意。

捐赠人的义务如下:第一,捐赠行为合法。捐赠应当遵守法律、法规,不得违背社会公德,不得损害公共利益和其他公民的合法权益。第二,捐赠财产合法。捐赠人捐赠的财产应当是其有权处分的合法财产。捐赠财产包括货币、实物、房屋、有价证券、股权、知识产权等有形和无形财产。捐赠人捐赠的实物应当具有使用价值,符合安全、卫生、环保等标准。第三,捐赠协议不得随意撤销。赠予人在赠予财产的权利转移之前可以撤销赠与。

2. 受赠人的权利与义务

受赠人主要包括依法成立的公益性社会团体、公益性非营利的事业单位。在发生自然灾害时或者境外捐赠人要求县级以上人民政府及其部门作为受赠人时,县级以上人民政府及其部门也可以接受捐赠。

受赠人的权利如下:第一,受赠财产的给付请求权。具有救灾、扶贫等社会公益、道德义务性质的赠予合同或者经过公证的赠予合同,赠予人不交付赠予的财产的,受赠人可以要求交付。第二,受赠财产的保护权。公益性社会团体受赠的财产及其增值为社会公共财产,受国家法律保护,任何单位和个人不得侵占、挪用和损毁。第三,受赠财产的处置权。对于不易储存、运输和超过实际需要的受赠财产,受赠人可以变卖,所取得的全部收入应当用于捐赠目的。

受赠人的义务如下:第一,妥善管理受赠财物。受赠人接受捐赠后,应当向捐赠人出具合法、有效的收据,将受赠财产登记造册,妥善保管。第二,定向使用受赠财产。受赠人与捐赠人订立了捐赠协议的,应当按照协议约定的用途使用捐赠财产,不得擅自改变捐赠财产的用途。如果确需改变用途的,应当征得捐赠人的同意。第三,告知公开并接受监督。捐赠人有权向受赠人查询捐赠财产的使用、管理情况,并提出意见和建议。受赠人针对捐赠人的询问应当如实答复。第四,协助捐赠人办理捐赠相关手续。境外捐赠人捐赠的财产,由受赠人按照国家有关规定办理入境手续。捐赠实行许可证管理的物品,由受赠人按照国家有关规定办理许可证申领手续,海关凭许可证验放、监管。华侨向境内捐赠的,县级以上人民政府侨务部门可以协助办理有关入境手续,为捐赠人实施捐赠项目提供帮助。

3. 捐赠款物的管理和使用

捐赠人捐赠的财产应当是其有权处分的合法财产。捐赠财产包括货币、实物、房屋、有价证券、股权、知识产权等有形和无形财产。捐赠人捐赠的实物应当具有使用价值,符合安全、卫生、环保等标准。捐赠人捐赠本企业产品的,应当依法承担产品质量责任和义务。

慈善组织接受捐赠,应当向捐赠人开具由财政部门统一监(印)制的捐赠票据。捐赠票据应当载明捐赠人、捐赠财产的种类及数量、慈善组织名称和经办人姓名、票据日期等。捐赠人匿名或者放弃接受捐赠票据的,慈善组织应当做好相关记录。

当捐赠人要求签订书面捐赠协议的,慈善组织应当与捐赠人签订书面捐赠协议。协议内容包括捐赠人和慈善组织名称,捐赠财产的种类、数量、质量、用途、交付时间等内容。捐赠人应当按照捐赠协议履行捐赠义务。当捐赠人公开承诺捐赠或者签订书面捐赠协议却逾期未交付捐赠财产,慈善组织或者其他接受捐赠的人可以要求交付;捐赠人拒不交付的,慈善组织和其他接受捐赠的人可以依法向人民法院申请支付令或者提起诉讼。但当捐赠人经济状况显著恶化,严重影响其生产经营或者家庭生活的,经向公开承诺捐赠地或者书面捐赠协议签订地的民政部门报告并向社会公开说明情况后,可以不再履行捐赠义务。慈善组织违反捐赠协议约定的用途,滥用捐赠财产的,捐赠人有权要求其改正,拒不改正的,捐赠人可以向民政部门投诉、举报或者向人民法院提起诉讼。

三、慈善信托与慈善财产

依据《慈善信托管理办法》规定,慈善信托属于公益信托,是指委托人基于慈善目的依法将其财产委托给受托人,由受托人按照委托人意愿以受托人名义进行管理和处分,开展慈善活动的行为。

(一) 慈善信托

1. 慈善信托的设立条件

(1) 业务范围符合慈善目的

慈善信托的业务范围包括扶贫、济困;扶老、救孤、恤病、助残、优抚;救助自然灾害、事故灾难和公共卫生事件等突发事件造成的损害;促进教育、科学、文化、卫生、体育等事业的发展;防治污染和其他公害,保护和改善生态环境以及符合《慈善法》规定的其他公益活动。

(2) 委托人、受托人、监察人合法合规

委托人应当是具有完全民事行为能力的自然人、法人或者依法成立的其他组织。慈善信托的受托人可以由委托人确定其信赖的慈善组织或者信托公司担任。委托人根据需要可确定监察人,监察人对受托人的行为进行监督,依法维护委托人和受益人的权益。

(3) 有一定的信托财产

慈善信托的设立应有确定的信托财产,并且该信托财产必须是委托人合法所有的财产。

2. 慈善信托的备案

受托人应当在慈善信托文件签订之日起7日内,将相关文件向受托人所在地县级以上人民政府民政部门备案。

(1) 申请备案

慈善信托的受托人向民政部门申请备案时,应当提交备案申请书、委托人身份证明(复印件)和关于信托财产合法性的声明、担任受托人的信托公司的金融许可证或慈善组织准予登记或予以认定的证明材料(复印件)、信托文件、开立慈善信托专用资金账户证明、商业银行资金保管协议(非资金信托除外)。以上材料一式四份,由受托人提交履行备案职责的民政部门指定的受理窗口。

(2) 变更

第一,提出变更申请。变更包括两种类型。一类是变更事项。当出现增加新的委托人、增加信托财产、变更信托受益人范围及选定的程序和方法及国务院民政部门和国务院银行业监督管理机构规定的其他情形时,向原备案的民政部门申请备案,并提交发生变更的相关书面材料。如当月发生两起或两起以上变更事项的,可以在下月10日前一并申请备案。另一类是变更受托人。慈善信托的受托人违反信托义务或者难以履行职责的,委托人可以变更受托人,变更后的受托人应当在变更之日起7日内,将变更情况报原备案的民政部门重新备案。重新备案书面材料包括原备案的信托文件和备案回执、重新备案申请书、原受托人出具的慈善信托财产管理处分情况报告、作为变更后受托人的信托公司的金融许可证或慈善组织准予登记或予以认定的证明材料(复印件)、重新签订的信托合同等信托文件以及开立慈善信托专用资金账户证明、商业银行资金保管协议(非资金信托除外)等材料。材料一式四份,由变更后的受托人提交原备案的民政部门受理窗口。

第二,变更审核。提交民政部门受理窗口后,民政部门应当在收到备案申请材料之日起7日内出具备案回执;不符合规定的,应当在收到备案申请材料之日起7日内一次性书面告知理由和需要补正的相关材料。

3. 慈善信托的管理

(1) 信托财产管理

受托人管理和处分慈善信托财产,应当按照慈善信托目的,恪尽职守,履行诚信、谨慎管理的义务,将慈善信托财产全部用于慈善,不得将慈善信托转为其固有财产,不得利用慈善信托财产为自己谋取利益。受托人必须将慈善信托财产与其固有财产分别管理、分别记账,并将不同慈善信托的财产分别管理、分别记账。

对于资金信托,应当委托商业银行担任保管人,并且依法开立慈善信托资金专户;对于非资金信托,当事人可以委托第三方进行保管。

(2) 信托事务管理

受托人应当自己处理慈善信托事务,但信托文件另有规定或者有不得已事由的,可以委托他人代为处理,受托人应当对他人处理慈善信托事务的行为承担责任,依法支付的委托费应从其信托报酬中列支。

(3) 信托关系管理

委托人、受托人及其管理人员不得利用其关联关系,损害慈善信托利益和社会公共利益,有关交易情况应当向社会公开。受托人应当根据信托文件和委托人的要求,及时向委托人报告慈善信托事务处理情况、信托财产管理使用情况。慈善信托的委托人根据需要,可以确定信托监察人。应当采取书面形式设立受托人和监察人,利用信托合同、遗嘱或者法律、行政法规规定的其他书面文件等确认其身份,维护自身及对方的合法权益。信托监察人对受托人的行为进行监督,依法维护委托人和受益人的权益。信托监察人发现受托人违反信托义务或者难以履行职责的,应当向委托人报告,并有权以自己的名义向人民法院提起诉讼。

(4) 信托年检管理

慈善信托的受托人应当根据信托文件和委托人的要求,及时向委托人报告信托事务处理情况、信托财产管理使用情况。慈善信托的受托人应当每年至少一次将信托事务处理情况及财务状况向其备案的民政部门报告,并向社会公开。

4. 慈善信托的终止

按照《慈善信托管理办法》的规定,当信托文件规定的终止事由出现、信托的存续违反信托目的、信托目的已经实现或者不能实现、信托当事人协商同意、信托被撤销或解除时,慈善信托终止。自慈善信托终止事由发生之日起15日内,受托人应当将终止事由、日期、剩余信托财产处分方案和有关情况报告备案的民政部门。慈善信托终止的受托人应当在30日内作出处理慈善信托事务的清算报告,向备案的民政部门报告后,由受托人予以公告。慈善信托设置信托监察人,清算报告应事先经监察人认可。慈善信托终止生效后,无特定归属人信托财产默认属于不特定的社会公众,经备案的民政部门批准,受托人应当将信托财产用于与原慈善目的相近似的目的,或者将信托财产转移给具有近似目的的其他慈善信托或者慈善组织。

(二) 慈善财产

1. 财产登记与使用

慈善组织对募集的财产,应当登记造册,严格管理,专款专用。财产类别包括发起人捐赠、资助的创始财产、募集的财产及其他合法财产。

慈善组织应当积极开展慈善活动,充分、高效运用慈善财产,并遵循管理费用最必要原则,厉行节约,减少不必要的开支。若遇到捐赠实物不易储存、运输或者难以直接用于慈善目的的情况,慈善组织可以依法拍卖或者变卖,所得收入扣除必要费用后全部用于慈善目的。为实现财产保值、增值,慈善组织可进行投资,重大投资方案应当经决策机构组成人员三分之二以上同意,投资取得的收益应当全部用于慈善目的。但政府资助的财产和捐赠协议约定不得投资的财产,不得用于投资。

2. 慈善项目开展

慈善组织应当合理设计慈善项目,优化实施流程,降低运行成本,提高慈善财产使用效益。在活动开展过程中应当建立项目管理制度,对项目实施情况进行跟踪监督。慈善项目终止后捐赠财产有剩余的,按照募捐方案或者捐赠协议处理;募捐方案未规定或者捐赠协议未约定的,慈善组织应当将剩余财产用于目的相同或者相近的其他慈善项目,并向社会公开。

四、信息公开

为保护捐赠人、志愿者、受益人等慈善活动参与者的合法权益,维护社会公众的知情权,促进慈善事业发展,慈善组织有必要进行规范的信息公开行为。

(一) 公开主体

慈善组织是慈善信息公开的主体、第一责任人。以慈善组织为中介将慈善财产与其他个人、企业、单位、国家财产分开,实现公开透明、有效监管。

(二) 公开方式

《慈善法》规定民政部门应当在统一的信息平台及时向社会公开慈善信息,并免费向慈善组织和慈善信托的受托人提供慈善信息发布服务。为了落实《慈善法》的要求,民政部已于2017年9月1日开通了全国慈善信息平台(即"慈善中国"),可以供全国各级民政部门和所有的慈善组织免费使用。慈善组织可以依托"慈善中国"履行法律规定的信息公开义务。开展公开募捐时,除了在统一信息平台,更应当在募捐活动现场或者募捐活动载体公开信息。

(三) 公开内容

1. 财产活动的信息公开

慈善组织应当依照有关法律法规和本办法规定,在民政部门提供的统一信息平台,向社会公开《慈善组织信息公开办法》规定的基本信息、年度工作报告和财务会计报告、公开募捐情况、慈善项目有关情况、慈善信托有关情况、重大资产变动及投资、重大交易及资金往来、关联交易行为等情况,以及法律法规要求公开的其他信息。

2. 公开募捐的信息公开

《慈善组织信息公开办法》从三个方面对具有公开募捐的慈善组织做出特别要求:一是要求公布领取报酬最高的前五位人员的报酬金额,公布各类"公务"活动的费用标准,其目的是为了减少不必要的开支。二是要求募捐活动全过程对外公开,即事前、事中、事后都要公开相应的内容,满足社会监督的需要。三是要求慈善项目至少每三个月公布一次进展情况,项目结束后还要做全面公开。

五、慈善事业促进措施

(一) 公益性捐赠税前扣除规定

国家鼓励自然人、法人或者其他组织对公益事业进行捐赠,对于捐赠人在税收方面给予优惠政策。优惠项目如下:第一,企业所得税。企业通过公益性社会团体或者县级以上人民政府及其部门,用于公益事业的捐赠支出,在年度利润总额12%以内的部分,准予在计算应纳税所得额时扣除。第二,个人所得税。个人通过社会团体、国家机关向公益事业的捐赠支出,按照现行税收法律、行政法规及相关政策规定准予在所得税税前扣除。第三,进口关税和进口环节的增值税。境外向公益性社会团体和公益性非营利的事业单位捐赠的用于公益事业的物资,依照法律、行政法规的规定减征或者免征进口关税和进口环节的增值税。

(二) 彩票管理的规定

现阶段,国务院特许发行福利彩票、体育彩票,彩票的发行、销售和开奖应当遵循公开、公平、公正和诚实信用的原则。彩票不返还本金、不计付利息。

1. 彩票管理部门及其职责

我国彩票管理涉及财政、民政、体育行政、公安机关、工商行政管理机关等多个部门,财政部的职责主要是制定彩票监督管理制度和政策,审批彩票品种的开设、停止和有关审批事项的变更。民政部、国家体育总局的职责主要是制定全国福利彩票、体育彩票事业的发展规划和管理制度,设立彩票发行机构。福利彩票、体育彩票发行机构的职责主要是建立全国的彩票发行销售系统,组织彩票品种的研发、申报和销售。福利彩票、体育彩票销售机构的职责主要是负责本行政区域彩票销售系统的建设、运营和维护,负责管理本行政区域的彩票销售数据和资金结算。

2. 彩票发行与销售管理

(1) 彩票发行与销售

国务院特许发行福利彩票、体育彩票。未经国务院特许,禁止发行其他彩票。彩票发行机构申请开设、停止福利彩票、体育彩票的具体品种或者申请变更彩票品种审批事项的,应当依照规定的程序报国务院财政部门批准。彩票发行机构、彩票销售机构可以委托单位、个人代理销售彩票。彩票发行机构、彩票销售机构应当与接受委托的彩票代销者签订彩票代销合同。禁止在中华人民共和国境内发行、销售境外彩票。

(2) 彩票开奖与兑奖

彩票发行机构、彩票销售机构应当按照批准的彩票品种的规则和开奖操作规程开奖,并且及时公布。彩票中奖者应当自开奖之日起60个自然日内兑奖,持中奖彩票到指定的地点兑奖,彩票品种的规则规定需要出示身份证件的,还应当出示本人身份证件。

(3) 彩票资金的管理使用

彩票资金包括彩票奖金、彩票发行费和彩票公益金。彩票资金构成比例由国务院决定。彩票品种中彩票资金的具体构成比例,由国务院财政部门按照国务院的决定确定。随着彩票发行规模的扩大和彩票品种的增加,可以降低彩票发行费比例。

彩票奖金用于支付彩票中奖者。彩票单注奖金的最高限额,由国务院财政部门根据彩票市场发展情况决定。逾期未兑奖的奖金,纳入彩票公益金。

彩票发行费专项用于彩票发行机构、彩票销售机构的业务费用支出以及彩票代销者的销售费用支出。彩票发行机构、彩票销售机构的业务费实行收支两条线管理,其支出应当符合彩票发行机构、彩票销售机构财务管理制度。

彩票公益金专项用于社会福利、体育等社会公益事业,不用于平衡财政一般预算。彩票公益金按照政府性基金管理办法纳入预算,实行收支两条线管理。

彩票发行费、彩票公益金的管理、使用单位应当依法接受财政部门、审计机关和社会公众的监督;彩票公益金的管理、使用单位应当每年向社会公告公益金的使用情况。

国务院财政部门和省、自治区、直辖市人民政府财政部门应当每年向本级人民政府报告上年度彩票公益金的筹集、分配和使用情况,并向社会公告。

(三) 其他促进措施

1. 费用减免

捐赠人向慈善组织捐赠实物、有价证券、股权和知识产权的,依法免征权利转让的相关行政事业性费用。

2. 政策优惠

国家对开展扶贫济困的慈善活动,实行特殊的优惠政策。

3. 政策支持

国家为慈善事业提供金融政策支持,鼓励金融机构为慈善组织、慈善信托提供融资和结算等金融服务。

4. 场所供给

国家鼓励企业事业单位和其他组织为开展慈善活动提供场所和其他便利条件。

5. 名誉表彰

国家建立慈善表彰制度,对在慈善事业发展中做出突出贡献的自然人、法人和其他组织,由县级以上人民政府或者有关部门予以表彰。

第三节 志愿服务的法规与政策

随着社会主义市场经济的不断发展,公众对志愿服务的需求日益增长,与此同时公众参与服务的意愿也在与日俱增。为了保障志愿者、志愿服务组织、志愿服务对象的合法权益,鼓励和规范志愿服务,发展志愿服务事业,国务院颁布《志愿服务条例》,对志愿者、志愿服务组织、志愿服务活动、志愿服务发展做出了具体规定。党的十九大报告指出,要推进诚信建设和志愿服务制度化,强化社会责任意识、规则意识、奉献意识。志愿服务作为公众参与社会治理的重要载体,其规范化发展有利于弥补政府服务和市场服务的不足,增进对志愿服务的社会认同,营造全民参与氛围,提高社会责任意识,维护社会和谐稳定。

一、志愿服务的历史沿革

1949年以来,我国志愿服务事业大致经历了五个重要阶段:1949—1980年志愿服务的萌芽与初创阶段;1981—1990年志愿服务组织初步建立阶段;1991—2000年全国性志愿服务组织体系形成阶段;2001—2007年志愿服务项目国际化与本土化同步发展阶段;2008年至今志愿服务事业全面发展阶段。我国的志愿服务是区域性立法带动国家统一性立法,在我国各省市陆续出台了48部地方性立法后,2017年8月国务院颁布《志愿服务条例》,标志着志愿服务在国家层面获得了法律效力,保障了志愿服务的长远发展。

二、志愿服务组织和志愿者的权利与义务

志愿服务,是指志愿者、志愿服务组织和其他组织自愿、无偿向社会或者他人提供的公益服务。

(一)志愿服务组织的权利与义务

志愿服务组织是指依法成立,以开展志愿服务为宗旨的非营利性组织。

志愿服务组织的权利包括自主选择志愿者、签订书面志愿协议、记录服务时间、给予餐补交补、接受捐赠自主等依法享有的权利。

志愿服务组织的义务包括制定并完善志愿服务工作制度;招募、登记、培训、管理、考核、表彰志愿者;组织实施志愿服务活动;建立志愿服务档案,制定志愿服务评价制度;筹集、使用和管理志愿服务活动资金、物资;为志愿者提供必要帮助和保障;维护志愿者的合法权益;出具志愿服务的证明;不擅自公开志愿者和志愿服务对象个人信息;组织开展志愿服务的宣传、交流与合作;应当向政府有关部门报告接受政府扶持和社会捐赠的财物的使用、管理情况,并向社会公开等其他法定义务。

(二)志愿者的权利与义务

志愿者是指以自己的时间、知识、技能、体力等从事志愿服务的自然人。

志愿者的权利包括获得志愿服务信息、自主选择志愿服务活动、获得服务保障和培训、拒绝范围外服务、个人信息保密、监督服务组织、服务中问题优先被帮助和解决、退出志愿服务组织等其他依法享有的权利。

志愿者义务包括遵守管理规定、完成志愿服务、参加服务培训、维护服务声誉、提供无偿服务、尊重服务对象、保守服务对象秘密、保全服务对象权益等法律、法规及志愿服务组织章程规定的其他义务。

三、志愿服务活动管理的规定

(一)志愿者招募、注册和培训

1. 志愿者招募

招募志愿者时要建立经常性招募与应急性招募相结合、社会化招募和组织化招募并举的招

募机制,以该机制为基础规范志愿者的招募活动。招募时,首先要遵守国家相关规定,在招募通知上明确招募地域范围,规定志愿者需要具备的能力,同时公开完整的服务信息、告知可能出现的风险,保证志愿者的个人信息不被泄露。如需招募境外志愿者,应依照国家有关规定执行。

2. 志愿者注册

志愿者注册是加强志愿者队伍建设、规范志愿服务的重要基础和关键环节。志愿申请人自愿提出申请后,服务组织审核,审查无误后,注册机构向申请人颁发注册志愿者证章,注册机构包括市(地、州、盟)、县(市、区、旗)、乡(镇、街道)以及大中专院校团组织及其授权的志愿者组织,注册平台可根据需要为注册志愿者编制本地管理服务号码。志愿者注册是志愿者实施志愿服务的首要环节,加强注册环节的管理有助于促进志愿服务的规范化、可持续发展。

3. 志愿者培训

志愿者服务组织应当对新招募的志愿者进行志愿服务基础知识的培训,包括志愿服务理念和内涵、志愿服务知识技能、志愿者权利义务、志愿服务的风险和安全知识以及其他必要的教育培训内容。另外,当开展志愿服务活动需要专业的知识、技能时,志愿服务组织有义务安排相应培训以确保志愿者掌握该知识或技能。同样志愿者应当服从管理,接受志愿服务组织安排的培训。

(二) 志愿服务协议

志愿者、志愿服务组织和志愿服务对象应按照平等、自愿的原则开展志愿服务活动。当出现以下情况时,志愿者、志愿服务组织、志愿服务对象三者需要签订志愿服务协议:可能危及人身安全身心健康的;连续3个月以上专职服务的;为大型活动提供志愿服务的;组织志愿者在志愿服务组织所隶属行政区域以外开展志愿服务活动;志愿服务活动涉及外籍人员的;任何一方要求签订书面协议的。

志愿服务协议必须明确当事人的权利和义务,约定志愿服务的内容、方式、时间、地点、工作条件、争议解决方式、服务成本分担方式。

(三) 志愿服务记录

1. 服务记录的记载

志愿服务组织安排志愿者参与志愿服务活动时,应当如实记录志愿者个人基本信息、志愿服务情况、培训情况、表彰奖励情况、评价情况等信息,并且在将志愿服务信息记入志愿服务记录前,应当在本组织或机构内进行公示,接受社会监督。公示时间不得少于3个工作日,公示期满无异议的,记入志愿服务记录。记录需按照统一的信息数据标准录入国务院民政部门指定的志愿服务信息系统,实现地区数据互联互通。

2. 服务记录的管理

(1) 保存与保密

志愿服务记录应当长期妥善保存。未经志愿者本人同意,不得公开或者向第三方提供志愿服务记录。

(2) 证明与出示

志愿者需要志愿服务记录证明的,志愿服务组织应当依据志愿服务记录无偿、如实出具。

(3) 转移与共享

经志愿者本人同意,志愿服务记录可以在其加入的志愿者组织、公益慈善类组织和社会服务机构之间进行转移和共享。

(4) 报送和发布

志愿者组织、公益慈善类组织和社会服务机构应当将志愿服务记录情况报送县级以上人民政府民政部门。县级以上人民政府民政部门可以委托具有相应资质的组织或者机构对志愿服务记录进行管理,并将相关信息及时向社会发布。

四、志愿服务发展的促进措施

(一) 志愿服务激励保障制度

1. 星级评定制度

星级认证制度由省级团委、志愿者协会组织实施。注册机构负责具体认证工作,根据志愿者注册后参加志愿服务的时间累计,认定其为一至五星志愿者。星级志愿者认定后,可由相关注册机构在其注册证上进行标注,并佩戴相应标志。

值得注意的是,志愿服务时间是指志愿者实际提供志愿服务的时间,以小时为计量单位,不包括往返交通时间。志愿者组织、公益慈善类组织和社会服务机构应当对志愿者所提供的志愿服务时间进行核实和累计。

志愿服务记录时间累计达到 100 小时、300 小时、600 小时、1 000 小时和 1 500 小时的志愿者,可以依次申请评定为一星级、二星级、三星级、四星级、五星级志愿者。

2. 嘉许回馈制度

针对志愿者的志愿服务活动,《志愿服务记录办法》明确通过工时兑换的办法使志愿者在就学、就业、就医等方面享受优惠、优待或者利用工时换取社会服务。

回馈方式如下:

(1) 换取无偿服务

鼓励志愿者组织、公益慈善类组织和社会服务机构依托志愿服务记录,建立健全志愿服务时间储蓄制度,使志愿者可以在自己积累的志愿服务时数内得到他人的无偿服务。

(2) 得到表彰奖励

鼓励有关部门、社会组织和企事业单位对有良好志愿服务记录、表现优异的志愿者进行表彰奖励。

(3) 获得优先权

鼓励有关单位在招生、招聘时,同等条件下优先录用、聘用和录取有良好志愿服务记录的志愿者。鼓励商业机构对有良好志愿服务记录的志愿者提供优先、优惠服务。

(4) 给予优惠票价

鼓励城市公共交通对有良好志愿服务记录的志愿者给予票价减免优待。鼓励博物馆、公共图书馆、体育场馆等公共文化体育设施和公园旅游景点等场所,对有良好志愿服务记录的志愿者免费或者优惠开放。

3. 权益保障制度

通过建立志愿者保险制度,明确志愿者保险的责任主体、涉险范围和风险承担机制,充分保障志愿者的基本权益,为志愿者参与社会服务解除后顾之忧。

(1) 志愿服务组织者承担民事责任

志愿者在志愿服务中对志愿服务对象或其他相关人员造成损害的,由志愿服务组织依法承担民事责任。志愿服务组织依据应当为志愿者购买人身意外伤害保险而没有购买,志愿者在志愿服务活动过程中受到侵害且有下列情形之一的,志愿服务组织应当依法承担相应的民事责任:一是因不可抗力等不能归责于第三方的原因导致的;二是依法应当承担民事责任的单位或者个人无法查明、逃逸或者无赔偿能力的。这一情况下,志愿服务基金会应适当给予资助。

(2) 志愿服务组织承担赔偿责任

因志愿服务组织的过错给志愿者造成损害的,志愿服务组织者应当依法承担损害赔偿责任。志愿服务对象或其他相关人员对志愿者造成损害的,志愿服务组织应当协助受损害的志愿者依法获得赔偿或补偿。

志愿服务组织、志愿者、志愿服务对象在志愿服务活动中发生争议的,可以协商解决,也可以依法申请仲裁或向人民法院提起诉讼。

4. 评选表彰和奖章授予制度

各级团组织、志愿者组织主要依据注册志愿者的服务时间、服务业绩,根据有关规定,定期组织开展评选表彰活动,授予志愿者荣誉称号和相应服务奖章。共青团中央、中国青年志愿者协会定期组织开展中国青年志愿者优秀个人奖、组织奖、项目奖评选表彰活动。

(二) 志愿服务基金

志愿服务基金会的建立,有助于为发展志愿服务事业提供支持和保障,促进志愿服务事业长远发展。志愿服务基金的来源包括社会捐赠、政府支持、基金增值收益、其他合法收入。

志愿服务基金主要用于资助志愿服务项目、宣传志愿服务理念、培训志愿者、救助因从事志愿服务活动受到侵害造成生活困难的志愿者、奖励作出突出贡献的志愿服务组织和志愿者、用于与志愿服务事业发展有关的其他事项。

第四节　社会服务机构管理法规与政策

社会服务机构是指自然人、法人或者其他组织为了提供社会服务,主要利用非国有资产设立的非营利性法人。为了规范社会服务机构的登记管理,保障社会服务机构的合法权益,促进社会服务健康发展,国务院颁布《社会服务机构登记管理条例》对社会服务机构的成立登记、管理、终止做出了具体的规定。

一、社会服务机构成立登记

(一) 社会服务机构的成立条件

社会服务机构的成立条件如下:

有规范的名称、必要的组织机构。民办非企业单位的名称应当符合国务院民政部门的规定，不得冠以"中国""全国""中华"等字样；

有与其业务活动相适应的从业人员；

有与其业务活动相适应的合法财产。民办非企业单位必须拥有与其业务活动相适应的合法财产，且非国有资产份额不得低于总财产的三分之二。开办资金必须达到规定的最低限额。社会服务机构注册资金不得低于3万元人民币。在省级以下地方人民政府民政部门申请登记的，注册资金具体标准由省级人民政府制定；

有必要的场所。民办非企业单位的活动场所须有产权证明或一年期以上的使用权证明；

有独立承担民事责任的能力；

法律、行政法规规定的其他条件；

(二) 登记管辖

依照法律、行政法规和国家政策规定，除直接登记的社会服务机构向所在地县级以上地方人民政府民政部门申请登记外，其余社会服务机构向国务院民政部门申请登记。县级以上地方各级人民政府民政部门负责同级业务主管单位审查同意的社会服务机构的登记管理、同级行业审批机关依法许可的社会服务机构的登记管理。

登记管理机关、业务主管单位与其管辖的社会服务机构的住所不在一地的，可以委托社会服务机构住所地的登记管理机关、业务主管单位负责委托范围内的监督管理工作。

(三) 登记程序

社会服务机构的成立登记分为可直接登记的社会服务机构和登记需经前置审批的社会服务机构。

1. 可直接登记的社会服务机构

在自然科学和工程技术领域内从事学术研究和交流活动的科技类社会服务机构；提供扶贫、济困、扶老、救孤、恤病、助残、救灾、助医、助学等服务的公益慈善类社会服务机构；为满足城乡社区居民生活需求开展活动的城乡社区服务类社会服务机构。

2. 需前置审批的社会服务机构

依据法律法规和国务院决定需要前置审批的，需经业务主管单位审查同意。这种情况下，申请登记应当经业务主管单位同意后，依照下列程序进行登记。

(1) 登记申请

经业务主管单位审查同意后，申请者应当向登记管理机关提交登记申请书、章程草案、捐赠财产承诺书、验资证明、场所使用权证明、申请人、理事、监事、拟任负责人基本情况及身份证明。若社会服务机构登记前须经业务主管单位审查同意的，申请人还应当提交业务主管单位的批准文件。

社会服务机构申请人应当对登记申请材料的真实、完整负责，对社会服务机构登记申请过程中的活动负责，不得以申请设立社会服务机构名义开展与申请无关的活动。

(2) 审查登记

登记管理机关应当在收到全部有效申请材料之日起30日内作出准予或者不予登记的决定。

情况复杂的,经上一级民政部门批准,可以适当延长,但延长的期限不得超过 60 日。审核后交付准予登记《社会服务机构法人登记证书》。《社会服务机构法人登记证书》载明的登记事项包括:名称、住所、宗旨和业务范围、法定代表人和负责人、注册资金。

有下列情形之一的,登记管理机关不予登记,并向申请人书面说明理由:有根据证明申请登记的社会服务机构的宗旨、业务范围不符合规定的;申请登记时弄虚作假的;不符合《社会服务机构登记管理条例》第十一条规定的设立条件的;拟任理事、监事、负责人有不适合任职的情形的;有法律、行政法规禁止的其他情形。

二、社会服务机构管理

社会服务机构登记成立后即具有法人资格,可以开展其章程规定的各项活动。对于民办非企业单位的管理,涉及如下几个方面:

(一) 社会服务机构分支机构管理

在县级人民政府民政部门登记的社会服务机构可以在其住所地所在县级行政区域范围内设立分支机构。分支机构是社会服务机构的组成部分,不具备法人资格。

(二) 社会服务机构登记事项管理

社会服务机构的登记事项需要变更的,应当自业务主管单位审查同意之日起 30 日内,向登记管理机关申请变更登记。社会服务机构修改章程,应当自业务主管单位审查同意之日起 30 日内,报登记管理机关核准。

(三) 社会服务机构财务管理

1. 依法开立银行账户

社会服务机构凭登记证书申请刻制印章,开立银行账户。社会服务机构应当将印章式样和银行账号报登记管理机关备案。

2. 依法进行会计核算

社会服务机构应当按照《民间非营利组织会计制度》进行会计核算,编制财务会计报告并保证会计信息真实完整。

3. 应接受审计监督的情形

主要包括两种情形:资产来源于国家拨款或者社会捐赠、资助;社会服务机构换届或者更换法定代表人之前。

(四) 社会服务机构资产管理

资产来源以及用途要合法。资产来源于国家资助、社会捐赠资助、收费等。开展章程规定的活动取得的合法收入,必须用于章程规定的业务活动。接受的捐赠必须符合章程规定的宗旨和业务范围并需按照约定用途使用。

(五) 社会服务机构税收管理

税务登记有应纳税收入的社会服务机构,应办理税务登记,按期进行纳税申报。免税资格认定社会服务机构申请免税资格认定的条件与社会团体相同。

(六) 社会服务机构年检管理

社会服务机构应当于每年1月1日至6月30日通过登记管理机关统一的信息平台向登记管理机关报送上一年度工作报告。报告内容应包括基本信息、业务活动情况、组织机构情况、接受有关部门监督管理的情况、监事意见、履行信息公开义务的情况、财务会计报告等登记机关要求的其他信息。

三、社会服务机构的终止

当出现法定终止情形时,社会服务机构将失去法人资格。社会服务机构的终止有两种情形,一是社会服务机构申请注销,二是被登记管理机关依法撤销。

(一) 注销登记

社会服务机构有下列情形之一的,应当终止,并向登记管理机关申请注销登记：按照章程规定终止的；理事会决议终止的；因分立、合并需要终止的；无法按照章程规定的宗旨继续从事服务活动的；依法被撤销登记或者吊销登记证书的；社会服务机构不能清偿到期债务,且资产不足以清偿全部债务或者明显缺乏清偿能力的。

社会服务机构应当在注销情形出现之日起30日内在业务主管单位、登记管理机关和其他有关机关的指导下成立清算组织并开始清算。社会服务机构在应当自完成清算之日起15日内,向登记管理机关申请办理注销登记。社会服务机构申请注销登记时,应当向登记管理机关提交注销登记申请书和清算报告。经业务主管单位审查同意登记的社会服务机构还应当提交业务主管单位审查同意的文件。登记管理机关应当自收到全部有效文件之日起30日内核准注销发给注销证明文件,收缴登记证书、印章和财务凭证。

(二) 撤销登记

根据《社会服务机构登记管理条例》的规定,当出现在申请登记时弄虚作假、业务主管单位撤销批准、严重违规(比如从事营利性的经营活动,涂改、出租、出借登记证书,超出其章程规定的宗旨和业务范围进行活动,不按照规定办理变更登记,侵占、私分、挪用民办非企业单位的资产或者所接受的捐赠、资助,违反国家有关规定收取费用、筹集资金或者接受使用捐赠、资助,拒不接受或者不按照规定接受监督检查)可依法撤销登记。社会服务机构被撤销登记后,由登记管理机关收缴登记证书和印章。

第五节 基金会管理法规与政策

《基金会管理条例》颁布于我国现代化建设的关键时期,在这个时期,我国的社会主义市场经济体制已经初步建立,以经济增长为中心的发展模式开始向"以人为本、全面协调、可持续发展"的科学模式转变。《基金会管理条例》对基金会的设立、治理结构、管理、终止做出了具体的规定,规范了基金会的组织和活动,维护了基金会、捐赠人和受益人的合法权益,促进了社会力量参与公益事业,加强了人们对非政府组织的理解以及认同。

一、基金会的设立

(一) 基金会设立条件

第一,原始基金。全国性公募基金会的原始基金不低于800万元人民币,地方性公募基金会的原始基金不低于400万元人民币,非公募基金会的原始基金不低于200万元人民币。公募基金会为面向公众募捐的基金会,非公募基金会为不得面向公众募捐的基金会。

第二,有专职工作人员。成立基金会,必须有与其业务活动相适应的专职工作人员,其工资和保险福利待遇参照国家对事业单位的有关规定执行。

第三,名称规范。基金会名称应当反映公益活动的业务范围,依次包括字号、公益活动的业务范围,并以"基金会"字样结束。公募基金会的名称可以不使用字号。全国性公募基金会应当在名称中使用"中国""中华""全国""国家"等字样,非公募基金会不得使用上述字样。

第四,有固定的住所、明确的章程和相应的组织机构。

第五,有独立承担民事责任的能力。

第六,为特定的公益目的而设立。

(二) 设立基金会的申请与登记

1. 登记申请

申请设立基金会,申请人应当向登记管理机关提交申请书、章程草案、验资证明和住所证明,理事名单、身份证明以及拟任理事长、副理事长、秘书长简历及业务主管单位同意设立的文件。

2. 审查登记

登记管理机关应当自收到全部有效文件之日起60日内,作出准予或者不予登记的决定。准予登记的,发给《基金会法人登记证书》;不予登记的,应当书面说明理由。

有下列情形之一的,登记管理机关不予登记,并向申请人书面说明理由:有根据证明申请登记的社会服务机构的宗旨、业务范围不符合规定的;申请登记时弄虚作假的;不符合本条例第十一条规定的设立条件的;拟任理事、监事、负责人有不适合任职的情形的;有法律、行政法规禁止的其他情形。

(三) 境外基金会代表机构的设立

境外基金会在中国内地设立代表机构,应当经有关业务主管单位同意后,向登记管理机关提交申请书、基金会在境外依法登记成立的证明和基金会章程、拟设代表机构负责人身份证明及简历、住所证明以及业务主管单位同意在中国内地设立代表机构的文件等材料。登记管理机关应当自收到上述全部有效文件之日起60日内,作出准予或者不予登记的决定。准予登记的,发给境外基金会代表机构登记证书;不予登记的,应当书面说明理由。

准予登记的境外基金会代表机构,可以从事符合中国公益事业性质的公益活动,但不得在中国境内组织募捐、接受捐赠。境外基金会对其在中国内地代表机构的民事行为,依照中国法律承担民事责任。

二、基金会的治理结构

理事会和监事会是基金会进行法人治理的重要组织保证。

(一) 理事会的组成及职责

理事会是基金会的决策机构,依法行使章程规定的职权。

1. 理事会的组成

理事会的规模为5人至25人。理事任期由章程规定,但每届任期不得超过5年。理事任届期满,连选可以连任。理事选任限制。用私人财产设立的非公募基金会,相互间有近亲属关系的基金会理事,总数不得超过理事总人数的三分之一;其他基金会,具有近亲属关系的不得同时在理事会任职。未在基金会担任专职工作的理事不得从基金会获取报酬,在基金会领取报酬的理事不得超过理事总人数的三分之一。理事会设理事长、副理事长和秘书长,从理事中选举产生。为了保证基金会的公益性和民间性,基金会理事长、副理事长和秘书长不得由现职国家工作人员兼任。理事长是基金会的法定代表人。作为基金会的法定代表人,理事长不得同时担任其他组织的法定代表人。公募基金会和原始基金来自中国内地的非公募基金会,应当由内地居民担任法定代表人(理事长)。

2. 理事会的职责

《基金会管理条例》明确规定,理事会每年至少召开两次会议。理事会会议须有三分之二以上理事出席方能召开;理事会决议须经出席理事过半数通过方为有效。但章程的修改选举或者罢免理事长、副理事长、秘书长,重大募捐、投资活动,基金会的分立、合并须经出席理事表决,三分之二以上通过方为有效。

当基金会理事遇有个人利益与基金会利益关联时,不得参与相关事宜的决策。同时,理事会违反法律法规的规定和章程规定决策不当,致使基金会遭受财产损失的,参与决策的理事应当承担相应的赔偿责任。

(二) 监事会及其职责

基金会设监事会。监事要求任期与理事任期相同,不得从基金会获取报酬,其近亲属和基金会财会人员不得兼任监事或者与基金会有任何交易行为。

监事会的职责有:依照章程规定的程序检查基金会财务和会计资料,监督理事会遵守法律和章程的情况;列席理事会会议,有权向理事会提出质询和建议;向登记管理机关、业务主管单位以及税务、会计主管部门反映情况。

三、基金会的管理

(一) 基金会分支机构、代表机构管理

基金会拟设立分支机构、代表机构的,应当向原登记管理机关提出登记申请,并提交拟设机构的名称、住所和负责人等情况的文件。登记管理机关应当自收到前款所列全部有效文件之日起60日内作出准予或者不予登记的决定。基金会分支机构、基金会代表机构依据基金会的授权

开展活动,不具有法人资格。

(二)基金会登记事项管理

基金会、基金会分支机构、基金会代表机构和境外基金会代表机构的登记事项需要变更的,应当向登记管理机关申请变更登记。基金会修改章程,应当征得其业务主管单位的同意,并报登记管理机关核准。

(三)基金会财务管理

1. 依法开立银行账户
基金会凭登记证书依法申请组织机构代码、刻制印章、开立银行账户。
2. 依法进行会计核算
基金会应按照《民间非营利组织会计制度》进行会计核算,编制财务会计报告并保证会计信息真实完整。

(四)基金会财产管理

基金会的财产及其他收入受法律保护,任何单位和个人不得私分、侵占、挪用。基金会应当根据章程规定的宗旨和公益活动的业务范围使用其财产。当捐赠协议明确了具体使用方式的捐赠,根据捐赠协议的约定使用。

(五)基金会支出管理

公募基金会每年用于从事章程规定的公益事业支出,不得低于上一年总收入的70%;非公募基金会每年用于从事章程规定的公益事业支出,不得低于上一年基金余额的8%;基金会工作人员工资福利和行政办公支出不得超过当年总支出的10%。

(六)基金会年检管理

基金会应当按照《基金会年度检查办法》的规定参加年检。
1. 年检对象
登记管理机关核准登记的基金会、境外基金会代表机构,应当接受登记管理机关的年检。
2. 年检时间
每年3月31日前向登记管理机关报送经业务主管单位审查同意的上一年度的年度工作报告,接受登记管理机关检查。
3. 年度工作报告内容
年度工作报告应当包括:财务会计报告,注册会计师审计报告,开展募捐、接受捐赠、提供资助等活动的情况以及人员和机构的变动情况等。
4. 年检结论及效力
基金会年检结论分为"年检合格""年检基本合格""年检不合格"三种。登记管理机关作出基本合格或者不合格年检结论后,应当责令该基金会或者境外基金会代表机构限期整改,并视情况依据《基金会管理条例》的有关规定给予行政处罚。

四、基金会的终止

当出现法定终止情形时,基金会将失去法人资格,终止存在。基金会的终止有两种情形:一是基金会申请注销;二是被登记管理机关依法撤销。

(一) 注销登记

根据《基金会管理条例》的规定,基金会、境外基金会代表机构按照章程规定终止,或者无法按照章程规定的宗旨继续从事公益活动等情形下,应当向登记管理机关申请注销登记。

此外,基金会撤销其分支机构、代表机构的,也应当向登记管理机关办理分支机构、代表机构的注销登记。基金会在办理注销登记前,应当在登记管理机关、业务主管单位的指导下成立清算组先完成清算工作。在清算结束之日起15日内,基金会应当向登记管理机关办理注销登记。基金会注销的,其分支机构、代表机构同时注销。

(二) 撤销登记

撤销登记是指登记管理机关依法撤销基金会登记的行政行为。根据《基金会管理条例》和《基金会年度检查办法》的有关规定,构成基金会撤销登记的情形有:在申请登记时弄虚作假骗取登记的;自取得登记证书12个月内未按章程规定开展活动的;符合注销条件,不按照《基金会管理条例》的规定办理注销登记仍继续开展活动;基金会、境外基金会代表机构连续两年不接受年检的;基金会、基金会分支机构或代表机构、境外基金会代表机构严重违规的,比如未按照章程规定的宗旨和公益活动的业务范围进行活动,在填制会计凭证、登记会计账簿、编制财务会计报告中弄虚作假,不按照规定办理变更登记,未按规定完成公益事业支出额度,未按规定接受年度检查或者年度检查不合格,不履行信息公布义务或者公布虚假信息。

基金会注销后的剩余财产应当按照章程的规定用于公益目的。无法按照章程规定处理的,由登记管理机关组织捐赠给与该基金会性质、宗旨相同的社会公益组织,并向社会公告。

【本章小结】

社会组织作为社会力量的代表,是社会治理现代化的重要参与主体。社会组织规范化、合法化管理是社会健康有序发展的重要因素。从系统论的角度来看,社会组织本身作为公共利益的代表,其作为系统内部的发展需要法规与政策的规范与引导,其与外部主体的互动更是需要接受法律的监督与管理。本章所阐述的对社会组织和公共利益的法规体系,涵盖了社会组织的成立、发展、审批与评估考核各个方面。目的在于强化社会组织的法治化管理,引导社会组织在规范竞争中证明组织价值,尤其是与社会工作服务紧密相关的机构,在处理与正式的政府部门之间的关系中,促进其形成政社互动合作的良性发展机制。我国目前的政治文件、社会组织法规和社会福利政策的发展状况,对社会组织的发展及其社会功能的发挥具有重要影响。尽管目前我国社会组织发展的法规制度环境还有待进一步完善,但社会组织的法规政策的体系建设已经较为完备。本章从社会组织参与社会治理的角度出发,整合我国社会组织和公益事业法规、政策发展的渐进过程,展现出在推进政府职能转型的改革进程中,社会组织发展日益专业化、合法化,社会组织的发展空间不断扩大,公共事业建设日益专业化与规范化。

【思考题】
1. 免于登记的社会团体有哪些?
2. 简述慈善事业的促进措施。
3. 简述志愿服务组织的权利与义务。
4. 试述社会服务机构的登记程序。
5. 试述基金会的治理结构。

第十一章
社区矫正与禁毒的法规与政策

CHAPTER EIEVEN

社区矫正试点开展至今,共有《关于开展社区矫正试点工作的通知》《司法行政机关社区矫正工作暂行办法》《关于扩大社区矫正试点范围的通知》《关于在全国试行社区矫正工作的意见》《社区矫正实施办法》等文件,形成监禁刑与非监禁刑分层次、相衔接的新型刑罚执行体系。2019年12月28日,《中华人民共和国社区矫正法》(以下简称《社区矫正法》)经十三届全国人大常委会第十五次会议表决通过,将于2020年7月1日实施,共九章63条。作为第一个出台实施细则的省份(直辖市),上海市高级人民法院、上海市人民检察院、上海市公安局、上海市司法局于2020年8月13日正式会签完成《关于贯彻落实〈中华人民共和国社区矫正法实施办法〉的实施细则》,该细则将于2020年8月20日起施行。

第一节 社区矫正的定义、适用范围及其相关机构

社区矫正是我国特有的非监禁刑罚的方式,其目的在于矫正犯罪心理和行为恶习,促进社区矫正对象能顺利地回归社会,从而预防和减少犯罪。社区矫正具有一定的适用范围,需要各机关、各部门、各组织的多方力量配合。社会组织和社会工作是其中的重要一环,需要不断提升社区矫正的规范化和专业化。

一、社区矫正的定义

社区矫正是非监禁刑罚执行方式,是指将符合法定条件的罪犯置于社区内,由专门的国家机会在相关社会团体、民间组织和社会志愿者的协助下,在判决、裁定或决定确定的期限之内,矫正其犯罪心理和行为恶习,促进其顺利回归社会的非监禁刑罚执行活动。社区矫正的立法目的是促进社区矫正对象顺利融入社会,预防和减少犯罪。

二、社区矫正的适用范围

社区矫正的适用范围主要有以下4种:被判处管制的、被宣告缓刑的、被裁定假释的和被暂

予监外执行的罪犯。2020年7月1日开始实施的《社区矫正法》和之前的《社区矫正实施办法》在适用范围上不同的是去掉了"剥夺政治权利的"人的社区矫正。

（一）被判处管制的

被判处管制的罪犯指不实行关押，但限制一定时间的人身自由的犯罪人员。管制是指由人民法院判决，对犯罪人员不予关押，虽不剥夺但限制其一定时间的人身自由，交由公安机关执行，并依靠社区群众监督与矫正的刑罚方法。判处管制的犯罪人员仍然留在原工作单位或居住地工作或劳动，在劳动中应当同工同酬。管制的期限为3个月以上2年以下，数罪并罚时不得超过3年。管制刑是我国独创的刑罚种类，是限制自由的刑罚方法。

（二）被宣告缓刑的

我国的缓刑制度是对于被判处拘役、三年以下有期徒刑确定不致再危害社会的犯罪分子，在一定考验期内，如果没有再犯新罪，没有发现发生其他依法应当取消缓刑宣告的特定事由，考验期满后原判刑期不再执行的一项制度。

（三）被裁定假释的

假释是对被判处有期徒刑、无期徒刑的罪犯，在刑罚执行一定时间后，确有悔改表现，不致再危害社会，而附条件提前释放的刑罚执行制度。

（四）被暂予监外执行的

监外执行是指人民法院、监狱管理机关和公安机关对被判处有期徒刑和拘役的罪犯，因出现了不适宜在监禁机构执行的法定的特殊情况，依法予以变更执行场所和方法，并将监外执行的期间算入刑期以内的一项行刑制度。被暂予监外执行的罪犯具体包括：有严重疾病需要保外就医的；怀孕或者正在哺乳自己婴儿的妇女；生活不能自理，适用暂予监外执行不致危害社会的。

在符合上述4种条件的情况下，应当把罪行轻微、主观恶性不大的未成年犯、老病残犯，以及罪行较轻的初犯、过失犯等作为重点对象，适用非监禁措施，实施社区矫正。

三、社区矫正及其相关机构

根据《社区矫正法》规定，国务院司法行政部门主管全国的社区矫正工作。县级以上地方人民政府司法行政部门主管本行政区域内的社区矫正工作。地方人民政府根据需要设立社区矫正委员会，负责统筹协调和指导本行政区域内的社区矫正工作。社区矫正机构的设置和撤销，由县级以上地方人民政府司法行政部门提出意见，按照规定的权限和程序审批。司法所根据社区矫正机构的委托，承担社区矫正相关工作。

（一）社区矫正机构

1. 管理体制

司法行政机关主管本行政区域内的社区矫正工作。社区矫正机构负责社区矫正工作的具体实施。司法所根据区社区矫正机构委托，承担下列社区矫正工作：

配合区社区矫正机构开展调查评估;参加入矫宣告,组织解矫宣告;组建矫正小组,指导矫正小组运作和作用发挥;制订、调整、执行矫正方案;组织实施社区矫正对象日常管理和教育帮扶工作;负责社区矫正对象外出、迁居、会客、特定区域或场所准入申请的审核;了解掌握社区矫正对象的活动情况和行为表现,并组织实施日常考核管理,提出奖惩建议;建立社区矫正对象工作档案;区社区矫正机构依法委托的其他事项。

区社区矫正机构依法委托司法所开展其他社区矫正工作的,应当报经区司法行政机关同意,并报市社区矫正机构备案,同时通报区人民法院、人民检察院、公安机关。

2. **工作机制**

人民法院、人民检察院、公安机关、司法行政机关、监狱管理机关、社区矫正机构应当建立日常联络机制,加强执法衔接,就社区矫正刑事执行重点、难点问题进行定期会商。

3. **信息化建设**

人民法院、人民检察院、公安机关、司法行政机关应依法建立完善社区矫正信息交换和共享共用平台,实现调查评估信息、社区矫正对象基本信息、犯罪信息,监督管理、改造矫正和教育帮扶信息,因违法犯罪被惩处信息以及其他社区矫正工作相关信息的实时传输,强化社区矫正对象遵守社区矫正规定情况核查、违法违规行为制止、失联查找、重点关注人员动态管控等工作的信息化协同力度,提高社区矫正信息化水平。

(二) 社区矫正的相关机构和组织

关于社区矫正的相关机构和组织不仅包括人民法院、人民检察院、公安机关、司法行政机关、监狱管理机关等这样的国家机构,也包括社会保障、民政、教育、卫生等各级部门,还包括群众基层自治组织如村(居)民委员会,以及企事业单位、社会组织等各种力量。

1. **人民法院在社区矫正中的职能**

人民法院是社区矫正的决定机构,在社区矫正工作中具有不可替代的作用。人民法院参与社区矫正的职能主要定位于:严格、准确适用刑事法律和刑事司法解释,充分运用非监禁刑的管制、缓刑、暂予监外执行和减刑、假释等鼓励罪犯改造自新的刑罚执行措施,并在宣判、宣告后及时将裁判文书抄送有关社区矫正机构,配合社区矫正机构对那些不需要、不适宜监禁的罪犯进行教育转化,提高教育改造质量,预防和减少重新犯罪。法院的任务也应当止于给出公正的裁判。由于在执行过程中,法院仍有可能对执行对象的行为再次作出裁定,还要接受检察机关对裁判准确与否的检验、监督,为保持中立、不偏不倚,法院当与社区矫正对象保持理性的距离。这既是法治社会中司法制度建设的需要,也是社会对司法公正的要求。

2. **人民检察院在社区矫正中的职能**

检察机关参与社区矫正工作,主要任务是开展法律监督,保障社区矫正工作依法公正进行。社区矫正作为刑罚执行的重要组成部分,应当接受检察机关的法律监督,这是检察机关履行法律监督职能的重要方面,是中国特色社区矫正制度的重要组成部分。目前,检察机关对社区矫正试点工作的法律监督,主要根据最高人民检察院《关于在社区矫正试点工作中加强法律监督的通知》的要求进行,同时参照《人民检察院监外执行检察办法》《关于加强监外执行检察工作的意见》《关于加强对监外执行罪犯脱管、漏管检察监督的意见》等文件的相关规定。

3. 其他部门在社区矫正中的职能

社区矫正是一项复杂的系统工程，是一项开创性工作，涉及社会方方面面和多个相关职能部门。为了认真履行刑罚执行职能，加强社区矫正工作，实现对社区矫正对象的监督管理、教育矫正与社会适应性帮扶，需要立法部门、编制部门、人力资源和社会保障部门、财政部门、民政部门、工商部门、税务部门、教育部门、卫生部门等的支持与配合。

4. 结合社会力量，多方共同参与

居民委员会、村民委员会依法协助社区矫正机构做好社区矫正工作。社区矫正对象的监护人、家庭成员，所在单位或者就读学校应当协助社区矫正机构做好社区矫正工作。国家鼓励、支持企业事业单位、社会组织、志愿者等社会力量依法参与社区矫正工作。

（三）社区矫正人员及队伍建设

1. 社区矫正机构人员

社区矫正机构应当配备具有法律等专业知识的专门国家工作人员（以下称社区矫正机构工作人员），履行监督管理、教育帮扶等执法职责，组织具有法律、教育、心理、社会工作等专业知识或者实践经验的社会工作者开展社区矫正相关工作。社区矫正机构的工作人员应当依法开展社区矫正工作，受法律保护。

2. 加强人才队伍建设，提高规范化和专业化水平

国家推进高素质的社区矫正工作队伍建设。社区矫正机构应当加强对社区矫正工作人员的管理、监督、培训和职业保障，不断提高社区矫正工作的规范化、专业化水平。

第二节 社区矫正的评估调查与交付执行

社区矫正的评估调查是是否开始进行社区矫正的开端，主要由社区矫正机构开展，通过一定的程序，对犯罪嫌疑人、被告人或罪犯的居所情况、家庭和社会关系、犯罪行为的后果和影响等方面进行调查和评估，以确定是否做出接收的决定，交付执行社区矫正。

一、社区矫正适用前调查评估

（一）委托机关

人民检察院对认罪认罚的犯罪嫌疑人，拟建议人民法院判处缓刑或管制的，可以委托社区矫正机构开展调查评估。

人民法院拟对被告人判处管制、宣告缓刑或决定暂予监外执行的，应当委托社区矫正机构开展调查评估。但区社区矫正机构根据人民检察院委托已经反馈调查评估意见的除外。

拟提请人民法院裁定罪犯假释的，监狱应当委托社区矫正机构开展调查评估。拟报请主管部门决定罪犯暂予监外执行（病危等特殊情况除外）的，监狱、看守所可以委托社区矫正机构开展调查评估。

（二）居住地确认

委托机关在委托调查评估前，应当书面确认拟适用社区矫正的犯罪嫌疑人、被告人或罪犯本

人的居住地,并告知其在社区矫正期间未经社区矫正机构批准不得变更居住地。

(三) 委托程序

委托机关应当向犯罪嫌疑人、被告人或罪犯居住地所在区社区矫正机构发出调查评估委托函。委托函应包括犯罪嫌疑人、被告人或罪犯及其家庭主要成员的姓名、住址、联系方式、案由以及委托机关的联系人、联系方式等内容,同时附带相关法律文书。

委托机关应当指定专人负责办理委托调查评估手续,不得将材料交由案件当事人、代理人或其他利害关系人转递。社区矫正机构不得接收委托机关以外的其他单位或个人转递的委托调查材料。

(四) 评估内容

调查评估应当重点了解犯罪嫌疑人、被告人或罪犯的以下情况:居所情况;家庭和社会关系;犯罪行为的后果和影响;居住地居(村)委和被害人意见;拟禁止的事项;社会危险性和对所居住社区影响;对拟适用暂予监外执行的罪犯,审核保证人是否具备保证条件;其他事项。

(五) 调查评估方式

社区矫正机构可以通过走访、座谈、个别约谈、查阅调取相关资料、要求相关机关或企事业组织协查等方式调查核实相关情况。

社区矫正机构对调查核实的情况进行综合评估后,出具评估意见。区社区矫正机构根据需要,可以组织召开由社区民警、社会工作者、社会志愿者、有关单位、部门和社区居民代表等参加的评议会,对适用社区矫正可能产生的社区影响、再犯罪风险以及是否具备监管教育条件等因素进行综合评估。

(六) 意见采纳和保密要求

社区矫正机构在调查评估意见中明确提出适用社区矫正合适执行地的,社区矫正决定机关一般应当采纳。

社区矫正机构依法按时反馈调查评估意见前社区矫正决定机关已经作出判决、裁定、决定的,社区矫正机构可以不再出具调查评估意见,并向委托机关书面说明不再出具意见的原因。

除依法在法律文书中予以说明的调查评估相关情况外,社区矫正决定机关应当对调查人、调查对象以及调查评估其他相关具体事项予以保密,不得随意泄露给被调查评估对象。

二、社区矫正的衔接与交付执行

社区矫正决定机关是指依法判处管制、宣告缓刑、裁定假释、决定暂予监外执行的人民法院和依法批准暂予监外执行的监狱管理机关、公安机关。

(一) 确定执行地

社区矫正决定机关有权根据有利于社区矫正对象接受矫正、更好地融入社会的原则,确定社区矫正的执行地,一般为社区矫正对象的居住地。社区矫正对象在多个地方居住的,可以确定经常居住地为执行地。

如上海市认为在本市有固定住所(在本市有合法住所且已经或能够连续居住六个月以上的,可以认定为固定住所)和固定生活来源(本人有合法稳定的工作、固定的收入,或家庭成员、近亲属以及其他人员愿意为社区矫正对象生活提供经济支持的,可以认定为具有固定生活来源)的社区矫正对象,其固定住所所在地可以确定为社区矫正执行地。

(二)管制、缓刑衔接

对于被判处管制、宣告缓刑的社区矫正对象,人民法院应当做好以下衔接工作:

向社区矫正对象宣读并发放社区矫正告知书,告知社区矫正对象在判决生效之日起10日内到执行地的区社区矫正机构报到以及未按时报到的后果;向社区矫正对象宣读并发放社区矫正保证书,责令其在社区矫正保证书上签字;在判决生效之日起5日内向执行地的区社区矫正机构送达判决书、执行通知书、社区矫正保证书、社区矫正告知书等法律文书,同时抄送区人民检察院和公安机关。

(三)假释衔接

对于被裁定假释的社区矫正对象,监狱、看守所应当做好以下衔接工作:

向社区矫正对象宣读并发放社区矫正告知书,告知社区矫正对象自裁定生效之日起10日内到执行地的区社区矫正机构报到,以及未按时报到的后果;向社区矫正对象宣读并发放社区矫正保证书,责令其在社区矫正保证书上签字;在裁定生效之日起5日内,向执行地的区社区矫正机构送达判决书、裁定书、假释证明书副本、社区矫正保证书、社区矫正告知书等法律文书,同时抄送区人民检察院和公安机关。

(四)暂予监外执行文书送达

人民法院对罪犯决定暂予监外执行的,应当在作出暂予监外执行决定之日起5日内将刑事判决书、暂予监外执行决定书、执行通知书、检察意见书以及罪犯病情诊断书或罪犯生活不能自理鉴别书及相关病历材料(或材料复印件)、社区矫正告知书、社区矫正保证书等送达看守所或者执行取保候审、监视居住的公安机关,并抄送执行地的区社区矫正机构和人民检察院。

监狱管理机关、公安机关决定罪犯暂予监外执行的,监狱、看守所应当向执行地的区社区矫正机构交付暂予监外执行社区矫正对象的刑事判决书、减刑裁定书、暂予监外执行决定书、检察意见书、社区矫正对象病情诊断书或生活不能自理鉴别书及相关病历资料、社区矫正保证书、暂予监外执行保证书等材料(或材料复印件),并抄送执行地的区人民检察院。

(五)暂外对象交接

公安机关、监狱或看守所应当自暂予监外执行决定之日起10日内依法将暂予监外执行社区矫正对象移送至执行地的区社区矫正机构,办理交付接收手续。

公安机关、监狱或看守所在押送交付暂予监外执行社区矫正对象前应当书面通知区社区矫正机构,确定移交的时间、地点等。区社区矫正机构可以要求押送机关直接将暂予监外执行社区矫正对象押送至其住所办理交接手续。

暂予监外执行社区矫正对象已在社会医疗机构接受住院治疗的,在暂予监外执行决定之日起10日内,可以在暂予监外执行社区矫正对象接受治疗的医院办理有关法律文书和人员交接手续。

(六) 文书核查及送达时限

社区矫正机构收到社区矫正决定机关的判决书、裁定书、决定书、执行通知书、结案登记表等法律文书后,应当做好收文登记,核查法律文书是否齐全。

法律文书齐全的,社区矫正决定机关应当自判决、裁定或者决定生效之日起5日内通知执行地社区矫正机构,并在10日内送达有关法律文书,同时抄送人民检察院和执行地公安机关。社区矫正决定地与执行地不在同一地方的,由执行地社区矫正机构将法律文书转送所在地的人民检察院、公安机关。法律文书不齐全或者有误的,应当及时通知或函告有关机关补齐或更正。有关机关应当在5日内补齐或更正,并送达区社区矫正机构。

(七) 报到规定

被判处管制、宣告缓刑的社区矫正对象应当自判决、裁定生效之日起10日内凭社区矫正告知书、社区矫正保证书、生效判决书、假释裁定书到执行地的社区矫正机构报到。

人民法院决定暂予监外执行的社区矫正对象,由看守所或者执行取保候审、监视居住的公安机关自收到决定之日起10日内将社区矫正对象移送社区矫正机构。

监狱管理机关、公安机关批准暂予监外执行的社区矫正对象,由监狱或者看守所自收到批准决定之日起10日内将社区矫正对象移送社区矫正机构。

社区矫正机构收到法律文书后,发现社区矫正对象未按规定时限报到的,应当立即组织查找,并向社区矫正对象的家属、监护人或直系亲属书面告知社区矫正对象未按规定时间报到的情况及后果;24小时内查找无果的,应当书面提请公安机关予以协助查找。公安机关应当予以协助,并及时反馈查找进展情况。

社区矫正机构应当及时将有关情况书面通报社区矫正决定机关和区人民检察院;对被裁定假释的罪犯,应当同时抄送原服刑的看守所、监狱。

(八) 接收

社区矫正机构应当依法接收社区矫正对象,核对法律文书、核实身份、办理接收登记、建立档案,并宣告社区矫正对象的犯罪事实、执行社区矫正的期限以及应当遵守的规定。

第三节 社区矫正的监督与管理

社区矫正机构在办理接收手续后,应当书面告知社区矫正对象在3日内到指定司法所报到,并按期参加入矫宣告。社区矫正对象在社区矫正期间应当遵守法律、行政法规,履行判决、裁定、暂予监外执行决定等法律文书确定的义务,遵守国务院司法行政部门关于报告、会客、外出、迁居、保外就医等监督管理规定,服从社区矫正机构的管理。

一、日常管理

(一) 个案管理

社区矫正机构应当根据裁判内容和社区矫正对象的性别、年龄、心理特点、健康状况、犯罪原因、犯罪类型、犯罪情节、悔罪表现等情况,制定有针对性的矫正方案,实现分类管理、个别化矫正。矫正方案应当根据社区矫正对象的表现等情况相应调整。

(二) 矫正小组

社区矫正机构应当根据社区矫正对象的情况,为其确定矫正小组,负责落实相应的矫正方案。根据需要,矫正小组可以由司法所、居民委员会、村民委员会的人员,社区矫正对象的监护人、家庭成员、所在单位或者就读学校的人员以及社会工作者、志愿者等组成。社区矫正对象为女性的,矫正小组中应有女性成员。社区矫正对象为未成年人的,矫正小组中应当有熟悉未成年人特点,具有法律、教育或心理等专业的人员。

(三) 入矫宣告

社区矫正机构接收社区矫正对象后,应当在5个工作日内组织社区矫正入矫宣告。

司法所工作人员、社会工作者、暂予监外执行社区矫正对象的保证人应当参加宣告。社区民警、居(村)民委员会的人员、群众代表、社区矫正对象所在单位、家庭成员以及志愿者可以参加宣告。社区矫正对象为未成年人的,区社区矫正机构应当通知其监护人到场,且宣告不公开进行。

社区矫正机构应将宣告时间、地点提前告知司法所、公安机关和人民检察院。

(四) 日常管理考核

社区矫正机构、司法所依法对社区矫正对象遵守社区矫正规定情况、服从监督管理和接受教育帮扶情况以及其他日常表现情况开展日常管理考核。

社区矫正机构应当对日常管理考核结果进行公示,并作为实施分类、分级管理和依法给予表扬、训诫、警告以及提请治安管理处罚的依据。社区矫正对象对考核结果有异议的可以申请复核。社区矫正对象为未成年人的,日常考核奖惩不公开进行,需要依法惩处的,应通知监护人到场。

社区矫正对象日常管理考核以及分类、分级管理的方式、标准、要求由市社区矫正机构根据工作实际制定,并抄送同级人民检察院。

社区矫正机构应当根据社区矫正对象被判处管制、宣告缓刑、裁定假释和决定暂予监外执行的不同裁判内容和犯罪类型、矫正阶段、再犯罪风险以及日常考核管理等情况,进行综合评估,划分不同类别、级别,实施分类、分级矫正。

(五) 矫正方案

社区矫正机构应当在社区矫正对象纳管后的五个工作日内制定初期矫正方案。初期矫正方案执行期满前的五个工作日内,区社区矫正机构应当对初期矫正方案进行评估,并根据评估情况,确定继续沿用或调整矫正方案。

社区矫正机构应当根据社区矫正对象的性别、年龄、心理特点、健康状况、犯罪原因、悔罪表现等具体情况,结合分类、分级管理要求,依法为社区矫正对象制定矫正方案。社区矫正对象为未成年人的,制定矫正方案还应充分考虑其成长经历、家庭监护条件和未来发展需要等情况。矫正方案主要包括以下几个部分:

第一,社区矫正对象基本情况。包括社区矫正对象犯罪案由、犯罪类型、刑期及认罪表现、禁止令内容和期限以及居住情况、个人或家庭主要收入来源、工作状况等,可以包括前科情况、悔罪表现、家庭成员、主要社会关系、日常交往情况及家庭支持情况等。

第二,社区矫正对象需求调查和分析情况。

第三,社区矫正对象的心理状态和其他特殊情况分析。

第四,社区矫正对象综合评估结果。包括社区矫正对象"认罪、悔罪、赎罪"评估、风险评估、社会(区)影响评估、日常考核管理情况评估、矫正效果评估等。初期矫正方案社区矫正对象综合评估可以不包括矫正效果评估和日常考核管理情况评估。

第五,拟采取的监督管理和教育帮扶措施。矫正方案监督管理措施应当明确有关禁止令、报告、会客、外出、保外就医、实施电子定位、接受信息化核查等事项的要求。

矫正方案教育帮扶措施应当明确教育矫正、心理矫正以及公益活动等的要求,可以根据矫正需要,采取必要的帮扶措施。

社区矫正对象为未成年人的,社区矫正机构应采取有利于其健康成长、回归社会的矫正措施,同时督促、教育其监护人履行监护职责。监护人拒不履行监护职责的,通知有关部门依法作出处理。

矫正方案监督管理和教育帮扶措施以及违反的后果应告知社区矫正对象、监护人。

第六,其他需要列明的事项。

(六) 行为监督

社区矫正机构应当了解掌握社区矫正对象的活动情况和行为表现。社区矫正机构应当在保护社区矫正对象的身份信息和个人隐私的原则下,通过通信联络、信息化核查、实地查访等方式核实有关情况,有关单位和个人应当予以配合。

1. 报告规定

社区矫正对象离开所居住的市、县或者迁居,应当报经社区矫正机构批准。社区矫正机构对于有正当理由的,应当批准;对于因正常工作和生活需要经常性跨市、县活动的,可以根据情况,简化批准程序和方式。

2. 失联查找

社区矫正对象失去联系的,社区矫正机构应当立即组织查找,公安机关等有关单位和人员应当予以配合协助。查找到社区矫正对象后,应当区别情形依法作出处理。

3. 制止无效通知

社区矫正机构发现社区矫正对象正在实施违反监督管理规定的行为或者违反人民法院禁止令等违法行为的,应当立即制止;制止无效的,应当立即通知公安机关到场处置。

4. 限制人身自由应及时通知社区矫正机构

社区矫正对象有被依法决定拘留、强制隔离戒毒、采取刑事强制措施等限制人身自由情形的，有关机关应当及时通知社区矫正机构。

5. 共同管控情形

社区矫正对象具有违法犯罪嫌疑、接受社区矫正期间受到治安管理处罚或具有重大现实威胁等情形的，区社区矫正机构应及时将有关情况通报同级公安机关、人民检察院，经公安机关评估后，列为治安重点关注人员，予以共同管控。

二、考核与奖惩

(一) 奖惩小组

社区矫正机构根据社区矫正对象的表现，依照有关规定对其实施考核奖惩。社区矫正对象认罪悔罪、遵守法律法规、服从监督管理、接受教育表现突出的，应当给予表扬。社区矫正对象违反法律法规或者监督管理规定的，应当视情节依法给予训诫、警告、提请公安机关予以治安管理处罚，或者依法提请撤销缓刑、撤销假释、对暂予监外执行的收监执行。矫正奖惩工作小组成员人数应不少于3人，且为单数。市、区社区矫正奖惩工作小组成员应当包括社区矫正机构负责人。

对社区矫正对象的考核结果，可以作为认定其是否确有悔改表现或者是否严重违反监督管理规定的依据。

(二) 提请治安处罚

社区矫正机构依法向公安机关提出治安管理处罚建议的，公安机关应当在5个工作日内依法做出决定，并通知区社区矫正机构，通报同级人民检察院。

(三) 撤缓撤假程序

提请撤销缓刑、假释收监执行的，按以下程序办理：

区社区矫正机构发现社区矫正对象在缓刑、假释考验期内具有法定撤销情形，拟提请收监执行的，应当书面征求同级人民检察院的意见，人民检察院应当在10日内出具检察意见书。

提请撤销缓刑且原审判机关为基层人民法院的，区社区矫正机构收到人民检察院检察意见后应及时向原审人民法院提交撤销缓刑建议书并附相关证明材料；提请撤销缓刑但原审判机关为中级以上人民法院或提请撤销假释的，由市社区矫正机构向原审人民法院提请。原审人民法院不在本市的，应提请本市执行地同级人民法院裁定。

人民法院应当自收到撤销缓刑、假释建议书之日起30日内依法作出裁定。

人民检察院认为人民法院应当裁定撤销缓刑、假释而未予裁定的，应当依法提出纠正意见。

(四) 暂外收监程序

提请对暂予监外执行社区矫正对象收监执行的，按以下程序办理：

区社区矫正机构发现暂予监外执行社区矫正对象具有法定收监执行情形，拟提请收监执行的，应当书面征求同级人民检察院的意见，人民检察院应当在10日内出具检察意见书。

区社区矫正机构收到人民检察院检察意见后应及时向原决定暂予监外执行的人民法院、公安机关、监狱管理机关提交收监执行建议书并附相关证明材料。原决定暂予监外执行的人民法院、公安机关、监狱管理机关不在本市的,应提请本市同级人民法院、公安机关、监狱管理机关。

人民法院、公安机关、监狱管理机关应当自收到收监执行建议书后30日内作出决定。

人民检察院认为人民法院、公安机关、监狱管理机关应当决定收监执行而未予决定的,应当依法提出纠正意见。

(五) 收监材料

社区矫正机构提请收监执行的材料应当包括:提请撤销缓刑、假释或收监执行建议书;提请撤销缓刑、假释或收监执行审批表;检察意见书;适用社区矫正的判决书、裁定书、决定书、执行通知书等法律文书复印件;社区矫正奖惩讨论记录;社区矫正对象违反法律、行政法规以及社区矫正有关监督管理、教育帮扶规定的事实、证据材料;社区矫正期间历次奖惩情况材料;暂予监外执行法定情形消失等有关证明材料;其他相关材料。

(六) 收监文书送达

人民法院裁定撤销缓刑、假释或者决定暂予监外执行收监执行的,应当及时将裁定书、决定书、执行通知书、结案登记表等法律文书送达公安机关,同时,抄送区社区矫正机构、人民检察院。公安机关在收到法律文书后,应当及时将社区矫正对象送交监狱或者看守所收监执行。

(七) 在逃处置

社区矫正对象脱离监管,社区矫正机构提请收监执行的,人民法院、公安机关、监狱管理机关应当依法及时作出裁定、决定。

被裁定撤销缓刑、撤销假释和决定收监执行的社区矫正对象在逃的,公安机关应当依据撤销缓刑、撤销假释裁定书和暂予监外执行社区矫正对象收监执行决定书,依法组织追捕。

公安机关将在逃罪犯抓捕后,应立即通知作出裁定、决定的人民法院及时开具执行通知书,同时凭撤销缓刑、假释裁定书、收监执行决定书在24小时内送所在地看守所临时羁押,并于3日内与收监执行的看守所或者监狱办理交接手续。

(八) 电子定位装置的使用

《中华人民共和国社区矫正法》规定社区矫正对象有下列情形之一的,经县级司法行政部门负责人批准,可以使用电子定位装置,加强监督管理:违反人民法院禁止令的;无正当理由,未经批准离开所居住的市、县的;拒不按照规定报告自己的活动情况,被给予警告的;违反监督管理规定,被给予治安管理处罚的;拟提请撤销缓刑、假释或者暂予监外执行收监执行的。

前款规定的使用电子定位装置的期限不得超过3个月。对于不需要继续使用的,应当及时解除;对于期限届满后,经评估仍有必要继续使用的,经过批准,期限可以延长,每次不得超过3个月。社区矫正机构对通过电子定位装置获得的信息应当严格保密,有关信息只能用于社区矫正工作,不得用于其他用途。

（九）减刑适用

社区矫正对象符合刑法规定的减刑条件的,社区矫正机构应当向社区矫正执行地的中级以上人民法院提出减刑建议,并将减刑建议书抄送同级人民检察院。人民法院应当在收到社区矫正机构的减刑建议书后 30 日内作出裁定,并将裁定书送达社区矫正机构,同时抄送人民检察院、公安机关。

三、权益保障

开展社区矫正工作,应当保障社区矫正对象的合法权益。社区矫正的措施和方法应当避免对社区矫正对象的正常工作和生活造成不必要的影响;非依法律规定,不得限制或者变相限制社区矫正对象的人身自由。

社区矫正对象认为其合法权益受到侵害的,有权向人民检察院或者有关机关申诉、控告和检举。受理机关应当及时办理,并将办理结果告知申诉人、控告人和检举人。

四、解除和终止

（一）解矫宣告

社区矫正机构应当向矫正期满或者被赦免的社区矫正对象发放解除社区矫正证明书,并通知社区矫正决定机关、所在地的人民检察院、公安机关。司法所根据区社区矫正机构的委托组织解除社区矫正宣告。宣告由司法所工作人员主持,宣告时间、地点应当提前告知社区矫正对象。社区矫正对象为未成年人的,宣告不公开进行。

（二）暂外期满

监狱管理机关、公安机关决定暂予监外执行的社区矫正对象刑期届满的,在期满前 1 个月,区社区矫正机构应书面通知其原服刑或者接收、存放其档案的监狱、看守所,由监狱、看守所依法为其办理刑满释放手续。

人民法院决定暂予监外执行的社区矫正对象刑期期满的,社区矫正机构应当及时解除社区矫正,向其发放解除社区矫正证明书,并通报原判人民法院。

（三）矫正终止

社区矫正对象被裁定撤销缓刑、假释,被决定收监执行,或者社区矫正对象死亡的,社区矫正终止。

社区矫正对象具有刑法规定的撤销缓刑、假释情形的,应当由人民法院撤销缓刑、假释。

被提请撤销缓刑、假释的社区矫正对象可能逃跑或者可能发生社会危险的,社区矫正机构可以在提出撤销缓刑、假释建议的同时,提请人民法院决定对其予以逮捕。

人民法院应当在收到社区矫正机构撤销缓刑、假释建议书后 30 日内作出裁定,将裁定书送达社区矫正机构和公安机关,并抄送人民检察院。

暂予监外执行的社区矫正对象具有刑事诉讼法规定的应当予以收监情形的,社区矫正机构应当向执行地或者原社区矫正决定机关提出收监执行建议,并将建议书抄送人民检察院。

被裁定撤销缓刑、假释和被决定收监执行的社区矫正对象逃跑的,由公安机关追捕,社区矫正机构、有关单位和个人予以协助。

社区矫正对象在社区矫正期间死亡的,其监护人、家庭成员应当及时向社区矫正机构报告。社区矫正机构应当及时通知社区矫正决定机关、所在地的人民检察院、公安机关。

第四节 教育帮扶和未成年人社区矫正的特别规定

教育帮扶是社区矫正中的重要措施,是指通过教育的手段和方法,矫正其不良心理和行为恶习,促进社区矫正对象的社会适应。而未成年人是祖国的未来,处在特殊的生理和心理阶段,关于未成年人的社区矫正的规定基于人的权利和尊严,促进未成年人更好地完成社区矫正,回归社会。

一、教育帮扶

县级以上地方人民政府及其有关部门应当通过多种形式为教育帮扶社区矫正对象提供必要的场所和条件,组织动员社会力量参与教育帮扶工作。有关人民团体应当依法协助社区矫正机构做好教育帮扶工作。

(一)教育矫正

1. 常规教育

常规教育是指社区矫正机构对社区矫正对象普遍进行的以矫正其不良心理和行为恶习为目标的教育。对社区矫正对象的常规教育主要包括下列种类:

(1)思想教育

思想教育是指社区矫正机构对社区矫正对象进行的以转变其错误认识和增进其道德修养为主要目的的教育,具体内容主要包括下列方面:

人生观教育是指为了让社区矫正对象树立正确的人生观并帮助他们正确对待和处理人生问题而进行的教育。

价值观教育是指为了让社区矫正对象形成正确的价值观念和进行恰当的价值评价而开展的教育。

道德教育是指为了让社区矫正对象遵守道德规范和提高道德修养而进行的教育。

前途教育是指为了让社区矫正对象恰当认识社会和个人的未来发展而进行的教育。

(2)法制教育

法制教育是指为了让社区矫正对象学习法律知识和增强法律意识而进行的教育,有利于促使社区矫正对象安心接受矫正,使他们成为守法公民,从而预防和减少重新犯罪,维护社会稳定,具体内容主要包括下列方面:

法律常识教育是指为了让社区矫正对象掌握必要的法律常识和社区矫正规章制度而进行的教育。

权利、义务教育是指为了让社区矫正对象正确行使公民的基本权利和履行公民的应尽义务而进行的教育，是规范社区矫正对象行为的重要内容。

认罪、悔罪教育是指社区矫正机构针对社区矫正对象对所犯罪行不承认、不悔过的现象而开展的教育。

服刑意识教育是指社区矫正机构为了让社区矫正对象了解自己的法律身份和服刑状态而进行的教育。

(3) **文化教育**

文化教育是指为了提高社区矫正对象的文化知识水平和自身素质而开展的教育。文化教育应当根据社区矫正对象的年龄、文化程度和需求而灵活进行。对于处于学龄阶段的未成年社区矫正对象，社区矫正机构应当协调当地教育部门，帮助其完成义务教育。

(4) **职业技术教育**

职业技术教育是指为了提高社区矫正对象的职业技术水平而进行的教育。职业技术教育与文化知识教育关系密切，但职业技术教育侧重于社区矫正对象劳动技能的培训。

(5) **生活教育**

生活教育是指为了让社区矫正对象掌握必要的生活知识、养成良好的生活方式及适应社区矫正生活而进行的教育。这类教育有助于社区矫正对象顺利实现再社会化，真正融入社会群体，具体内容主要包括下列方面：

社会角色教育是为了让社区矫正对象在社会生活中学会恰当扮演不同角色而进行的教育。

人际关系教育是为了帮助社区矫正对象学会如何建立和维护良好的人际关系而进行的教育。

生活方式教育是指为了帮助社区矫正对象养成良好的生活方式而进行的教育。

2. **公益劳动**

社区矫正中的公益劳动是指社区矫正对象根据社区矫正机构的安排进行的公共服务方面的无偿劳动。从目前社区矫正时间来看，敬老院、福利院、学校等社会机构和公园、广场等公共机构比较适合作为固定的公益劳动场所。

(二) 帮困扶助

1. **生存型帮困扶助**

生存型帮困扶助是指为了帮助社区矫正对象解决基本生存问题而进行的帮困扶助工作。

(1) **临时救助**

临时救助是指司法行政机关在社区矫正对象面临临时的生活困难时提供应急性帮助的活动，具体内容主要包括下列方面：

设立专项救助基金。社区矫正是国家刑罚执行活动，国家财政部门应当设立旨在帮助有严重生活困难的社区矫正对象的专项基金。

建立"中途之家"。"中途之家"是指为了帮助从监禁机构释放的犯罪人以及其他相关人员重新适应生活而设立的过渡性社区食宿和矫正机构。

改造过渡性安置实体。过渡性安置实体是指由司法行政机关和劳动部门共同开办的为暂时无业可就的刑释解教人员提供劳动岗位的经济实体。

（2）社会保障

我国社区矫正中的社会保障主要是指司法行政机关为符合条件的社区矫正对象提供最低生活保障的制度。

最低生活保障。我国在开展社区矫正工作以后，很多省市都将生活困难的社区矫正对象（特别是伤残、家庭困难人员）中符合低保条件的人员纳入低保范围。

医疗救助。医疗救助是指司法行政机关对社区矫正对象或其家庭成员因病而无能力进行治疗或因支付数额庞大的医疗费用而陷入困境进行帮助的救助措施。

（3）就业帮助

就业帮助是指司法行政机关为了帮助社区矫正对象就业而开展的活动，具体内容主要包括下列方面：

开展就业指导。就业指导是指为社区矫正对象提供就业信息和进行就业指导的帮助活动。

培训职业技能。职业技能培训是指司法行政机关为了提高社区矫正对象的职业技能而开展的帮助活动。

提供资金支持。资金支持是指司法行政机关为具有一定自谋职业能力的社区矫正对象提供必要创业资金的帮助活动。

安置就业基地。在实践中，司法行政机关可以通过建立过渡性安置就业基地来帮助社区服刑人员解决就业问题。

鼓励自主创业。鼓励自主创业是指司法行政机关为具有自主创业能力和愿望的社区矫正对象提供指导和帮助，促进他们以创业带动就业的帮助活动。

2. 支持型帮困扶助

支持型帮困扶助是指为帮助社区矫正对象顺利过上日常生活而进行的帮困扶助工作。

（1）法律帮助

法律帮助是指司法行政机关指导社区矫正对象学习、遵守和应用法律的帮助活动。

为社区矫正对象提供法律帮助具有重要的作用：第一，能够增强社区矫正对象的法律知识，提高他们的法律观念和意识，促使他们成为守法公民，实现其再社会化的目标；第二，可以帮助社区矫正对象解决实际问题，避免其重新违法、犯罪，实现维护社会稳定的目的。

（2）心理帮助

心理帮助是社区矫正机构为了帮助社区矫正对象解决其心理问题而进行的帮助活动。从各地区司法行政机关开展心理帮助的情况来看，心理帮助大体上按照4种模式进行：

由心理咨询资质的社区矫正机构自主开展心理矫正工作的模式；

社会机构志愿团队、心理咨询师业余参加心理矫正工作的模式；

政府建立工作室，组织志愿者开展心理矫正工作的模式；

政府规划、购买社会专业服务的模式。

3. 发展型帮困扶助

发展型帮困扶助是为了帮助社区矫正对象在未来有更好的发展而开展的帮困扶助工作。

（1）就学帮助

就学帮助主要是指为了解决处在学龄期或者愿意继续在学校学习的社区矫正对象的入学问题而开展的帮助活动。就学帮助的主要目标人群是未成年社区矫正对象。

(2) 社会技能培训

技能培训是指社区矫正机构为了提高社区矫正对象的职业技能和社会技能而开展的帮扶措施。

(三) 鼓励多方参与，购买社会工作服务

居民委员会、村民委员会可以引导志愿者和社区群众，利用社区资源，采取多种形式，对有特殊困难的社区矫正对象进行必要的教育帮扶。

社区矫正对象的监护人、家庭成员，所在单位或者就读学校应当协助社区矫正机构做好对社区矫正对象的教育。

社区矫正机构可以通过公开择优购买社区矫正社会工作服务或者其他社会服务，为社区矫正对象在教育、心理辅导、职业技能培训、社会关系改善等方面提供必要的帮扶。

社区矫正机构也可以通过项目委托社会组织等方式开展上述帮扶活动。国家鼓励有经验和资源的社会组织跨地区开展帮扶交流和示范活动。

国家鼓励企业事业单位、社会组织为社区矫正对象提供就业岗位和职业技能培训。招用符合条件的社区矫正对象的企业，按照规定享受国家优惠政策。

二、未成年人社区矫正特别规定

(一) 为未成年社区矫正对象确定矫正小组

对未成年人的社区矫正，应当与成年人分别进行。社区矫正机构应当根据未成年社区矫正对象的年龄、心理特点、发育需要、成长经历、犯罪原因、家庭监护教育条件等情况，采取针对性的矫正措施。社区矫正机构为未成年社区矫正对象确定矫正小组，应当吸收熟悉未成年人身心特点的人员参加。

(二) 信息保密

社区矫正机构工作人员和其他依法参与社区矫正工作的人员对履行职责过程中获得的未成年人身份信息应当予以保密。

(三) 保证义务教育

对未完成义务教育的未成年社区矫正对象，社区矫正机构应当通知并配合教育部门为其完成义务教育提供条件。未成年社区矫正对象的监护人应当依法保证其按时入学接受并完成义务教育。

(四) 职业技能培训

年满十六周岁的社区矫正对象有就业意愿的，社区矫正机构可以协调有关部门和单位为其提供职业技能培训，给予就业指导和帮助。

(五) 其他机构的协助

共产主义青年团、妇女联合会、未成年人保护组织应当依法协助社区矫正机构做好未成年人

社区矫正工作。国家鼓励其他未成年人相关社会组织参与未成年人社区矫正工作,依法给予政策支持。

(六) 禁止歧视

未成年社区矫正对象在复学、升学、就业等方面依法享有与其他未成年人同等的权利,任何单位和个人不得歧视。有歧视行为的,应当由教育、人力资源和社会保障等部门依法作出处理。

(七) 年满 18 周岁

未成年社区矫正对象在社区矫正期间年满 18 周岁的,继续按照未成年人社区矫正有关规定执行。

三、法律责任

社区矫正对象在社区矫正期间有违反监督管理规定行为的,由公安机关依照《中华人民共和国治安管理处罚法》的规定给予处罚;具有撤销缓刑、假释或者暂予监外执行收监情形的,应当依法作出处理。

社区矫正对象殴打、威胁、侮辱、骚扰、报复社区矫正机构工作人员和其他依法参与社区矫正工作的人员及其近亲属,构成犯罪的,依法追究刑事责任;尚不构成犯罪的,由公安机关依法给予治安管理处罚。

社区矫正机构工作人员和其他国家工作人员有下列行为之一的,应当给予处分;构成犯罪的,依法追究刑事责任:利用职务或者工作便利索取、收受贿赂的;不履行法定职责的;体罚、虐待社区矫正对象,或者违反法律规定限制或者变相限制社区矫正对象的人身自由的;泄露社区矫正工作秘密或者其他依法应当保密的信息的;对依法申诉、控告或者检举的社区矫正对象进行打击报复的;有其他违纪违法行为的。

人民检察院发现社区矫正工作违反法律规定的,应当依法提出纠正意见、检察建议。有关单位应当将采纳纠正意见、检察建议的情况书面回复人民检察院,没有采纳的应当说明理由。

第五节 禁毒法规与政策

涉及禁毒相关的法律主要包括《刑法》、《治安管理处罚法》和《禁毒法》。《中华人民共和国禁毒法》已由中华人民共和国第十届全国人民代表大会常务委员会第三十一次会议于 2007 年 12 月 29 日通过,自 2008 年 6 月 1 日起施行。《禁毒法》遵循专群结合、预防与惩治相结合、教育与救治相结合的原则,明确了禁毒工作方针、领导体制、工作机制、保障机制、法律责任,规范了禁毒宣传教育、毒品管制、戒毒措施、国际合作等业务工作。

一、禁毒工作的总体要求

禁毒的目的是为了预防和惩治毒品违法犯罪行为,保护公民身心健康,维护社会秩序。禁毒工作实行预防为主,综合治理,禁种、禁制、禁贩、禁吸并举的方针。实行政府统一领导,有关部门各负其责,社会广泛参与的工作机制。

党的十九大明确指出要加快社会治安防控体系建设,依法打击和惩治黄赌毒黑拐骗等违法犯罪活动。国务院设立国家禁毒委员会,负责组织、协调、指导全国的禁毒工作。县级以上地方人民政府根据禁毒工作的需要,可以设立禁毒委员会,组织、协调、指导本行政区域内的禁毒工作。县级以上各级人民政府应当将禁毒工作纳入国民经济和社会发展规划,并将禁毒经费列入本级财政预算。

二、禁毒宣传教育

国家采取各种形式开展全民禁毒宣传活动,普及毒品预防知识,增强公民的禁毒意识,提高公民自觉抵制毒品的能力。鼓励公民、组织开展公益性的禁毒宣传活动。各级政府、各机关各团体各单位各企业都要进行宣传教育,尤其注意对未成年人的禁毒教育。

国家鼓励对禁毒工作的社会捐赠,并依法给予税收优惠。

国家鼓励开展禁毒科学技术研究,推广先进的缉毒技术、装备和戒毒方法。

国家鼓励公民举报毒品违法犯罪行为。

三、毒品管制

(一)原植物种植管制

《中华人民共和国禁毒法》规定,国家对麻醉药品药用原植物种植实行管制。禁止非法种植罂粟、古柯植物、大麻植物以及国家规定管制的可以用于提炼加工毒品的其他原植物。禁止走私或者非法买卖、运输、携带、持有未经灭活的毒品原植物种子或者幼苗。地方各级人民政府发现非法种植毒品原植物的,应当立即采取措施予以制止、铲除。村民委员会、居民委员会发现非法种植毒品原植物的,应当及时予以制止、铲除,并向当地公安机关报告。国家确定的麻醉药品药用原植物种植企业,必须按照国家有关规定种植麻醉药品药用原植物。

(二)场所管制

《中华人民共和国禁毒法》规定,国家确定的麻醉药品药用原植物种植企业的提取加工场所,以及国家设立的麻醉药品储存仓库,列为国家重点警戒目标。未经许可,擅自进入国家确定的麻醉药品药用原植物种植企业的提取加工场所或者国家设立的麻醉药品储存仓库等警戒区域的,由警戒人员责令其立即离开;拒不离开的,强行带离现场。

(三)麻醉药品、精神药品及易制毒化学品管制

《中华人民共和国禁毒法》规定,国家对麻醉药品和精神药品实行管制,对麻醉药品和精神药品的实验研究、生产、经营、使用、储存、运输实行许可和查验制度。

国家对易制毒化学品的生产、经营、购买、运输实行许可制度。禁止非法生产、买卖、运输、储存、提供、持有、使用麻醉药品、精神药品和易制毒化学品。

国家对麻醉药品、精神药品和易制毒化学品的进口、出口实行许可制度。国务院有关部门应当按照规定的职责,对进口、出口麻醉药品、精神药品和易制毒化学品依法进行管理。

禁止走私麻醉药品、精神药品和易制毒化学品。

发生麻醉药品、精神药品和易制毒化学品被盗、被抢、丢失或者其他流入非法渠道的情形,案发单位应当立即采取必要的控制措施,并立即向公安机关报告,同时依照规定向有关主管部门报告。公安机关接到报告后,或者有证据证明麻醉药品、精神药品和易制毒化学品可能流入非法渠道的,应当及时开展调查,并可以对相关单位采取必要的控制措施。药品监督管理部门、卫生行政部门以及其他有关部门应当配合公安机关开展工作。

禁止非法传授麻醉药品、精神药品和易制毒化学品的制造方法。公安机关接到举报或者发现非法传授麻醉药品、精神药品和易制毒化学品制造方法的,应当及时依法查处。

(四)毒品查缉

公安机关根据查缉毒品的需要,可以在边境地区、交通要道、口岸以及飞机场、火车站、长途汽车站、码头对来往人员、物品、货物以及交通工具进行毒品和易制毒化学品检查,民航、铁路、交通部门应当予以配合。

海关应当依法加强对进出口岸的人员、物品、货物和运输工具的检查,防止走私毒品和易制毒化学品。邮政企业应当依法加强对邮件的检查,防止邮寄毒品和非法邮寄易制毒化学品。娱乐场所应当建立巡察制度,发现娱乐场所内有毒品违法犯罪活动的,应当立即向公安机关报告。

对依法查获的毒品,吸食、注射毒品的用具,毒品违法犯罪的非法所得及其收益,以及直接用于实施毒品违法犯罪行为的本人所有的工具、设备、资金,应当收缴,依照规定处理。

反洗钱行政主管部门应当依法加强对可疑毒品犯罪资金的监测。反洗钱行政主管部门和其他依法负有反洗钱监督管理职责的部门、机构发现涉嫌毒品犯罪的资金流动情况,应当及时向侦查机关报告,并配合侦查机关做好侦查、调查工作。

国家建立健全毒品监测和禁毒信息系统,开展毒品监测和禁毒信息的收集、分析、使用、交流工作。

四、吸毒成瘾的认定及吸毒检测程序

(一)吸毒成瘾的认定

吸毒成瘾的认定要具备三个条件:经人体生物样本检测证明其体内含有毒品成分,有证据证明其有使用毒品行为,有戒断症状或者有证据证明吸毒史。

吸毒成瘾严重的认定有如下三个条件:曾经被责令社区戒毒、强制隔离戒毒,社区康复或参加过戒毒药物维护持治疗,再次吸食、注射毒品的;有证据证明其采取注射方式使用毒品或多次使用两类以上毒品的;有证据证明其使用毒品后伴有聚众淫乱、自伤自残或暴力侵犯他人人身、财产安全。

(二)吸毒检测程序

1. 形式

现场检测由县级以上公安机关或者其派出机构进行。

实验室检测由县级以上公安机关指定的取得检验鉴定机构资格的实验室或者有资质的医疗机构进行。

实验室复检由县级以上公安机关指定的取得检验鉴定机构资格的实验室进行。

2. 程序

（1）样本采集

应当由 2 名以上工作人员进行，女性应由女性工作者采集；样本为阳性的分别保存 A、B 两个校本，在低温条件下保存两个月（尿液、血液、毛发）。

（2）现场检测

县级以上公安机关或派出机构进行；需要检测报告，检测人签名，加盖公章；当场告知被检测人，检测人签名，若拒不签名的，民警应注明。若有异议，3 日内向公安机关申请实验室检测，接到申请后 3 日内作决定。

（3）实验室检测

作出实验室检测决定的，3 日内将 A 样本送到实验室，实验室在接收样本后 5 日内作出检测报告，24 小时内将报告告知被检测人。有异议的，3 日内提出复检，公安机关 3 日内作出决定是否同意复检。

（4）实验室复检

决定后 3 日内，将 B 样本送测，5 日内出具报告，公安机关收到检测报告后 24 小时内告知被检测人。

实验室检验和实验室复检不得由同一检验机构进行。

五、戒毒措施

（一）社区戒毒

对吸毒成瘾人员，公安机关可以责令其接受社区戒毒，同时通知吸毒人员户籍所在地或者现居住地的城市街道办事处、乡镇人民政府。社区戒毒的期限为 3 年，戒毒人员应当在户籍所在地接受社区戒毒；在户籍所在地以外的现居住地有固定住所的，可以在现居住地接受社区戒毒。城市街道办事处、乡镇人民政府负责社区戒毒工作。城市街道办事处、乡镇人民政府，以及县级人民政府劳动刑侦部门对无职业且缺乏就业能力的戒毒人员，应当提供必要的职业技能培训。就业指导和就业援助。

（二）自愿戒毒及戒毒治疗

吸毒人员可以自行到具有戒毒治疗资质的医疗机构接受戒毒治疗。戒毒机构必须有一定资质，必须备案，并接受监督检查，不得营利为目的；不得做广告；收取的费用必须按标准执行，发现复吸要及时报告公安部门。

（三）强制隔离戒毒

吸毒成瘾人员有下列情形之一的，由县级以上人民政府公安机关作出强制隔离戒毒的决定：拒绝接受社区戒毒的；在社区戒毒期间吸食、注射毒品的；严重违反社区戒毒协议的；经社区戒毒，接纳管制隔离戒毒后再次吸食注射毒品的。强制隔离戒毒的期限 2 年，可延长 1 年。执行 1 年后，经诊断良好的人员，可提前解除，并报强制隔离戒毒的决定机关批准。

怀孕或者正在哺育自己不满1周岁婴儿的妇女吸毒成瘾的,不适用强制隔离戒毒。

公安机关对吸毒成瘾人员决定予以强制隔离戒毒的,应当之所强制隔离戒毒书,在质性强制隔离戒毒前送达被决定人,并在送达后24小时以内通知被决定人的家属、所在单位、和户籍所在地公安派出所。

(四) 社区康复

强制戒毒后可接受不超过3年的社区康复,组织生产劳动,给付劳动报酬。

六、相关法律责任

《禁毒法》规定有下列行为的属于犯罪：制造,转移毒品；非法持有毒品；非法种植毒品；非法买卖毒品种子；非法传授制造毒品方法；诱骗他人吸食；向他人提供；包庇运毒、窝藏毒贩、阻碍检查、为毒贩通风报信、转移司法机关收缴毒品。

容留他人吸食、注射毒品或者介绍买卖毒品,构成犯罪的,依法追究刑事责任。

尚不构成犯罪的,由公安机关处10日以上15日以下拘留,可以并处3 000元以下罚款。

情节较轻的,处5日以下拘留或者500元以上罚款。主动接受治疗的,不处罚；娱乐场所不得提供毒品；不得擅自从事戒毒治疗业务；机构发现复吸的不报告；医师违反规定使用麻醉的。

执法人员不得包庇毒贩；不得体罚戒毒人员；不得挪用禁毒经费。

戒毒人员就业不得受歧视。

【本章小结】

我国社会转型背景下,社会治理以社区治理为特色迅速发展。大量的社会工作者以各种形式参与社区矫正工作并成为开展社区矫正工作的重要力量。社会矫正与当前社会中存在的违法犯罪的行为紧密相关,如贩毒与青少年犯罪等。因此本章将社区矫正与禁毒法规政策相结合,试图为社区矫正过程中由于缺乏相关政策法规的指导和规范,社区社会工作面临着一系列的困境解决提供法律手段与依据。随着2020年7月1日《中华人民共和国社区矫正法》正式实施,社会工作介入社区矫正途径和机制拥有专门的法律进行监督与规范,得到较大发展。社区矫正与禁毒社工服务,涉及大量的间接法律法规,因此也成为司法社会工作的重要内容。社会工作在社区矫正实践与法规政策体系都占据着非常重要的主体地位。社区矫正的法规政策起步晚,但其发展较快。纵观目前的社区矫正政策法规,社会工作及社会工作者参与社区矫正工作的法规政策缺位的情况得到大幅度改善,强化了社会工作工作者身份合法性与正当性,有助于社会工作者获得更好的社会认同。

【思考题】

1. 社区矫正是什么？有哪些机构会参与其中？
2. 教育帮扶包括哪些内容？
3. 社会工作在社区矫正中承担什么角色？行使什么功能？
4. 社会工作者在社区戒毒和康复之中可以做些什么？

后　记
POSTSCRIPT

这本书是为所有关注社会工作专业、职业与行业的人而写作,同时也是为那些关注弱势群体相关的维权依据的读者而写作。基于社会工作天然的利他主义与善的伦理观念的施行,社会工作法律法规与政策则成为这种善的观念发挥作用的载体和具体的手段。将社会工作与法律相联系,阐释社会工作实践中所涉及的法律法规与政策相关内容,不仅值得在理论上进行探讨,还具有重要的现实意义。

也许有的读者会非常困惑于法律的逻辑与社会工作的逻辑之间似乎有着一道屏障。法理型权威与现代社会中科学主义相结合,适用于社会分工下专门领域调解专门的社会关系,而社会工作原则中所体现的"柔性"的伦理学原则、社会工作实践中所体现的心理学领域的"硬性"的科学原则,与法律知识再生产中的逻辑体系有着巨大的差异。因此,并不存在专门的部门法律叫做"社会工作法律"。

本书的命名"社会工作法规与政策",旨在介绍与社会工作的实务相关的、既有的成文法体系中的法律法规与政策,从而为社会工作提供一定的法律支持和依据。为避免给人歧义,避免炮制出一种与《民法》《商法》《刑法》等部门法平等学术地位的"假象",从命名政治的角度来说,本书虽为编撰介绍,但其植根于法学背景与社会工作背景的结合。本书的编者,亦是社会工作的学习者和研究者,一则期待此书能为社会工作专业的读者提供一定的法律视角和服务依据,增强其专业的合法性;二则,也期待此书能为关心和关注社会弱势群体发展的潜在的、既有的社会工作从业者,增强其执业的合法地位与法律意义。

本书的编写基于法学和社会工作双重学科发展背景,主要从两个方面进行介绍。一是介绍法律与政策的知识,即与社会工作专业发展和实务紧密相关的基本法律概念和政策规定的内涵,更多地偏向静态的知识体系与结构的介绍;二是介绍与社会转型紧密相关的并衍生出的法理层面的新的发展。在知识体系的发展和不断完善的过程中,本书更多地偏向动态的与社会工作参与广义社会治理有关的法律政策的介绍,以符合新形势下国家和社会对社会工作专业发展的总体需求。

这本书也是一种使社会工作和法学发生直接关联的尝试,但有些地方的叙述可能生硬晦涩,不尽如人意。作为编者,跨学科的学术背景常常让我们陷入一种自发的学术使命中。这种使命感,如同最广泛意义上的学术共同体建设的愿望,混杂着学术研究过程中的专业分工与学术目标的总体性共识,我们期望能在社会工作专业人才培养的过程中,建立起更为系统和综合的知识体系,这也是对全员育人和新文科建设教育观的回应。

我们在本书中所表达的一些对法律法规性质的理解,以及对社会工作相关法规政策与社工实践之间关系的理解,与既往的研究中我们所阐述的观点并没有太大的不同。法律与政策维护社会公正与公平的社会功能是通过具体的行动者来实现的,而社会工作专业与职业的发展,恰好是实现社会公平与正义的具体实践。对于社会各类群体和成员,尤其是弱势群体及社会公益组织的法律保护,社会工作在介入和服务时,除了遵循专业价值伦理之外,合乎法律和政策是社工干预的前提和底线。社会工作服务实践中可能遇到的问题都必须在法律与政策框架下寻求解决办法。这也是本书作者所期盼看到的和本书编写的动机与初心。

我们要感谢李贤、应一瑜、侯丽娜、申琳芸、杨贵军、范璐、唐青霞、俞贝、魏晓静、车基平、李梦瑶等同学在协助写作初稿时的帮助,他们分别尝试编写了一些章节并对内容进行反复修改和打磨。同时,我们也要感谢华东师范大学社会工作系、紫江公益基金会、紫江公益慈善人才培养专项基金和华东师范大学教育发展基金会对本书出版的大力支持和鼓励。当然,我们还非常感谢华东师范大学出版社和责任编辑范耀华老师的悉心指点与无私帮助,正是得益于他们认真的工作、专业的编审,本书书稿才得以成型。最后,我们也要感谢在书稿具体写作中提出意见的一线社会实务工作者与机构负责人,他们所反映的工作中遭遇的实际法律问题,为本书的编写选材提供了参考,也成为本书编写的动力之一。

林茂　熊琼

2021 年 5 月 21 日